LOCUS

LOCUS

LOCUS

LOCUS

from
vision

from160

日圓王子：從日本失落到國際金融危機，你不知道的真相

Princes of the Yen: Japan's Central Bankers and the Transformation of the Economy

作　　者　理察・韋納 Richard A. Werner
譯　　者　余韋達
責任編輯　李清瑞
校　　對　黃怡瑗
封面設計　簡廷昇
內頁排版　宸遠彩藝
印務統籌　大製造股份有限公司
出 版 者　大塊文化出版股份有限公司
105022 台北市松山區南京東路四段 25 號 11 樓
www.locuspublishing.com
locus@locuspublishing.com
讀者服務專線：0800-006-689
電話：02-87123898
傳真：02-87123897
郵政劃撥帳號：18955675
戶名：大塊文化出版股份有限公司
法律顧問　董安丹律師、顧慕堯律師

總 經 銷　大和書報圖書股份有限公司
新北市新莊區五工五路 2 號
電 話：02-89902588
傳真：02-22901658
初版一刷　2025 年 8 月
初版二刷　2025 年 8 月
定　　價　850 元
I S B N　978-626-433-023-7

國家圖書館出版品預行編目 (CIP) 資料

日圓王子 : 從日本失落到國際金融危機，你不知道的真相 / 理察 . 韋納 (Richard A. Werner) 作 ; 余韋達譯 . -- 初版 . -- 台北市 : 大塊文化出版股份有限公司 , 2025.08
632 面 ; 14.8×21 公分 . -- (from ; 160)
譯自 : Princes of the Yen : Japan's central bankers and the transformation of the economy.
ISBN 978-626-433-023-7(平裝)

1. 貨幣政策　2. 總體經濟　3. 日本

561.18　　114007388

Princes of the Yen

Japan's Central Bankers and the Transformation of the Economy

日圓王子

從日本失落到國際金融危機，你不知道的真相

Richard A. Werner

理察・韋納 —— 著

余韋達 —— 譯

一本意義深遠的著作。

——榊原英資，《週刊經濟學家》，日圓先生，前日本大藏省財務官

這是一本不平凡的經濟學書籍。它將揭開蒙蔽著讀者雙眼的簾幕。這本書所涵蓋的時間跨度（整個二十世紀）和內容深度（全球央行的行動），將使你對經濟學的真實面貌感到驚嘆。韋納能看穿日本銀行的煙幕。他逐步揭露各項事實的發展過程，讀來有如驚悚小說般驚心動魄。他的分析在國際間備受推崇，不僅獲得《經濟學人》雜誌重點報導，更受到聯準會主席葛林斯潘的關注。

——立花隆，《週刊文春》

這本發人深省的著作揭露日本經濟政策背後的決策者。作者揭露日銀的少數菁英為了改革國家的經濟結構，而去扭曲國家金融政策的種種作為。

——《朝日新聞》

本書不僅探討經濟問題，更揭露了這些問題背後真正的成因與權力關係。書中描繪日銀的王

子如何祕密地試圖復興（曾存在於一九二〇年代日本的）「美式的自由經濟體制」，並試圖瓦解促成戰後高度成長的戰時管制經濟體。

——《每日新聞》

對日本銀行的公允批判。

——井尻千男，《Voice 雜誌》

這是一本引人入勝的著作。韋納表示日銀聲稱他們竭盡所能透過降息來刺激復甦的說法「根本不是事實」。他甚至列出一串如黑幫般盤根交錯的人名，並提供證據說明佐佐木直、前川春雄、三重野康及福井俊彥如何一脈相承，試圖控制日本。在十一年前，我與寫了這本發人深省著作的作者初次見面。他當時已是以精準預測出名的分析師，運用其高度精準的分析手段預測股市走向。

——今井澂，經濟學教授

我們都對日本經濟為何持續衰退超過十年感到困惑。無數學者提出各種衰退的原因與對策。我們應該認真留心這位作者的警告。

——舛添要一，《電氣新聞》

第十九任東京都知事，前厚生勞動大臣、日本國會參議院議員

在過去四十年間，我讀過數百本相關書籍——而這本是我讀過對日本金融體制討論最精闢的著作。

身為日本金融體制專家的我，雖然已與卡林頓（John Carrington）合著兩本書，也自己寫過另兩本書，但這本書幫我對這套體制的理解又提升了好幾個層次。這是一本令人驚嘆、切合時宜且文筆流暢的著作。韋納的觀察內容放到歐洲和美國的情況一樣管用。如果您是經濟系的學生，一定要買這本書。您遇到的老師和講者受限於新古典主義的思維，不大可能傳授書中這些與時俱進的內容。不妨就此挑戰他們的自滿。若您是經濟學教授，不妨透過購買、閱讀並理解這本書來重新學習。若您是一般民眾、公務員，或是對經濟政策及如何促進經濟繁榮感興趣的人，也請購買這本書——您能從中獲得解答。最後，如果您是政治人物，請務必閱讀這本書，因為它所提出促進經濟成長的政策，比西方世界目前所傳授、報導或推行的都來得優異，您應該理解這些政策，並知道如何運用。

這是一本傑出的作品，也為韋納另一本同樣精彩的《宏觀經濟新典範》（*New Paradigm in Macroeconomics*）一書開啟先聲。

——**喬治・愛德華茲**（George Tait Edwards），

下村總體經濟學家、二〇一五年《倫敦進步期刊》（*London Progressive Journal*）**編輯**

獻給那些追求真理的人，
即使面對重重反對也不退縮。

所以不要怕他們，因為被遮蓋的事沒有將不被顯露出來的，隱祕的事也沒有將不被知道的。

——《馬太福音》，十章二十六節

那時，耶穌說：「父啊，天地的主，我感謝祢！因為祢將這些事向聰明通達人就藏起來，向嬰孩就顯出來。」

——《馬太福音》，十一章二十五節

臺灣版編輯部說明

《日圓王子》最先於二〇〇一年在日本以日文版上市，日文版的書名為《円の支配者——誰が日本経済を崩壊させたのか》。當時引起美日政經人士的注目，轟動一時，並且在暢銷書排行榜上連續六週領先當年暢銷書《哈利波特》。後來，日文版在原出版社被其他出版社併購之後，即已絕版。

英文版的出版另遭遇出乎意料的難關。屢經波折之後，終於因為作者同意刪節有一章名為〈葛林斯潘的祕密〉的內容，才得以在二〇〇三年出版。這一版英文版並新加了有關歐洲中央銀行的一章。

二〇一六年，作者取回版權，自己成立出版社，出版了新的英文版。二〇一六年英文版本也終於把〈葛林斯潘的祕密〉那一章加回到第二十章。（中間過程詳見作者二〇一六年版序言。）

臺灣版為作者今年重新審訂內容，並在全書二十章之後新加〈後記〉，也寫了給臺灣讀者的新序。

目錄

圖表清單

表格

圖表

GNP Gross national product 國民生產毛額
IBJ Industrial Bank of Japan 日本興業銀行
IMF International Monetary Fund 國際貨幣基金組織
JGBs Japanese government bonds 日本政府債券
JDB Japan Development Bank (now Development Bank of Japan) 日本政策投資銀行
LDP Liberal Democratic Party of Japan 自由民主黨（日本）
LTCB Long-Term Credit Bank of Japan 日本長期信用銀行
LTCM Long-Term Capital Management 長期資本管理公司
METI Ministry of Economy, Trade and Industry (formerly MITI) 經濟產業省
MITI Ministry of International Trade and Industry 通商產業省
MoF Ministry of Finance 大藏省
NCB Nippon Credit Bank 日本債券信用銀行
NSDAP Nationalsozialistische Deutsche Arbeiterpartei 國家社會主義德國工人黨
OECD Organization for Economic Cooperation and Development 經濟合作暨發展組織
SCAP Supreme Commander for the Allied Powers 駐日盟軍總司令
WPI Wholesale price index 躉售物價指數
WTO World Trade Organization 世界貿易組織
YoY Year on year 年增／減率

縮略語列表

APEC	Asia-Pacific Economic Cooperation	亞太經濟合作會議
BIBF	Bangkok International Banking Facility	曼谷國際銀行業務單位
BIS	Bank for International Settlements	國際結算銀行
BoJ	Bank of Japan	日本銀行
CP	Commercial paper	商業票據
CPI	Consumer price index	消費者物價指數
ECB	European Central Bank	歐洲中央銀行
EMEAP	Executives' Meeting of East Asia-Pacific Central Banks	東亞 - 太平洋中央銀行總裁會議組織
EMI	European Monetary Institute	歐洲貨幣管理局
EMS	European Monetary System	歐洲貨幣體制
EMU	European Monetary Union	歐洲貨幣聯盟
ESB	Economic Stabilization Board	經濟安定本部
ESCB	European System of Central Banks	歐洲中央銀行體制
EU	European Union	歐洲聯盟
FDI	Foreign direct investment	外國直接投資
FILP	Fiscal Investment and Loan Program	（大藏省）財政投融資計畫
FSA	Financial Services Agency	金融廳
FY	Fiscal year	財政年度
GATT	General Agreement on Tariffs and Trade	關稅暨貿易總協定
GDP	Gross domestic product	國內生產毛額
GHQ	General Headquarters of SCAP	盟軍總司令部

臺灣版序

《日圓王子》的中文版得以問世，我深感榮幸。此書於二〇〇一年首次以日文出版、二〇〇三年出版英文版，並在二〇〇九年出版韓文版。本書所傳達的資訊對華人讀者很重要，尤其是對居住在臺灣的讀者。

我曾多次走訪臺灣這座瑰麗非凡的島嶼，結識了許多優秀、有學問又善良的人士，我認為可以信賴他們，並將此書的訊息託付於其手。

雖然本書著重探討日本的金融體系，以及日本央行家在一九九〇年代所掌握的巨大權力，但書中蘊含的訊息舉世皆通。早在日文版中，就已收錄關於「央行是亞洲金融危機幕後黑手」的章節。在英文版中，我增加關於歐洲央行的章節：歐洲央行正在複製日本銀行的作法，從創立之際就持續製造由銀行信用推動的榮枯循環，在未來還會發生更多危機（這次是在德國）。在最新的中文版，我新加入一篇內容豐富的〈後記〉，將分析的範圍擴及今日。

本書蘊含的訊息對當今的中國具有迫切意義，而對臺灣更是如此。《日圓王子》的核心是要警告社會，如果央行家持續累積不受制衡的權力、其運作又不透明，也不和民選政府實質合作，這是很危險的。以日本為例，這種情況拖緩經濟復甦，並加劇不平等的政策。

當然，中國和臺灣的經濟模式都有自己的特點，各有體制上的優勢。然而最關鍵的教訓仍然適用：任何機構的運作，都不應該成為不受問責的「國中之國」，像央行這種有影響力的機構更是如此。想要達成金融穩定與公平成長，須仰賴各方協調合作、民主監督，以及需與公共利益明確保持一致。

如今隨著中文版的問世，我很高興本書對經濟真實運作方式的解釋可以傳播到更多地方。書中一些觀點對所有讀者都有用處，尤其能幫助大家保護個人財富、讓讀者學會觀察該留意的信號，並理解未來可能的發展動向。

本書揭露一個鮮為人知的事實：日本戰後的經濟奇蹟，並不只是企業經營或市場機制的自然結果，而是有一隻「看得見的手」——日本銀行（央行）扮演著關鍵角色。但是，這隻「手」並非總是在協助政府推動國家發展。實情正好相反，本書詳細分析日本銀行如何利用不受民主監督的權力，在歷史上的許多時間點干預甚至左右的國家經濟政策，最終導致一九九〇年代和二〇〇〇年代的泡沫經濟和長期衰退：這是央行反抗政府和人民的結果。

為什麼日本和西方世界的央行權力如此龐大？因為它們不用受到民主選舉機制的制衡，卻擁有決定金融環境、信用配置和貨幣供應的工具。在日本的例子中，央行與政府之間的「遊戲」並非合作，而是權力鬥爭。本書的一個核心論點是，如果央行不和政府合作協調，甚至與民選機構作對，那麼它的政策可能不會為國家整體的利益服務，反而可能會損害經濟穩定和社會福祉。

此一教訓對今日的華人讀者尤其重要。在現代全球化的脈絡下，很多國家都跟隨西方的腳步，想要賦予央行「獨立性」，把金融決策交給技術官僚負責。不過，獨立是一回事，公開透明和問責制度又是另一回事。如果一個組織握有龐大的權力，卻不用對社會和民意負責，那它的政策決策就可能帶來無法預料的社會後果。

如何在推動專業的金融管理同時，又能確保政策方向與國家發展目標一致，並避免出現「技術官僚治國」的情況，是一個值得持續思考的課題。

我寫這本書的時候，原本是想為西方讀者揭露日本經濟奇蹟背後所隱藏的結構。然而，在本書出版之後，我收到諸多國家的讀者回饋，其中包含華人世界的學者與學生。他們對本書採用的結構分析方法論、貨幣權力的論述，以及體制的批判都展現濃厚興趣。這些回饋讓我意識到，本書的主題——金錢、權力和責任——不分國界，是世界各國在建立經濟治理體系時都會遇到的共同問題。

本書蘊含幾則重要訊息，其中一則訊息是，正確的銀行和銀行信用政策，能使我們都享有強勁、穩定、公平的經濟成長，而無需承受危機和通膨的代價。這代表我們都能過著豐足富裕的生活。日本、臺灣以及中國都證明了這一點，但這是放之四海皆準的道理。令人遺憾的是，央行規畫人員經常阻礙經濟繁榮。

這是因為在某些國家，他們似乎有其他的盤算。而為什麼會出現這樣的現象，這正是本書試圖分析與探討的主題。

考慮到央行規畫人員在日本和許多西方國家的歷史紀錄和實際作為，我也要對央行數位貨幣政策的普及提出警告，因為一些國家領導人似乎想把它當成中央極權的控制工具來使用。

我們反而應該支持權力分散，以及那些深入參與當地社區事務的地區性小型銀行。決策權力與經濟成果越分散、越能分配到底層的社會，對大多數人就有越多好處。小型企業提供了超過七成的就業機會。這些小企業仰賴銀行的貸款，但只有小型銀行願意借錢給它們。但是，日本和大部分西方國家的央行規畫人員卻積極減少銀行的數量，最極端的情況下只留下幾家大銀行，而這些大銀行完全不借錢給小型企業——這就是大不列顛暨北愛爾蘭聯合王國的經驗。

最後，我要感謝中文版的出版團隊，還有所有參與翻譯和編輯的工作人員，讓這本書能夠與廣大的華人讀者見面。我誠摯希望《日圓王子》能夠為華人讀者帶來新的思考角度，在面對國家治理、金融權力分配和政策綜效等問題時，能夠促進更有意義的討論和深度思考。

二〇二五年夏天，寫於瑞士聖加倫

二〇一六年英文版序

我很高興向各位宣布，我的首部著作《日圓王子》現已推出英文新版。有些讀者可能已知道，根據本書拍攝的同名紀錄片已能在 Youtube 上免費觀看。

原書於二〇〇一年五月出版日文版時（在福井俊彥被任命為日本銀行總裁的兩年前），立即在日本成為暢銷書榜首，並在暢銷書排行榜連續六週領先《哈利波特》（*Harry Potter*）。儘管如此，要找到願意出版英文版的出版社卻相當困難。數家原本有興趣的美英出版社突然決定退出。我曾寄望於某家特別知名的美國出版社會願意出版這本書，因為其執行長在紐約與我會面時曾親切地說：「我已讀完這本書。這是我讀過最優秀的商業書籍。」並向我保證：「我們當然會出版。」

我警告他，可能會有特定人士與他聯繫並要求他別出版此書，因為某些美國人似乎認為這本書的內容或作者「很危險」（我是從幾位駐東京外國記者俱樂部的成員那邊聽說的，他們說那些和情報機構有關係的美國記者，用這個形容詞來形容我和我的書）。這名資深的美國出版商自信地回答我：「沒有人能阻止我出版你的書。」可惜的是，在我們會面不久且當我回到東京之後，我收到他的電子郵件，表示他們最後無法出版《日圓王子》。

某個美國的重要政府機關也曾經拜訪過我，這似乎暗示某些有影響力的人士對於我的書出版一事感到不滿。顯然美國的出版社承受了很大的壓力，不敢接手這本書。幾個月過去了，眼見《日圓王子》的英文版很可能要在日文版發行兩年後才能問世，為了不再延遲在美國的出版時程，我覺得必須做出某種妥協。因此，我抽掉本書的最後一章，內容描述我與葛林斯潘（Alan Greenspan）的會面過程以及我的預測：他將在未來幾年內製造出更大的股市泡沫、這個泡沫將會崩毀，而且「民間部門的大部分財富將會化為烏有」、「破產數字將會攀升。銀行的呆帳將會增加。銀行的信用將會萎縮。通縮的程度將會擴大。將可能再度發生『大蕭條』（Great Depression）等級的事件」。

拿掉這篇關於美國金融體制的簡短章節，並轉而與行銷能力較弱的小型學術出版社簽約後，《日圓王子》終於在二〇〇三年於美國出版，正好是福井俊彥就任日本銀行總裁之時。

在這個新版本中，除了重現二〇〇三年英文版的內容外，這篇失蹤已久的最後一章也首次以英文呈現（當然，日文版自二〇〇一年起就有收錄）。如今，二〇〇八年所謂的「全球金融危機」已如我預期那般，因為葛林斯潘的政策而引發，我希望這一章的內容不會像二〇〇一年時那般備受爭議。

同時，我也在第十九章曾警告過，權力過大且缺乏問責制度的歐洲中央銀行（ＥＣＢ）可能會在歐元區導致信用泡沫、資產價格飆升、銀行危機與大型經濟衰退，以上的內容跟本書的其他章節一樣在二〇〇三年就已發表。令人遺憾的是，這項預言很快就成真了，在歐洲央行的監管下，愛爾蘭、葡萄牙、西班牙和希臘銀行的信用年增率從二〇〇四年起為二十%至四十%。接著發生在歐元區的大規模金融危機、經濟衰退和大規模失業的後果——希臘和西班牙的青年失業率約為五十%——現在仍能在歐洲強烈體會到。

從《日圓王子》英文版出版的二〇〇三年至今，雖然世界已有許多變化，但本書的價值仍歷久彌新。本書揭發銀行家的鍊金術：有超過九成的貨幣供給，是銀行透過授信所憑空創造而成（第四章）。這個看法在當時可說是領先時代，而直到二〇一四年才首度有實際證據證實，銀行並非金融的中介機構，而是確實能夠憑空創造貨幣的機構（參見韋納，2014a, 2015）。我最近也證實了為何銀行可以做到這一點，而其他公司（即便是所謂的「非銀行的金融機構」和「影子銀行」）卻做不到（參見韋納，2014b）。我即將發表的實證證據似乎又讓銀行權貴圈感到不安，這或許促使了英格蘭銀行（Bank of England）在二〇一四年承認銀行確實能夠憑空創造出貨幣供給。

隨著銀行能創造貨幣供給的議題受到更多人的關注，如今有許多組織和個人開始公開批評這個體制（這是健康的事），並且要求將創造貨幣的特權從銀行手中收回，改由單一的中央機構掌控（這不是個好主意）。從英國《金融時報》（*Financial Times*）的經濟評論員沃夫（Martin Wolf）到「正向貨幣」（Positive Money）等倡議組織及業餘寫作者都在關注這個議題。這個組成複雜的陣營似乎有個共通點：他們經常與英格蘭銀行和索羅斯（George Soros）資助的組織一同現身活動，且似乎對這件事採取某種偏頗的分析視角。例如我注意到他們都認為，若能夠廢除商業銀行創造貨幣的權力，並將這權力移轉給英格蘭銀行的話會更好。這至少能解釋為何英格蘭銀行支持像這樣的批評。

然而我作品的核心論點（在本書中已詳盡說明），正是央行及其決策者擁有過度且不受監督的權力，才是問題的核心。正如阿克頓勳爵（Lord Acton）所言：「權力使人腐化。絕對的權力使人絕對腐化。」（較鮮為人知的是，這位葬於德國特根湖的巴伐利亞公主之子，似乎也察覺到過度強大的大型銀行與銀行世家所扮演的角色。）

有人可能認為央行家應該會盡可能避免發生銀行危機，因為這可能損及他們的聲譽。但恰恰相反的是，我一直預測央行家會利用每一次的銀行危機，來進一步擴張他們的權力。這項預測從英格蘭銀行和歐洲央行在經歷危機後，大幅擴張權力的結果中得到印證。這種監管上的道德危機代表央行家有製造更多榮枯循環的動機。如本書所示，危機也可用來推行重大變革，甚至是經濟和政治上的「轉型」。歐洲央行似乎正在試圖摧毀德國銀行業的生態，其中包括一千五百家支持中小企業和家族企業的社區銀行——這些銀行在過去兩百年來一直是德國經濟成功的支柱。歐洲央行的政策是要在五年內將社區銀行的數量減半，而它的最終目標似乎是透過這政策引發因德國房地產價格飆升而發生的銀行危機，進而將社區銀行的數量縮減到只剩兩家，而這兩家銀行可以被國有化、私有化、並變成另一家採取不擇手段而受大眾厭惡、平庸的「大到不能倒」的銀行。

鑑於央行已擁有過度且不受制衡的權力，更令人不安的是，央行家目前正公開宣傳要廢除現金，並發展自家的數位替代品。若銀行創造信用的能力也被廢除，將使央行的權力提升至另一個前所未有的境地。這將創造出實行極權控制的工具。央行將可以直接控制經濟體中的所有貨幣與交易，不被銀行分散其權力，且民眾也無法透過使用現金來規避其監控與控制。異議人士取得商品和服務的管道可以從中央輕易切斷。

二十世紀最重要且最令人不安的趨勢，就是權力更加集中。這種現象在二十一世紀還加速發展。因此，符合我們共同利益的唯一解方，就是打破貨幣的中央集權，而非強化之。央行不應被賦予貨幣創造與分配的獨占權力。如我在本書中所揭示的，央行的歷史已證明他們不斷在濫用既有的權力。英國亟需推動銀行業的去中心化，因為該國的五大銀行掌控超過九十%的存款。引入由地方政府發行區域型貨幣，再加上能創造信用的社區銀行的政策，似乎比讓我們更加受制於擁有過大權力的央行規畫人員的政策來得有吸引力；已有充分紀錄顯示出這些央行規畫人員所犯下的嚴重政策錯誤，尤其是在本書中。我希望這個新版能持續促進各界對於我們使用的貨幣，以及是誰透過貨幣控制經濟的重要議題之辯論。

溫徹斯特，二〇一六年九月十二日

二〇〇三年英文版序

二〇〇一年一月，某個歐洲國家的駐日本大使向我分享他在東京官邸舉辦跨年派對時的趣事。[1]賓客之中有位來自日本大藏省*的高階官員。大多數賓客都興高采烈。他們期待著二十一世紀的到來。人人暢飲著香檳，派對氣氛十分熱烈。但並非所有人都開心。

「我注意到，」這位大使告訴我，「當午夜時分漸近，這位男士看起來越來越憂愁。他來自大藏省，神情相當沮喪。我很納悶發生了什麼事。我認為這情況很不尋常。最後，當午夜鐘聲響起，他走向我，以極為哀傷的語氣說：

『現在……一切都結束了……』

『您是什麼意思？』我問他。

『我們失去了名字，』他回答道。『結束了……從二〇〇一年一月起，大藏省就不復存在了。』

我試著安慰他：『但是，那不過只是個名字而已。您不必太在意一個名字。這個部門依然存在。你們仍有權力與影響力。』

但他說：『他們要是至少留下我們的名字也好……他們已經奪走了我們的權力。如今一切都沒了……可他們竟然連我們的名字也要奪走……』他無奈地搖著頭。」

對許多英語人士而言，舊有的大藏省就只是財務省的代稱，他們並未察覺到在二○○一年一月，一段悠久輝煌的歷史就此驟然落幕。在過去的一個世紀裡，至少就法律上來說，大藏省一直是日本最具權力的機構。這個隆重而古老的名稱，更精確的翻譯應該是「大倉庫省」或「大寶庫省」，因為其歷史可追溯到仍是以實物賦稅的時代，當時該部門確實是負責儲存來自全國各地稻米的倉庫。

結構改革

民眾對大藏省的沒落並不感到惋惜。人們普遍認為，大藏省應為日本現代承平時期中最嚴重的經濟管理疏失負責：他們造就了一九八○年代的泡沫經濟，以及隨之而來在一九九○年代的長期衰退。

這場經濟衰退使得社會大眾認定，由當今官僚體制所領導的日本舊有經濟體制已不再有用，因此必須徹底改革。現在大多數的評論家都主張政府「迫切需要」推行結構改革。首相小泉純一

＊ 譯注：大藏省成立於一八六九年明治維新時期，在二○○一年中央省廳再編之前，是日本的最高財政機關。

郎[*]最常重複的口號就是：「沒有結構改革，就沒有景氣復甦。」日行的資深官員幾乎每天都在呼籲對結構進行意義深遠的改革。這些聲音認為，自由化、解除管制和民營化，也就是說引進美式資本主義，是日本經濟復甦的必要條件。

但真的有必要放棄日式資本主義嗎？若只考量一九九〇年代日本經濟的慘澹表現，答案似乎是肯定的。但奇怪的是，一九八〇年代的日本經濟體制更為封閉、有更多的卡特爾（cartel）[†]且有更多管制，但當時卻沒有人抱怨經濟成長太慢。一九五〇年代或一九六〇年代也是同樣如此，當時幾乎完全遭受聯合壟斷的經濟體制實現了兩位數的成長。此外，美國經濟本身仍會遭受景氣週期與衰退的影響。因此，相同的經濟結構似乎可能帶來高成長或低成長的結果，而成長的表現也得取決於其他因素。本書的看法是，日本的衰退確實是由驅動景氣週期的主要力量——貨幣所造成。而主張結構改革的人士恰好就是那些掌控日本貨幣的人，這絕非純屬巧合。

抗命的日本銀行

日本央行一直公然反抗政府、大藏大臣和首相的呼籲：他們要求創造更多貨幣來刺激經濟並結束長期的衰退。在幾個關鍵時刻，如一九九二年、一九九三年、一九九五年初，以及一九九九年的大多數時間裡，日本銀行甚至主動減少經濟體中流通的貨幣數量。這個作法使得購買力萎縮、國內需求降低，讓政府干預貨幣的政策失效，並使日圓走強，進而使原先可能的復甦胎死腹中。由於沒有獲得足夠的貨幣政策支持，政府不得不仰賴財政政策。這些財政政策不僅沒效，反而形成工業國家中規模最龐大的國債。

一九九〇年代的最大謎團就在於，儘管有創紀錄的失業率和通縮程度，日本銀行為何未能進一步擴大貨幣數量，從而創造經濟復甦、降低通縮並穩定就業。有時候，懼怕通膨被視為這個謎團的答案。但日本在一九九〇年代前半期歷經了通膨率的急遽下降，後半期則出現明顯的通縮。當物價上漲且出現通膨時，我們會知道貨幣政策過於寬鬆且創造了太多貨幣。此時央行會需要收緊貨幣政策。當物價下跌且出現通縮時，央行有責任創造更大的購買力。一般而言，央行的職責是創造足夠的貨幣，使實際成長率接近潛在成長率，從而避免通膨和通縮。

既然通膨的問題顯而易見，日本銀行早已承認對通膨的恐懼，並非他們採取謹慎立場的原因。反而是日本銀行多年來持續表示自己正在努力刺激經濟，並指出自己已將利率降至零。但它宣稱，問題一直是市場缺乏對貨幣的需求。可是，顯然全世界貨幣需求最大的國家正是日本。首先，政府部門需要創紀錄的貨幣數量來資助其財政支出。其次，身為日本民眾主要僱主的眾多中小企業也希望借入貨幣。但背負呆帳的銀行只願意借款給規模較大、風險較低的借款人。這就是

---

* 編注：小泉純一郎為第八十七至八十九任（二〇〇一年四月至二〇〇六年九月）日本內閣總理大臣（首相）。本書初版成書於二〇〇一年。

† 譯注：卡特爾是指同一產業中的公司聯合起來，共同控制市場價格、生產量或市場區域的壟斷組織。

為何央行需要介入並替代這些銀行放款。

有時日本銀行聲稱它已向經濟體注入大量資金。但它主要是將資金注入只有銀行才能進入的極狹義貨幣市場。在其他時候，央行發言人以「通縮是因為合意的結構改革所致，因此是好事」，來回應社會對通縮的擔憂。但如果這些結構改革確實提高了日本經濟的生產力，這將提高日本的潛在成長率，並加大與實際成長率的差距。在這種情況下，央行將需要創造更多的貨幣以減少通縮缺口。

央行官員的最新論點（顯然這看法也得到首相和經濟與財政大臣的支持）是日本的「過剩產能」太多。事實的確如此，有另一種說法是總供給大於總需求。但他們卻未從中得出應該刺激需求的合理結論——這是央行可以輕易做到的——而是建議透過讓公司倒閉來限制供給。這讓人想起日本、德國和美國某些大蕭條時期政治家的失敗政策：這種「過剩產能」據說導致了「過度競爭」，必須透過使公司破產來處理這問題。諷刺的是，提出這般論點的評論家也正是那些主張日本需要更大力解除管制的人，因為他們認為日本「缺乏競爭」。

他們的手法很明確：雖然日本銀行的論點不斷變化（且在遭到反駁時很快就改變），但它們總是得出相同的結論，即央行的貨幣政策是恰當的，問題出在日本的經濟結構。

日本銀行本可伸出援手，卻未曾出手

一般而言，貨幣是由銀行所創造。正因為銀行不願放款，央行才需要直接向經濟體注入更多資金。央行因此將扮演國家銀行的角色——其他央行過去曾這麼做，事實上，日本銀行在一九四五年後也是如此，當時銀行資產負債表的狀況比一九九〇年代更加嚴峻。這項政策在一九四五年後相當成功，信用很快就恢復成長，經濟也蓬勃發展。但在一九九〇年代的大多數時間裡，日本銀行卻未採取這些經過驗證的政策，也未能創造足夠的貨幣來支持經濟持續復甦。此外，它也拒絕向最需要資金的政府和中小企業放款。日本銀行其實有能力在不造成自身、納稅人或整體社會任何成本的情況下，消除銀行體制裡山一般高的呆帳。然而它卻選擇袖手旁觀。為什麼？

人們很自然會先提出「無能假說」。「無能」確實能夠解釋這場戲的部分參與者的作為。舉例來說，大藏省和一九九〇年代的政府高層其實只要改變籌措財政支出的方式就能創造復甦。他們本可以不用發行債券向民眾借款——這樣做會從經濟體抽走資金——而是利用向銀行的直接貸款契約來籌措公部門的借款需求。當銀行放款時，它們可以憑空創造出貨幣，不需要從經濟體的其他部分抽走資金。如此一來，財政政策就不會如實際發生的那樣，對民間部門的活動造成等量的排擠效應。如果他們能完全理解這概念，我相信他們會採用這個方法來創造經濟復甦。然而，日本、歐洲或美國的經濟學家卻少有人知道這套機制。[2]

更明顯且廣為人知的機制是那種連初階經濟學課本都會提到的：即使在銀行破產的情況下，

央行也可以透過增加購買資產（包括政府債券），直接向經濟體注入資金。[3]然而日本央行多年來一直忽視這套機制的存在——難道真的只是因為無能？我越深入研究這些議題及其歷史，就越清楚地發現日本銀行的高層其實非常熟悉日本的困境以及對應的解方。在過去幾次因信用緊縮而導致的衰退中（例如一九六〇年代的景氣低迷），央行就增加了對公司部門和政府的放款。即使在今天，央行仍有許多工具可用來達成這個目標。舉幾個例子來說，它可以購買公司發行的債券、借款給政府、購買更多債券、買入不動產並將其改建為公園，或者直接印鈔票分給每位國民。在所有情境裡，購買力都會增加，需求也會受到刺激。印鈔可能也會使日圓貶值，這對出口有利。[4]這麼做並不會導致通膨：因為衰退的問題和原因正是缺乏貨幣，進而導致通縮。

在一九九〇年代的任何時候，政府只要擴張央行的信用，就能促成經濟復甦。如果日本銀行願意，日本在整個一九九〇年代都可以維持高度成長。

這些都不是什麼太深奧的學問。而且，如今央行官員可以回顧日本銀行或其他處理過相同議題的央行（如德國央行或美國聯準會）的豐富歷史和經驗。因此謎團依然存在：那為什麼日本銀行不創造更多貨幣？

就有關人士的動機來看，一九九〇年代的大藏省和來來去去的眾多政府機構，毫無疑問都有創造經濟復甦的動機。承受猛烈批評砲火的大藏省，痛切地意識到長期衰退不僅危及自己位居主導地位的正當性，而這也正是戰後日本經濟架構的根基。而經過仔細審視過後，央行的動機似乎就不那麼明確。

一九九二年，當我在日本銀行擔任訪問研究員時，我發現到信用擴張及信用配置的重要性。我意識到如果央行的施政方向錯誤，日本的衰退會惡化，失業率也會飆升。光靠降息和財政政策是不夠的。真正需要的是央行創造更多貨幣。但當時央行卻在做相反的事，積極地從經濟體中收回資金。我無法理解這麼做的原因，因而持續詢問好幾名日本銀行的官員，希望得到解答。最後，其中一名央行官員向我解釋：「如果我們印更多鈔票，我們的經濟就能復甦。但那樣做的話什麼都不會改變。日本的結構問題不會獲得解決。」當時我無法相信他的話。日本央行會為了改變經濟結構而刻意延長經濟衰退嗎？推動經濟和社會改革（尤其是規模如此浩大、經濟和人力成本如此龐大，且作法也如此不透明）是否該是央行的工作？到了一九九八年，自殺人數達到戰後新高，許多都是因經濟衰退所致。[5]

日本銀行對於其政策的官方聲明一直充滿矛盾。一方面，央行堅持認為衰退不是因為其政策，而是因為經濟結構所致。這就是為什麼需要結構改革而不是貨幣刺激，正如其官員一再表示的。然而央行職員（包括總裁）也表示他們不想刺激經濟（這也間接承認他們有能力這麼做），因為這會推遲「急需的」結構改革。[6]央行職員甚至主張，大規模的貨幣寬鬆「可能會造成傷害」，因為「更加延遲結構調整的進展」。[7]因此，總部位於華盛頓的國際經濟研究所的經濟學家波森（Adam Posen）得出結論：「透過消去法和仔細閱讀日銀政策委員會成員的聲明後，我得出的結論是：促進日本經濟結構改革的願望，是該行表面消極但實則刻意地容忍通縮的主要動機。」[8]如果讀者和我在一九九〇年代初一樣對日本經濟充滿懷疑，那麼確實會很難接受這個結論。

日本銀行的步步高升

若經濟復甦會阻礙結構改革，這意味著結構改革對復甦而言並非必要。那麼，為何還需要改革結構？儘管日本體制存在諸多問題，仍有許多改善空間，特別是提升生活品質、擴大住宅面積、增加休閒時間、增設公園等面向——但也尚不確認美式經濟體制能否明顯提升生活水準。美式經濟體制亦有其缺點。若能就結構改革的方向進行公開討論，許多日本經濟體制的優點原本可以被保留下來。

事實上，一九九〇年代的經濟衰退確實引發許多專家稱之為「顯著」的結構轉型。[9]一九九〇年代的結構與行政改革並非只創造出了輸家。雖然在二〇〇〇年的跨年夜，前大藏省的官僚可能淚流滿面，但在其他地方或許有人正開著香檳慶祝。當大藏省被裁撤時，其職務早就被廢除或是轉移至其他機構。一九九八年，貨幣政策交由新獨立的日本銀行負責，金融部門的監管則交由獨立出來的金融廳。由於許多有影響力的金融廳職員來自央行，也就很清楚誰是這次行政重組的贏家。[10]這贏家正是日本銀行——大藏省的宿敵。它終於勝出，且比以往手握更大權力。

儘管大藏省在法律上擁有更大的權力，央行卻握有更好的籌碼：它掌控著鮮為人知且超越法規的信用管制機制。在傳統利率政策的煙幕後，決策者完全不必為此負責。這一切之所以會這樣，是因為央行的貨幣政策缺乏透明度，也缺乏真正落實的問責制度。

央行的獨立

一九九七年，作為首相橋本龍太郎行政改革計畫的一環，政府提出新的《日本銀行法》。當時，財經媒體認為新法只代表日本銀行「稍微增加自主程度」。[11]時任日本銀行副總裁的福井俊彥遊說媒體與政界，聲稱新的《日本銀行法》「將使央行能更快速、靈活地做出貨幣決策，並有助於央行獲得更多來自金融市場的信任」。[12]

但事實並非如此——這正是當一九九七年人們討論新法時，我所擔憂的事。那時我已經做足研究，深信新的《日本銀行法》不僅不符合日本人民的利益，且會危及其他民主國家。因此我竭盡所能阻止新法通過。我把我的意見信傳真給所有我能接觸到的國會議員。也試圖與相關委員會的議員約開會碰面。許多人無視我的傳真與去電。但仍有不少議員願意撥冗見我，聽取我的意見。然而這是場艱苦的戰役。跟我自己在多年研究日本銀行之前的想法一樣，多數專家也認為央行獨立是件好事。本書稍候將會論述，為何無論在歐洲或亞洲，支持央行獨立的論點都帶有嚴重缺陷。這包括認為德意志聯邦銀行（German Bundesbank）的巨大成功，是奠基於其獨立性的論點。我們接下來會看到，事實恰恰相反。

最終，新《日本銀行法》通過。這就是為何今日政府不再擁有貨幣政策的控制權。在二〇〇一年與二〇〇二年的股市下跌後，許多政治人物要求日銀總裁下臺。面對這樣的批評，速水總裁的回應是要求日本人民放棄終身僱用制，並面對更少的工作保障。但他自己的工作卻享有保障。

政府毫無方法將他開除。根據新的《日本銀行法》，他並未做錯任何事，因為法律並未明確規定央行的職責是實現健全的經濟成長。

除非再次修改《日本銀行法》，政治人物沒有其他實現意志的機制。決定經濟興衰的不是政府，而是日銀。

這些央行家究竟是何方神聖？

相較於一般民眾或政治人物，央行家雖擅於保持低調，但其職涯路線卻較容易預測。人們很難猜中誰是下一任大藏大臣，或是現任首相能做多久。但在戰後，日本銀行最高職位的人選，卻從不存在這樣的不確定性。

在戰後的五十八年間，日本經歷了二十六任首相。然而，掌控日本貨幣政策、左右經濟命脈的人卻屈指可數。這些日本銀行幕後的重要人物，被同儕稱為「王子」。如同日本傳統偶戲「文樂」中身穿黑衣、在背後操縱的操偶師一樣，這些鮮為人知的央行家塑造出日本戰後歷史的關鍵事件。政治人物、政府與官僚，甚至是強大的大藏省，都成為他們的金錢遊戲中一無所知的傀儡。然而迄今為止，外界對他們及其操縱政策的工具所知甚少。我希望本書能揭露他們的所作所為，讓讀者更了解這些未經民選的央行家所掌握的權力。

即使到現在，許多記者和評論家似乎都很確定誰會是下一任的日本銀行總裁。二〇〇一年五月，就在本書日文版出版的同一週，富士通總研的理事長福井俊彥正在運籌帷幄，想取代速水優成為新任總裁。媒體一直將福井標榜是「令人印象深刻」的候選人，是「角逐日銀總裁」的頭號人選，也是「最有望擔任最高職位」的人選。[13]日本首屈一指的財經報紙《日本經濟新聞》甚至搶先在頭版刊登他的照片，介紹他為新任總裁。結果，速水總裁拒絕辭職。不過，他的五年任期將在二〇〇三年三月結束。直至二〇〇二年十二月，儘管還有其他可能的候選人，媒體仍一致認為最有可能的繼任者是福井俊彥，《金融時報》稱他為「最能獲得各方共識妥協的人選」。為什麼？因為他是「一名有效率的領導者，能夠帶領日銀在眼前混沌的水域中航行」。[14]

事實上在戰後，日本銀行實質領導人的挑選過程，幾乎沒有妥協的空間。在一九八九年三重野康成為總裁前，及十年前前川春雄成為總裁時，媒體和知情的政治觀察家都同樣做出一致的預測。再往前看十年，內部人士都知道佐佐木直會成為總裁。在本書中我們會發現，福井、三重野、前川和佐佐木擁有許多共同點。在所有共同點中最不重要的是，他們都在央行掌權十年，且都在經濟同友會擔任過領導人的角色，這個組織自一九七〇年代起便主張日本應該徹底改變其經濟結構。更值得留意的是，年輕時的他們在央行任職初期就被稱為是「王子」——獲欽點於將來繼承日本銀行王位的人。這絕非輕易就能獲得的榮銜：每十年只有一位央行家能成為王子。

本書的日文版幫助日本的社會大眾更加認識這些王子的背景、他們的目標，以及他們推行政策的方式——包括導致一九八〇年代金融泡沫的形成，和一九九〇年代長達十年的景氣低迷的諸多事件背後，福井扮演怎樣的關鍵角色。此外，有越來越多政治人物似乎理解到，日本銀行是日本經濟困境的罪魁禍首，以及要求央行採取更積極支持的政策是經濟復甦的必要條件。或許正因如此，小泉首相在二〇〇二年十二月底表示，他只會任命「積極對抗通縮」的人擔任日本銀行總裁。[15]這個說法實際上就應把「王子」福井排除在候選名單之外：不僅是他過去的作為，就連他最近的言論似乎也顯示他不願對抗通縮。[16]他反而要求應該讓更多的公司破產，且日本的失業率應該進一步上升到至少八％。[17]但是，人的言行不總是一致。

即便任命了外部人士來取代福井成為新任的日本銀行總裁，日本銀行的舊勢力還是可能會使用一套成功很多次的手法來維持控制權：我們將在本書中看到，每當一名前大藏省官員或民間部門的外部人士成為日本銀行總裁時，他們都會被蒙在鼓裡，不清楚實際貨幣政策執行層面的所謂「技術性」細節，也就是央行的信用創造量。這些都是由副總裁——其中一位王子——來決定的，而這位副總裁在五年後就會成為正式總裁。

在最初的五年內，正式的總裁只能控制次要的政策工具，像是利率和銀行在央行的準備金，而舊勢力則透過控制信用量來維持實際的掌控權力。

結果，就如同三十五年前所規畫的劇本那般，福井俊彥再次勝出。早在二〇〇〇年，本書日文版的收尾階段時，我就預測他會成為下一任日銀總裁。儘管首相的聲明與此結局背道而馳，且這個政府出了名經常頒布意料之外的任命，福井最終仍如期獲得任命，這也就證明了這些王子掌握著多大的權力。

需要進行公開辯論

沒有人比福井總裁更清楚，通膨目標的引入（這個當今小泉首相似乎頗青睞的機制）並非解決之道。他明白真正需要的是擴大信用創造量的政策。然而，就如同威瑪共和時期的德意志帝國銀行一樣，在缺乏必需的問責機制的情況下，日本銀行實施了遠超乎其職責範圍的不當信用政策。歐洲央行和美國聯準會恐怕也正踏上這些央行的後路。

即便是央行家也是人。因此，他們和任何人一樣都可能會犯錯或有自私表現。他們所需要的是一個能夠約束這些習性、提供正確動機的機制，也就是民主的監督與制衡。實行這樣的制衡並不代表要讓貨幣貶值或放任通膨。事情完全相反，因為歷史告訴我們，唯有賦予央行正確的政策目標，並要求其負起相對應的責任，才能真正確保貨幣的穩定。

對於民主社會裡央行該扮演怎樣的角色，我們需要更廣泛的討論。任何相關的討論都必須奠基在對事實和央行歷史的理解之上。包括認知到央行常以利率作為煙幕，轉移外界對其實質政策內容的注意力，而這些政策通常可透過測量信用的規模來獲得更正確的評價。

我很高興在此報告，本書在這個部分做出了些許貢獻。本書日文版發行了十五萬冊，並登上暢銷書榜首。許多國會議員讀了這本書。自民黨的多名議員認真看待書中的論點，並成立了自民黨中央銀行改革研究會。我希望英文版也能在其他國家促進類似的討論。

東京，二〇〇三年二月二十八日

第一章

日本的課題

日本新紀元的來臨

在現代日本的歷史上，日本的經濟、社會與政治體制僅經歷過兩次根本性的變革：明治時期（十九世紀末）以及六十年前的戰爭與戰敗時期。這兩次變革皆由危機所引發。明治維新是受到可能遭外國殖民的威脅所推動。而第二次重大變動則是由大蕭條、太平洋戰爭及隨後的日本戰敗所觸發。

戰後高度成長的奇蹟，儘管成就斐然，但主要是在既有的經濟與政治制度框架內，在數量上有所突破。如今，日本再次站在歷史的十字路口。一九九〇年代所面臨的危機，也意味我們所知的「日式」經濟體制的終結。日本正在轉型成為本質上截然不同的經濟體制，也就是美式的自由市場經濟。

回到未來——前進到過去

諷刺的是，日本對這個體制並不陌生。很少人知道，戰前日本所實行的幾乎就是這套制度。在一九二〇年代，著名的戰後日本體制尚未存在。當時的日本經濟在許多面向都像是今日美國經濟的翻版——激烈的競爭、積極聘僱和解僱員工、大公司間的併購戰、極少的官僚管制、要求高股利的強勢股東，以及公司向市場而非銀行融資。然而整個戰後時期，日本經濟卻往反方向走：高度管制、限制競爭的卡特爾、削弱股東權力的銀行融資方式與交叉持股手段、沒有併購行為，以及因終身僱用制與年功俸制而凝滯的勞動市場。

數十年來，觀察家一直對於這種特殊的戰後經濟體制感到困惑。主流的經濟理論指出，只有自由市場才能帶來成功。但是日本在短短數十年間，不單靠著自由市場的「看不見的手」，就從開發中國家躍升為世界第二大經濟體。為了解釋這個謎團，許多理論因而誕生。

戰時經濟

改變日本的關鍵是在對日本的研究中經常被忽略、發生在戰前與戰後之間的事件：戰爭本身。日本的經濟體制主要是在第二次世界大戰期間成形的，其本質就是追求最大產出的總動員戰時經濟。

自一九四〇年代初期至今，日本公司就一直處於戰時狀態。戰後初期，美國急於向世界展示占領後的日本已經被改造成美國的樣子。事實上，隨著冷戰開始，美國決定維持日本的戰時狀態，並讓戰時的官僚菁英繼續掌權。

當德國戰時經濟部長斯佩爾（Albert Speer）以戰犯身分被關在斯潘道監獄時，他在戰時的日本同僚*卻成為首相，並與其胞弟共同領導日本關鍵的十二年。在這段期間（一九五〇年代末至一九七〇年代初），仍掌控大權的戰時官僚菁英，得以完善戰爭期間所實行的那套快速動員資源的「總動員經濟」體制。由於這套體制的產能太過龐大，而國內經濟體的規模有限，它必須向海外擴張。希望日本變強的美國，允許這種情況發生。正是這個戰時總動員的經濟體制，帶領著日本在戰後征服了世界市場。

日式體制的特殊本質之所以長期不為人知，主要是因為許多當代經濟理論採取脫離歷史且通常違背事實的研究方法。歷史為經濟學家提供許多研究資料。忽視歷史就等於在忽視事實。

大公司與政治人物在日本的經濟奇蹟模式中確實扮演重要角色，但到最後經濟的表現並非由公司、政治人物與官僚體制所組成的三角結構所控制，而是由更核心的大藏省、通商產業省與日本銀行組成的三角結構所掌控。在這三個機構中，日本銀行的形象最為低調。他們如此不愛出風頭是有原因的。儘管日本銀行因為擁有專業知識能掌握最強大的經濟控制工具，而實際統治著日本，但在法律上它仍隸屬於大藏省。因此，它一直假裝自己的權力很小。本書將揭露它實際運用和濫用權力到哪種地步。

政府干預能創造快速成長

在當今許多意見領袖的眼中，經濟上的成功與自由市場經濟幾乎是同義詞。這也是為何人們會勸說發展中國家採納世界銀行（World Bank）與國際貨幣基金組織（IMF）的口號「自由化、私有化與解除管制」，以達成經濟發展的目標。當鐵幕倒塌，許多共產國家採行市場導向的經濟體制時，部分觀察家甚至宣稱「歷史的終結」已然到來：不同經濟體制間的角力已經結束，自由市場體制儼然已獲勝。

然而，日本並非透過自由市場體制成為世界第二大經濟體。這代表世界上存在另一種資本主義的經濟體制，雖然奠基在明顯「看得見的手」，卻長期在經濟成長率上表現優於其他體制。

日本經驗也告訴我們，人們一直對於政府干預有所誤解，因為它並非如計畫經濟那般，實施越俎代庖的瑣碎管理形式。日本戰時的政府官員主要是藉由有意識的制度設計來實行看得見的干預，其目的在於建立有利於激勵快速成長的結構。成功的政府干預在於組織架構的設計，而非挑選贏家。[1]

＊ 譯注：指岸信介。岸信介之父岸秀助，是被佐藤家招贅的婿養子，因而改名佐藤秀助。因此岸信介舊姓佐藤，在中學畢業時因過繼其父本家而改姓「岸」。岸信介為第五十六、第五十七任內閣總理大臣，其弟弟佐藤榮作為第六十一任至第六十三任內閣總理大臣；而岸信介為第九十任、第九十六至九十八任內閣總理大臣安倍晉三之外祖父。

制度的設計

受到德國思想家的影響，戰時經濟的領導人鼓勵大公司的設立。他們理解到在大公司中的三個利害關係人（管理階層、股東與員工）裡頭，股東的目標與決策者追求快速成長的總體目標最不一致。因此，股東被排除在外、管理者的地位提升，而員工則透過公司工會與工作保障獲得激勵。

管理階層藉由交叉持股擺脫追求股利的股東束縛，他們不分配利潤而是進行再投資。這使他們得以擴大公司規模與市占率。這也使日本經濟朝向高度成長邁進。

在國內，隨之而來的激烈市場爭奪戰必須透過卡特爾組織加以控制。這並不代表競爭就此結束；公司仍持續彼此競爭以維持它們在卡特爾組織中的排名。最重要的是，在海外並不存在限制競爭的卡特爾。敞開大門的自由市場世界，就代表著日本這臺成長機器能在其中肆虐。在一九六〇與一九七〇年代，美國原本領先的產業一個接著一個被消滅。較不奉行自由貿易教條的歐洲人，只對日本公司進入市場加諸限制。日本人接受了這項限制——他們很習慣貿易受到管理——而貿易摩擦從未成為日本與歐洲的重大議題。

成功的高昂代價

在實現快速經濟成長的目標上，戰時經濟體制的表現極為成功。但這是有代價的。勞工福利被大公司所僱用的少數人所侵占。約三分之二的勞工任職於中小企業，他們從未享有大公司所提供的福利，如終身僱用制、住房與社會福利的支援和很高的報公帳額度。許多機制迫使大多數的勞工減少消費以存下其辛苦賺得的收入。這些機制包括租稅優惠、食物與教育等必需品的高成本、居高不下且持續上漲的地價，以及不完善的退休金制度。

在追求世界排名的競賽中，生活品質、環境，以及個人自由與選擇等目標，被國家排在較低的順位。日本的生活條件仍相對貧乏——或至少與其作為世界第二大經濟強國的地位不相稱。房屋狹小、待在擁擠列車上的通勤時間往往超過兩個小時，且休閒時間有限。人們集中住在少數都市區域且休閒模式單一，限制了假日生活的品質。

與此同時，日本體制所帶來的高額收入與財富平等，也促成了社會的團結、穩定與和平。日本的低犯罪率至今仍為世界稱羨。許多發展中國家會願意接受這樣的成功代價。對這些國家，以及從非資本主義體制轉向資本主義的經濟體而言，採行日本總動員經濟模式可能會比單純引入自由市場經濟，並等待看不見的手帶來成長，有獲得更好成果的潛力。決定哪種經濟和社會體制（是自由市場，或是總動員經濟）比較好是種政治決策。且也應以這樣的角度來看待這項過程。

對日本而言，這代表著其體制絕非一成不變。這並非沿襲了兩千年的傳統。戰後的戰時經濟體制僅有六十年的歷史。這證明日本有能力接受劇烈的變革。我們所需要的只是一場危機——某個足以觸發變革的震撼事件。

希特勒的控制工具

雖然在日式的經濟體中，政府的干預多採取間接、市場導向的形式，但也存在一種控制工具，可以直接強力干預經濟。然而，因為其運作方式太過微妙，導致時至今日，許多經濟學家仍在爭議這種工具是否存在。那就是貨幣。戰時官僚深知貨幣的本質、來源，以及如何運用它來控制經濟體的各個層面。

在歐洲，貨幣經濟學的發展受到其經濟體制的落後所阻礙。早在西元十世紀，中國的皇帝就發明出紙幣並用來全面掌控帝國，而歐洲的君主仍堅信只有貴金屬才能作為貨幣使用。因此，他們無法掌控貨幣供給，也就無法控制自己的國家。由於黃金笨重難拿，所以人們將黃金存放在金匠那邊，而金匠也因此成為最初的銀行家。因為對金匠業務內容的理解有誤，導致一代又一代的政治人物和經濟學家誤入歧途，他們忽視了一項影響深遠的事實：銀行擁有**創造**貨幣的能力，並能決定將資金分配給誰。[2] 這現象也解釋了為何至今仍很少人知道操縱日本經濟的槓桿為何。相反地，戰時官僚理解銀行的角色，並認知到貨幣是經濟的命脈。

受到希特勒（Adolf Hitler）的央行家沙赫特（Hjalmar Schacht）的手段影響，日本戰時經濟的領導人將創造信用變成了他們最有力的總體管制機制。他們有計畫且熟練地運用銀行體制，將資源分配給目標產業。

窗口指導

戰時官僚所使用的信用管制機制幾乎全面沿用到戰後時期。這些機制以日本銀行不受法律支配且祕密的「窗口指導」（Window Guidance）形式運作。這種「指導」包含由央行嚴格實行的直接信用配額。這可謂日本戰後經濟成功的核心。同時也能解釋韓國和臺灣的成功原因——日本在戰時於兩地設立了相同的制度，而戰後的領導人也繼續沿用。

在一九五〇和一九六〇年代，窗口指導成為強大的大藏省，與制度上隸屬於它的日本銀行之間，新一波權力鬥爭的關鍵工具。儘管大藏省在第一場的政治鬥爭中獲勝，避免了《日本銀行法》（本法於一九四二年公布，主要是翻譯自希特勒於一九三九年頒布的《帝國銀行法》）的修改，但日本銀行仍全面掌握窗口指導的權力。日本銀行讓大藏省控制利率，並淡化量化信用政策的重要性，使大藏省產生一種虛假的安全感。在傳統新古典主義經濟學說的支持下（此類理論中最好的那種是認為信用政策無用武之地，最糟的則完全假設貨幣並不存在），一系列日本銀行的研究結果「證明」信用管制毫無用處。因此日本銀行宣布廢除這些管制。人們對於這些管制本身有多強大的記憶，隨著時間逐漸淡去。到了一九七〇年代，很少觀察家意識到，儘管大藏省看似掌權，但實際統治日本經濟的卻是日本銀行。

運轉測試：第一次泡沫

在一九七〇年代，日本銀行開始施展信用管制的身手，測試自己對經濟運作的自治權的極限到哪裡。透過窗口指導，央行命令銀行擴張對投機的房地產借款人的信用。結果，地價飆升，日本陷入戰後的第一次泡沫經濟。接著必然發生的經濟衰退對既有的菁英階層造成震撼，首當其中的是大藏省。由於窗口指導信用管制的角色鮮為人知，幾乎沒有人歸咎日本銀行。

這段經歷為一九八〇和一九九〇年代發生的事件奠定了基礎。這使得央行更加大膽地制定計畫，企圖以新的經濟、社會和政治體制取代戰時經濟體制。新的體制是仿效美國的自由市場。日本銀行傾向「回到未來」的舊有日本自由市場，在那裡，手中握有主導權的是股東，而非員工等其他利害關係人。同樣重要的是，自由市場體制通常使央行成為經濟體中無庸置疑的權威。當然，若要引入如此深層的結構變革，整套戰時經濟體制就必須被拆除。這種行為如同一場革命。而革命只會發生在危機時刻。

買下全世界

從一九八六年到一九九〇年左右，日本的資金湧向全世界。從紐約、夏威夷和澳洲的不動產，到在美國、歐洲和亞洲的公司併購案，來自日本的資金似乎正在買下整個地球。海外投資的規模前所未見，其程度之龐大，令諸多專家難以解釋。日本所使用的不只有因大量出口和貿易順差所賺取的美元；在一九八七年，日本的長期海外投資淨值，比突破新高的經常帳盈餘還要多兩倍。這般大規模的海外投資，完全無法以傳統的經濟模型解釋。日本的資金流向仍是個謎。這個情況在一九九一年變得更加撲朔迷離，當時日本突然從史上最大的淨資本輸出國轉變為淨資本輸入國。而上述事件的成因為何？

信用泡沫與崩毀

在一九八〇年代後期的大多數時間裡，日本創造了過多的貨幣，其中一部分溢向海外。銀行信用量的擴張速度約為十五％，而國民所得僅成長約六％。新創造出的貨幣並未用來增加生產力。而是流向購買土地與股票的投機行為。龐大的新購買力將資產價格推升到令人眩暈的高點。在一九八九年，東京皇居附近的一小塊土地，其市值竟與整個加州相當。這是個泡沫。

長期而言，創造出的信用若未被用來增加生產力，就無法順利償還。過度創造且超出經濟體需求的信用終將變為呆帳。這就是一九九〇年之後所發生的情況。銀行貸款的成長放緩。隨著資產價格的下跌，投機者破產，銀行最終要扛下一切。在一九九〇年代，約一百兆日圓的貸款（相當於日本GDP的五分之一）變成呆帳。銀行陷入癱瘓並停止放款。信用緊縮推升失業率。經濟陷入大蕭條以來最嚴重的衰退。

這是誰的錯？多數觀察家認為大藏省應該負責。大藏省也這麼認為。但它試圖創造復甦的所有作法都徒勞無功。儘管利率降至歷史新低，且推出空前的支出方案，經濟仍未復甦。多數觀察家認為這套體制似乎不再有用。一九九〇年代的長期衰退使日本戰後的經濟奇蹟失色，並摧毀了社會對於維持戰時經濟的共識。

但這套體制並非使經濟從榮景轉為蕭條的真正原因。降低利率或實施財政政策也無濟於事。其實只要推行一個簡單的政策，就可以在一九九三年或一九九四年輕易創造經濟復甦。因為銀行創造的貨幣不夠多，導致物價下跌，需求萎縮，失業率上升。經濟體需要的只是更多的貨幣。這再簡單不過了——日本銀行只需啟動印鈔機即可。

日圓之戰

那麼，日本銀行在一九九〇年代究竟印了多少鈔票？非常少。當大藏省急於促進經濟復甦時，日本銀行對此似乎並不急切。央行雖然依照大藏省的命令降低利率，但它同時也減少了流通的貨幣量。如果多數公司（小公司）在任何利率下都無法借到錢，那就算利率為零也無濟於事。當大藏省增加財政支出時，央行沒能透過創造新貨幣來提供資金。因此大藏省只能透過向民間投資者發行債券融資，這不過是在排擠民間需求。在一九九五年初，當大藏省絕望地試圖透過較弱的日圓來提振出口，因此下令推行規模前所未有的外匯干預時，日本央行悄悄沖銷所有外匯干預。日圓仍保持強勢。在一九九五年三月，因為央行的沖銷力道過猛，導致日圓匯率升至戰後的高點：七十九．七五日圓兌一美元。這對日本經濟和大藏省造成另一次的嚴重打擊。

一九九〇年代的衰退，毫無疑問是央行政策所造成的。央行可以透過微調信用量來避免衰退。對央行行動的分析指出，它是刻意選擇延長衰退。

與此同時，日本央行對大藏省的權力基礎發動正面攻擊。自一九六〇年代以來，央行首次重新點燃輿論對於《日本銀行法》的討論，並以此為目標向政治人物展開遊說。央行的目標是獲得法定上的獨立地位。由於大藏省須扛下導致經濟衰退的責任，央行贏得了這場戰役。遭擊敗的大藏省被奪去所有關鍵的權力控制手段。央行現在獨立且不受監督。在亞洲，失敗的對手通常至少能保住面子。但大藏省並未享有這般寬容：更加難堪的是，它那個象徵權威地位的古老名稱也遭到廢除。自二〇〇一年一月起，大藏省不復存在。

央行家的奇特政策

日本銀行為何選擇延長一九九〇年代的衰退？只有當我們解開另一個謎團時，才能找到確切的答案。一九九〇年代發生的種種事件，是根植於一九八〇年代的泡沫。這個泡沫、這個在和平時期史上最大的資源錯置狀況是如何產生的？我們知道這是由於銀行過度創造信用所致。但銀行為何要借出如此多的貸款？

我們知道從一九四〇年左右到一九七〇年代末，銀行的放款是由日本銀行的窗口指導所決定。然而，根據日本銀行的官方聲明，這些信用管制的手段已遭廢除，且並未在關鍵的一九八〇年代使用。這是迄今社會公認的觀點。這是真的嗎？有證據顯示窗口指導依然存在。那是一把冒煙的槍*。而是誰扣下了扳機？決策者的動機為何？這些問題的解答將提供線索，說明為何日本銀行要延長一九九〇年代的經濟衰退。

日本不尋常的發展路線並非特例。在一九九〇年代初期，韓國、泰國和印尼的央行採取了與日本銀行在一九八〇年代推行的同一套政策。這些央行運用德意志帝國銀行所開創，對銀行放款的法外「指導」，他們強迫銀行向不動產的投機分子過度放款。這個泡沫因為央行維持估值過高的固定匯率，加上國外利率高於國內的政策，而進一步膨脹。投機者獲得從國外借款的種種誘因。破天荒數量的美元湧入亞洲地區，進一步助長資產泡沫並使狀況變得更加不穩定。在一九九七年，投資人撤資。同時，央行強迫商業銀行限制信用創造量。泡沫因而崩毀。

央行沒有讓貨幣匯率迅速浮動，反而是確保將大量外匯存底浪費來保衛估值過高的匯率上。到了一九九七年底，這三個國家都已陷入破產邊緣。由於央行進一步減少信用創造量，危機最終演變成經濟衰退。為何這些國家都採取了同樣導致災難的政策？

第二次經濟奇蹟就在前方

到了一九七〇年代有越來越多的聲音指出，日本的戰時體制已無法維持高度成長。舊有體制是透過增加投入土地、勞動力、資本與技術等要素來實現產出的最大化。但到了一九七〇年代，日本能投入的要素已經越來越少，因此潛在成長率開始下滑。在一九九〇年代，其他亞洲國家也面臨類似的情況。其中一個解方是引進美式資本主義來提升生產力。

在實行將近六十年並創造出極為亮眼的成績之後，日本戰時經濟體制遭到廢除。一九九〇年代歷史性的管制鬆綁、法規變革和朝著市場導向的改革，逐步瓦解了這個體制的根基。市場的力量以更快的速度朝著美式市場的目標邁進。在解除管制的呼聲下，新的產業應運而生。

國內經濟的生產力已有所提升，可以實現高達四%的非通膨成長率。對於日本這樣的先進經濟體而言，這堪稱是第二次的經濟奇蹟。那麼，日本及亞洲鄰國的發展是否已步上正軌？這個答案，有待我們解開所有令人費解的問題後才能揭曉。

＊　譯注：有證據確鑿的涵義。

第二章

總動員戰時經濟

未來藏於過去之中

一九四五年的戰敗常被視為一個分水嶺，預示著新日本的開始。在美國占領當局的指導下，日本拋下黑暗的過去，以嶄新的制度與經濟結構重新開始。被焚毀的城市、遭摧毀的工廠和橋樑的廢墟等景象，有時給人一種新時代是始於一九四五年八月廢墟中的印象。直至一九五二年，美國都還占領著日本（比在德國還長），而美國在此期間實施對日本人民的再教育與民主化計畫。美國為日本帶來了新憲法、政黨制度、包含女性在內的自由選舉，以及市場導向的資本主義經濟體制。麥克阿瑟（Douglas MacArthur）的改革允許工會成立、解散財閥，並推行全面的土地改革。

因此許多書籍（尤其是通俗作品），都從一九四五年開始分析日本，而日本歷史通常會很整齊地區分為戰後與戰前時期。然而，並非所有學者都持此觀點，因為這種戰後與戰前的區分，忽略了本世紀日本歷史上最重要的時期——戰爭時期。[1]事實上，戰後日本社會、經濟，甚至政治體制的所有特徵，也就是我們所謂的「日本典型特徵」，都是在戰爭時期形成的。

戰後日本公司展開的銷售攻勢與開拓世界市場的行動常被比喻為軍事行動。日本公司的員工自稱「戰士」，他們眾所周知的生活方式與軍隊士兵不相上下。然而，將日本戰後的經濟體制形容為戰時經濟並非比喻，而是確切的事實。日本戰後的經濟體是個總動員的戰時經濟體，只是將生產重心從武器轉向消費品。

猜猜是哪個自由市場經濟體

請讀者猜測以下描述的是哪個國家：這是一個幾乎完全不受限制的資本主義國家。股票市場是該國公司主要的外部資金來源。股東擁有絕對權力並要求公司提供高額股利。這迫使管理階層必須著重公司的短期利潤。大多數的管理者是從外部招聘，而非從公司內部晉升而來。激烈的併購戰與公司收購案讓經營階層戰戰兢兢。如果表現不佳，他們隨時可能丟掉工作。

該國的勞動市場特色是公司可以輕易地聘用與解聘員工，而員工也頻繁更換工作。人們收入與財富的差距懸殊。整個富裕的資本家階層靠著股利收入生活。國家的整體儲蓄率偏低，GDP占比最大的是民間消費——約占八十％。政府頒訂的法規很少，且政府官員對經濟的直接影響力有限。事實上，官僚必須聽從政治人物的指示。政策相關的議題常引發激烈爭論，民眾對政治的關注度很高，有時甚至相當熱情。

人們很自然會認為這問題的答案是現今的美國；上述描述確實相當符合美國的情況。然而，這裡指的是日本——一九二〇年代的日本。許多觀察家認為典型的「日式」經濟體制早就存在於上個世紀，並根植於歷史悠久的日本文化中。但學者現在得出相反的看法：我們所熟悉的日式經濟體制，其實幾乎不存在於一九二〇年代的日本。

一九二〇年代的日本：自由市場資本主義的溫床

一九二〇年代的日本在許多面向，與我們所認識的那個戰後日本大不相同。其經濟體制雖非純粹的自由市場資本主義，但比此後任何時期的日本都更接近這個理想。[2] 終身僱用制、以年資為基礎的薪資與獎金制度，以及公司工會都不普遍。公司毫無顧忌快速招聘與解聘員工。員工對於為了尋求更好機會而離職也不以為意：當時日本員工轉換工作的頻率與現今的美國員工相當（是一九八〇年代日本的三倍）。工會是依照行業而非公司為單位組成，因此員工在爭取加薪時有更大的發語權——這不可能發生在戰後的公司工會體制裡。一九二〇年代，擁有影響力的工會策劃許多導致嚴重混亂的罷工行動，這在戰後日本是聞所未聞的。失業率不是戰後常見的二%，而是上看雙位數。

公司的主要控制權，與戰後公司交叉持股的體制不同，並非由其他公司掌握。在一九二〇年代，有真正的資本家、個人與家族持有大量股票。當時，公司大多數的股票由個人持有，但到了一九九〇年代初，這個比例則降到十五％以下。[3]股東能直接在公司的董事會中擔任代表，針對公司政策方向發聲是件很自然的事。在戰前，多數大公司的董事會成員是由股東安排，並從外部招聘而來。相較之下，到了一九九〇年，大公司的董事會有超過九十％的董事是向內徵召，從公司管理階層提拔而來。[4]

在一九二〇或一九三〇年代，股東之所以如此強大，是因為公司有三十％到五十％的外部資金來自股市。在戰後，如一九六〇和一九七〇年代，從股市融資的金額僅占公司向外部融資總額的五％到十％。[5]一九二〇年代的股東運用其影響力要求高額股利。這迫使公司必須盡可能把利潤分配給股東。[6]

追求利潤，而非市占率

在一九二〇年代與一九三〇年代初期，日本大公司將超過三分之二的利潤用於發放股利，約六％用於支付董事酬勞，僅二十五％保留為準備金。[7]相較之下，在一九六六年到一九七〇年期間，四十三％的公司利潤用於發放股利，僅有二％作為董事酬勞，且有高達五十五％的利潤用於再投資。[8]換句話說，在戰前，公司利潤的分配嚴重偏袒資本家。股利能反映公司的經營成果，因此會隨之波動（這與戰後幾乎固定的低股利大不相同）。

若管理階層未能執行企業主的指令，便會迅速遭到撤換，由新團隊接手。這與戰後日本的情況形成強烈對比，此時的年度股東大會形同橡皮圖章，在短短幾分鐘內便通過管理階層的提案，無須經過討論或接受詰問（這也是為何「總會屋」[*]能夠光靠著威脅要在股東會上提問來謀生的原因）。[9]如今的「上班族」[†]將公司視為「自己的」，而非股東的財產，認為有權依己所願經營公司，無須向股東解釋。

戰後日本的收入與財富分配相當平均，但在一九二〇年代則存在顯著差異，許多擁有不動產與股票的富人靠著股利與租金過活。而藉由控股公司集中持股來掌握主要財閥的家族，在這個資本家階層中占了很大部分。但還有其他資本家的存在。在六十家日本最大的礦業和製造業公司中，只有十家與財閥有關。[10]大多數的公司都不屬於財閥，且擁有分散的股權結構。

然而，財閥很積極擴張其影響力。他們大肆買入其他公司的股票進行收購或併購——這作法在戰後時期幾乎從未聽聞。財閥之間經常展開敵意併購。一九三〇年代，三井集團從三菱集團手中收購明治製糖，並從鈴木集團購入兩間東洋製糖的工廠。王子製紙奪下了富士製紙的經營權，儘管後者屬於競爭對手三井財閥。

戰前與戰後日本的差異也反映在儲蓄率和民間消費的GDP占比上。當今民生消費占GDP不到六十%，但一九二〇年代約占八十%，與現今美國相當。同樣地，目前日本的儲蓄率約二十%，而在戰前僅有約五%。強勁的消費力帶動許多最終消費財（final consumption good）的進口，這在戰後數十年裡並不常見。

一九三〇年代的革新派官僚批評日本看起來就如同「現今對美國公司的刻板印象」。[11]如果一九八〇年代美國貿易談判的代表穿越時空來到一九二〇年代，他們不會要求日本變得更像美國，因為當時的日本市場已與現代的美式資本主義很相似。

改變日本的那場危機

日式資本主義並非源自日本神祕的過去和特殊的亞洲價值觀。與廣為人知的戰後版本相比，日式資本主義在戰前時期才正開始萌芽。那麼，日本是在何時開始、透過哪種方式從相對自由的市場經濟，徹底轉變為戰後高度管制的體制？答案必須從戰前與戰後時之間發生的事件中尋找：戰爭本身。

歷史告訴我們，沒有任何國家能在毫無危機的情況下展開翻天覆地的變革。一九三〇年代和一九四〇年代初正是這樣的危機時期。直到一九三〇年代初，在共產主義國家以外最盛行的市場典範，是幾乎不受政府干預的自由市場資本主義。雖然日本擁有政府干預的深厚傳統，但到了一九二〇年代初，市場資本主義的論點已有一定的影響力。美國也對日本施加不少壓力要求他們

* 譯注：日本特有的公司敲詐集團，藉由持有公司股份，在股東大會上製造混亂或威脅曝光公司醜聞來獲取不法利益。

† 譯注：salarimen，サラリーマン，和製英語，通常比較指涉在政府機關或大公司上班的白領階層。

降低管制。[12]然而，一九三〇年代日本的知識分子開始轉向支持政府的干預，因為自由市場體制似乎無法發揮作用：一九二九年紐約股市崩盤的影響無遠弗屆。全球各地陷入困境的銀行收回貸款，導致大量公司破產且停止下單，進而引發通縮和大規模失業。[13]這現象使人們對資本主義的典範產生懷疑。顯然，放任自由市場運作也可能導致重大經濟災難。

隨著各國經濟萎縮（美國下跌十三％，英國下跌二十三％，[14]德國下跌十二％，日本下跌九．六％），[15]貧困問題越來越普遍。[16]當時社會困苦的程度是今日難以想像的。在美國、德國和日本都出現有人餓死和販賣兒童從事賣淫的情況。日本軍方在一九三〇年代初進行的全國性調查發現，由於營養不良、疾病和工殤致殘的緣故，有很高比例的年輕人的體格不適合服兵役。與此同時，許多資本家「肥貓」依然過著奢靡的生活。菁英階層意識到若不採取行動，將會對日本的軍事實力和勞動力帶來影響。

由於未能完全理解大蕭條的成因，越來越多思想家和政策制定者認為是資本主義體制本身出了問題。袖手旁觀（根據自由市場的正統觀念）的態度，變得越來越危險。這正是滋生革命的溫床。一九一七年發生在俄羅斯的布爾什維克政變，就是因為嚴峻的經濟形勢和民怨所推波助瀾，關於這段歷史人們仍然記憶猶新。

腹背受敵

在日本，統治菁英與官僚階層愈發擔憂發生共產革命的可能性。在日本的國境之外，有場危機也同時在醞釀著：隨著經濟大蕭條蔓延開來，各國為了提振國內的需求與收入，紛紛展開競爭性貨幣貶值（匯率戰）與貿易戰。結果，這些手段導致物價進一步下跌，加劇通縮。越來越多國家開始實施配額與關稅制度，不再奉自由貿易為圭臬。對幾乎沒有天然資源的日本而言，這種情況可能會導致災難。若無法在糧食上自給自足，日本唯有透過進口原物料、加工製造，並將有附加價值的產品銷往國外，才能維持生存。

日本經濟高度仰賴進口能源，主要是煤炭與石油。這些能源大多從太平洋彼岸的美國進口。然而，美國開始轉向保護主義，並抵制日本的出口。美國同時也越來越不認同日本殖民亞洲的野心。

追求經濟自給自足之路

日本對美國的批評置之不理。畢竟，英國與美國（以及法國和荷蘭）直到當時都是在殖民侵略亞洲的國家。日本的領導高層，尤其是軍方高層，仔細研究了第一次世界大戰期間，德國是如何在貿易封鎖下陷入原物料與糧食進口短缺的困境。他們得出的結論是：只要日本仍然仰賴從白人國家的進口，就不會獲得真正的自由。在面對國內經濟衰退、失業率攀升、共產黨奪權的內部威脅，以及可能遭世界貿易體制斷絕的外部威脅之下，軍方認為日本只有自己變強且不受脅迫，才能在如此充滿敵意的世界中生存。這意味著日本必須建立強大且自給自足的經濟體制。[17]

對外，軍方開始實踐「亞洲人的亞洲」的夢想。當他們為了追求經濟的自給自足，從滿洲國進軍中國時，美國可能祭出貿易杯葛手段的跡象只是證實了他們的疑慮，促使他們加速實施計畫。

對內，他們致力廢除掉日本曾經嘗試過但發現成效不佳的古典自由放任經濟體制，是時候嘗試其他方案。日本的軍事思想家與革新派官僚注意到德國的經濟學家提出了不同的處方。在納粹政權的統治下，這些計畫有所斬獲。的確，若引用英國經濟學家羅賓遜（Joan Robinson）的話：「在凱因斯（John Keynes）尚未完整解釋失業成因之前，希特勒就已找到解決失業的方法。」[18]此外，日本官僚也注意到有一個大型國家完全不受經濟大蕭條影響：蘇聯。在一九三〇年代，蘇聯展開一場由政府主導、十分瘋狂的工業化運動，並在許多資本主義國家中備受讚賞。

革新派官僚推動新體制

在日本，脫離自由市場經濟的各種行動是由軍方和「革新派官僚」所領導。這些官僚是在失業率居高不下的時期進入各部會，他們經常目睹鄉村地區的飢荒狀況。他們認同日本思想家

（如：高橋龜吉）和德國經濟學家的批評，這些批評指責自由市場體制，在失業問題普遍存在的情況下，仍允許富有的股東追求利潤。[19] 資本家股東經常榨取公司以提高股利。隨著公司流失資金，公司幾乎沒有再投資的能力。因此，管理者往往無法為了公司的長期獲利與生存採取行動。與此同時，大型股東經常展開投機行為，先哄抬股價後再拋售股票以獲得資本利得，使得股市淪為被操控的賭場。

對軍方而言，成功的公式很簡單：日本要強大，經濟就必須快速成長。為了提高經濟成長，就必須動員所有資源，終結失業所造成的浪費。革新派官僚也不願等待亞當・斯密（Adam Smith）的「看不見的手」。他們認為必須由他們「看得見的手」來強化日本經濟。他們呼籲政府進行管制——因此他們也常被稱為「統制派官僚」。

他們對管制的渴望，並不代表要實施蘇聯計畫經濟那般的瑣碎管理。他們的想法深受德國反資本主義，特別是國家社會主義思想的影響，強調政府應透過重新設計誘因結構來進行干預。[20] 因此，日本到了一九三〇年代初，就已經開始邁向戰時動員的經濟體制。革新派人士在推動改革過程中遭遇阻力，所以我們所描述的戰時動員經濟的體制要到戰爭末期，甚至戰後初期才逐步建立完善。[21]

一九三七年，當日本與中國的衝突演變成全面性戰爭時，軍方以戰時緊急法令作為掩護推動重大變革，賦予革新派官僚權力，建立起高度政府干預的動員經濟體制。一個新的經濟、工業、社會和政治結構就此開始形成。當區域衝突演變成世界大戰時，更強力的法令被用來徹底重塑日本的經濟、社會和政治體制。重新設計後的制度架構，確保公司管理者與員工會為了更高的產出，而非短期的利潤而工作。這場轉型創造出戰後日本的經濟奇蹟。

日本軍國化

一九三六年，廣田弘毅內閣同意將日本的經濟體制轉向準戰時狀態。第一步是提高軍事支出預算。當軍需公司看到一九三七年政府預算的構成時，他們意識到若要增加軍事生產量，會需要進口大量的原物料。隨之而來的是投機性的原物料進口熱潮，使得日本的國際收支出現龐大赤字。一九三二年的《外匯管制法》是用來限制進口。這些管制是最終樹立戰時管制經濟的第一波改革目標。[22]

一九三七年，親軍方的近衛文麿內閣（一九九三年就任的首相細川護熙的外祖父）頒布了三項戰時管制法。《輸出入品等臨時措置法》規定要將重要物資優先分配給軍需工業。《臨時資金調整法》管制公司的設立、增資、股利發放、債券發行及資金借款。該法是用來依照優先順序將資金導向軍需產業。《軍需工業動員法》則賦予官僚更多管制的權力。

一九三八年四月，影響範圍更廣的《國家總動員法》提交國會審議。該法允許動員國內所有的實物，並規定「政府於戰時（包含視同戰爭之事變）得依勅令之規定徵用帝國臣民，從事總動員業務」。近衛不顧政界與商界的強烈反對，強行通過此法，因為他們意識到這是一張空白支票——該法並未具體規定管制的細節。[23]以概括性的法律為原則，細節留待日後以省令訂定的作法，將所有權力交給政府官僚自由發揮。該法賦予政府決定物價，針對生產、配給、消費、物資流通與對外貿易的權力建立管制，並設立管制機構來執行法令。[24]

生產最大化的體制

一九四〇年，在日本即將參與第二次世界大戰之際，手握這般法定權力的近衛內閣宣布《經濟新體制確立要綱》，內容包含新的金融、財務和勞動政策。成立於一九三七年十月的內閣企畫院，負責整體協調的工作。該機構是設計來擔任軍事化經濟體的經濟參謀本部。它會負責建立能實現經濟成長最大化的新經濟體制，並將資源導向重點產業。

這次結構轉型的目標是發展出一套制度架構，調整誘因使所有人都致力於追求產量最大化的成長。經濟的成長來自於將部分資源存下並進行投資。投資越多，經濟成長就越快，國民所得也就越高。只有一袋稻米種子的農夫，就得面臨要存下來、還是吃掉的抉擇。如果他選擇在現在全部吃光，今年雖可享受盛宴，但明年就將挨餓。而他存下來並重新播種（投資）的量越大，未來收成越好，因為每株稻子可產出超過百粒稻米。稻米吃得越多，能留下來重新播種的就越少。

公司就像是經濟界的農夫。他們面臨是要儲蓄並再投資利潤，還是將其作為股利發放給股東的決定。股利越少、再投資金額越多，公司成長越快。要創造快速成長的經濟體，政府必須塑造經濟制度使個人願意儲蓄、公司願意保留盈餘進行再投資。

所有權與管理權的分離

公司組織涉及三方：企業主、管理者與員工。在小型家族公司中，這三種角色可能由同一人扮演。這也是古典與新古典經濟學的假設，它們的模型是由許多小公司組成，而每家公司都由一個人擁有並經營。然而，大公司的興起在這三種核心職能之間形成了鴻溝。通常，大公司無法由一個人出資擁有、無法由一個人管理，且會僱用大量員工。

因此，大公司的興起導致所有權與經營權分離，以及員工與公司目標的分離。個別群體有著不同的目標與誘因。在一人公司中，三種不同職能的誘因一致，公司朝同一方向前進。然而在大公司中，這三個群體成為獨立單位，各方都追求對自己最有利的目標，而公司也開始朝著不同方向發展。最終的結果可能不是促成最快速的經濟成長，也可能不是對社會和國家最有利的結果。

股東與公司成長的對抗

追求利潤極大化是股東的目標。若股東一味在乎發放高額股利，可能導致公司缺乏再投資的資金，進而影響成長速度。這很可能導致公司資金過剩，而這些資金往往被一小撮富有的企業主用在生產之外的瑣碎用途上，且會加劇貧富差距、增加投機行為與非必需品的生產。經濟成長會隨之減緩。對超級富豪而言，民生消費僅占其總收入與財富的一小部分。[25]相較於所得分配平均的經濟體，在貧富差距懸殊的經濟體中，人民的消費力道較為疲弱。

若員工缺乏工作動力，且不斷向公司爭取更高薪資與更短工時，也將壓縮公司的獲利——若此現象遍及經濟體內，則將降低整體的經濟成長。因此，革新派官僚得出結論：賦予股東或員工過多權力，皆對成長不利。

然而他們發現，對管理者而言，情況就大不相同。獲得更多權力的管理者不僅可獲得更高薪酬，隨著他們在公司內不斷升遷，還能獲得更高的聲望與支配更多公司資源（包括支出預算）的權力。由於公司的組織階層呈金字塔形——越上層人數越少，越下層人數越多，若公司規模越大，則越多管理者得以向上升遷。因此，追求自身利益的行為促使管理者致力於讓公司加速成長。股東與員工的目標，相較之下無法直接加快整體經濟成長速度，管理者的目標卻能做到這一點。[26]

沒有資本家的資本主義

「經濟新體制」旨在使公司「不受追求利潤的股東控制」。[27]一九三〇年代，規畫戰爭的人得出結論：削弱股東與員工的權力，同時賦予管理者更多權力，將能促進經濟成長。大型公司的管理者是他們的盟友，而股東與加入工會的不安分員工則是敵人。[28]然而，只要用對的方式對待員工，就能爭取他們的支持。為了抑制勞工的不滿情緒和共產主義的煽動者，就必須讓員工與公司建立緊密連結——例如讓員工在公司事務上有更多的發言權，並灌輸「公司如家庭」的意識形態。

然而，要讓股東認同追求快速成長的大方向並不容易。在這三個利益團體中，股東對成長的影響程度最小。革新派認為，在大公司所主導的現代經濟中，資本主義若能擺脫資本家，轉而由強大的管理者掌舵，將能運作得更好。

「管理資本主義」與「公司如家庭」的觀念

基於上述分析，改革派已確立其努力方向。管理者的地位得到提升。這是很自然的事，因為在大型組織中，管理者實際上就是民間部門的官僚。現代官僚體制以普魯士官僚體制為藍圖，而後者又是參考普魯士軍隊來進行規畫。軍方自然會將管理者視為民間部門的士兵，隨著政府加強管控力道，他們被完全納入軍事指揮鏈中。最終這套體制延伸至基層員工，使其成為公司戰士。

一九三八年，隨著產業報國會在各公司中成立，將公司視為結合僱主與員工、為公共利益服務的「有機式組織」的理念也開始貫徹。公司開始舉辦勞資聯席會議，讓員工得以表達訴求並參與經營決策。同時，工會遭到廢除，所有的工會活動被限制在公司範圍內。這確保了對員工的讓步不會過度影響公司的快速成長。

與此同時，股東的角色被大幅削弱。一九四〇年頒布的《勤勞新體制確立要綱》宣告，公司並非股東的財產，而是由全體員工所組成的共同體組織。陸軍省官僚主張：「有必要將股票轉變為生息證券，使股東成為利息收受者……在經營上，必須優先關注為公司工作的人員。無論如何，管理、技術與勞動成果都取決於對人員的整體調配。這個經營面向始終比資本本身更為重要。」[29]新的法規限制股利的成長。自一九三九年四月起，殖利率達十％或以上的公司（約占當時大公司的三分之二），若要提高殖利率，需取得大藏省的許可。這降低了股票投資的吸引力。此外，自三井集團的總裁團琢磨遭暗殺之後，財閥家族逐漸公開出售持股。這不僅是回應軍方與官僚的壓力，也是為了緩解大眾的反財閥情緒。

人們很快發現到，若同一集團內的公司發行股票並交叉持股，即可在不削弱集團連結的前提下，減少外部股東的影響力。因此，一九三〇年代公司交叉持股的比例上升，戰時財閥公司間的交叉持股達到流通股數的四十％。[30]由於新股東多為同樣重視成長的其他公司管理者，此舉增加了管理者的獨立性。

《勤勞新體制確立要綱》：現代日本體制的起源

到了一九四三年，統制派官僚與軍方認為公司仍然太注重追逐獲利，而不是獲得成長。他們發現管理者依然懼怕股東。儘管股利已經降低，股東仍可在股東大會上威脅管理者。因此，作為一九四三年《國內態勢強化方策》的一環，公司法進行修改，並在同年十月頒布了新的《軍需公司法》（軍需会社法）。該法排除了股東對公司經營的影響力。取而代之的是，有關當局在每家公司中指定一位管理者負責管理生產。它被賦予管理公司的權力，可以用他決定的策略來達到質量並重的目標。股東無權解任他，且他的行動也不需要取得股東許可。[31]他只需要負責達成計畫官僚對生產提出的量化目標。一九四三年十一月，內閣企畫院與商工省合併成立強大的軍需省，計畫人員的權力因此更形擴大。[32]

一九四四年三月，公司的年度殖利率上限被調降至五％。股東原本對於利潤分配、融資事務及管理者任命的影響力都遭廢除。他們淪為沒有投票權的固定收益投資人。大部分的公司利潤被分配於再投資、管理者與員工薪資，以及獎勵提升特定生產力的員工特別獎金。[33]

由於管理者被賦予極大權力，必須防止他們過度提高自己的獎金。因此，管理者與員工的薪資是依據其在公司服務的年資而定——年功俸制。職位晉升則依其相對功績決定。如果公司快速成長，能力較弱的管理者也能獲得晉升。作為交換，員工與管理者必須宣誓對公司忠誠。實際上他們無法離職，因為其他同樣採用年功俸制與終身僱用制的公司不會錄用他們。

當局為管理者與員工引進了亞洲最先進的福利制度。一九三八年制定的《國民健康保險法》與一九三九年制定的《職員健康保險法》，為員工提供了幾近完整的健康保險。一九四二年設立的《厚生年金保險法》首次要求在民眾老年、殘疾或死亡時給付年金。一九四四年該制度擴及其他職員與女性。[34]

主力銀行體制的形成

大公司是官僚的盟友。有數個「國策公司」因而成立，而這些公司後來發展成巨型的公司集團。它們大多為股份有限公司，但其股份主要由政府持有，股東的影響力受到限制。政府選任公司的高階管理者，和官僚監督公司的政策。這類公司的數量從一九三七年的二十七家，激增至一九四一年六月的一百五十四家。[35]一九四四年，軍需物資的主要生產商被指定為「軍需公司」。一九四五年，超過六百家公司透過大藏省的配置，從一至兩家銀行取得達成生產配額所需的資金。[36]這些「主力銀行」（メインバンク，main bank）被指定為「軍需融資指定金融機關」，必須確保公司穩定獲得生產所需的銀行貸款——這是一個強制性的放款制度。這種「主力銀行」的關係延續至今。

銀行能從高風險貸款的損失獲得補償，無論是透過政府的貸款保證計畫，或是在遭遇難關時獲得政府紓困。在一九四五年三月，這套體制的範圍進一步擴張。很快地，超過兩千家公司，包括許多非軍需公司，都分別被分派了一間負責滿足其融資需求的銀行。銀行信用的配置對象因此大幅轉向，優先提供給製造業。[37]到戰爭結束時，銀行信用幾乎占公司融資來源的百分之百。公司不再透過股市來融資。

日本高儲蓄率的源頭

隨著越來越多的購買力被給到軍需生產商，這些生產商又要求有限資源的使用權，因此能供私人消費的商品與服務就越來越少。如果消費者的支出維持在一九二〇年代的水準，他們將與軍方競爭並推高物價。這麼一來，必然會發生通膨，且會引發勞資糾紛與工人不安，如同一九三七年及更早時期所發生的情況。解決方案是讓民眾透過儲蓄來保留其購買力。這麼做能防止通膨。

第一步是鼓勵民眾自願儲蓄。一九三八年四月展開「全國儲蓄推進運動」，目標是將儲蓄率提高至國民生產毛額的三十％。儲蓄推進委員會與合作社在政府機關、民間公司以及全國各地的一般工人與鄰里間如雨後春筍般出現。日本銀行設立了儲蓄推進機構（至今仍在運作）。大部分的儲蓄以郵政儲金或銀行存款的形式存在。結果導致消費力下滑，購買力從家計部門轉移至商業部門。

「商工組合」的創立

在「經濟新體制」中，動員規畫人員的「看得見的手」會利用由上而下針對產出所制定的量化目標來管理要分配給各產業的資源，接著再交給於各產業中所創立負責管理的組織。這些組織以無所不在的同業公會或貿易協會的形式留存至今。藉由這些協會，官僚得以將執行與監督相關命令的任務委託給民間部門。也是由這些管制組織，而非官僚，將總配額分配成個別公司獲得的訂單，並確保他們遵守。人力資源的分配也採用類似的方式，進而實現了日本勞力從農業與非重點公司轉移到軍需公司任職的歷史性發展。

為了更有效地組織產業，公司與工廠被合併為較少、較大的單位，以享有規模經濟的優勢。經濟結構變得高度集中。大公司同時也發現到，將特定零組件的生產轉包給較小的公司會更有效率，而這些小公司也仰賴著大公司——實質上就是他們的外部子公司。

新的日本

一九三七年至一九四五年間實施的變革重塑了日本公司的功能。在「公共利益高於個人利益」的口號下，「新經濟體制」成功將公司從個人追求利潤的組織，轉變為側重成長而非利潤的準公共實體。戰前的市場機制被計畫與政府的指導體制所取代，該體制運用私有財產與排名競爭作為激勵手段。政府成功降低進口的滲透率。[38]資源從非重點產業轉移至軍需關鍵的重型機械和製造業。紡織業占總產值的比重從一九三七年的二十九．三％降至一九四一年的十四．七％，而機械生產的占比則翻了一倍以上從十四．四％至三十．二％。[39]民間部門儲蓄率占ＧＮＰ的比重，從一九二〇年代的九．一％，上升至一九四一年到一九四四年期間的五十四．八％。[40]戰爭期間（一九四〇年至一九四四年）的實質ＧＤＰ成長了二十五％。[41]一九四一年至一九四四年間軍需品的產量增長了一百九十七％。[42]日本的勞動力已接受全面動員，並從農業轉向工業，而這項轉變使日本走上無法回頭的工業化國家之路。[43]失業問題已被解決。戰時經濟的規畫人員達成了在既有資源下實現產量最大化的目標。

一黨制的引入

在政治方面，軍方與革新派官僚認為必須建立一套讓政治人物不能輕易插手的體制。為此，既有政黨全遭直接廢除，所有政治人物被統一納入一黨制之下，這是仿效蘇聯的做法。這個單一政黨稱為大政翼贊會。警察體制進行改組，以加強對個人的監視。政府建立了街坊警察檢查哨制度，在全國各個角落設置警察派出所，並徵召各街坊的年長者擔任警察的線民（這個制度至今仍存在）。日本也成為亞洲最先進的社會福利國家。教育體制經歷改革，農業制度接受改造。這些變革帶來了長遠影響。[44]

日本體制：戰時經濟

到了一九四五年日本投降時，多數戰後經濟結構的關鍵特徵已確立，日本從一九二〇年代的自由市場資本主義，轉變為戰後管制形的「日式」資本主義。大公司的勞動結構轉變為低員工流動率與高公司忠誠度、終身僱用、年功俸制、公司工會和獎金制。公司組織所有權與經營權劃分明確，外部董事極少、股東權力薄弱，因此得以維持低股利和著重成長的政策。也形成了由少數大公司和眾多小型協力廠商連結成商業集團的「雙重結構」。融資的對象轉向從銀行借貸。官僚體制更常進行干預，「行政指導」成為關鍵手段。政治人物不再制定政策，其影響力受一黨制所制約。戰時的動員將原本主要屬於農業社會的勞動力，轉變為依據軍事作業時程的工業勞動力。

戰時經濟體制在一九三七至一九四五年的短短時間內突然出現，經濟學家和歷史學家對此感到驚訝。首先，這個體制有驚人的一致性、其邏輯連貫且高度有效率。沒有一個環節是可以獨立運作的。因此當這套體制在戰後時期完整實施時，便徹底擊敗其他國家的自由市場體制，創造了戰後日本的「經濟奇蹟」。

戰時規畫人員如何能在如此短時間內設計出這樣一套一致且高效的體制？他們在滿洲國得到寶貴的經驗，該地自一九三一年起就接受陸軍的直接統治，他們在那裡實驗這套體制的雛形並實際運作。這些官僚後來回到日本實施同一套體制。滿洲國的規畫人員也不是從零開始；他們大多數的想法來自歐洲思想家和經濟學家，其中最大的影響來自德國。[45]

第三章

贏得和平：戰時的經濟體

冷戰宣傳下的戰後改革迷思

若日本戰後的經濟、社會乃至政治體制都是於戰時建立的，那麼美國的占領和戰後的改革又有什麼意義？麥克阿瑟將軍領導的占領當局奉命推動日本的民主化、去集中化、非軍事化與自由化。為達成此目標，他們首先廢除《國家總動員法》等戰時法令，並解散控制產業的公會及其他戰時組織。軍隊及其官僚體制遭到解散。作為戰時經濟核心的軍需省於一九四五年十二月解體。強大的內務省及其警察機構，包括令人畏懼的思想警察*也遭解散。戰犯被提交審判。

其次，日本的政治體制獲得重塑。日本被賦予新的憲法，確立民主原則與言論及宗教的自由。也引入女性參政權與自由選舉的規定。第三，麥克阿瑟的盟軍總司令部（GHQ）實施三項重大改革，目的是要拆解戰時經濟體制：財閥解體、土地改革與勞工民主化。

在這些備受矚目的改革之下，日本似乎與過去劃清界線，即將成為自由、民主且開放的資本主義國家，成為「自由世界」領袖美國的夥伴。至少，這是太平洋兩岸的冷戰宣傳所呈現的畫面。

表面上看來，美國占領當局達成了其設定的目標。然而當美國於一九五二年四月結束占領時，其成果與承諾大相逕庭。他們非但未能拆解戰時經濟體制，推動經濟自由化與解除管制。反而強化並進一步鞏固了全面總動員的戰時經濟體制。

隨著冷戰來臨，部分美國遊說團體更關注要將日本建立為「反共堡壘」，因此主張盡快強化日本的經濟發展。[1]國務院的「日本通」，如戰前的駐日大使葛魯（Joseph Grew），就成功推行比德國更為溫和的占領政策。[2]到最後，紐約與華盛頓的利益團體得出與一九三〇年代日本戰時經濟規畫人員相同的結論：應運用政府的「看得見的手」加速成長。[3]到了一九四七年，麥克阿瑟的民主化政策已遭到嚴重削弱。儘管未有正式的公告，但美國對日本的立場已出現重大轉向。盟軍總司令部現正積極推動延續並強化成功的戰時資源總動員的體制。

重新包裝的改革

因此，日本的戰時經濟管制實際上在二戰結束後仍維持不變。軍需省只是分拆為通商產業省和經濟企畫廳（顯然較不具威脅性的名稱）。[4]戰時負責管制的組織，很快以各行業與產業部門

＊ 譯注：日本稱之為特別高等警察，是日本帝國時期的祕密警察組織。

的民間商業協會的形式重現。戰後由汽車製造商組成的遊說團體「日本汽車工業協會」（日本自動車工業会），即是戰時汽車管制協會的延續。日本經濟團體聯合會（簡稱經團聯）作為統轄各產業協會的強大傘形組織，實為戰時主掌管制協會單位的後繼者。隨機檢視戰後各公司與協會的歷史沿革，更不用說各項制度規範，包括法律條文、行政規則及社會習慣，無一不能追溯到其戰時的根源——無論是帝都高速度交通營團*、日本生產性本部、全國銀行協會、儲蓄增強中央委員會，或是鄰里警察通報系統。[5]

某些戰時的法規很快在戰後被正式重新採用，尤其是通產省與大藏省管轄範圍的法規：一九四五年九月，「盟軍第三號命令」即宣布繼續實施經濟管制。立即重新實施外匯限額制度。新制定的物資供需計畫取代了物資動員計畫。[6]

戰時體制的延續，在貨幣體制與金融管制方面最為明顯：一九三七年頒布的《臨時資金調整法》與一九四〇年頒布的《銀行等資金運用令》持續有效力。一九四二年頒布的《日本銀行法》亦然（直到一九九八年四月才發生根本上的變革）。一九四九年所頒布的《外匯及外國貿易管理法》，不過是延續自以一九三二年頒布的《資本逃避防止法案》為首的一系列樹立戰時管制經濟的法律。該法到一九九八年四月都依然有效。

公司與銀行在戰時所建立的緊密關係，在美國占領結束後以強大的商業集團（經連會）與主力銀行的體制形式重建。就連戰後稅制的關鍵部分也可追溯到戰時經濟。在一九五二年頒布的《企業合理化促進法》所建立的折舊機制中，將重要的機械設備設定極高的折舊率，藉此提供公司龐大的租稅誘因，來加速資本的投資。這也助長公司投資過度和消費過低的心態。這套機制的根源可追溯至一九四三年的「價格調整補給金制度」。

戰時經濟官僚的至高統治權

不僅戰時體制的機構能在稍作更名後得以延續存在。更重要的是，戰時的官僚與管理者幾乎全數留任。雖然軍隊解散了，但主導戰時經濟的領導人與戰爭規畫人員仍然留在原位。[7]

麥克阿瑟將軍決定透過日本官僚體制實施間接統治，這與盟軍在德國所建立的直接統治方式不同。此舉使官僚體制幾乎完整保留。推動戰時經濟體制的經濟官僚，其權力在戰後反倒變強。這是因為美國占領當局解散了與他們競爭權力的主要對手：軍方與內務省。一個相對次要的對手（曾經傲視群倫的外務省）的力量也大幅式微，因為日本的外交政策主要是在華府而非東京制定。只要他們能夠認同麥克阿瑟的目標，大藏省、通商產業省、經濟企畫廳的前身機構，以及日本銀行的經濟官僚就能成為日本的統治者。

儘管在《國家總動員法》廢除後，他們的權力變得「非官方」，但其實際影響力並未減弱。官僚權力的主要來源——許可制度仍然存在，只是用語從「管制」、「計畫」、「配給」改為「指

＊ 譯注：即東京地下鐵株式會社的前身，主要經營東京都內的地下鐵。

導」與「道德勸說」。由於他們在民間部門的對口大多仍是在戰時共事的人，就能確保人們嚴格遵從指示。「日本雖然置於美國的統治體制之下，但意識形態的模式卻完全維持原狀。」[8]

滿洲人的歸來

無論是在滿洲國還是國內，那些展現出擅長管理戰時動員經濟體的官僚與管理者，都在戰後體制中快速升遷到更高的地位。這結果並不令人意外，因為在戰時經濟規畫人員中，幾乎沒有人被美國列入追放名單*——軍需省四十二人、大藏省九人，而日本銀行官員基本上無人被追放。[9]而在美國結束占領後，幾乎所有非軍事人員都依其資歷被重新任用。這包括戰時的政治人物和曾主管特高警察的內務省官僚。其中有些人轉入文部省，負責日本戰後的教育政策。[10]戰時規畫人員不僅重返公職領域的普通職位。在一九六〇年代和一九七〇年代初期，一些曾是甲級戰犯嫌疑人的人物躍居要職，甚至擔任日本首相。[11]最重要的戰後經濟與政治領導階層，是來自戰時官僚菁英群體——所謂的「滿洲人脈」。

當德國戰時經濟部長斯佩爾在柏林的斯潘道監獄服刑時，他的日本同僚岸信介卻成為首相。岸信介曾是掌控滿洲的頭號官僚，戰時擔任軍需大臣，主導戰時經濟政策。他是戰時經濟體制的重要設計者之一，[12]他也是松岡洋右的外甥，松岡是南滿洲鐵道株式會社的總裁——該公司是滿洲戰時動員經濟體制的核心，當時也是世界最大的公司之一。松岡堅定持之軍方和滿洲國的經濟實驗，後來在第二次近衛內閣（一九四〇年七月至一九四一年七月）成為親德的外務大臣。

岸信介和他的弟弟佐藤榮作（前鐵道省官僚）在一九五七年至一九七二年間，總共擔任了十年的首相。[13]其他擁有戰時體制經驗的首相包括前內務省官員中曾根康弘。本書接下來的重要人物之一、一九九〇年代的日本銀行總裁三重野康也出生於滿州，因為他的父親是負責管理孕育戰時經濟幹部的學校「滿鐵」的高階官僚。最後不應忘記天皇本人，他在戰時是積極的領導者，戰後也願意配合美國人。[14]

戰後日本的十一家主要汽車製造商中，只有本田是真的在戰後才創立。豐田、日產和五十鈴是軍用卡車的主要生產商。其他七家汽車製造商則是從飛機、戰車和軍艦的製造商轉型而成。日產和日立是鮎川義介公司集團的核心公司，他也支持在滿洲進行計畫經濟的實驗。他將公司集團（包括日產）的公司總部遷至滿洲，並將其命名為滿業（滿洲重工業開發株式會社）集團。鮎川在戰後成為國會議員。

甚至戰後的媒體業也是戰時整併的結果：《日經》和《產經新聞》基本上是戰時媒體合併後的產物，許多公司也是如此。日本最大的廣告公司電通是戰時廣告業整併的產物，在當時廣告公司從近兩百家減少到只剩十二家。「該公司招募了如此多的前軍方和滿洲國官僚，以至於戰後初

＊譯注：二次大戰之後，駐日盟軍總司令部的政策要求將戰犯或有軍國主義傾向的人，從政府機關、公司等單位的要職開除。

期常被稱為『第二滿鐵大樓』」。[15]許多大型出版公司也可以找到他們與滿洲國的淵源。擁有滿洲國或戰時經濟背景的成功或重要戰後公司、機構和個人，可說不勝枚舉。[16]

自民黨——「官治翼贊會」

眾所皆知，日本政黨在戰後制定關鍵經濟政策時扮演著次要角色。但仍值得一提的是，在一九五五年由數個政黨合併而成所謂的自由民主黨，確立了一黨獨大（即使不是完全統治）的局面，為實際掌控國家的管制官僚提供了民主的遮羞布。這個所謂的一九五五年的政黨體制，與戰時大政翼贊會的一黨體制極為相似。[17]其中一項微小但精妙的改進處是允許反對黨的存在，為異議者提供發聲管道，並向世界展示日本「確實」是個民主國家。[18]在一九九三年前的四十年間，歷屆政府都只由自民黨成員獨力組成。

美國友人的小小協助

研究日本經濟的專家森嶋通夫總結道：「由於（美國政策的）這項轉變，日式資本主義如鳳凰般浴火重生，其形態與戰前幾乎完全一致。」[19]除此之外：最諷刺的是，革新派官僚只有在戰後才得以實施他們最大膽的改革手段。在戰爭時期，他們沒能在兩個重要領域實踐理念。其一是將資本家階級完全趕出公共與商業領域——肅清強大的財閥家族。管制官僚認為，為了確保公司維持成長導向和永遠不去思考如何極大化利潤，這項措施是必要的。[20] 其二是全面的土地改革，徵收大地主的土地並重新分配，以提升財富的平等程度。這項政策預期可提高農業部門的生產力與生活水準。儘管革新派擁有影響深遠的權力，但在戰時仍面臨強烈抵抗，因為這兩項政策都帶有共產主義的色彩。因此，較傾向資本主義的戰時領導人對這點感到十分厭惡。雖然經濟規畫人員不得不擱置這些激進的想法，但他們依然確信這些是提升日本成長潛力的必要政策。

他們並沒有等上太久。麥克阿瑟將軍主動全力施展占領者的權力來實施這些社會主義的政策。他肅清了資本家階級，即財閥家族（官方理由是他們涉嫌協助建立軍國主義政權）。財閥家族主要是透過控股公司控制其財閥公司，這些控股公司擁有財閥公司的多數股份。在一九四六年，這些控股公司持有一億六千七百萬股。由於全國所有公司的總股數為四億四千三百萬股，因此他們擁有全國公司總股份的近四十％。[21] 財閥所有人被迫公開出售股票，而控股公司的形式則被完全禁止（直到一九九八年）。財閥的領導階層，包括創始家族的著名成員（日本資本家菁英的核心）被以戰犯或支持犯罪戰爭的罪名遭到肅清，並被禁止繼續從事商業活動。一九四七年頒布了《禁止壟斷法》和《過度經濟力集中排除法》。

當資本家家族從經濟版圖上消失時，他們的大型商業集團依然存在。原先計畫在一九四八年解體的三百二十五家公司中，實際上只有十八家被拆散。到了一九五三年，也就是美國占領結束的一年後，《禁止壟斷法》的效力已被大幅削弱。對公司持股、互派董事和公司合併的限制被放寬，允許經濟不景氣與合理化卡特爾的存在。在一九五〇年代和一九六〇年代，約有三十部法律通過，使許多產業能免受《禁止壟斷法》和《進出口法》的限制。這些包括《保險業務法》、《日本航空株式會社法》、《證券投資信託法》、《果樹農業振興特別措置法》等。在如此積極的干預之下，官方認可的卡特爾數量從一九五五年的一百六十二個，激增至一九六六年的一千零七十九個——接下來我們會看到，這項發展如何成為戰時經濟體制的一大關鍵。[22]最重要的是，原本計畫中要解體五大銀行的方案被捨棄，使金融體制完全維持原先的戰時架構。

同時，這些公司重組形成商業集團。雖然它們不再集中由控股公司掌控，但公司間透過發行更多股票並交換股票，也就是迅速擴大交叉持股的方式，將彼此連結在一起。戰時官僚更偏好這種形式而非控股公司，因為後者可能會受到股東影響，但分散的交叉持股則形成了他們所謂的無資本家的資本主義體制。由於麥克阿瑟的反財閥改革，日本的龍頭公司反而更能自外於股東的影響，且不必向外部人士負責。儘管銀行對任何產業的公司持股比例只能有五％（在一九五三年後提高到十％），但透過安排相關商業集團的公司購買股票，每家公司互相購買少量股份，他們累計可以控制公司總股份的超過三分之二。由此形成的以銀行為中心的商業集團，與戰前的公司集團完全相同，只是現在公司由管理者而非資本家股東所控制。在這種管理資本主義中，只有銀行（說到底就是政府官僚）擁有發言權，可以依其意願分配資源。

向資本家進行徵收

美國占領當局也協助戰時官僚實現了他們另一個重要目標。在戰爭時期，他們曾嘗試推行全面的土地改革。由於官僚無法在戰時用政治手段徵收大地主的土地，他們轉而選擇使大地主像股東一樣，在實務上變得無關緊要。官僚透過由政府機構直接向農民高價收購稻米，同時向地主支付低廉地租，切斷了佃農與地主之間的聯繫，更重要的是切斷了地主與土地之間的關係。如同股東一樣，地主變得只能接收固定收入，對名下財產沒有實際發言權。然而，官僚無法在戰時實現土地所有權的全面重新分配。

美國占領當局藉由將土地所有權重新分配給佃農來完成這項工作。戰後的土地改革幾乎完全消滅了一九四五年之前的地主階級。而這次土地財產的重新分配之所以能夠如此順利，正是因為在戰時就已經做好了準備。因此，得以實現邁向社會平等的關鍵一大步。美國占領當局最初想推動勞動市場的民主化、引入新的勞動法規和全國性的工會運動。因此，員工加入工會的比率從一九四五年的〇％，上升到一九四九年的近六十％。隨著共產黨對這項運動的影響力日益增強，加上冷戰的背景，美國占領當局決定改變方針。一九四八年七月，他們對組建產業工會的權利進行限制，並廢除了公務員的罷工權。從那時起，戰時的公司工會——產業報國會便死灰復燃，在全國遍地開花。此後，從終身僱用制到獎金制等各項戰時的勞動規範，都獲得進一步強化。這些強化手段能夠確保真正的罷工大幅減少，因為如果工人罷工就只會傷害到他們的公司，從而傷害到自己。戰時引入的健康保險制度，實際上也為戰後日本的社會保障體制奠定了基礎。

神風資本主義：市占率之戰

由於美國占領當局的努力，戰時總動員的經濟體制在戰後（幾近）完備。只剩下一個面向，也就是戰時的經濟模式尚未完成，儘管美國默默支持這點。事實上，在承平時期就看得出這個模式的一個難處。由於公司結構所設定的目標是成長而非獲利，管理者會競相爭奪市場占有率。雖然因為生產效率的提高並善用規模經濟的優勢，各產業的集中程度都大幅提高，但規畫人員總是確保在市場留下一定數量的公司能相互競爭，以防管理者安於現狀。對員工而言，由於工會不復存在，公司的歸屬感比起與其他公司員工的共同命運來得重要。鋼鐵業的工人因此相互競爭而非團結一致。兩間公司的管理階層相互競爭。任職於公司排名較高的人不僅更有聲望，也能享有更高的收入、退休金計畫，以及更多住房、醫療保健和休息設施等公司福利。

在戰時並無此問題，因為公司專注於達成生產配額目標，同時追求最高品質的產品。但在承平時期，官僚很快發現他們的結構過於成功：當這些以市占率為導向的公司在沒有生產配額的情況下相互競爭時，激烈的市占率爭奪戰就會爆發。如同管理者會競爭在公司內的管理階層排名，戰時體制的結果，導致整間公司不是為了利潤、而是為了排名而競爭——公司的地位高下取決於其市場占有率。

由於市占率是目標，公司會競相降價；削價競爭和傾銷戰會持續到所有公司都無利可圖為止。在美式資本主義中，追求利潤是目標。市占率只是達到最終目標——更高利潤的手段。在與其他公司競爭時，追求利潤的動機會限制競爭程度。當雙方的利潤率接近零時，公司就會停止降價。他們會滿足於既有的獲利，也樂於與對方共存。但日本的公司戰士並非如此。由於整個公司結構並非以利潤最大化為目標，低獲利甚至虧損的情況都無法阻止競爭對手繼續進行無情的戰鬥。

成功過頭的戰時模式

當制度的設計會讓相同類型的平行組織彼此競爭時，這是必然的結果，因為「敵人」與自己太過相似。[23]這也是戰時經濟體賴以為基礎的全體排名競爭機制的最大強項：社會被依照類型劃分為許多的群體，全部都要接受排名，且同類型的群體內也為排名而競爭。[24]一位觀察家指出：「追求成長最大化的目標，為產業和總體經濟帶來嚴重的後果。」[25]戰時動員模式在促進成長和擴張市占率的表現太過成功，以致公司無法停下來。政府官僚很快意識到這種現象，並稱之為「過度競爭」——超出公司所需且會造成危害的競爭程度。公司會因而深陷虧損，甚至借錢來補貼產出。這是一場管理階層之間的戰爭。利潤不在考慮範圍內。公司會為了爭取市占率而戰至破產。沒有休戰可言。戰時體制引發的經濟戰，會直到其中一方被摧毀才告終。

然而，在戰後時期，公司並未被賦予預定的生產配額。若放任不管，這種結構會導致大量公司破產、失業率上升，以及各部門有公司獨大。一旦官僚認清問題所在，就能研擬解決方案。他們提出的解決方案是建立明確或隱晦的卡特爾，通常由同業公會（前身為戰時管制協會）所管理。公司間的排名得以建立，同業公會的指導確保公司大致維持既有的排名；所有公司持續競爭，但僅限於維持現有排名的程度。

卡特爾勢在必行

對許多觀察家而言，卡特爾可能是件壞事。然而，卡特爾與產業公會發揮了關鍵效用。[26] 少了它們，過度競爭會導致經濟體內發生過度生產的浪費問題，以及公司會以低於生產成本的價格傾銷商品。同時，卡特爾與產業公會也扮演接受官僚「指導」的角色。問題在於《禁止壟斷法》使得許多部門（如營建業）內的卡特爾和協議並不合法。若公開這些作法，也會招致國外批評。因此官僚默許公司間非法串通固定價格和市占率，這種作法是所謂的「談合」，像在營建業和公共工程部門就存在這種行為。若把日本的經濟體制納入考量，這些作法很符合公共利益，因為串通的目的不是為了利潤，而是維持市占率的排名，同時公司仍在價格和品質上持續競爭。

然而，儘管有卡特爾和產業公會的存在，公司間的競爭依然非常激烈，導致「過度競爭」成為動員經濟體制的最大弱點。直到一九九〇年代，生產過量、投資過度、競爭太激烈、成長過快似乎都是日本公司的問題所在。[27]

展開動員的戰後經濟

軍國主義深入人民的日常生活：和服在戰時被西式長褲取代，糧食配給和消費管制使人民的消費模式趨於統一。「節儉即美德、消費即罪惡」的觀念已根深蒂固地烙印在民眾心中。昔日以從事農業與傳統工匠為主的勞動力，如今集中在大城市的工廠裡：「他們穿上工作服，學習服從工廠汽笛的生活。」[28]這一切都拜戰爭所賜。

在戰爭時期，包含勞動力移轉到重工業，以及工廠的產能從戰前主導經濟的輕工業（尤其是紡織業）轉出，這兩項發展都為戰後重工業與化學工業的快速工業化奠定基礎。[29]技術學校從一九三〇年代初期的不到十所，到一九四五年增加至四百多所，都要歸功於軍方對科學與工程人才的需求，因為這些領域的學生可免除兵役。到戰爭結束時，工程系的學生人數較十年前增加三倍。[30]品質管制是軍方所關注的重點，他們嚴格執行一九四〇年頒布的《產業標準化法》所制定的規範與標準。

銀行與公司、大公司與其小型供應商、官僚與產業工會，他們彼此在戰爭時期建立的關係，為戰後經濟提供成功的架構。在一九六〇年代，豐田有超過四十%的零件供應商，在戰時就是他們的轉包商。[31]

戰爭相關的技術被移轉用來製造民生用品。受過這類技術訓練的工程師和工人，將其知識應用在民生用品的生產上。有些生產機關槍的工廠轉去生產縫紉機。光學武器的工廠成為相機和望遠鏡的出口商。生產坦克、卡車、飛機和軍艦的軍需品供應商，搖身一變成為戰後造船、汽車和重工業的巨擘。戰時由軍方扶植的新興公司，在戰後成為各產業的全球領導者。

出口產品，而非發射子彈

產業報國會在戰時所推動「公司即家族」的意識型態，在戰後未經改變地延續下來。[32]人民的生活仍遵守嚴格紀律，包括公司的早晨體操、新進員工的軍事化訓練營，以及軍隊般的紀律與服從上級的態度。戰士的終極目標，也轉移到戰後的公司戰士身上——忠誠至死，這從「過勞死」驚人現象的紀錄中可見一斑。[33]

消費者和家庭被鼓勵透過儲蓄來抑制購買力，而公司則獲得資金投資於重點產業。這些產品必須銷售出去。在戰後初期，擴大內需對經濟成長非常重要，而擴大內需的基礎是被新賦予權利的農民與工人。[34]到了一九六〇年代初，考慮到國內的高儲蓄率，銷售市場必須轉向海外。因此重點產業不再是軍需工業，而是出口導向的製造業。

管理者是指揮官，員工和上班族是公司戰士。大藏省、通商產業省和日本銀行的官僚則是經濟參謀本部的官員。所有人都在與全世界展開全面的經濟戰。

出口的產品就像是射出的子彈，打擊著世界市場並常在其他國家留下高失業率的深度創傷。進口則是所承受的打擊，必須將之降至最低。這一點是透過戰後立即恢復的戰時外匯配額制度來達成。進口商需要取得各項商品的進口許可證，而這些許可證僅發給重點產業（如出口產業）的生產方。這項制度被用來對汽車的進口施加極端管制，等同於全面的進口禁令，以扶植國內新生的汽車工業。射出的子彈越多，且承受的打擊越少，日本就越有可能贏得這場經濟戰。貿易順差就等同勝利。日本似乎遵循著常被用來諷刺重商主義的特點：將貿易順差從手段變成目的。

但世界毫無防備

其結果想當然耳比戰時經濟更為成功。從經濟的角度來看，生產武器是一種很浪費的生產形式，因為武器會被消耗掉。現在這些工廠生產同樣高附加價值的出口商品，但能賺取外匯。這些資金可用來進口其他的生產要素（如原物料）或進行再投資。因此，商品出口不像武器生產那般會持續消耗體制內的資源，反而不斷在強化日本。它們唯一的限制是，世界能夠多容忍這個在經濟上仍與世界交戰的國家——它封鎖進口，如同戰利品般堆積著貿易盈餘。

在國內，政府官僚和產業公會的領導階層會確保，其他公司不會受神風特攻隊般擴張市場占有率的行為而受害，但世界其他地方的公司就沒這麼幸運了。日本成長導向的總動員經濟體制，唯有在世界這個市場才能不受限制地全力運作，且不受卡特爾的約束。

當美國推動西方國家接納日本出口商品的同時，日本的戰時經濟體制在全面衝擊世界。出口無視利潤、只求市場占有率的日本公司，很快在一九六〇年代就稱霸鋼鐵業與造船業市場。以獲利為目標的歐美公司很快就被擊垮。日本汽車製造商的攻勢接踵而至。在國內人口消費力道過低的挹注之下，他們開始征服世界市場。[35]接著在一九七〇和一九八〇年代，整個美國消費電子產業被日本軍事化且展該總動員的出口商給摧毀。結果，美國和歐洲的失業率上升。

美國的經濟學家時常對於日本壟斷眾多世界市場，卻沒透過同步漲價來獲得壟斷利潤這一點感到困惑。分析師仍未看出其在本質上有著不同的組織架構和動力來源，它其實是部追求規模最大化的機器。對管理階層而言，利潤並不重要。

確保進入世界市場的機會

然而，在日本順利打進世界市場並創造歷史之前，必須先確保世界願意接受它們的產品。戰後工業化世界共同體的主要組織——關稅暨貿易總協定（GATT，現在是世界貿易組織），和經濟合作暨發展組織（OECD），都在確保所有會員國對彼此開放市場。這就是日本自一九五〇年代起便積極爭取入會的原因。但有一個關鍵問題：會員資格規定只有市場導向且開放經濟體制的國家才能加入。

這項規定旨在保護會員國免受那些可能傾銷產品卻封鎖自身市場的國家影響——正是像日本

這樣的國家。許多歐洲國家主張，在日本解除經濟管制並向世界開放市場之前，應拒絕其加入GATT的申請。然而，當時正值冷戰時期。因為日本是美國在太平洋地區的關鍵盟友，美國將政治考量置於經濟考量之上。儘管許多歐洲國家（尤其是法國）強烈反對，美國仍運用其主導地位促成日本的入會申請。[36]

為因應加入GATT，日本政府反而加強了關稅壁壘——以防這些外國人以為現在可以向日本出口商品。[37]

然而，日本官僚意識到日本無法永遠維持其例外地位。此外，他們渴望獲得更大的獎勵，即成為「先進」國家俱樂部（享有聲望的OECD）的成員。而顯然美國不會允許日本享有這麼多的會籍豁免條款。日本的領導階層知道有一項規則終將需要遵守：會員國之間的資金自由流動與外國投資的自由化。

當時，在布列敦森林體制（Bretton Woods system）之下（直至一九七一年），世界上大多數國家都與美元維持固定匯率。這迫使其他國家必須以固定匯率接受美元。日本的官僚驚恐地看著美國充分利用這個體制，在大量印製美元。美國聯準會已在國內展開大規模的信用擴張，這些多餘資金有很大部分會用於收購歐洲公司。[38]

政府所組織的騙局

戰時官僚趕緊回到起點重新尋找解決方案。各產業的商界領袖在其各自的產業公會中舉行會議。每個人都熱衷於讓世界保持對日本出口的開放。但所有人都非常擔心，外國資本的湧入可能會接管日本商界並改變戰時體制。外國投資對戰時官僚和商界領袖而言是一種威脅。日本需要「防衛」自己免受來自國外的強制併購。[39]那麼該如何是好？

是時候展開一場大規模的騙局了。接下來所發生的事情，用通商產業省的低調說法是：「作為資本交易自由化的一系列準備措施，（政府）致力於公司與產業結構的強化，使其能與外國公司競爭。」[40]

外國人若要併購日本公司，必須在股市中購買股票。因此官僚使用了戰時經濟武器庫中的一項工具：他們已經透過交叉持股的制度成功地降低了財閥家族和其他個人股東的影響力。為了阻擋外國人，需要更多類似的手段。

假設有兩家公司，各自發行了一百股的上市股票，且都由一個財閥家族持有。如果雙方再各發行兩百股並交叉持股，就會大幅減弱公司原始企業主的所有權和控制權；也就是說，這個財閥家族的一百股不再等於擁有整個公司，而是只有公司三分之一的股份。由於雙方公司的管理者事先約定不出售對方的股份，也不利用所有權干涉對方的業務，這作法無異於一場經理人的叛變，他們剝奪原始企業主的權力並接管公司。

由公司選擇誰是股東

這當然正是戰時規畫人員所想要的。官僚認為，這對外國人也同樣有效。唯一的障礙（只是個小細節），就是剝奪股東權益現在算是竊盜行為。而在日本戰後的總動員經濟體中，竊盜也是違法的。《商法》的第二八〇條保護股東，在未經股東大會同意前，不得稀釋其所有權。在戰爭時期，只要援引《國家總動員法》就可以不必理會這些細節。全世界即將發現到，日本戰後官僚的權力幾乎絲毫未受減弱。他們就直接重新修訂《商法》第二八〇條。在一九五五年，就在日本於當年九月加入GATT之前，國會修訂了第二八〇條第二項的內容。「新條款允許公司董事會發行額外股份並分配給彼此——也就是說，董事會可以在未獲得現有股東正式批准的情況下稀釋現有的股票。」[41]

由於得到GATT規則的豁免權，日本公司並不需要立即援引《商法》的這項新條款。因此，這項法律變更在日本國內幾乎沒有引起注意，更遑論世界其他地方。公司很謹慎避免製造任何新聞頭條，只緩慢但穩定地發行新股，並與其業務夥伴（如轉包商）和銀行互換股票。

在一九六〇年代初期，因為日本接受到盟友的暗示：只要他們放寬國際資本的流動管制，就可能獲准加入OECD，他們便加快這個過程。在當時，美國進一步加快資本外流的數量，而美國公司正用其印製的貨幣買下自由世界。法國、德國和英國都接受大量的外國投資。在一九五〇年代末和一九六〇年代初，美國資本主義對歐洲公司的這種併購行為，被一位法國當代人士稱為

「美國的挑戰」（le défi Americain）。在這種情況下，美國不希望其歐洲盟友萌生任何要保護自己，避免遭受來自美國的外國投資影響的想法。因此，在OECD會籍規則中，日本所獲得關於資本流動條款的任何豁免都只能是暫時的。

借用通商產業省策略專家的話來說：「日本不能再以收支平衡為由，實施進口的限制和無形貿易的管制，反而有義務促進資本交易的自由化。」[42]日本仍成功獲得了OECD會籍規則的十八項豁免。[43]此外，公司加快了新股發行並相互交換的速度。[44]儘管公司標榜這是「募集資金」的手段，但實際上並未募集到新資金。

反而是管理階層藉此建立起堅不可摧的防線，對抗併購行為以及試圖影響其政策的外部人士。現在讓外國人來吧。日本開放他們來投資。他們會發現沒有東西可買。日本的公司根本不對外出售。大多數的股份並未開放交易，而是維持在穩定的交叉持股關係中。多數的大公司都參與了這項計畫，因此強化了商業集團的關係。因此在一九六〇年代，公司間交叉持股的程度再次快速提升。在一九四九年，約七十％的股份是由個人持有，但到一九八〇年代後期，在東京證券交易所交易的所有股票中，這個比例降到僅剩十九．九％。[45]缺乏強大的個人股東，使得散戶更難主張其權利並影響公司的經營。

到了一九六六年，強化穩定交叉持股的計畫差不多已經完成。為了防止來自國外的批評，官僚和商界領袖決定修改《商法》第二八〇條以維持表面的正當性。他們增加了大量的細微條款，詳細規定了在哪些具體情況下，管理董事會可以在未經股東批准的情況下發行新股。就這樣，世界從未注意到日本的這場騙局。

用克魯曼（Paul Krugman）的話來說：「日本在直接投資方面的處理手法，與其在進口方面的作為如出一轍，只是手段更加極端。在法律上，日本是完全開放的……事實上，外國公司在日本遭遇到無窮無盡的非正式阻礙。」[46]光是一九八八年，日本公司就在國外併購了三百一十五家公司。然而，外國人在日本只買下了十一家公司。[47]即使外國人設法獲得大額持股，如皮肯斯（T. Boone Pickens）買下豐田商業集團的零件供應商小糸製作所超過三十％的股份，也不能保證他能影響公司的經營。皮肯斯未能在他擁有「控制性」股份的公司董事會中獲得代表席次，最終被迫賣出。世界對日本極低的直接投資額，是外國公司所發現到，他們之所以難以、甚至無法打入日本市場的關鍵因素。在日本，不是股東選擇購買哪家公司的股票，而是公司選擇誰來當股東。外國人並不受歡迎。

作為永久戰時經濟體制的日本

透過這番操作，到了一九七〇年代初期的戰時經濟體制，跟一九三七年官僚與軍方剛展開動員時相比，還要來得更加穩固。日本的官僚體制成功實現戰時對公司管理的夢想，也就是全面擺脫營利導向的個人股東。管理者追求組織的成長而非利潤的戰時願景，已經成為根深蒂固的現實。當公司成長時，就能更能夠實現管理者的目標——成長是為了國家的榮耀。日本的戰時動員經濟體制也就此確立，由公共部門的官僚和民間部門的戰士來領導國家，齊心為經濟霸權而戰。

反應敏銳的觀察家，尤其是在日本國內或歐洲的觀察家，指出了政府強力干預所扮演的重要角色。[48]在冷戰期間，美國的意見領袖並未讓這類批評發揮影響力。但這確實是很聰明的干預手段。官僚在戰時也學會不去挑選優勝者，而是平等對待有實力的競爭者的心態。只要公司達成特定的合理化的標準，就能獲得同等的政府援助。政府始終運用目標作為競爭手段，激勵公司與員工全力以赴。當產業補助的內容決定後，公司必須相互競爭以取得補助。官僚透過精心設計的組織架構，建立出一套誘因機制來達成期望的成果。

天皇的新衣

日本的紀年透漏了這件事，但無人注意到：日本人並未在一九四五年換上新年號。日本的官方曆法是依天皇在位期間來計年。一九四五年後，昭和天皇裕仁脫下此前在位期間，他在公開場合最常穿著的軍服。他換上新裝。但他仍在位。時間持續向前。一九四五年離換新年號的時間還很遠。在官方曆法中，一九四五年還不到昭和時代的一半，而昭和時代要到一九八九年才終結，那是裕仁天皇即位的六十四年後。若要理解現代日本，必須審視整個昭和時代。若要追溯戰後日本經濟、社會與政治體制的真正起源，我們必須從一九二〇年代，昭和天皇即位開始說起。[49]

第四章
銀行的鍊金術

貨幣

戰時的經濟官僚有意識地將體制設計成以成長為導向的經濟結構。這些設計者將這套體制比喻為一個有如身體般運作的「有機體」。然而，結構本身就像是少了血液的軀體。在上列描述所缺乏的，正是經濟的命脈、潤滑貿易齒輪的液體：貨幣。

自從人類在數千年前放棄以物易物的機制至今，貨幣就一直是經濟活動的核心。因此在日本的戰時經濟中，貨幣的創造與分配同樣扮演著核心角色這一點，並不令人意外。

究竟什麼是貨幣？

與日本戰時經濟的領導階層不一樣的是，現今許多經濟學家仍會對「貨幣的關鍵角色」持保留態度。這可能會讓許多讀者感到驚訝，但可以說，許多經濟學家其實並不理解貨幣的本質。[1]當只有金銀作為貨幣時，情況相對單純。但在現代金融體制中，要衡量貨幣並非易事。大多數經濟學家將貨幣定義為中央銀行的現金和銀行存款的總和。然而，在這樣的衡量標準中並沒有明確指出，該納入計算的是短期、長期、其他類型，或是所有類型的銀行存款。這就是為什麼中央銀行現在會發布一連串衡量貨幣存量的貨幣總計數指標——從狹義的M0（流通中的現金和銀行在中央銀行的存款總量）——到M4或更廣義的總計數指標（包含所有類型的存款）。

儘管有多種衡量指標，但似乎沒有一個特別有用，因為所有的M類總計數都與經濟成長缺乏穩定的關聯性。[2]這是個令人頭痛的問題。經濟學家少數達成共識的事項之一，就是貨幣供給的成長與經濟成長應該密切相關。但在一九八〇年代，許多國家貨幣供給的成長速度遠超過GDP的成長速度。[3]到了一九八〇年代中，英格蘭銀行和美國聯準會都宣布，他們對M1、M2或M3等貨幣供給指標*失去信心，同時完全放棄貨幣目標的機制。此後，就很少人討論貨幣理論。

* 編注：貨幣供給指標，也稱銀根，指某一特定時間點中，貨幣資產的總量，有M0、M1、M2、M3等指標（不同國家的定義略有不同）。M1指狹義貨幣（即現金貨幣和即時存款）；M2指廣義貨幣（包括M1和定期存款、儲蓄存款和其他存款）；M3指超廣義貨幣（包括M2和各種金融機構發行的債券等）。

對利率的濃厚興趣

如今，多數經濟學家對貨幣在經濟中扮演的角色興趣缺缺。最新的總體經濟學理論認為貨幣是「中性的」，只是實體經濟的一層面紗。這些經濟學家建議，經濟學的研究就算忽略貨幣也不會造成風險。[4]經濟學中的重大謎團——為何我們仍有景氣循環、股市的榮枯、大規模的失業和危機——據說都與貨幣無關。

儘管現代的主流經濟學家忽視貨幣的數量，但他們卻密切關注其價格——利率。美國聯準會是否會調升利率，總是牽動著專家和數百萬投資人的神經。與貨幣的數量不同，人們可以精準衡量利率，而且相關資料經常更新。許多經濟學家也相信利率間接反映了貨幣的狀況。他們認為，低利率代表著有更多貨幣，高利率則表示減少貨幣的供給。

重視貨幣的戰時官僚

雖然新古典經濟學在現在最為普及，但在一九三〇年代，英美的頂尖大學中也曾教授類似的古典經濟學理論。它們的結論大致相同。戰時經濟官僚研究了這些古典理論。但他們發現這些理論無法很好地解釋當時的現象。貨幣供給與經濟成長之間的關聯很薄弱（如一九二〇年代的美國）。利率與貨幣數量之間也沒有特殊的連結。有時利率很低，但貨幣的數量也可能很低。最糟的是，像美國在一九三〇年代的大幅降息，似乎並未刺激經濟（而在一九二〇年代，美國升息了很長一段時間，卻未見經濟放緩）。

當世界陷入大蕭條時，古典經濟學家認為降低利率就足夠解決這問題。他們認為無需政府的干預，因為自由市場會自行刺激經濟。但在美國，這隻看不見的手似乎讓更多人失業和陷入飢餓，且衰退持續了將近十年。革新派官僚轉而採用德國經濟學家所發展的反古典理論。這些理論對經濟運作的方式提出了不同的解釋。他們的許多見解來自於對歷史的詳細研究，他們認為歷史會為理解經濟以及貨幣的角色，提供重要的線索。

貨幣的力量

回顧歷史，我們發現最古老的先進貨幣體制出現在中國。這套體制持續了數百年，直到蒙古統治時期。正是在這個時期，馬可波羅（Marco Polo）將他在十三世紀末待在忽必烈統治的中國二十年間的詳細觀察寫成紀錄，傳遞給歐洲人認識。馬可波羅是位訓練有素的商人，他的著作《馬可波羅遊記》（*The Travels*）中，有許多關於中國經濟的資訊和洞見。他也不忘記述當時最先進的貨幣體制。

世界上第一張紙幣是在十世紀由統治中國的宋朝推出。在這個先進的貨幣體制中，對於什麼是貨幣這點毫無疑問：就是由皇帝發行並蓋上其印璽的紙幣。皇帝就是中央銀行。除了皇帝，任何機構都不得創造貨幣，違者處死。[5]

皇帝能直接控制貨幣供給。這代表他可以透過創造更多紙幣來刺激需求，或透過收回紙幣來降低經濟熱度。他也可以藉由隨意創造和分配紙幣，決定誰能獲得食物、原物料、武器和最新技術的控制權。他是名副其實的絕對統治者，掌控著帝國的所有資源。[6]馬可波羅很生動地描繪他在訪問忽必烈統治的中國時，所見識到的這套先進貨幣體制：

> 大汗的造幣廠就設在這座汗八里城內；造幣廠如此有條理的運作模式，可以說大汗已經掌握了鍊金術的精髓。我現在就向諸位說明流程。你們須知道他製作貨幣的流程如下：首先要剝下樹皮——準確地說是桑樹皮（就是那種葉子可以餵養蠶的樹）。他們將樹皮與木材之間精細的韌皮纖維取下。接著將其搗碎並捶打，再用膠水弄平成如棉紙般的薄片，且全都是黑色的。製作完成之後，再將其裁剪成不同大小、長大於寬的長方形……然後所有的紙幣都要蓋上大汗的印璽。這套發行程序就如同純金或純銀的貨幣那般正式且具權威性。每張貨幣上都有幾位特別任命的官員會簽上名字並蓋上自己的印章。當一切都依照正式程序完成後，大汗指派的首席官員會將他的印璽或圖章蘸上朱紅色的硃砂，蓋在貨幣頂端，使印璽的朱紅色形狀印在上面。如此這張貨幣就具有效力。如果有人膽敢偽造，將受到最嚴厲的懲罰。
>
> 大汗創造出如此大量的貨幣，足以買下世上的所有寶藏。他命令在其帝國的每個省份、王國和地區，所有交易都要使用這款貨幣。沒有人敢於拒絕，否則將失去性命。而我向你們保證，所

有臣服於他統治之下的民族和人民都完全願意接受用這些紙幣來交易，因為無論他們到哪裡，都用同樣的貨幣交易，無論是購買商品、珍珠、寶石、黃金還是白銀。有了這些紙幣，他們可以買任何東西，支付任何費用。[7]

馬可波羅還描述了我們今日稱之為公開市場操作的做法，大汗是透過向其臣民購買黃金、白銀、貴金屬或其他物資來進行的：

每年都會有數批商人帶著珍珠、寶石、黃金、白銀和其他貴重物品，如金線織物和絲綢，前來獻給大汗。大汗接著傳喚十二名為此任務特別挑選、具備專門知識的專家，命令他們檢查商人帶來的商品，並按專家研判的真實價值付錢。這十二名專家認真檢查商品，並用之前提到的紙幣來支付貢品的費用。商人們欣然接受紙幣，因為他們之後可以在大汗統治的領地內用這些錢購買各種商品……

讓我再告訴你們一件事，每年會有幾次，當一道命令傳遍各個城鎮，所有擁有寶石、珍珠、黃金和白銀的人，都必須將財產帶到大汗的造幣廠。他們都照著命令執行，且數量大到難以計算，而他們都得到收購財產的紙幣。透過這種方式，大汗獲得了其領地內所有的黃金、白銀、珍珠和寶石。[8]……而且所有大汗的軍隊都用這種貨幣支付薪餉。

我現在已經告訴你們，為何大汗必定（且確實如此）擁有比世界上任何人都還多的財富。我甚至可以進一步肯定，世界上所有偉大統治者的財富加起來，都不及大汗一人所擁有的財富。[9]

對馬可波羅的歐洲同胞而言，他的描述似乎誇張不實。然而，我們現在知道，他所給出的是對當時蒙古帝國貨幣體制的精準描述。甚至他對於大汗的財富遠超過世界其他地區統治者的預測，也可能是準確的。

在當時，歐洲的國王和君主只能夢想擁有這樣的財富，或這般對經濟體和領地的控制力。因為歐洲發展出的狀況截然不同。那裡的統治者未能理解貨幣的真正本質。對他們來說，只有黃金或其他貴金屬才能作為貨幣。但如果黃金是主要貨幣，統治者就不可能控制貨幣的供給。黃金無法隨意被創造出來。統治者們嘗試過創造黃金，但失敗了。多虧了他們的投入，讓注定不能創造黃金的煉金術，成為化學學科的起始點。

與他們在中國的同行對比，歐洲的統治者無法真正掌控全局。他們無法控制國內的資源。國王必須與自己的臣民競爭資源。一個無法控制貨幣供給的政府，幾乎無法影響其經濟。這樣的政府沒有至高無上的權力。如果中國和蒙古帝國的偉大統治者忽必烈，知道歐洲統治者無法靠發行貨幣來推行公共部門的專案，大概會難以置信地搖頭。歐洲政府反倒是必須依賴稅收。政府稅收的比例往往已接近人民承受的極限，但政府投資或支出仍需要資金。如果國王和君主仍想修建道路、醫院、城堡或籌組軍隊保衛國家，他們往往不得不借錢。無論他們自稱有多麼專制或全能，當涉及到金錢問題時，大多數的歐洲統治者都必須尋求協助。

金匠的鍊金術

所以是誰掌控著歐洲？似乎只要聚集到大量黃金的人，就能宣稱自己對資源擁有最大的話語權。但實際的情況比較微妙。雖然貴金屬是主要的支付方式，但攜帶黃金不僅太重且不方便，在購買大型物品時，要運送黃金也相當危險。就連把黃金存放在家中都不安全。因此，富商與地主很快就開始尋找能安全存放黃金與白銀的地方。還有誰比金匠更適合託付黃金呢？金匠的工作就是處理黃金與寶石，因此擁有安全的儲存空間。他們的生意穩固、且本身就很富裕，因此較不可能會攜帶他人的黃金潛逃。

當黃金存到金匠處，金匠會開立收據證明黃金由其保管。黃金存放者發現這很方便：既然新的黃金所有人最終還是會將黃金存回金匠處，何必要為每次交易提領黃金呢？由於金匠的信譽良好，很快地，存放收據本身就被接受成為支付方式。存放收據變成了貨幣。

因此，紙幣約在十三世紀也出現在歐洲。然而，就其形式、功能與影響範圍而言，歐洲紙幣與中國紙幣截然不同。它不是由政府發行，而是由民間商人團體所發行。[10]

史上最大的詭計

多數的工匠在中世紀時期都有組織貿易行會（guild）。金匠也不例外。在金匠的定期會議裡頭，一定討論過有許多存放者會以收據作為貨幣，導致大量黃金閒置在他們金庫裡的這個現象。他們可能很快就意識到，如果將這些黃金借出去，就能賺取額外的利潤。如果他們在碰到意外的提取行為時相互支援，很難會遭遇沒有黃金的窘境。

當金匠開始出借部分存入的黃金以賺取額外利息時，發生了兩件事。首先，金匠是在詐騙。他們的存放收據保證黃金有放在他們那裡。他們的客戶相信黃金確實在那裡。但黃金已經被借出去了。因此金匠努力向大眾隱瞞這件事。只要大眾不知道或不理解這個情況，就不會有問題。

其次，這麼做創造出新的購買力。當黃金收據被用來在經濟體中購買商品時，出借的黃金本身也為某人提供了他原本未擁有的額外購買力。經濟體內的購買力總量增加了。金匠擴大了貨幣的供給。但與中國不同的是，在中國是由政府決定購買力的創造與分配，在歐洲則是由金匠可以決定誰能獲得貨幣。雖然大眾對此並不知情，但金匠的行為影響了每個人。當他們創造出更多貨幣時，人們索取稀缺資源的次數就增加了。

後續的發展對金匠更加有利。他們發現出借黃金的需求穩定。當他們已經借出大部分的黃金時，他們不願放過賺取更多利息的機會。因此他們想出可以透過在出借時提供存放收據而非黃金的方式，進一步擴大可出借的量體。簡單來說，金匠可以「印製」貨幣！透過這種方式，他們可以提供購買力給任何他們中意的人。這一回發生了三件事：首先，對資源的索取數量（即貨幣供給）進一步增加。這為經濟的繁榮、消費物價的上漲或資產價值的膨脹，創造更大的潛力。其次，這已是很明顯的詐騙，因為他們發行的虛構黃金存量收據的數量，遠超過金庫中剩餘的黃金量。

這為金匠創造了更大的利潤——借款人必須以真實貨幣償還金匠所未擁有的東西。這也使得當存放者想取回黃金時，可能會導致更嚴重的風險。第三件事是，銀行業由此誕生。

銀行王國裡頭，一貧如洗的君主

金匠很快就放棄了打理黃金與珠寶的工作。因為他們發現一個非常輕鬆且獲利更豐的生意。他們靠著發行成本為零的紙條收取利息！他們變得更富有，從此被稱為銀行家。

銀行家做到了國王、皇帝和鍊金術士都無法完成的事——他們在創造貨幣。他們找到了賢者之石。[11]他們是那個時代的央行。

這項發展具備足以改變歷史進程的根本性意義，因為這代表著政府無法控制新創造出的購買力。歐洲的君主沒有看穿這套詐術。他們天真地相信銀行家擁有大量的黃金。當政府需要資金卻無法進一步加稅時，他們也認為必須向銀行家借款。

諷刺的是，銀行家只是在做國王自己就能做的事：發行紙幣。但因為君主仰賴銀行家資助大型計畫，最終銀行家獲得了對國家政策的巨大影響力。不久之後，人們就難以判定是誰真正在掌控國家。《舊約聖經》說借款人是貸款人的僕人。[12]因此，國王常常淪為僕人。銀行家是創造和分配購買力的主人。

當然，銀行家也必須照顧自己的利益。當君主花費大量金錢——因而產生國債時，最大的獲利機會就出現了。有些明智的貴族不舉債。那麼銀行家就必須等待有利的情況出現，比如君主之間的戰爭。戰爭是借款和國債的主要因素。在戰爭時期，就連最節儉的君主也需要資金。如果銀行家不只要求君王支付利息，還要求特權、權利、頭銜和土地，作為他們提供無價服務的交換，關於這點有什麼好驚訝的呢？如果君主頑強抵抗，他的戰爭運勢可能突然轉壞。那些與其他國家的同行（包括與前線另一方，資助敵國統治者的同行）保持聯繫的銀行家會特別成功。這時，勢必偶爾會出現與敵國銀行家勾結的誘惑，因為這種「理性」行為會最大化他們的共同利益。他們可以一起決定讓哪位國王獲勝——那個給予他們最大特權的人。他們只需要向他們支持的那方發行更多貨幣，然後帶著最深的遺憾告訴另一方，他們已經沒有現金可提供了。如果後者不相信他們真的沒有更多的資金，只需要讓他看看他們空蕩蕩的金庫。在他戰敗後，就可以瓜分戰利品。至於那些在過程中死去的士兵，真是可憐。[13]

當忽必烈和在他之前的皇帝透過控制貨幣的供給而完全掌控他們的國家時，歐洲的情況恰好相反：統治者被貨幣和那些負責發行貨幣的人所控制。掌權的人不是國王，而是他們的金融家。

貨幣即信用

在央行成立之前（在美國晚至一九一三年才成立），私人銀行在有人貸款時就會印製和發行紙幣。英語見證了這段歷程，即使在今日，紙幣仍被稱為「銀行票據」（bank notes）。當時人們還很清楚該如何衡量貨幣的價值：就是流通中的黃金加上銀行發行的所有紙幣。

從表面上看來，情況在央行設立後有所改變。這些通常由最有影響力的銀行家所創立和擁有的機構，獲得了印製紙幣的壟斷權。[14]因此，所有其他銀行都得仰賴它們。但這並不代表其他銀行就停止創造貨幣。銀行只是採取了較不明顯的創造貨幣形式。如果有人想向銀行借款，銀行可以為他開立帳戶並創立新的存款項目。[15]這就是「帳面」貨幣，或稱為銀行貨幣。這種貨幣和黃金或紙幣一樣有效。因此即使在今天，大部分的貨幣供給仍由民營銀行所創造。在多數國家中，目前由央行發行的紙幣占總貨幣供給量的不到十%。就像在發達的金匠信用經濟時期一樣，今日經濟體中絕大部分的購買力，是由銀行創造和分配出來的。[16]

古典經濟學家認為衡量這種銀行創造貨幣的方式是去計算所有銀行的存款。這可能是因為舊有的銀行票據（紙幣）被稱為存款收據。但就淨值的角度來看，銀行只在發放新貸款時才會發行新的存款收據。現代M類型的存款總計量，不會去衡量流通的貨幣。它們衡量儲蓄。銀行所發行的存款收據，到了現代所等同的不是銀行存款的總量，而是放款總量。銀行的信用能衡量實際流通的貨幣。[17]

見樹不見林

古典和現代的新古典經濟理論通常無法識別銀行所扮演的角色的另一個原因，可能是因為這些理論著重在個體經濟學，且這些理論的本質是靜態的。因此，經濟學家往往只分析單一家銀行，或單一筆存款或貸款紀錄。再加上傳統教科書對部分準備金制度（fractional-reserve banking system）中信用創造的論述方式，銀行創造貨幣的真實力量就此隱匿。這就是為什麼在當今多數金融或貨幣銀行學的教科書中，銀行被描述成只是一手接受存款，一手放款的金融中介機構。這些教科書表示，銀行就如同股市或其他金融中介機構一樣，只是將資金從存戶轉移到投資者的機構。[18]

人們不該淡化銀行創造信用的力量，而應該用能夠突顯其強大力量的方式來解釋——例如指出銀行將存款以貸款形式轉手的次數不只一次——而是超過十次。若你在銀行存入一千元，且央行要求銀行持有一%的準備金，人們很容易會認為銀行會貸出九百九十元，並保留十元（一千元的一%）作為準備金（如同大多數教科書所述）。但實際情況並非如此。基於你新存入的一千元存款，第一家銀行就能貸出九萬九千元（並保留你的一千元作為十萬元的一%準備金）。這是怎麼辦到的？銀行從哪裡取得額外的九萬九千美元？

實情是，銀行並不擁有這些資金。他們只是透過授予「信用」來創造資金。且這過程不會花費任何成本，因為貸款是憑空**創造**出來的。在一九三〇年代，這種創造信用的過程，是以人工方式記入銀行貸款帳簿的分類帳（ledger）中。如今則只需在銀行的電腦中輸入紀錄。銀行放出的貸款越多，被創造的存款就越多。若一家銀行獲得的存款超過其他銀行，多餘的存款就會（透過銀行間市場）轉給存款短缺的銀行。

貨幣的生命週期

貨幣的生命週期始於銀行放款而創造它的那一刻。當貨幣在經濟體中作為購買力流通時，就在發揮其功能。銀行創造的信用越多，經濟體中能運用的購買力就越多，並用在原本不會發生的交易行為上。當借款人花掉這筆資金時，收款人可能會再次將其存入銀行。此時貨幣即從流通循環中「退休」。當人們從存款帳戶提取貨幣時，它又能重新流通。當貸款被償還時，新創造出的購買力就會從流通循環中消失——可以說，貨幣「死亡」了。

擁有創造貨幣的能力使銀行與眾不同，並和只能重新分配現有購買力的股市或債券市場有所區別。[19]但這也使銀行更為脆弱。奧地利學派的經濟學家始終認為銀行業建立在詐騙行為之上：銀行無法兌現對存款的承諾——若所有人同時要求兌現，更是無法做到這件事。[20]這就是為何銀行家想要設立央行，讓他們能在必要時介入並印鈔。

信用由供給決定

衡量「貨幣供給」的正確方式，就是央行信用創造量（由央行資產買賣淨值所注入）與私人銀行信用量的總和。因此，信用總計量與經濟活動的相關性，遠高於中央銀行刊物所強調的M系列存款指標。[21]這些指標所提供的資訊價值也遠勝過利率。

利率的問題在於它與信用數量並非單一對應的關係。這種關係之所以不存在，因為銀行刻意維持低利率以控制信用市場的配給，並從潛在的貸款申請者中挑選其所偏好之人。在配給管制的市場中，決定結果的不是價格，而是數量。可能出現利率很低，但信用成長非常快的狀況。但信用成長也可能很慢。這完全取決於銀行的決定。[22]

這也代表觀察與分析利率的這整個產業，可以將時間用在其他更有成果的地方。當利率攀升時，經濟不一定就會放緩。同樣地，利率下降也不表示經濟會加速。經濟成長取決於信用數量的多寡，而非其價格的高低。

「資本短缺」並不存在

經濟學理論若不理解信用創造的過程，也必然會誤解其他概念，如儲蓄的角色與決定經濟成長的因素。古典經濟學假設存在一個儲蓄的固定數量，而這會限制貸款的核准量，進而限制投資。事實上，儲蓄量在任何一個時間點都並非有限。它們不會限制貸款或投資。若投資需要更多資金，銀行可以直接創造。[23]

經濟學家偶爾會擔心「儲蓄短缺」或「資本短缺」會阻礙成長。這種情況並不存在。儲蓄不會限制經濟成長。必要時，銀行可以創造更多貨幣，進而創造更多存款，也就是儲蓄。這必然會提高名目支出與投資，進而帶動名目成長。[24]

當然，關鍵在於新創造出的信用，是否用來提高生產力。若新的貨幣使用不當，就會推升物價。若用於提高生產力，則不會導致通膨。當經濟資源閒置且存在失業問題時，就很容易達成這項目標。因此在經濟衰退期間，特別容易能確保新創造的信用用來提升生產力。所以新貨幣創造會帶來復甦，而非通膨。[25]

關於貨幣的實情很單純。但卻鮮為人知。經濟學的入門教科書只簡略提到銀行會創造貨幣。但後續的理論都忽視這個事實。歐洲人耗費數世紀的時間才重新發現中國早在十世紀就已經知道的真相：貨幣的內隱價值來自國家的法律，因此政府可以有效運用貨幣來促進經濟發展。許多歐洲的經濟學家確實在十八、十九世紀發現到關於貨幣與銀行的真相，如蘇格蘭籍但曾任法國財政大臣的約翰·羅（John Law）、以及德國的穆勒（Adam Mueller）和克納普（Georg Knapp）。[26]然而，他們的理論很快被取代，如今已被世人遺忘。

對銀行家來說，幸運的是有一群經濟學家（古典與新古典經濟學家），可以依靠他們的論點來證明貨幣（因此也包含銀行）並不重要。在這場思想角力中，新舊古典經濟學者的勝出，不是歸功於他們擁有更有說服力的論述，就是拜於他們有更充沛的資金支持。無論如何，他們的理論如今廣為流傳，並主導著經濟學界。[27]

信用：控制經濟的關鍵工具

部分戰時思想家和革新派官僚遵循著不同的經濟信念。他們深入研究德國經濟學家的理論，因而理解了貨幣與銀行的本質。他們理解到銀行和央行創造及分配信用的權力，使其成為經濟控制與資源分配的關鍵手段。[28]就跟中國的帝王一樣，他們希望透過控制貨幣來掌控國家。

戰時經濟體制的制度設計建立出一套框架，可透過資源分配來創造經濟成長。然而，實際在分配資源和創造產出的是貨幣體制。若想理解日本是如何在從一九三〇年代所展開的經濟戰中獲勝，貨幣正是關鍵之所在。

第五章
信用：經濟的最高司令部

融資對象從股市轉到銀行

革新派官僚的首要目標是追求經濟成長的最大化，這也代表著軍需生產的最大化。就經濟學的定義來說，成長來自投資。而公司需要資金才能投資。向外部融資可以採取向銀行借款，或以發行債券和股票的形式——即向證券市場借錢。在一九二〇年代和一九三〇年代初期，日本公司主要從股市獲得外部資金。與今日的美國情況相似，在一九三四年至一九三六年間，日本公司平均十八％的負債來自向銀行借款，八十一％來自股權融資。然而，在不到十年後，公司的資金來源已大幅轉向朝銀行借款。在一九四〇年到一九五〇年期間，公司平均六十％的負債來自向銀行借款，僅四十％來自股權融資。銀行融資的主導地位持續到一九八〇年代後期：在一九六五年，銀行的負債有八十九％是借款；一九七〇年為八十五％；一九八〇年為八十七％。[1]

這裡要再次強調，經濟體制特徵的重大改變——從向市場融資轉往向銀行融資——並非巧合或市場力量使然。政府的有形之手刻意將銀行借款置於戰時經濟的核心。政府官員認為向銀行融資具有許多優點，因此抑制向股市或債券市場融資。他們轉而使用銀行信用作為戰時經濟體制中資源配置的主要工具。

銀行家關心管理者

戰時經濟官僚偏好向銀行融資的原因之一，是他們致力於強化管理者而非股東的權力。股權融資會讓股東掌控公司，這可能使經濟體朝著偏好利潤而非偏好量化擴張的方向發展。銀行借款消除了這項威脅。

取代股東的是銀行家對公司管理階層的監督，他們必須確保貸款不會被浪費。但銀行家本身也是管理者。將公司所有權與控制權分離的制度（由管制官僚所設計）也包含銀行。也就是說從一九三〇年代後期開始，個人股東對銀行的影響力已被降至最低。此外，銀行家更關心成長而非利潤。因此，他們不會收取高利率，反而會想要擴大放款金額。這情況只有當公司快速成長並因此需要借更多錢時才有可能發生。多虧了向銀行融資的需求，公司管理者找到了銀行家這個天生的盟友。

另一個原因是速度。在戰時狀態下，重點產業必須快速籌措大量資金。就融資速度和便利性而言，向銀行融資勝過向市場融資。公司從銀行獲得資金只需要貸款人員的決定，他只要大筆一揮就能提供資金。股權融資甚至債券發行則需要更多步驟和涉及更多參與者，從找律師擬定交易內容到尋找承銷商和在市場中配售。這可能需要數個月的準備和執行時間。戰時規畫人員無法承受如此悠閒的節奏。

銀行會增加儲蓄

然而，為重點產業提供資金只是有關當局在戰時負責的其中一項任務。隨著優先產業的購買力與日俱增，並開始索求現有（但有限）的國民產出，如果消費需求未能同時降低，就會導致物價上漲。持續強勁的民間消費會使公司在爭奪稀缺資源時站在消費者的對立面。為避免通膨和可能隨之而來的社會不穩定，當局必須確保消費者逐漸壓抑其購買力。必須鼓勵個人進行儲蓄。

在以股市為基礎的金融體制中，存戶必須被鼓勵購買股票或公司債券。但若要作為大眾的儲蓄工具，這些金融產品都有所風險，需要仔細研究。在戰時狀態下，很難期待個別儲戶大量將儲蓄投入債券和股票。儲蓄的損失可能導致社會的不穩定。

在以銀行為基礎的經濟體制中，當局可以直接保障存戶的資金。如果銀行獲准倒閉，央行還可以金援存戶。至少家戶儲蓄的本金會因此得到保障。然而，作為高度安全性的代價，存戶必須接受較低的報酬。這使得更多資金能持續進行投資。

從一九三七年左右開始，政府官員透過舉辦年度儲蓄運動鼓勵人民儲蓄。媒體被用來傳播

「花錢是壞事，存錢是好事」的訊息。地方銀行、信用合作社和郵局各分局作為收集民眾儲蓄的單位，能確保購買力遭抑制。官僚成功將其他形式儲蓄的報酬抑制到跟銀行的儲蓄相同，股票變得像債券或存款一樣，只會產生固定的管理性報酬（administered return）。這類報酬被壓低以避免與銀行存款競爭。

銀行家，貨幣創造者

戰時規畫人員偏好以銀行借款作為資源配置主要管道的最重要原因，是銀行創造出經濟體中的大部分貨幣。而且是由他們負責誰能獲得這些貨幣的關鍵決定。因此他們的行動對公平、成長、效率和通膨有著深遠的影響。透過抑制某個部門的購買力，並將新創造的貨幣分配給另一個部門，就可以重塑整個經濟版圖。

有鑑於銀行具備這項關鍵角色，革新派官僚和戰時規畫人員會對它們有強烈興趣就並不令人意外。他們所讀到的德國經濟學家主張，銀行與經濟成長有著重大的關聯。[2]如果增加輸入的生產要素——土地、勞動力、資本和技術，就能加快經濟的成長。如我們所見，戰時官僚已找到有效組織勞動力市場和公司經營的方式，以確保能夠有效率地動員土地和人力資源。而銀行就是他們將投入的資本和技術最大化、引導資源和操縱成長的主要工具。

如何資助成長：印鈔票

科技其實只是更有效率安排既有資源的新方式。它就像一份新的食譜，能夠提供更美味和更優質的產品，因而更受到消費者的重視。然而，發想出新食譜的創新者和有創造力的企業家常常面臨一個問題：他們缺乏資金成立一間規模夠大、且可以執行他們想法的公司。企業家可以從市場獲得資金或向銀行借款，而且可能並不在意錢是如何取得。但對整體經濟而言，這之間存在關鍵性的差異。如果投資人資助企業家，投資人就必須從其他投資（如債券、股票、銀行存款，甚至其他創投公司）挪出資金。結果，已有的購買力會被轉移到新的用途上，而某部分的經濟活動就必須縮減規模。儘管有所創新，但因為決定國民所得總額的信用創造數量維持不變，因此經濟就毫無成長。相較之下，如果企業家改向銀行體制借款，就會創造額外的購買力，而且不需要終止先前的專案。

有生產力與無生產力的信用創造

這作法聽起來好到難以置信。有可能光靠央行印鈔或銀行貸款就資助所有優秀的新想法嗎？原則上是的。最常見的擔憂是創造過多貨幣會導致通膨。然而，只要資金用在能夠增加產出的生產力專案，就不會造成通膨；雖然創造了更多的貨幣，但因為資金的運用方式夠聰明，使得現在能有更多的產出。信用和產出都會增加，而物價會維持不變。許多古典和新古典經濟學家無法辨別清楚的一點是，信用既能提供新商品的需求，也讓新商品能被創造出來。因此它同時帶來新商品的需求和供給。另一方面，如果額外創造出的貨幣不是用來推行新的技術或創造出更多產出，而是單純用於消費或是投機，則會導致更多貨幣追逐數量不變的商品和服務。物價會被推升，通膨就會出現。[3]

不過這作法也有缺點。在自由市場的經濟體中，銀行可以創造信用並將信用分配給任何他們希望的借款人，即使是用在不具生產力用途的借款人。然而，這麼做到頭來對銀行也不好，因為不具生產力用途的放款行為的風險要高得多。只有當信用用於生產力目的時，才有可能產生支付利息和償還本金所需的收入。然而，銀行不容易認識到其貸款所涉及的實際風險。每家銀行可能認為他們能收回房地產貸款的資金。但整體而言，所有銀行最終借給房地產部門的資金，會超過該產業可有效利用的資金需求。結果，雖然貨幣被創造出來，但無法從中獲得新的產出和新的收入。最終借款人將無法償還貸款。隨著過量創造的信用轉變為呆帳，銀行變得更加規避風險並減少放款，而這會減緩經濟的成長。

約束銀行家

銀行因具有創造和分配貨幣的公共用途而特殊。然而，若任由銀行家自行其是，他們是否會以提升整體社會福祉的方式分配資金，這點值得商榷。銀行可能會拒絕貸款給想要導入有機耕作技術的農民，認為這類投資風險太高或獲利不足，反而選擇將購買力分配給對社會福祉毫無貢獻的房地產投機客。德國經濟學家特別批評一九二〇年代美國的經驗，當時銀行受到鼓勵而創造貨幣，並放款給投機客導致資金的浪費。他們主張，銀行所擁有的創造和分配購買力的關鍵功能，必須用來增進國家的共同利益。[4]即便政府是民選的，但銀行家卻不是。銀行的所有權往往集中在少數家族手中，這些家族的權力龐大，有時甚至能影響整個國家。評論家指出，尤其在美式民主制度下，銀行信用應受政府監管以維持公平正義。基於這個理由，美國開國元勳傑佛遜（Thomas Jefferson）一直反對設立私人擁有的央行，美國憲法也特別規定發行貨幣的權利僅屬於美國政府。[5]日本戰時經濟官僚同意需要謹慎監督銀行活動。與此同時，他們也意識到銀行家可以成為他們的盟友與助手。透過對銀行的「指導」，官員得以引導新創造的貨幣投入生產力計畫。[6]

控制管理者

然而，對信用創造的控制必須包括央行在內。經濟體中貨幣供給量的構成是銀行與央行信用創造量的總和。後者可以增加或減少經濟中的貨幣量。同時也對銀行的信用創造擁有龐大的直接控制權。[7]

基於日本官僚對國家角色有著不同的理解——即為社會服務——他們無法接受即使是在所謂

的民主國家裡頭，央行竟由私人銀行家所擁有。[8]當美國的聯邦準備系統、英格蘭銀行和德意志帝國銀行實際上是由私人銀行家部分（甚至全部）擁有和控制時，要如何期待它們為公共利益服務？[9]而更切合國內的迫切問題是：日本銀行怎能繼續作為一家部分由私人持有的股份公司？

根據他們研讀過的德國經濟學家的著作，日本戰時經濟理論學者認為央行應受政府控制。央行則應對銀行進行管控，透過規範貨幣創造的數量和分配方式，使其符合國家利益。[10]

當革新派官僚意識到銀行業對經濟形塑所具備的重要性時，他們開始研究央行如何監督銀行。[11]某些央行聲稱他們將準備金制度作為政策工具。其他央行則表示他們透過設定官方貼現率（official discount rate, ODR）來鼓勵或抑制信用的創造。實際上，這兩種工具都不太有效。貼現率或短期利率與經濟活動不一定相關。而準備金制度則過於生硬，難以嚴格執行。如果許多銀行無法實現準備金制度的要求，中央銀行就會被迫借出足夠資金給銀行來滿足要求，如此便失去了原本的目的。另一種作法是觀察銀行如何嘗試相互借款以滿足要求，但這會大幅推高利率，並可能擾亂經濟。因為這個問題的存在，央行官員常說他們無法控制貨幣的供給。然而，他們確實有方法可以控制銀行創造多少購買力——就是為銀行設定貸款成長的目標。

祕密控制的工具

這是由德國的央行德意志帝國銀行所開創的手段。該行在第一次世界大戰期間和一九二〇年代已得到寶貴經驗，不僅將整體信用的成長限制在理想的高度，還將新創造的貨幣分配給重點部門。一九二〇年代，在總裁沙赫特領導下的德意志帝國銀行也對銀行的貸款發放提供嚴格的「指導」。銀行向中央銀行借款的短期利率（貼現率）仍會公布，但已更像是公關工具。到了一九二四年，通膨已受到控制。但德意志帝國銀行的「指導」多年來幾乎維持不斷——實際上，直到一九四五年才停止。[12]

其程序很簡單：每家銀行必須向央行申請下一期的貸款配額。銀行再將得到的配額分配給借款人。一旦銀行的配額用完，中央銀行就會拒絕貼現任何該銀行所提出的票據，並會懲處額外批准的授信。由於這些信用管制缺乏法律基礎，帝國銀行仰賴「道德勸說」，也就是在可能對銀行造成重大損失的制裁威脅下，施加非正式的行政壓力。一份一九二四年的德意志帝國銀行內部備忘錄中不帶感情地指出，央行將「毫不猶豫地運用」他們所掌握的「實質施壓手段」。[13]

沙赫特：信用獨裁者

德國實施的信用管制體制賦予央行龐大的權力。在一九二四年發生的惡性通膨之後，德意志帝國銀行得以獨立於政府之外，因此可以為所欲為。[14]它進一步詳細指示銀行分配信用給哪個的部門、地區和數量，但不過是小的進展。德意志帝國銀行總裁沙赫特更充分運用這項權力。沙赫特透過指示銀行應向哪類工業部門甚至哪些公司放款、切斷對哪些公司的放款——他所施行的政策對經濟帶來深遠的結構變化，偏好他認為「有生產力」的特定地區、部門與機構，並推動公司重組。後者在德國、美國和日本以「合理化」之名逐漸流行。沙赫特主張，為了推動合理化，公司必須合併，「不具競爭力」的公司必須被迫破產。沙赫特認為這種結構變革比刺激經濟需求更重要。因此，失業問題在一九二〇年代沒有被解決。[15]

評論家指出「許多不公平和細節爭議是無法避免」。[16]許多觀察家認為，在民主制度下，只能由國會和民選政府做出如此重要的決策。的確，德意志帝國銀行已成為實際上的德國政府，在對經濟的影響力上，輕鬆超越脆弱且短命的威瑪政權。即便政府快速更迭，但沙赫特從一九二四年起到一九三〇年辭職之前都一直穩坐寶座，而這段期間對德國後來的發展至關重要。當時人們稱他為「信用獨裁者」或「經濟獨裁者」，並稱德意志帝國銀行為德國的「第二政府」。[17]

日本引進信用管制

日本革新派官僚研究了德意志帝國銀行的作法，意識到央行對銀行體制實施信用管制的作法，擁有龐大的潛力。[18]他們派遣官員前往柏林，進駐日本大使館或直接派駐德意志帝國銀行。其中包括由日本銀行派出的一萬田尚登，他在戰後成為日本銀行信用管制的主導者（詳見下一章）。

啟動管制戰時經濟的首部法律（最初稱為「準暫時經濟」，因為當時的措施還不完整，且日本尚未正式宣戰），是一九三二年頒布的《資本逃避防止法》和一九三三年頒布的《外國匯兌管理法》（外国為替管理法）。這些法律旨在防止資金轉移至海外，同時也用於規範貨物的進口。大藏省新設立的外匯管理部門的工作人員，逐漸發展成為一群經驗豐富的經濟管制者，擅長引導資金的流向。[19]

隨著一九三七年中日戰爭全面爆發而上臺的革新派官僚，利用一九三七年頒布的《臨時資金調整法》來控制資金的分配。該法使銀行及銀行的投資與貸款決策，受到央行和大藏省的嚴格管制。透過股市融資的管道被限縮到極小量，只能仰賴銀行體制來分配資源。

此時正是利用央行實現戰爭計畫人員目標的時機。「在第二次世界大戰前，特別是在一九三二年之前，日本銀行與商業銀行及貨幣市場的關係並不密切，只有在危機時期才會扮演最後貸款者的角色」。[20]在一九四二年，戰時領導階層透過翻譯希特勒於一九三九年頒布的《帝國銀行法》新法，將其作為《日本銀行法》新法實施，使日本銀行直接受到政府與大藏省的控制。[21]這項法律連同資金流動及外匯管制相關的法律，一同讓金融管制體制變得完善。

一九四二年頒布的法律明確規定，央行的職責是致力於全面動員資源，以實現最大的產出成長。法律的第一條規定是：「日本銀行的宗旨在於符合國家政策的前提下，調節貨幣、規範融資並發展信用體制，確保國家總體經濟力量能獲得適當運用。」第二條規定：「日本銀行的運作，應專為實現國家的目的。」[22]

政府為了簡化信用分配的制度，將銀行數量從一九二〇年代末的約一千四百家，大幅減少到第二次世界大戰結束時的僅存六十四家。與其他產業的管制協會類似，銀行被安排進各個金融管制協會，並統一隸屬於全國金融統制會底下。也跟其他產業一樣，這個組織在戰後仍然存在，以全國銀行協會的形式延續下來。[23]

日本銀行的管制操縱桿

銀行是官僚用來引導資源的理想工具。他們所需要做的就是對銀行放款施加詳細的指導方針，並要求銀行必須遵循。為了確保非優先投資項目的公司，不會透過在股市融資來競爭稀缺資源，官僚採取了各種行政措施來限制股權融資和公司債券的發行。

日本銀行擔任創造和分配購買力的管制中心。其總裁擔任全國金融統制會的主席，該協會由日銀負責運作，負責執行內閣企畫院所制定的資源分配計畫。這個計畫的結構是由上而下：首先決定所需產出。然後確立製造商、轉包商和原料進口商的階層體制。最後，要求銀行確保所有相關公司都能獲得購買力，使其能夠取得生產過程所需的輸入要素。雖然股東的影響力被消滅了，但在各個層級仍存在著競爭，因為公司和銀行的員工都必須在階層排名體制裡頭，為了升職和其他獎勵而競爭。

藉由這些管制措施，資源得以配置給具有戰略重要性的產業——戰爭期間即為軍需工業。根據規畫整體產出需求的計畫，借款人被分為三類：A類與關鍵戰爭物資有關，如軍需品和原料公司，B類為優先順位中等的借款人，C類為優先順序最低的借款人，包括生產國內消費品和被視為「奢侈品」項目的製造商。B類部門的貸款配給會受到限制，而被歸到C類的部門幾乎不可能獲得貸款。列入A類的製造商會被分配到一家「主力銀行」，其職責是確保公司能獲得足夠的貸款以達成生產目標。這些公司本身也屬於轉包商和相關公司階層體制的一部分，這樣的編組方式旨在確保能快速且有效地達成既定的產出目標。[24]

這套體制迅速重塑了經濟。它確保只有順位優先的製造商能獲得新創造出的購買力。低順位的公司和產業會逐漸衰弱，而戰略重點公司和部門則快速成長。奢侈品的製造商，如果尚未轉而生產戰爭用品（例如鋼琴製造商山葉，就轉去生產飛機的螺旋槳——這項戰時經驗使該公司在戰後能夠增加摩托車的產品線），根本無法從外部籌到任何資金。購買力不會用於非必要部門或沒有生產力的用途。貸款的分配是為了實現戰時經濟的目標：將期望種類的產出最大化。

延續到戰後的信用管制

戰爭期間，生產的目標集中在軍需品上。戰後則轉向工業與消費性商品的製造。由於管制體制的運作相當有效率，因此完整地沿用至戰後時期。戰後許多公司與其公司集團、其轉包商、主力銀行之間的連結，皆源自戰時的信用分配體制。[25]

確保銀行遵循官方的放款準則不是件難事。戰爭期間，動員相關法規明確規定民間部門必須服從官僚機構的指示，違規者將受到嚴厲懲處。到了戰後，改以其他誘因促使銀行配合官方的希望。[26]但即便沒有這些手段，銀行仍必須聽命於官方，因為戰時沿襲下來的模糊法規賦予官僚體制極大的權力。[27]在這般基礎上，政府官員得以發布行政命令或通知（通達），形式類似戰時官僚機構發布的帝國敕令。民間部門的機構無力與政府抗衡。銀行對官僚體制的依賴程度，就如同公司對銀行的依賴一般。延續下來的貸款保證制度進一步削弱銀行的抵抗意願，因為這套制度將信用風險降至最低，並確保銀行在貸款狀況惡化時能獲得紓困。

若日本採取自由放任的政策而不實行官方干預，經濟成長的速度將會較為遲緩。非關鍵投資的產業、非高度成長的產業，以及消費者就會一同競逐有限的購買力。的確，由於戰後經濟體的勞動力充沛，自由市場的經濟體制傾向將資源配置到勞力密集的產業，這將使日本難以建立重工業。若缺乏信用的管制手段，也會有太多的資金流向生產力極低的用途，如不動產的投機行為或奢侈的消費行為。此外，也將無法維持人為的低利率來補貼優先發展的產業。最終，讓資金自由流動可能會產生類似一九九〇年代後期，泰國和韓國所面臨的問題，當時的固定匯率制度鼓勵大規模向海外借款（大多數其實非必要，因為國內銀行就能創造貨幣），但當外國投資人撤資時，就引發了危機。考量到信用與成長之間存在的重要關聯，會認為日本戰後經濟發展成功的主要原因之一是金融管制的體制，絕非言過其實，因為這套體制將信用「引導」至高附加價值的部門，並充分運用戰時經濟結構。[28]金融部門是「這場被稱為『高度經濟成長』總體戰的參謀本部」。[29]

第六章
央行首次嘗試爭取獨立

鍊金術師一萬田尚登

一九四六年，在美國占領當局的同意下，一位年輕的日本銀行官員一萬田尚登被任命為日銀的總裁。他曾接受過關於信用創造複雜機制的專業培訓。在地位關鍵、負責處理銀行業務和監督央行授信的營業局工作了一段時間後，日銀派他前往柏林，從一九二三年到一九二六年間，他親眼目睹了沙赫特如何一躍成為「信用獨裁者」。他詳細研究了沙赫特的信用管制政策，並將沙赫特及其高度獨立運作的德意志帝國銀行視為日本銀行仿效的典範。[1] 這段經歷在許多層面都給一萬田留下深刻印象。他在回憶錄中提到：「在德國讓我最印象深刻的是央行總裁沙赫特。」[2] 儘管年紀輕輕，他就與這位偉大的信用獨裁者建立了私交。兩人似乎相處融洽。戰後，當一萬田成為日銀總裁時，沙赫特還曾拜訪這位日本故友（但如同一萬田所遺憾的，由於沙赫特在德國受到戰犯法庭調查，他未能久留）。[3]

一萬田返回日本後再度被派往營業局。他在這個關鍵的部門不間斷地工作了整整十年（一九二七年至一九三七年），比一般職員來得長。有了這一點，加上他被派駐德國的經歷，都指出他已被選定會擔任更高的職位。在短暫擔任京都分行的經理後，他在考查局工作了四年，並在一九四二年迅速升任局長。作為審查官，他負責監督貸款資金的使用用途——這正是沙赫特質化資金配置的關鍵元素之一。與沙赫特的德意志帝國銀行一樣，審查官的主要判斷標準是貸款在央行眼中是否「有生產力」的用途。[4]

一九四二年，能充分發揮他的知識與經驗的時機到來，當時日本正在全面實施戰時動員經濟體制，全國金融統制會也隨之成立。最初，一萬田在擔任考查局長的同時，也成為統制會的首任祕書長，這使他直接身處日本戰時體制運作的核心：統制會是戰時動員經濟的神經中樞。這個組織由日本銀行負責運作，統制會的會長和副會長的官方職位分別由日本銀行的總裁和副總裁擔任。[5]然而，一萬田「作為統制會祕書長，實際上負責監督和指導其日常事務」。[6]一萬田現在負責採取一切必要措施為優先產業提供資金，並防止非優先公司取得稀缺資源。可能的作法包括合併銀行和注入日銀的資金，但這組織的主要功能是分配信用——當時稱為融資斡旋。[7]

銀行體制的呆帳

當戰爭結束時，銀行的帳面貸款已經惡化。在戰爭尾聲的絕望歲月裡，銀行授命要不斷向軍需工業提供資金。銀行業的一項基本原則是，用於非生產力用途的貸款，最終往往會成為呆帳。甫戰敗國家的戰時貸款是其中最糟的那種。銀行擁有的另一項主要資產是戰爭債券和其他戰時政府的債券。當然，這些債券幾乎沒有市場，既使交易也只能換得面額的一小部分。

雖然大多數銀行的資產已經變得毫無價值，但其負債仍然存在——即個人存戶存入的資金。由於資產小於負債，且股本不足以彌補差額，整個銀行體制實際上已經破產。此外，商業銀行也因財閥解體所採取的初步措施而削弱。[8]

管制官僚提出的挑戰

銀行的資產問題足以引發重大的信用緊縮現象，和通縮所致的經濟衰退。為了對抗這種情況，政府需要創造信用。在戰後初期，許多專家意識到這一點，並且（與一九九〇年代完全不同，我們接著會看到）迅速採取行動以實現經濟復甦。得益於戰時創造信用和控制配給的經驗，不僅日本銀行的職員，還有大藏省、軍需省和企畫院的官員都知道需要擴大信用的創造量。他們雖然將實際執行戰時計畫和信用配置計畫的工作委託給日本銀行，之後則是由這些政府機構負責做決策。企畫院以強大但短命（僅一九四六年到一九五二年）的經濟安定本部之姿復活，於一九四六年八月成立。[9]他們最初透過日本興業銀行內部的復興金融部向經濟體提供資金。[10]一九四七年一月，該部門獨立出來，成立為公營的復興金融金庫，其任務是為戰略產業提供優惠條件的資金。[11]它的資金來自中央銀行必須貼現的政府票據。其次，政府計畫人員主動重建了戰爭時期的優先生產體制，制定出一九四七年的《金融機構資金融通準則》，並由大藏省公布。[12]他們所需要做的就是將優先順序從戰時的目標轉向承平時期的目標。大藏省調整了戰時貸款的分類制度。它根據「產業資金貸款優先順序表」，為每個金融機構設定出可以發放的最高貸款額度。並針對四百六十種業務的設備和營運資金分成A1、A2、B到C四個類別，「其分類方式幾乎完全按照戰時《臨時資金調整法》融資安排的規則」。[13]這項戰時的法律被大藏省以同等效力的《金融緊急措置令》所取代。

日本銀行對經濟安定本部的行動感到不滿，因為這侵犯到央行認為屬於自己的地盤：信用的創造和配置。對於優先順序由經濟安定本部和大藏省來決定，日本銀行感到很不滿。[14]根據戰時的《日本銀行法》，大藏省期許央行只作為其代理人，忠實執行大藏省的指示。這與一萬田所設想的央行角色的不同。[15]其次，央行也對復興金融金庫的存在感到憤慨，因為這是一個它無法控制且會挑戰其信用創造和配置壟斷地位的機構。[16]如果戰時官僚持續有權決定信用的創造和配置，央行將無法重返其在經濟體中扮演的關鍵角色。一萬田立刻採取行動。幾乎在優先生產體制建立的同時，他建立了自己的附加體制，將資金引導至優先順序較高的產業。[17]同時，大藏省所頒布的優先貸款類別，幾乎沒有獲得落實。一萬田的作法是僅指派一個八到十人的小組處理這項複雜任務（大藏省的指導方針已變得十分詳細，多達二十頁），且這個小組還有另一項工作，是處理同樣複雜的戰時凍結銀行帳戶的管理作業。

日本銀行對經濟的控制權早在一年前就已確立，當時營業局長發出指示，「原則上」未經日本銀行和政府的許可，銀行不得將其未償還貸款的額度增加到超過一九四六年三月二十日的標準。[18]這防止了低優先產業和消費者對稀缺資源提出要求。一萬田現在採取了雙管齊下的通貨再膨脹政策。首先，雖然銀行受到呆帳的傷害，但他借鑑沙赫特工具箱中的另一個技巧，將日本銀行本身變成國家的銀行家。沙赫特曾經藉由對某些類型的官方機構票據——如梅福券（Mefo）——積極貼現，選擇性地將信用引導至優先產業或項目。[19]一萬田在戰後初期利用他的「蓋印票據制度」（スタンプ手形制度）做了同樣的事情，根據這制度的規定，特定部門的公司可以直接或通過其銀行向日本銀行營業局申請資金。日本銀行會貼現來自煤炭工業、肥料製造業、紡織加工業以及某些區域產業和出口商（它們競爭取得出口貿易的匯票以購買必要的原材料進口）的匯票。[20]零售、農業、教育和建築業當時被認為優先程度較低。大多數與國內消費相關的產業都屬於低優先類別。房地產、百貨公司、飯店、餐廳、娛樂業、出版業和酒類飲料等產業，更不用說消費者本身，幾乎沒有獲得資金的可能。一萬田認為日本負擔不起這種奢侈行為。[21]這一切都在日本銀行營業局的融資斡旋部中進行。[22]

藉由幫助銀行改善資產負債表，以及日本銀行對其匯票貼現的「指導」，銀行被重新納入這套運作體制之中。改善銀行的資產負債表很容易；這只不過是一個會計問題。一萬田需要做的只是讓日銀用有價值的貨幣，購買銀行持有的毫無價值的戰時債券。央行對於自家的貨幣，不必擔心呆帳的問題。它可以直接印鈔票，並將購買的資產永久保留在其資產負債表上。[23]這使得銀行得仰賴央行的善意，並願意配合它的非正式指導。[24]如果央行願意，它可以向銀行提供無限量的資金。日本銀行和德意志帝國銀行一樣，知道只要新創造的貨幣被用來提高生產力，所帶來的就是產出的增加，而不是價格的上漲。[25]最後，一萬田透過後來被稱為「窗口指導」的機制，重新確立了央行對銀行新增貸款的數量及其對各部門貸款配置的全面控制。[26]

首次擊敗大藏省，獲得勝利

央行的信用供給計畫獲得了巨大成功。但並非所有功勞都歸功於央行。經濟安定本部的政策，包括復興金融金庫的放款，在其中也扮演重要角色。政府的赤字支出以及復興金融金庫的資金，都是透過央行必須貼現的短期融資票據或債券來籌措。[27]經濟需求開始回升，這歸功於央行與一般銀行的資金供給，以及復興金融金庫的貸款。當時並未出現通縮。政府反而很快就發現到，需求的刺激已經超出經濟體制有限的承載能力，因為經濟體制仍受制於供給的瓶頸，以及美軍轟炸所造成的基礎設施損毀問題。因此，通膨成為一大難題。

這場通膨成為央行打擊經濟安定本部、大藏省和復興金融金庫聲譽的機會。日本銀行立即將責任歸咎於競爭對手復興金融金庫的放款行為，以及央行被迫資助的預算赤字。由於中央銀行幾乎無法掌控這些行為，因此主張這些才是造成通膨的原因。[28]一萬田的觀點得到華府的反應，美方首先指示駐日盟軍總司令部在一九四八年十二月發布《經濟安定九原則》，建議採取更緊縮的貨幣與財政政策。這項計畫由一萬田與其助手吉野俊彥合作翻譯成日文出版——甚至成為暢銷書。[29]接著，華府派遣底特律銀行總裁道奇（Joseph Dodge）以部長級身分，於一九四九年二月至四月間擔任盟軍最高司令部的顧問。據悉，他與麥克阿瑟的關係並不融洽。[30]國會原封不動地通過了「道奇計畫」（The Dodge plan），其內容訂下「超額」的預算，從而終止了政府的支出赤字與央行要包銷大部分政府票券的業務。其次，此計畫宣布終止復興金融金庫；立即停止發放新貸款，並逐步關閉該機構。[31]這項計畫的影響深遠。它確立此後政府的銀行（如一九五〇年成立的日本輸出銀行，或者一九五一年成立的日本開發銀行）將由郵政儲金提供資金的原則。央行對此表示歡迎，因為這代表政府銀行不再具有創造信用或影響貨幣供給的權力，因此也無法影響經濟的成長。復興金融金庫的終結，也標誌了經濟安定本部和大藏省管制官僚影響力衰退的開始。央行跟仰賴它的銀行，獲得了創造和配置新貨幣的壟斷權。這是一萬田面對央行的挑戰者所取得的首次重大勝利。[32]

通往最高層的管道

一萬田總裁的權力影響深遠。他親自決定哪些計畫可以進行。因此，工商業與金融界的最高領導人必須經常前往日本銀行拜訪他，以獲准投資計畫。通常，總裁辦公室的兩間會客室都擠滿了產業界巨頭，一萬田則在兩個房間之間來回奔波。[33]

對許多商界領袖而言，這是一種使人感到謙卑的經歷。信用配置是法外的「非正式」制度，但他們必須遵從一萬田和其副手心血來潮的每個想法。委員會不存在，幾乎沒得討論，也沒有上訴權。一切都取決於日銀總裁的想法，而他會毫不猶豫地拒絕提供資金。這樣的情形曾有一次遭洩漏給媒體廣泛報導，關於一萬田如何拒絕鋼鐵業龍頭川崎製鐵公司社長西山彌太郎，他計畫在千葉建造另一座鋼鐵廠的請求。一萬田拒絕道：「日本不需要更多鋼鐵，」他告訴西山。「我可以教你如何在那裡種薺菜。」[34]

很快地人人開始敬畏一萬田。他能定奪商業計畫生死的權力，為他贏得了「教皇」的稱號。在一九八四年的訃聞中，他的繼任者與親密助手佐佐木直解釋道：「他被稱為教皇，是因為在他的領導之下，央行的權力比政府更強大。」[35]無人能夠質疑教皇的決定。試圖推翻他的人都失敗了。據傳他獲得更高掌權者——美國占領當局，甚至更有影響力的美國人士的「信任」，因此幾乎無人能動搖他的地位。[36]

對於一萬田和日本銀行權力的一大威脅，是盟軍總司令部經濟科學局（Economic Science Division）的局長及其民主派的同僚，他們計畫為這個強大的央行建立出更民主的架構，並設置適當的制衡機制。經濟科學局建議設立獨立的政策委員會，負責制定貨幣政策並監督日本銀行職員的工作內容。一萬田強烈反對這項計畫，辯稱這將降低貨幣政策的「效率」。他最終獲勝，盟軍總司令部的民主派讓步。雙方同意將新的政策委員會設在央行內部，因此受央行控制。一萬田創立一個不做重要決定的「沉睡的政策委員會」體制。[37]

美國當局重視一萬田的建議。這包括他提出不要解散財閥銀行的建議。雖然麥克阿瑟支持廢除戰時政府貸款擔保的計畫，但一萬田說服了他別這麼做。這套制度得以維持，讓銀行不必獨自承擔信用的風險，而許多新公司因而獲得重要的銀行資金，包含一家名為索尼（Sony）的不知名電子新創公司。毫無疑問，一萬田背後的支持者很強大，因為他在日銀總裁的位置上，待了破紀錄的八年半之久。之後他甚至更上一層樓，轉任大藏大臣——這個在真正的日本銀行人身上罕見的轉變，在戰後時期再無別人能做到。

窗口指導

一萬田策略中關鍵的融資斡旋部獨立於其他部門，直接向他報告。這導致該部門在央行內部極不受歡迎，一萬田的反對者試圖廢除它。央行為了安撫批評者，並抵擋大藏省影響政策的企圖，宣布在一九五四年廢除該部門。[38]但所有控制信用的權力都保留在規模更大的營業局手上，此局持續效忠於他個人，並繼續享有法外的銀行信用控制權力。

到了一九五〇年代初，日本經濟以兩位數的速度成長，貸款申請量變得龐大。正是在這段期間，由營業局執行的銀行信用配置制度有了最終形態。總裁首先決定貸款總額應成長多少；然後他和營業局長（由他親自挑選的下屬佐佐木直擔任）將這個增額以貸款配額的形式分配給各銀行。銀行被要求每月向日銀提交詳細的放款計畫，包括所有大額借款人的名單。東京的銀行向日本橋的總部報告，其他銀行則向三十三個地方分行報告。[39] 日銀接著「調整」放款計畫，使其符合信用配置計畫。[40] 由於銀行職員前往日銀時，幾乎是在營業局的櫃臺（窗口）前被告知他們的貸款配額將是多少，因而這個程序被稱為「窗口指導」。[41]

如同日本的公司一樣，銀行也由不受股東束縛、熱衷於擴大市占率的管理者所經營。如果放任這些管理者自行其事，銀行之間激烈的市占率競爭將導致他們過度傾銷產品：銀行貸款。窗口指導是這問題的解方，因為這樣就能構成一個限制競爭的產業卡特爾。這也方便實現由上而下的產業控制。銀行的成長導向確保他們總是盡量用滿配額以維持排名。事實上，在這個程序之下，若排除掉合併的影響，銀行的排名在整個戰後時期都未曾改變。

日銀首先會決定大型都市銀行在貸款配額的占比。然後將貸款配額的一定比例分配給其他銀行。由於銀行會接著將其配額分配給遍布全國的數百家分行，再由分行進一步分配給數千名貸款人員，在這個全面滲透經濟體的配額配置金字塔中，窗口指導位於頂端。[42]

在避免非生產力的信用創造，和將新創造的貨幣導引到提升生產力的活動方面上，這套系統的運作極佳。[43] 與戰時生產的情況不同，出口現在能賺取外匯。由於政府持續實施外匯管制，外匯可以被配置用於取得必要的進口品——原物料和其他投入要素。首先是紡織業，然後是造船和鋼鐵業，之後是汽車和電子產品業，都是獲得配置購買力的受益者。窗口指導是控制中心，為經濟提供貨幣的彈藥。因此，日本在一九六〇年代實現了年均超過十%的實質經濟成長率，這種成長速度使觀察家稱之為「奇蹟」。

日銀的管控受到挑戰

有個令人困擾的問題。在戰後初期，其他機構尤其是大藏省與通商產業省仍持續（但逐漸減弱）干預，對優先產業的名單提出建議。[44]日本銀行雖然可以在很大程度上化解經濟企畫廳與通產省的干預，但僅能部分抵消掉大藏省的影響力。[45]大藏省逐漸被排除在信用配置的決策圈外。[46]然而之所以會如此的原因是，它深知必要時它仍可干預央行的行動。這是因為《日本銀行法》的規定。除了在一九四九年設置有名無實的政策委員會所帶來的微小變革外，該法仍維持一九四二年統治官僚主導時期的原貌。美軍占領政府中許多「新政派」（New Dealers）並不認同讓央行獨立於政府且無須向政府負責的主張，認為這概念有違民主精神。因此，從法律層面來看，央行仍是一個隸屬於大藏省的準政府機構。

同時，大藏省在戰後享有能大範圍影響整體經濟的法定權力。戰爭期間，大藏省必須向軍方支持的政府及其內閣企畫院報告。其權力也受到更強大的內務省所限制。但戰後，軍方消失了，內務省解散了，內閣企畫院也轉變為地位較低的經濟企畫廳。大藏省迅速填補了這個權力真空。大藏省負責編列政府預算、稅收、關稅、金融監理、國際資金流動、財政與貨幣政策，使其在所有政府機構中擁有最有利的籌碼。而它也毫不猶豫地運用這些籌碼。因此在戰後初期仍持續關注信用配置的事務。

央行獲得更大獨立性的一種作法是讓實際的信用政策變得模糊。因此，央行系統性地淡化窗口指導對信用管制的重要性。[47] 與此同時，日本銀行勉強允許大藏省能對利率施加影響力，雖然日本銀行在公開場合稱利率很重要，但在實際執行貨幣政策時並未特別重視。[48] 每當大藏省詢問日銀的量化或配置政策時，一萬田及其幕僚就會展開充滿專業術語的複雜討論，使這個過程對非專家而言難以理解——事實上，即使對許多日銀職員來說也是如此。一萬田主張「對於調節市場資金數量的操作，有許多技術性的考量」，因此「應該交由日本銀行處理」。[49]

另一個策略是建立債券市場，這個策略直到一九六〇年代才成功實施。這策略讓央行得以進行複雜的債券買賣交易，更不用說可以進行附買回協議（repurchase agreements）和衍生性交易，這些操作讓貨幣政策看起來極其複雜，但實際上除了為券商（通常是日銀的退休人員）帶來可觀的佣金收入之外，並沒有達成更多事情。[50] 像是美國聯準會就設有公開市場的操作部門，每年的總交易額有數百億美元，並在所有的政府證券交易量中占了很大一部分，但日本銀行既無此種部門，也無法為證券業提供這樣的支持。[51] 在一九五〇年代和一九六〇年代初期，日本幾乎不存在政府債券市場，而股票市場仍是配角。因此，金融體制實際上僅由日銀和商業銀行直接創造的信用所構成。這種方式很有效率，因為債券和股票市場並不創造貨幣。但這對日銀而言並不自在，因為它得在大眾的關注下運作，缺乏獨立操作的空間。任何央行家都明白，如此簡單的操作使日本銀行過於透明。

日銀的反擊

對一萬田而言，更急迫的任務的是使日本銀行擺脫《日本銀行法》賦予大藏省的掌控。一萬田的地位確保了日銀擁有實際操作的獨立性，且不受挑戰。但他想要的更多。因此他很快就提議，作為純粹的技術官僚機構，日銀應在法律上獨立。[52]

在一九五四年，任職日本銀行總裁期間最長的一萬田出任大藏大臣。現在他獲得合法控制貨幣政策的權力。這個令人驚訝的任命也使他能夠支持忠於他的日本銀行官員。由於這項職位使他在大藏省內居於上風，他立刻開始遊說削減自己部門的權力，並增加日本銀行的權力。這個手段不會讓他變得討喜。但一萬田並不害怕展現自己的魄力。於是在大藏省官僚與央行之間爆發一場公開的權力鬥爭。

《日本銀行法》的修訂

一萬田和他在日本銀行的同僚向政界遊說修訂《日本銀行法》。他們得到銀行界的支持。基本上銀行業者是受到控制的聽眾，因為如果他們不支持央行，就必須擔心遭受非正式但痛苦的制裁。[53]同時，他們可能希望獨立的央行更能夠代表他們的利益。[54]

一九五六年，自民黨政府成立一個調查委員會，考慮修改《日本銀行法》。大藏省確保委員會中包含一些自己人。最終形成了一個由學者、銀行家、記者以及大藏省和日銀代表所組成的四十五人委員會。[55]一九五六年十二月，首相更迭，內閣陣容隨之改變。一萬田突然失去職位，池田勇人成為大藏大臣。接下來發生的事，對一萬田和日銀來說再幸運不過：一九五七年，景氣過熱到可能引發國際收支危機。政界知道該找誰來馴服經濟發展。一萬田突然重返大藏大臣的職位。央行透過嚴格的窗口指導，放緩了景氣。最終，一萬田連續擔任三任鳩山一郎內閣的大藏大臣，以及岸信介首任內閣的大藏大臣。[56]

不只是為了物價穩定

支持日銀的力量並不是推動它追求完全獨立。太多經歷戰時從屬央行的政治人物認為，作為一個非民選機構，日銀不能擁有獨立的權力。因此日銀很謙虛地主張在貨幣政策的執行上需要一些轉圜空間，並建議將《日本銀行法》規定的央行政策目標從「支持政府政策」和「維持經濟成長」改為「維持物價穩定」。一九四二年和一九四七年版的《日本銀行法》確實未提及物價穩定。法案的第一條反而規定日本銀行的目標是遵從國家政策「以提升國家的整體經濟力量」。日銀認為政策目標的改變將意味著事實上的獨立。因為這樣一來，如果央行想要拒絕大藏省或政府的政策，就可以藉口這些政策不利於維持物價穩定。

政府籌組的委員會接受了日銀的論點。一九五八年，該委員會建議日銀應有決定貨幣政策的自由，而大藏省只能要求延遲執行日銀的決定。委員會也建議物價穩定應成為日銀政策的主要目標。經團連（強大的日本全國產業協會的聯合遊說組織）在一九五九年和一九六〇年都支持這項提案。其立場書是由全國銀行協會連合會*所起草的。[57]

僵持不下

但大藏省及其政界的盟友反對。一群前官僚，包括來自通產省的新井真一、來自大藏省主張經濟高度成長的下村治，以及像高橋龜吉這樣長期支持戰時經濟體制的獨立知識分子，都強烈反對這種建議。[58]下村是前大藏省的管制官僚，在大藏省的外匯管制部門實行早期的信用配置時，就曾在那裡受過培訓。[59]他深知信用管制機制是動員經濟體制成功的核心，也是創造非通膨高度成長的關鍵工具。在他看來，這項工具可能太過強大且重要，不能交給政府以外的任何人掌控。他們認為，政府應該能夠自行追求經濟高成長和貨幣穩定的政策，而不需依賴可能會遵照自家規畫的央行。似乎他們意識到宋朝皇帝在一千年前就明白的道理：只有能夠控制貨幣創造和分配的政府，才是真正掌權的政府。[60]

他們的遊說取得成果。一九五八年六月，大藏大臣一萬田被換掉。他樹敵太多，無法晉升到據傳已為他安排好的職位——首相。一九五九年，某個小組委員會建議，應該保留下大藏省對日本銀行的最終指導權。一萬田的左右手佐佐木直（時任日本銀行副總裁），公開譴責這項結論。

因為存在支持大藏省觀點和支持日銀立場的兩派人馬，使得主要委員會的意見分歧。由於這些觀點在接下來的一年內依然根深蒂固，以至於當委員會必須提交最終草案時，反而提出兩個供政府採取行動的替代方案。方案A將把貨幣政策的最終決策權留在大藏大臣手中。方案B則將賦予日銀獨立性，只給予大藏大臣延遲日銀決定的權力。[61]

日銀輸掉第一戰

一九六〇年四月，新任大藏大臣佐藤榮作（首相岸信介的弟弟，也是滿洲國戰時經濟的重要實業家松岡洋右的外甥）宣布，由於委員會提出兩個相互衝突的建議，他無法提出修改《日本銀行法》的新法案。[62]雖然佐藤並非出身大藏省，也受益於大公司給自民黨的政治獻金，但似乎他認識到信用配置系統的力量，不願意讓控制權脫離政府手中。

《日本銀行法》未被修改。大藏省在爭奪日本統治權的戰鬥中贏得第一回合。但這是個空洞的勝利。一九六三年，作為日本加入ＯＥＣＤ前的自由化政策之一，《金融緊急措置令》被廢除。[63]這移除了大藏省參與信用配置的潛在法律基礎。大藏省最初仍試圖通過金融機關資金審議會去影響民間銀行貸款的配置，[64]該審議會由大藏省、日銀和銀行界的成員所組成。在審議會存

＊　譯注：全國銀行協會的前身。

續期間，主要執行通商產業省所提交的資金配置計畫。通產省的產業金融小委員會和政策規畫部門負責編制資金配置計畫，並越來越頻繁地直接與日本銀行討論實施方法。[65]當通產省與日銀營業局討論哪些產業應該獲得資金時，大藏省不參與討論。因此，許多研究者在一九六〇年代得出結論：窗口指導「相當程度不受大藏省所干預，因為設定限額的過程涉及許多技術性問題，且其操作細節相當保密」。[66]結果，日銀完全控制了經濟體，並對一九六〇年代和一九七〇年代期間的景氣循環波動負全責。[67]然而，日銀對貨幣創造和分配擁有的舉足輕重影響力仍處於不穩定的狀態：根據《日本銀行法》，大藏省仍然掌控著央行的一切行動，如果它願意的話，可以隨時干預央行的信用政策。

忽遠忽近，若隱若現

由於日銀在許多人當中變得不受歡迎，領導階層認為較適合採取低調姿態。早在一九五八年十月，當政府委員會審議《日本銀行法》時，日銀就以這作法已失效為由，將窗口指導從大眾的視野中移除。官方的說法是，日本銀行現在監督和監控私人銀行的準備金狀況——這在當時並不是一個主動操作的政策工具。[68]但在實際操作之中，準備金制度的設定是為了使整個體制達到預期的信用擴張目標。換言之，窗口指導仍在實務層面繼續運作。[69]

戰敗的日銀在展示實力

當池田勇人於一九六〇年就任首相，其內閣將「所得倍增計畫」訂為主要政策目標時，政府的財政支出每年增加超過二十五％。這只有在極高的經濟成長率，並帶來超乎預期稅收的情況下才有可能實現。但經濟的高度成長其實是日銀擴張性信用政策的結果。原本已廢除掉窗口指導的日本銀行，於一九六三年在佐佐木副總裁的領導之下，突然重新實施信用管制，並擴大其範圍至信託銀行、地方銀行和互惠銀行，藉此來減緩經濟成長。

佐佐木直可以預見接下來會發生什麼事：經濟成長下滑。一九六四年的經濟成長率高達十一％，但一九六五年卻急遽下滑至五·八％。[70]財政收入受到嚴重打擊。多年來，日本首次出現實際稅收無法達成原先預期的情況。一筆可觀的財政赤字迫在眉睫，但《財政法》仍規定政府不得發行公債來填補赤字。當政治人物開始討論修法時，佐佐木或許並不會感到不快。

但當股市因公司獲利下滑而崩跌時，情況似乎有些失控。隨著小額投資人紛紛撤出市場，第四大券商山一證券面臨客戶擠兌的狀況。大藏大臣田中角榮迅速採取行動。他直接前往日本銀行，要求他們為山一證券提供無限額的信用，並創造更多信用至經濟體。儘管日本銀行認為應該要放寬財政政策，但由於其法律上的從屬地位，使其無法公然違抗如此明確且合理的直接要求。它別無選擇，只能將要求的資金注入經濟體。[71]窗口指導的貸款配額因此提高。

由於窗口指導再度引起大眾的關注，於是又在一九六五年七月遭廢除。或者說它已完成任務？雖然日銀不喜歡田中的強勢介入，但央行成功從政治人物和大藏省那裡取得一項重大讓步：田中同意修改《財政法》，使發行債券成為可行的作法。在一九六五年十一月，第一批日本政府公債進入市場。這項改變使大藏省與日銀之間的權力平衡明顯倒向日銀。

日銀贏得了另一場戰役。由於政府可以透過債券籌措政府支出，政治人物和大藏省較不可能向日銀要求額外的資金，因此也較不可能挑戰其對信用創造的控制權。[72] 同時，財政法不允許央行承銷新發行的政府公債。因此日銀不會輕易被迫對財政政策注入貨幣。這代表它現在有權力藉由選擇是否要創造信用來決定財政政策的成敗。貨幣政策和財政政策之間出現了一道鴻溝。

實際上，政府並不需要透過發行公債向市場借款，因為它原本可以要求日銀創造新的貨幣來資助那些有生產力且不會造成通膨的支出。這作法會讓財務政策發揮效果，因為能獲得創造出的信用支持。但那樣的日子已經過去。政府現在要透過發行債券來籌措刺激財政所需的資金，這也增加了經濟負擔。印鈔是免費的，但發行債券迫使好幾代人背負利息，以及利息的利息。

日本銀行雖然未成功修改《日本銀行法》，短期內也不太可能做到。但新的《財政法》是個不錯的次佳選項。也是經濟危機的開端。這代表著大藏省遵從財政紀律的輝煌時代即將結束。從此以後，政治人物可以向投資人和大型金融機構借款來支應支出。有了這個選項，政治人物必然會設法運用，尤其是當日銀的信用管制已使經濟放緩之時。因此，當他們想要增加支出時，就不會再對日銀施壓，而是轉向大藏省施壓。如此一來，大藏省最終將坐擁不斷增加的國債。這對其聲譽或地位都不會有好處。

「我召喚的那個鬼魂……」*

同時，日銀正在試驗信用管制的威力。它發現無需使用一萬田式的強硬手段，也能用信用管制來微調銀行的放款。而戰時的經濟結構便正中他下懷。如果讓銀行自行其是，它們會為了爭取更大市占率而展開激烈競爭。為此，它們必須傾銷產品。因此最終會導致過度放款。就跟其他產業一樣，窗口指導的管制是抑制過度競爭而必須存在的卡特爾。也就是說日本銀行只要設定較高的貸款成長配額，或暫時宣稱已廢除窗口指導，就能輕易增加銀行放款量。例如在一九六〇年代中期，當日銀想在《財政法》修改後再度加快經濟成長時，就是這麼做的。它告訴銀行窗口指導不復存在。接著信用創造量增加，民間部門的購買力飆升，因此資產價格上漲，內需擴張，進口量增加。

在一九六〇和一九七〇年代，窗口指導反覆被廢除又迅速重新實施。[73]由於日銀標榜自己是自由市場的擁護者，信用管制的存在令其感到尷尬。這些管制也缺乏法律依據。官方出版品要不是對窗口指導隻字不提，就是稱之為「自願」的信用管制來淡化其作用。在整個戰後時期，不斷循環著廢除與恢復的把戲。這是為了模糊管制的存在。實際上，每月和每季的聽證會從未廢除，非正式權力對信用的管制與配置就是在這裡行使。銀行總是必須獲得放款計畫的批准，營業局則

* 譯注：此句是引自德國作家歌德（Johann Wolfgang von Goethe）的詩作〈魔法師的學徒〉（Der Zauberlehrling）。

以制裁威脅（如降低貸款成長的配額），來確保銀行的「計畫」與其意圖一致。

日本銀行的煙幕

一萬田汲取教訓後，告誡其繼任者：「日銀最好不要引人注目，要像有著鄉村神社的森林一樣安靜。」[74]其曖昧的法律地位，以及聲稱純屬銀行「自願」配合，有助於淡化窗口指導的作用。研究這些管制的學者被各種煙幕給欺騙。其中一種煙幕是聲稱窗口指導只是告知貸款上限，並沒有對產業部門進行質性的貸款配置。但實際上這是項不容許閒置的配額。所有的貸款不僅按部門（如個人貸款、批發零售、不動產、營建業）和更詳細的子部門（鋼鐵、化工等）分類，還按公司規模（中小企業與大公司）和用途（設備資金、營運資金）分類。[75]所有大規模的借款人都必須列名其中。

日銀職員提出的另一個論點是管制從未有效，因此不重要。但是銀行若超過或未達成貸款成長的配額就會受罰。央行擁有全權對銀行施加制裁和處罰，如削減重貼現配額、針對與個別銀行的交易給予不利的條件，或降低窗口指導的配額，上述手段都確保銀行會遵守管制。[76]這些都會讓銀行付出慘重代價。為了不落後於競爭對手，銀行別無選擇，只能配合央行並始終達成配額。[77]因此當時的研究者得出結論，認為銀行總是遵循著窗口指導。[78]

日銀反駁說，這些管制在戰後初期可能有效，但隨後經濟變得更為複雜，管制就失去了影響力。確實，這些管制在戰後初期更為顯著，因為當時幾乎沒有其他金融工具。但日銀後來增加政策工具數量的事實，並不表示原有的工具就不是最重要的。[79] 一直到一九七〇年代，研究日銀運作的學者都必然會得出以下結論：實際上，窗口指導仍是主要的政策工具。它如此強大，使其他的政策工具淪為輔助機制。

為了說服世人窗口指導並不重要，日銀透過金融研究所與調查統計局產出的「研究」出版品再三宣導這觀念。自一九七〇年代以來，大多數的出版品在理論和實務上都明顯淡化窗口指導的重要性。一九七三年，在討論貨幣政策執行的英文版專書中，日銀宣稱它實際上遵循正統的央行政策：「從本質來看，窗口指導是正統貨幣政策工具——亦即銀行利率、公開市場操作和準備金制度——的輔助工具。它主要是用來抑制貨幣的武器，而非其他用途……必須強調這是一種道德勸說手段，因此預設金融機構會配合。」[80]

日銀的出版品逐漸將利率置於聚光燈之下，宣稱央行是透過操縱官方貼現率或隔夜拆款利率來制定貨幣政策。為了轉移大眾的注意力，日本銀行逐漸引入公開市場的操作，並發展短期票券市場，以便進行買賣的干預。

貨幣主義只是煙幕

為了維持對貨幣政策的主導權並實際獨立運作（即便於法並非如此），日本銀行不僅讓大眾相信利率控制是其主要政策工具，其出版品更傳播一個看似能夠解釋其制定貨幣政策的框架：貨幣主義（monetarism）。日本銀行在一九七五年發表的一篇文章中強調適當的貨幣供給水位的重要性。[81]一九七八年，日本銀行正式導入貨幣目標的機制，央行依此選定特定的貨幣供給衡量指標（如M2＋CD*），同時宣布在接下來的期間內（例如未來六個月）設定的成長率目標。

大多數實施貨幣目標制的國家都以失敗告終。英格蘭銀行嘗試過數次貨幣目標的設定都未成功。最終在一九八〇年代中完全廢除此制度。相較之下，日本銀行卻相當成功。它以極高的精確度達成貨幣目標，令全球的貨幣主義者讚嘆不已。[82]貨幣主義者對此相當滿意。日銀似乎成為他們信念的最佳佐證。與此同時，在國際央行行長的會議上，日銀職員自鳴得意地表示，他們的政策與傳統的貨幣主義關係不大。[83]日銀透過窗口指導精確控制信用的創造，就得以順帶達成任何針對存款指標（如M2＋CD）所設定的目標。[84]

對日銀而言，採用貨幣主義的優勢在於，根據此理論，央行應設定貨幣供給的成長目標，以達成物價穩定這個唯一的目標。貨幣主義「因此為央行的獨立性提供了有力論據。難怪央行家會將貨幣主義作為護盾，用以抵禦可能削弱其自主性的各種政治壓力。日銀官員之所以認真對待貨幣主義，並非因為他們相信該理論的正確性，而是因為它有助於阻止外部壓力干擾其貨幣管理的自主權。換言之，日銀採納貨幣主義是一種政治策略。央行的自主性在一九七〇年代後期大幅提升……日銀在一九七〇年代中期後強調的『貨幣主義』，應被視為銀行家面對政治壓力時，捍衛自身自主權的策略」。[85]

越來越多經濟學家、評論家和政府官員日漸遺忘了窗口指導對日本信用管制所扮演的關鍵角色。事實上，到了一九八〇年代初期，這項政策已逐漸淡出眾人的視野。跟忽必烈統治中國時一樣，掌控國家的絕對統治者就是那些創造和分配購買力的人。從此以後，他們得以在幕後運籌帷幄。

＊編注：CD（Certificate of Deposit）指可轉讓定期存單。M2＋CD這個指標代表「將M2加上可轉讓的大額定期存單後的總貨幣供給量」。

第七章
日本第一次泡沫經濟

戰時經濟體制的勝利

承平時期的戰時經濟體制獲得了高度成功。在一九五〇和一九六〇年代，日本幾乎持續維持雙位數的成長率。在一九五九年，經濟的實質成長率來到十七％，但通膨率仍維持在溫和的水準。一九六〇年，有些頂尖經濟學家提出了令人震驚的論點，認為日本可在未來十年內使國民所得翻倍。前大藏省戰時經濟管制官僚、經濟學家下村治更進一步主張，日本在這段期間甚至可能將ＧＤＰ提高二・五至三倍。[1]事實證明，從一九六〇年到一九七〇年，日本的實質ＧＤＰ從七十一・六兆日圓增加至一百八十八・三兆日圓——成長了二・六倍。到了一九七〇年，日本已經超越德國，從戰後的廢墟中崛起成為世界第二大經濟強權。

雖然當時社會大眾與媒體尚未察覺，但一九七〇年代不斷增加的日美貿易順差，在美國貿易談判代表的眼中，彷彿代表日本最終仍戰勝了美國。或許不是發生在戰爭期間，而是在戰後透過由政府官員指導的總動員經濟體制贏得勝仗。然而，正是這樣的成功使得國際社會（特別是美國）降低他們對日本經濟體制的容忍度。第一次的重大貿易爭端在一九六〇年代爆發，是與紡織業有關。第一輪貿易自由化在一九六一年展開，但美方仍不滿意，要求日本廢除進口限制以降低貿易失衡。雙邊貿易談判陷入關稅與配額的逐一討論。同時，美國對日的貿易赤字從一九六七年的四億美元，擴大到一九六八年的十二億美元，一九六九年更達到十六億美元。美國試圖限制日本合成纖維和羊毛的出口。但紡織業的爭議在一九六九年至一九七〇年陷入「談判的泥淖」。日方認為美國限制日本紡織品出口的提議違反自由貿易原則。[2]這確實沒錯。然而，日本未能指明其國家經濟體制原本就是為了抵禦製成品的進口而建立，而且是以出口最大化為發展導向。同樣地，美國也未能指出，跟任何有抱負的新興經濟體一樣，美國本身的經濟成功也是仰賴保護主義和政府干預。自由市場經濟的主張，為具優勢的強權國家提供了進入他國市場的論述。

在一九七〇年代，日本的汽車和消費性電子產業正在崛起。一九七〇年，美國電視製造商天頂（Zenith）提出訴訟，指控日本在美國市場傾銷電視機。這一點很難證實。事實上，日本公司擁有驚人競爭力的真正原因，並非表面上個別公司的傾銷行為。而是體制所導致的因素。日本的經濟體制本就是設計來向全球市場傾銷產品，是全國都在進行社會傾銷（social dumping）。一九七一年，ＯＥＣＤ的整體貿易順差為七十四億美元。其中日本就占了五十八億美元。

跟其他產業一樣，美國和歐洲的市場領導者並不知道他們遭遇到什麼狀況。他們深信自己的產品優於日本的「廉價量產品」，卻未能認識到日本公司一心要爭奪市占率的決心——實行不留活口的政策。其目的是要消滅海外的競爭對手。

由於冷戰和共產主義在亞洲的擴張，美國同意日本維持戰時動員經濟體制。這麼做的代價非常高昂。這種不懈追求擴張市占率、漠視獲利的戰時經濟體，必然會使許多美國和歐洲公司倒閉。從紡織業開始，接著是鋼鐵和造船業，一個又一個的產業部門被日本的經濟機器所攻陷。曾經引以為傲的美國消費性電子公司天頂，在一九八二年停止生產收音機。如今它是韓國 LG 電子集團的子公司。

重新估算匯率

各界開始討論解決方案。大藏省悄悄著手研究日圓升值事宜。但日本一群具備國際視野的官員和知識分子意識到，若要讓美國如願，戰時經濟體制本身必須改變。到頭來，日本必須採行更自由的市場並開放進口，讓外國公司得以在日本銷售產品。但這些改革者屬於少數。這套建立於戰時、並在戰後成功數十年間日益鞏固的體制，並不容易拆解。在官僚體制中已存在不少既得利益者：手握許可制度而享有權力的官僚、在封閉的國內市場獲取壟斷利潤的公司，以及獲得既得利益者支持的政治人物。最重要的是，日本普羅大眾受惠於這個體制所創造且相對平均分配的財富。要如何建立日本需要改變的普遍共識？

一九七〇年代中期，一般大眾開始對日本的經濟結構產生懷疑。從許多角度來看，這些事件都可視為發生在一九八〇和一九九〇年代的那些規模更大、影響更深遠事件的預演。對日本銀行的重要官員而言，這無疑提供一個學習和測試的大型場域。

擊破美元本位

從戰後初期到一九七一年，主要的世界貨幣都與美元掛鉤。日本的匯率維持在三百六十日圓兌一美元（據說這個數字是美國銀行家道奇在得知日本貨幣「円」也有「圓形」之意後所選定）。[3]美元則與黃金價格掛鉤，美國聯準會有義務應要求（對外國的財政部或央行）將美元兌換成黃金。

如同第三章所述，美元與金價掛鉤對美國相當方便，因為這使它能夠印製更多美元，且世界必須概括接受。一九六〇年代，聯準會鼓勵美國銀行加速信用的創造。越來越多美元被創造出來，並以外國投資的形式流出美國。美國公司運用這些美元大規模收購歐洲公司——所謂的「美國的挑戰」。[4]

一九七一年，當法國意識到美國正在印鈔票並買下歐洲時，他們認為美國是在虛張聲勢。他們拿著所有湧入法國的美元前往美國，要求兌換成黃金。這就是著名的法國突襲諾克斯堡事件（French raid on Fort Knox）。當然美國的黃金儲備並不足夠。結果在一九七一年八月，在經常被稱作「尼克森衝擊」（Nixon shock）的措施之下，美國不得不暫停美元與黃金之間的兌換。固定匯率制度崩潰，美元在全球市場大幅貶值。

日本感到措手不及。日銀和大藏省在放棄固定匯率之前多等了十天。在此期間，日銀努力維持日圓疲軟。為此，它積極印鈔，然後在外匯市場上賣出日圓、買入美元。光是在八月的短短一個月內，其外匯存底就增加了五十億美元。隨後日圓升值，促成了短命的《史密松寧協定》（Smithsonian Agreement）：在一九七一年十二月，將匯率固定在三百零八日圓兌一美元。

日銀持續試著透過創造購買力來削弱日圓。它藉由新創造出的現金來購買國內資產（如債券）以達成此目的。此外，由於日圓突然升值將會傷害出口，央行認為必須大幅刺激國內需求。因此它也運用窗口指導的管制機制，讓銀行創造更多信用。在當時，有創紀錄的流動資金被注入經濟體制。

最終，出口商所受到的負面衝擊比預期的要小，因為在與美元掛鉤的制度期間，日圓被嚴重低估。此外，日本的經濟結構基本上仍封閉對製造業的進口。大多數進口的都是需要加工並最終再出口的原物料。強勢日圓使原物料的進口變得更便宜。總體而言，新匯率對出口商來說並非無法克服的問題。

第一次泡沫經濟

結果證明日本銀行的貨幣刺激措施太過度了。銀行為了達成日銀營業局所下達的高額窗口指導貸款配額，幾乎是苦苦哀求公司向他們借款。已經手握流動資金且完全投資在生產力項目上的公司，只好將銀行的貸款用於非創造生產力的活動：他們開始投機購買土地。這發生在首相田中角榮推動「列島改造計畫」，以及他在擔任經濟產業大臣時，力推《工業再配置促進法》來鼓勵建設的時期。在政策的誘因和銀行似乎無限供應流動資金的支持下，許多公司加入土地的搶購行列。隨著作為擔保品的土地的價值上升，銀行更加熱衷於資助不斷擴大的土地投機行為。地價在一九七二年和一九七三年暴漲。持有土地的資本利得產生可觀的帳面利潤。這使公司的股票變得極具吸引力。隨著創造過度的信用溢入股市，出現史無前例的股市榮景。日經平均指數（Nikkei 225）從一九七二年三月的三千日圓，上漲到一九七二年底的五千日圓。公司的資本利得相當可觀：一九七二年，土地的資本利得高達十五兆日圓，股票利得則是五兆日圓。

日銀所造成的信用擴張之龐大，也開始從資產市場溢出到實體經濟。隨著投資和消費需求提高，消費者物價和批發物價開始飆漲。大量資金追逐有限的資產和商品。過多的貨幣使大多數的市場情緒升溫。投機的熱潮蔓延至高爾夫球俱樂部的會籍、藝術品和古董、珠寶，以及稀有錢幣。[5]

這一切都發生在一九七三年十一月的石油危機之前。油價突如其來的上漲並未緩解這情況（雖然強勢日圓減輕這事件的衝擊）。受到石油危機的影響，某些民生必需品出現搶購潮。有時搶購的程度極其瘋狂，例如著名的大阪「衛生紙搶購潮」。在一九七四年，消費者物價指數較前年上漲二十六％，批發物價指數則上漲三十七％。瘋狂的物價開始在擁有土地或能獲得銀行資金的人，與那些無法取得這些資源的人之間形成社會摩擦。

人們常認為石油危機前的資產通膨，是田中首相擴張性財政政策的結果。然而，如我們所見，財政政策只有化成貨幣之後才能影響經濟。因此貨幣的發行，也就是日銀的信用政策，仍是關鍵變數。最能夠驗證這個論點的作法，是比較一九七〇年代初期和一九九〇年代後期。這兩個時期都有顯著的財政刺激措施。事實上，一九九〇年代中後期財政刺激的程度遠大於一九七〇年代初期。甚至連油價急遽上漲的情況也相似，在一九九八年十二月到二〇〇〇年一月間，油價幾乎上漲了三倍。儘管日本對石油的依賴程度已經降低，但這種供給上的衝擊顯然會對物價帶來上漲的壓力。傳統經濟學的理論會讓我們預期，一九九〇年代後期的日本會出現通膨形成的榮景。然而，這段期間卻出現了自一九三〇年代以來最大的通縮。這顯示我們忽略了一個關鍵變數。這兩個時期的主要差異是什麼？既非財政政策也非油價，而是日本銀行的量化信用政策。

第一次泡沫崩毀

到了一九七三年，過度創造的信用顯然只用於投機性的土地與資產交易，進而推升資產價格。都會區的地價在一九七二年至一九七四年間飆漲超過五十%。由於這些貸款被用於投機行為，就整體而言，銀行顯然無法期待這些貸款能獲得償還：創造出的信用只有用於生產目的時，才能從此專案所產生的收入流中獲得償還。用於投機的創造信用最終必然會變為呆帳。這將傷害到銀行，導致銀行減少放款。結果會導致經濟活動減少，經濟陷入衰退——這是由銀行主導的榮枯循環的經典形式。

日本銀行再次透過其手上的關鍵政策工具——窗口指導，作為使景氣週期轉折的催化劑。從一九七三年第一季開始，它透過窗口指導實施嚴格的貸款成長上限。首先，它將貸款的成長率降至年增十二·七%的溫和水位。到了第二季，它要求較前年同期減少貸款增加的配額（減少十六%）。接下來持續緊縮，第三季窗口指導的貸款增量配額年減二十四%，第四季年減四十一%，接著在一九七四年第一季出現驚人的年減六十五·四%。[6]

嚴格的信用管制持續了整整兩年，直到一九七五年初。呆帳開始在銀行體制中堆積。許多在景氣繁榮時期過度投入不動產與住宅貸款的小型公司，發現到自己已無力償還貸款。隨著這個情況日漸明顯，許多搖搖欲墜的信用合作社面臨全面性的擠兌。大藏省和日本銀行被迫派遣官員前往愛知縣，向居民保證他們在當地信用合作社的存款是安全的。

隨著銀行因呆帳而陷入癱瘓，他們便減少放款。小型公司首當其衝，但最終整體經濟都受到影響，因為信用創造的整體速度放緩，經濟活動因此得必須減速。公司獲利暴跌，在一九七五年下滑了八十四%。工業生產量在一九七三年底至一九七五年初之間下跌了十九%。存貨量激增，且資本支出萎縮。相較一九七三年，公司的產能利用率下降了二十五%，導致在一九七五年有近四分之一的生產廠房與設備閒置。失業率飆升。失業人數在一九七〇年代末達到戰後的高峰。實質ＧＤＰ的成長率從一九六〇年代的約十五%，驟降至一九七四年的近乎零成長，日本陷入戰後最嚴重的衰退。[7]

在通膨之後，通縮成為問題：一九七五年物價開始下跌。日本銀行看著起伏劇烈的窗口指導政策，造成戰後最嚴重的衰退。這次衰退確實標誌著日本所謂的高度成長期的終結。日本曾享有二十年的雙位數成長，是全球成長最快的大型經濟體——但到了一九七四年，成長戛然而止。

三重野的初登場

衰退持續的時間很長，且也超乎預期的嚴重。儘管政府推出了一連串的財政刺激方案，如一九七五年二月、三月和六月的方案，並多次降息，但經濟仍未有所反應。在一九七六年所增加的公共工程支出，以及官營的住宅金融公庫注入經濟體的信用，都只是提高了財政赤字。隨著失業給付的人數增加，到了一九七六年初，不僅民間部門，公部門也開始搖搖欲墜。

一九七六年底，工業生產終於復甦，並重返一九七三年十月的前高水準。日本戰後最嚴重的衰退即將結束。原因為何？經濟復甦的必要且充分條件是需要增加信用的成長。在一九七五年底和一九七六年初，日本銀行提高了其窗口指導的貸款成長上限。是誰掌控著經濟？此時的日本銀行副總裁是前川春雄。從一九七五年四月到一九七八年二月，負責執行窗口指導的營業局局長則是三重野康。

危機所引發的反思

當實質GDP成長率在近二十年幾乎連續的雙位數成長後突然萎縮，這無疑使許多人開始反思。許多觀察家對於相對漫長且急遽的衰退感到困惑，開始將日本的經濟結構視為罪魁禍首。確實，在遭逢嚴重危機的時期，無論何種形式的體制都可能被歸咎為造成危機的原因，且很可能出現要求重大變革的聲音。這次衰退催生出許多智庫的研究（包括通產省在內），其結論是日本將無法維持先前基於出口導向的高經濟成長率。而是必須重整其經濟結構。

結構性問題突然成為迫切的議題。製造業部門中有許多似乎已被時代拋棄的衰敗產業：航運、石油化工、電弧爐、蘇打、紙板和精煉糖。通產省建議將這些產業轉移到海外，前往亞洲的其他地區。它建議將總部設立在日本，並監督在亞洲和美洲多國的工廠。國內經濟需要升級至更高附加價值的產業。此外，隨著財政情況變得危急，日本的人口問題被突顯出來。前景看來十分暗淡：在快速老化的社會裡，其隨收隨附的退休金制度，已在試圖刺激經濟，但最終這些嘗試只是徒勞，並耗盡了資金。

要求日本從出口導向轉向擴大內需的呼聲增加。[8] 然而，要提升消費力道，必須改變經濟結構中那些強化儲蓄習性與抑制消費環境的障礙。日本的戰時動員經濟體曾專注於戰略性產業（主要是出口產業）的規模最大化。然而，卻忽視了國內民眾的生活品質和生活水準。需要創造出更多的生活空間、住房和醫療設施。正是在這個時期，海外出現了將日本人形容為「住在兔子窩裡的工作狂」的批評。

將衰退歸咎於日本體制

由於這場危機，人們突然開始看見日本經濟體制的一系列問題。一九八〇年代初期，一名當代的作者如此描述一九七〇年代所發生的衝擊：「不可否認的是，效率低下且常常自以為是的國營公司的存在、因過度保護政策而擴張的農業補貼、效率不彰的國民健康保險制度、政府對民間公司過度的行政干預、政府有關機構的激增、公司部門職責劃分不清，以及中央政府與地方政府角色定位模糊等因素，共同造就了財政預算的膨脹和龐大的政府官僚體制。」[9]

在一九七〇年代末，頂尖的經濟學家和公眾人物認為「日本正處於重要的十字路口」且「從根本重新檢視公共選擇的時刻已經到來」。[10]所謂的「美日賢人會議」在一九八一年的報告指出，日本需要「更盡力地開放國內市場，使商品、服務和資本的流入程度能與美國相當」。[11]

榊原的初登場

由於這場危機，出現了戰後首次公開對官僚體制的嚴正批評，其中包含向來強勢且幾乎不可觸犯的大藏省。越來越多觀察家指出，日本「強勢民族主義官僚」的傳統，如今已成為阻礙。就連前官僚也開始呼籲解除管制、進行行政改革，以及縮減官僚體制的規模。[12]

兩位年輕有為、同屬高階官僚成員的大藏省菁英官員，加入了這場與日本經濟體制未來有關、日益坦率且頗具批判力道的辯論。兩人皆曾暫離大藏省，轉往學界發展。其中一人是野口悠紀雄，至今仍留在學界；另一位則是榊原英資，後來重返大藏省並於一九九七年升任財務官[*]。在一九七七年，野口和榊原在《中央公論》這份主要讀者為知識分子的雜誌上，發表了具開創性的文章〈大藏省－日本銀行王國分析〉，他們是最早、也是唯一清楚指出並承認日本經濟體制的真實本質的公眾人物。他們稱之為「總體戰經濟體制」。

野口和榊原正確指出，日本經濟在一九二〇年代是如何接近市場導向，而管制官僚是怎麼在戰時引入了戰後體制，而這個動員經濟又如何在戰後時期仍然完整保留。他們也認為，這套體制無法在當前的國際環境下持續運作。對他們而言，一九七〇年代中期的經濟衰退似乎證明了戰時體制「即將崩潰」。[13]「從我們的角度來看，經濟資源總動員的戰時體制終將結束，從現在開始我們必須面對戰後重建的真正任務。」[14]他們並未考慮透過改革來保留體制中明顯具優勢部分的可能性，反而呼籲要依照美國模式，徹底改造日本的經濟、社會和政治體制。

但實情是這個體制太過成功，讓人難以輕易捨棄。它使許多人受益，包括公司集團、有力的官僚、居中斡旋的政治人物，甚至包括生活水準快速提升的日本大多數民眾。最終，一九七〇年

＊ 譯注：次長等級的官職。

代的重大衝擊仍不足以讓日本告別戰時經濟體制。因此，野口不得不在將近二十年後再次重申要「告別戰時經濟」。[15]

信用管制同時也能操縱輿論

日本銀行的領導階層注意到了這點。他們知道日本銀行是唯一能創造復甦的角色。大藏省振興經濟的政策著重於調降重貼現率或提供財政刺激。只要日本銀行不擴大信用的創造量，這些政策都無法發揮作用。銀行需要獲得資金來沖銷呆帳並清理資產負債表之後，才能重新放款。同時，日本銀行作為國家的銀行，可以透過印鈔來提振經濟。但只要日銀不這麼做，經濟就會持續低迷。

到了一九七〇年代，日銀用煙幕遮蓋的信用管制已經運作了十年，就連大藏省內部也很少人知道真正的根本原因和窗口指導的關鍵角色。[16]新古典經濟學開始在日本生根，日銀的經濟研究部門不斷發表論文，指出利率是關鍵的貨幣政策工具。此外，日銀也半官方地遵循著貨幣主義。因此日銀所扮演的角色仍然曖昧不明。[17]大眾將危機歸咎於大藏省和整體經濟結構。

贏得第二回合

看得到的菁英只有在能夠實現諾言時才能坐穩權力寶座。當日本經濟以兩位數的成長率擴張時，人們並不在意政府官員（尤其是大藏省）手握強大的權力。戰後首次也是最大規模的經濟低迷，立即引發了社會對動員經濟體制的深刻批評，包括法律上最具權力的官僚機構大藏省。

不論是不是刻意為之，日本銀行的決策者在對抗大藏省的第二回合中獲勝。當日銀終於在一九七六年讓經濟復甦時，大藏省還在恢復元氣。然而一九七〇年代發生的事件不過是場測試。無法否認的一點是，日本銀行從中獲得了寶貴的經驗，更清楚知道創造和推動以房地產為基礎的信用榮景，以及必然隨之而來的景氣崩壞的這套循環機制。

第八章

神祕的貨幣：日圓的起與落

熱錢

我們來到了一九八〇年代：這是工業國家解除金融管制的時代，也是資本市場全球化的時代。政府放寬銀行業與證券業的監管、金融產業的卡特爾被根除、公司面臨更激烈的競爭。大多數工業國家解除了對資金流動的限制。隨著國際資金的流動程度增加，巨額資金可以在一瞬之間在國家之間或不同資產類型之間移轉。

儘管一九八〇年代也是國際貿易蓬勃發展的時代，但商品和服務的流動量遠不及快速擴張的資本流動量。在那十年間，跨境金融交易的金額達到貿易流量的二十多倍。[1]外匯交易的總量在一天內就達到五千億美元。

不受管制的離岸金融中心的增加，進一步加大了在全球各地追逐最高報酬的「熱錢」量。大型機構投資人的重要性與日俱增。旨在從市場崩盤中獲利的避險基金，其規模呈指數級成長，並開始主導外匯市場。坐在鍵盤和舊型綠螢幕前的交易員，只需用指尖點一下，就能執行可能影響世界各國的大額國際投資交易。基金管理者看法的轉變可能導致資金從一個國家湧向另一個國家，進而影響全球匯率、債券和股票市場。至少人們是這麼說的。

日本資金淹沒全球

雖然看似大多數的工業國家都增加了資本輸出，但實際上資金只來自少數地方。自一九七〇年代以來，最大的資本輸出國，即美國、日本、德國、法國、義大利、英國、加拿大、荷蘭、丹麥、瑞士和沙烏地阿拉伯，這些國家約占所有已申報的長期國際資本流動的八十五%。但在一九八七年，這些國家加總的淨資本輸出中，有八十六．六%全都來自日本。[2]

從一九八〇年代中期到一九八〇年代末，日本的對外投資幾乎主導了國際資本的流動。在太平洋戰爭戰敗僅四十年後，日本似乎掌握了國際資金流動的關鍵。看似「全球性」的國際資本流動現象，首先是個日本的現象。

日本的長期資本流動，從一九八〇年超過二十億美元的淨流入，轉變為一九八一年近一百億美元的流出。然而，在接下來的四年裡，這個數字幾乎增加了七倍，在一九八五年達到歷史性的六百五十億美元。接著僅在一年內又翻了一倍，暴增至一千三百二十億美元。在一九八七年又創下新紀錄，當時有一千三百七十億美元的資金潮湧向外匯市場，接著是次年的一千三百一十億美元的流出。一九八七年，長期資本流出的淨值達到了當年（已創下歷史紀錄的）經常帳盈餘的近兩倍。這波金融海嘯輕易超越了一九七〇年代石油輸出國組織（ＯＰＥＣ）的盈餘。[3]

這些資金開始以日本的形象重塑世界。日本資金透過出價高於對手或吞併競爭對手，在全世界購買金融和實體資產。日本工廠設立在蘇格蘭、威爾斯和北英格蘭的未開發地區。日本汽車在美國中西部製造。美國商業實力的象徵，如洛克菲勒中心、哥倫比亞影業，甚至圓石灘高爾夫球場，都落入日本人手中。日式餐廳和飯店突然出現在世界主要城市裡頭，為日本的公司掠奪者提供服務。夏威夷的房地產市場開始被日本投資者主導。加州的部分地區和澳洲最具吸引力的地區也發生同樣的情況。亞洲到處充斥著日本工廠，變成日本的新血汗工廠。似乎慢慢但無可避免地（也許速度並不慢），世界將被日本人所擁有。

這現象造成了恐懼並招致怨恨。美國的工會開始動員其成員對抗日本的威脅。經濟學家開發出策略，以避免美國被日本完全擁有。有些人發聲警告說，日本雖然輸掉了戰爭，但現在正透過經濟手段贏得和平。[4] 管理大師敦促全世界的商界領袖採用日式技術，作為抵抗「日本的挑戰」（le défi Japonais）的最後手段。

直接投資遠不及證券投資

大多數對日本資金流動的分析將其分為證券投資（即「金融」投資，例如政府債券）和外國直接投資（Foreign Direct Investment, FDI，如外國人購買房地產和公司等「實體」資產）。[5]日本的外國直接投資淨值從一九八〇年的二十億美元增加到一九八五年的六十億美元。之後的流出速度進一步加速：隔年，海外的直接投資增加了一倍多達到一百四十億美元，到一九八八年又翻了一倍多，達到三百四十億美元。一九八九年和一九九〇年，日本直接投資的流出分別為四百五十億美元和四百六十億美元，這個資金規模是世界最大的。到了一九八八年，有超過一半的外國直接投資都投向美國和歐洲。[6]

雖然日本的外國直接投資的規模持續創高，但直到一九八〇年代後期，它們只占長期資本流出的一小部分，最大的部分則來自證券投資。證券投資流出的淨值從一九八三年的十九億美元，增加到一九八四年的兩百三十六億美元（增加了十二倍），然後在接下來的兩年又翻了四倍多，在一九八六年達到一千零一十四億美元的高峰。[7]

這般顯著的發展必然會對國際證券市場產生強烈衝擊。到了一九八〇年代，國際債券市場已無法想像沒有日本廣泛參與的情況。在一九八六年的高峰期，日本有七十七%的淨證券投資流出投向債券，其餘投向外國股票。有幾乎九十%的外國證券投資投向美國國債。[8]在一九八六年，日本資金驚人地認購了七十五%美國拍賣的國債。[9]證券投資的金額在一九八六年達到高峰，而外國直接投資的重要程度也穩健攀升。在一九九〇年，外國直接投資上看四百八十億美元，超過了證券投資，日本成為世界第一大直接投資的提供國。[10]

日本實際的資本流出額更大

儘管總額看似驚人，但一九八〇年代日本實際對外收購的規模仍因官方資料而被低估。其真實數字可能永遠不會為人所知。資料與現實之間會出現差距絕非偶然。面對貿易盈餘和大規模對外收購的雙重批評，大藏省的國際金融局想出了一套巧妙的方法來降低這兩個數字。這技巧就是將資本的流出額計入商品進口額之中。奇蹟似地，這兩個數字都在一夕之間「改善」。這種有創意的會計手段，涉及離岸黃金帳戶和飛機租賃等項目。[11]

一九八〇年代中期，日本似乎掀起了一股淘金熱。在一九八〇年代前半期，日本已經成為世界最大的黃金進口國。在一九八四年，有一百九十二噸黃金運往日本。到了一九八六年，這個數字上升到將近六百噸，占全世界非共產國家黃金產量的一半。[12]這幫助日本減少了貿易盈餘，因為它提高了進口額。因此，當時為慶祝裕仁天皇在位六十週年而鑄造紀念幣所需，一次性進口的三百噸黃金是透過紐約進行帳務處理，也就不足為奇。[13]

然而，黃金的購買量遠大於黃金的運輸量：日本投資者購買的大量黃金從未運抵日本。貿易公司提出將「進口」的黃金存放在倫敦以減少運輸成本。日本證券公司積極推動所謂的黃金儲蓄帳戶，名義上會構成黃金的投資——因此也是在進口黃金。然而，黃金的「購買」僅發生在帳面上，實際上黃金從未自有關的外國國家運出。但以國際收支平衡表的基準來看，這類投資被計為日本的進口。一九九〇年，這類資本的流出量上看約六十億美元。[14]政府當局在一九八二年放寬黃金交易的措施，引發了這波熱潮。大藏省不僅發放黃金帳戶的經營許可證給金融機構，還下令鑄造紀念金幣。[15]這些資本流出都未列入資本帳中。它們反而抵銷掉同等金額的貿易盈餘。

在過去，日本已測試過一些人為降低貿易盈餘的其他方法。一九七〇年代後期，當日本經常帳的盈餘已經造成與其他國家的貿易摩擦時，通產省和一些日本主要銀行設計了一套被稱為「武士計畫」的方案，這方案後來也得到大藏省的支持。[16]這個方案允許對經常帳的盈餘進行表面上的調整。當某個外國單位想從其他外國單位手中購買飛機等大型物件時，日本銀行就會介入，買下該商品，然後租給需求方。大藏省會向政府擁有的進出口銀行提供外匯存底以資助這些交易。日本的商業銀行和出租物件的人都能從這筆由納稅人資助的交易中獲得可觀利潤。

每當一家航空公司從外國製造商購買飛機時，日本政府都可能利用它來降低經常帳盈餘的表面數字，因為這筆交易會看起來是日本的進口。然而，關鍵在於要維持租賃僅屬暫時性的法律表象，因為一般的融資租賃並不會被計入進口項目。一九七九年，通產省認為該計畫是「減少盈餘的王牌」，光在一九七九財年就預估可減少八億美元的盈餘。[17]大藏省擔心ＩＭＦ可能會看穿這個計畫，於是在一年後就喊停這方案。然而，到了一九八〇年代，隨著貿易盈餘再次擴張，最終仍實施一套更為複雜的租賃計畫，且涉及到日本公司和銀行的海外子公司。日本成為國際飛機租賃市場的主要參與者，世界最大的飛機租賃公司完全由一家日本公司所持有。

除了這些對資本流出的錯誤呈現作法之外，許多資本輸出根本沒有被紀錄：日本國際收支平衡表中的「誤差與遺漏」所包含的項目，其規模往往大於整個經常帳的盈餘。光是一九八九年，日本就有約三兆日圓無法解釋的資本流出，並在國際收支平衡表中列為「誤差與遺漏」。這幾乎是官方所記載的六．六兆日圓長期資本淨流出的一半。[18] 在當時，IMF警告說，國際資本流動的國際統計資料變得如此參差不齊，以致「很難確定每個國家真實的資本（或經常）帳戶狀況，因此也很難確定該國向世界其他地區提供或吸收了多少儲蓄」。[19]

許多日本公司的收購行為根本沒有被記入國際收支平衡表中。一種規避方式是通過日本銀行在倫敦或紐約的事務所提供資金。日本銀行將資金從東京總部以「辦事處間轉帳」的方式送到國外的事務所，這在國際收支統計中不會被紀錄為長期的資本輸出。而更理想的方法是將資金以公司內部轉帳送到國外，然後再以正式資本流入的形式重新流入。這麼一來，官方紀錄上的長期資本流出會看起來更小。一九八〇年代所採用的正是這樣的方案，當時日本銀行向國內客戶提供所謂的衝擊貸款（impact loan）。在這套系統下，日本借款人會獲得美元貸款。然後會立即被換成日圓，對借款人來說就變成了普通的日圓貸款。但這些貸款是通過離岸中心記帳，然後在國際收支統計中計為長期的資本進口。換句話說，一筆國內交易（日圓貸款）被以這樣的方式記帳，使其在統計中顯示為資本進口，從而減少日本國際收支平衡表中的總淨資本輸出的數額。[20]

日本資金之謎

儘管準確的資料可能永遠無法得知，但日本對外投資的官方統計資料已足以引起諸多觀察家憂慮，主要是因為這些資料似乎違背經濟邏輯。在一九七〇年代，日本的資金流動仍符合教科書的理論：其規模大致等同於日本貿易盈餘或經常帳盈餘。因此，日本淨出口所得到的資金僅是「循環」至海外作為對外投資。貿易動向看似是推動金流的力量，而資金流動的方向會隨之調整。

到了一九八〇年代，這種教科書般的情境已不復存在。此時的動力已不是源自經常帳。長期資金的流出在時序上早於經常帳的盈餘，且規模遠超過後者。日本購買的海外資產規模遠超過其出口額所能負擔的程度。為了支應一九八〇年代日本在國際間收購公司的熱潮，日本實際上必須借入外幣。[21]

經濟學家難以解釋這個現象。部分學者認為，資本管制的廢除應該是主因。確實，法規管制在一九八〇年代逐步放寬，其中一九八〇年《外匯法》的修訂是一個重要轉捩點。然而，在一九八〇年代下半時期，多數大型機構投資人的海外投資金額仍遠低於法定限額。[22]此外，投資人為何突然選擇在海外進行如此大規模投資的問題仍懸而未解。另一個經常被引用的解釋是，日本的資本輸出源自於國民的高儲蓄率。但這種事後得出的會計恆等式（accounting identity）並無法說明日本為何會有如此高的儲蓄率。

在多數研究者的實證研究中，將長期資金流動的數字拆分為投資組合的投資和外國直接投資，再試圖建立個別的解釋模型。解釋投資組合投資的主要模型建立在標準的投資組合分散概念上：假設投資人透過持有分散的投資組合來降低風險。這套模型可以透過檢驗資產的報酬率資訊（比較日本與世界其他地區）是否足以解釋實際的投資模式來驗證。實務上，這等同於去檢驗日本與外國的利率差是否能夠解釋日本的資金流動。

可惜的是，這些模型無法解釋日本的投資組合投資。[23]當利率差異變動不大時，日本的對外投資反而增加。即使相對報酬率對海外投資不利時，日本資金仍持續外流。這在一九八〇年代中期日圓大幅升值時特別耐人尋味，因為這代表日本投資人在一段相當長的時期內蒙受損失，因為若以日圓計價，海外投資的價值會貶值。[24]在一九八五年一月至一九八七年一月間，日本海外投資的累積價值若以日圓計算的話約損失了四十％。儘管如此，日本投資人仍持續大量投資於美國和其他外國資產。這個異常現象持續了數年，儘管《廣場協議》（Plaza Agreement）要讓日圓走強的意圖明確無疑。

不得不承認，針對日本對外投資的嚴謹研究「在解釋資金外流的快速成長上的成效有限」，許多報告都以「難以理解」、「違反直覺」或「頗為神祕」等字眼作結。[25]日本對外投資的戲劇性暴增，對專家而言始終是個謎。

潮流逆轉

解釋日本對外投資的經濟模型著重於對外投資快速成長的時期。這些模型不僅無法解釋當時的情況，在要解釋一九九〇年代的發展時更是束手無策。在一九九一年，當日本經常帳正朝著突破九百億美元的新紀錄邁進時，長期資本外流的趨勢卻突然消失。日本出現了四百億美元的淨長期資本流入，這是十多年來的首次。日本的投資人以創紀錄的規模成為外國證券的淨賣出者。[26]日本在整個一九九一年都持續是外國資產的淨賣出者。從製造業到銀行和房地產公司，日本資金突然從所有戰線上撤退。[27]

隨著海外投資的損失不斷增加，就連最後相信「利潤動機」的人也明白，日本公司，特別是該國的金融機構，投資的目的並非為了獲利。因為幾乎沒有獲利可言。事實證明，即使是龍頭公司，也未曾費心針對眾多的海外收購案，去分析現金流量和預估利潤。[28]

研究人員努力解釋這個匪夷所思的異常現象：創紀錄的經常帳盈餘竟伴隨著可觀的長期資本帳盈餘。標準的分析方式無法解釋在一九八〇年代和一九九〇年代初期，造成日本對外投資異常變動的原因。如果這種經濟認知上的缺口是關於列支敦斯登侯國的資本帳行為，也許還情有可原。但對於史上最大資本輸出國的資金流動，缺乏對其背後決定因素的理解，這種情況不應被輕易忽視。因為這些資金在十多年間直接影響了全球許多國家的公司、政府和人民的生活，因此很值得深入研究這些戲劇性事件的背後原因。[29]

第九章
大日圓幻象：信用泡沫與崩毀

神祕的地價

在一九八〇年代，日本的資本外流並非是唯一令經濟學家感到困惑的現象。從一九八〇年代中開始，土地與股票的價格出現驚人的漲幅。從一九八五年一月到一九八九年十二月間，股票上漲了二百四十％，而地價上漲了二百四十五％。在許多國家，地價往往會隨著GDP的成長而上升，因此土地價值與GDP的比率大約會維持在一左右。在一九八九年，美國的這個比率僅為〇．七。但在日本卻上升到五．二。[1]當時，不動產的價格已來到前所未有的高點。若以市場價值計算，光是東京市中心皇居周圍庭園價值，就相當於加州所有土地的總價值。儘管日本的面積只有美國的二十六分之一，其土地價值卻是美國的四倍。東京二十三區中，光是市中心的千代田區，其市值就超過整個加拿大。

這些數字應該是在告訴我們事有蹊蹺。但經濟學家受過「市場結果至上」的訓練。他們因此試圖為這些異常高的地價尋找合理的解釋。有些人認為是土地稀缺所致。但即使在擁擠的東京，可用辦公空間與土地總面積的比率，在地價最高點時也只有四十%。與其說土地稀缺，不如說是土地使用的效率低落。[2]日本近三分之二的人口集中在六大都市，導致這些地區的地價高漲，而遠離六大都市的人口稀少地區，土地價格則相對便宜。

另一個解釋房地產價格高昂的熱門看法是土地的生產力極高。如果這是事實，那應該反映在租金上。但租金並未隨地價大幅上漲。一九八〇年代末，東京住宅用地的價格比紐約市高出多達一百倍。但租金僅為紐約的四倍。經濟學家根據租金計算出土地的理論價值，並考慮利率等其他變數後，不得不承認市場價格遠高於經濟理論所預測的價格。[3]地價仍然是專家們無法解開的謎題。

投機行為

要解開這個謎題，只要詢問在一九八〇年代末期參與瘋狂購地的人士即可。人們很快就會發現他們購買土地並非為了賺取辦公室的租金。他們的主要目標是盡快轉售土地以賺取差價。對他們而言，土地只是一種資產，一種在未來會升值的資產。

相同的概念似乎也推動了股價攀升到令人目眩的高度。從一九八四年到一九八九年，日經平均指數平均每年上漲三十%。在一九八九年十二月，指數來到了三萬八千九百一十五日圓的歷史高點。如同地價一樣，股價已遠高於經濟模型（例如用公司獲利推估）所能解釋的點位。這五年間，股價與公司盈餘的比率從三十五翻倍到七十。擁有公司的一部分所帶來的預期收入，也無法解釋如此高的股價。研究人員運用各種解釋，如低利率等，試圖為這樣的股價尋找合理的依據。但他們都得出結論：標準的經濟理論無法解釋這種股價表現。[4] 某項重大研究有些尷尬地表示，股價充其量只能用地價的上漲來解釋。擁有土地的公司隨著地價上漲而被賦予更高的估值。但這樣的解釋並未讓我們更明白，因為地價本身仍是一個謎。

免費的資金

公司並不在意專家是否能解釋資產價格為何高漲。公司趁著這波金錢盛宴，紛紛加入狂歡的陣容。公司借錢投資。或者它們發行新的股票與公司債。這些資金很少用於投資生產力。大多直接投入股市或房地產市場。隨著資產價格上漲，就連穩健的製造業也無法抗拒投機市場的誘惑。他們最初將大筆資金交給證券經紀商，後者設立所謂的特定金錢信託（特金）帳戶，可在金融市場隨意展開投機行為。不久後，這些公司擴大其財務部門，自行處理投機事務。這股投機狂熱發展的程度之熱烈，以至於許多龍頭製造商，如汽車製造商日產，從投機獲得的利潤超過其核心的製造業務。[5]

外行人不禁好奇這怎麼可能。許多專家說這太難解釋了。這是一種財技*。金融市場的日益精進帶來了財技的奇蹟。[6]許多公司覺得沒時間去懷疑了；畢竟時間就是金錢。於是他們加入設立財技部門的行列——這些子公司全職從事投機。公司設立不動產子公司，銀行設立非銀行金融機構向不動產公司放款，個人則抵押土地參與這場遊戲。所有人都在買進土地和股票。

經濟榮景

在一九八〇年代末，於經濟體中瘋狂流竄的熱錢並非全用於純粹投機。相當可觀的資金流入了公司的投資計畫。公司終於能夠推行所有因缺乏資金而被迫擱置的專案。他們現在大肆揮霍。新工廠在日本國內外尚未開發的土地上如雨後春筍般興建。公司訂購最新型的機械設備，並全面更新新一代的生產設施。在東京的高級商業區，外牆鋪設大理石的公司總部大樓林立。奢華的員工宿舍建在都市近郊，而供公司交際應酬用，附有網球場和高爾夫球場的浮誇度假設施，則遍布海濱與山區。公司不斷在東京灣填海造地。房地產公司則競相興建世界最高大樓。

總投資額的飆升，帶領日本進入了承平時期最大的資本支出狂潮之一：一九八五年至一九八九年間，資本投資的總額達三百零三兆日圓。[7]每年日本的平均投資額相當於法國整體的GDP。[8]隨著管理者奢侈款待彼此，並揮霍鉅資購買公司的高爾夫球會籍，公司的支出帳目不

＊　譯注：財技即財務技術（財務テクノロジー），漢字「財務」加上英文「technology」，縮寫為「財テク」（財技）。

斷膨脹。如同日經指數一樣，高爾夫球會籍價格的指數，已成為觀察金融市場狀況的重要指標之一，而且只往一個方向前進：上漲。

隨著公司積極招募員工、勞動市場蓬勃發展——盛況空前到人們普遍擔憂會出現嚴重的勞動力短缺問題。公司開始邀請大學的應屆畢業生到昂貴的度假勝地旅遊以吸引他們的加入，並避免被其他公司挖角。一九九〇年三月，失業率降至二％的歷史新低。在如此緊俏的勞動市場下，個人的所得上升，消費支出強勁成長。因此，由民間消費、廠房設備投資、政府支出和淨出口所組成的名目GDP，在一九八六年至一九九〇年間的平均成長率達到五·五％。[9]工廠的稼動率滿載。

更多的謎團

儘管有著高經濟成長率且勞動市場緊俏，但用消費者物價指數來衡量的通膨率卻維持在意外低的水準。在一九八七年和一九八八年，問題似乎是通縮，因為消費者物價指數實際上在下跌。日本的經濟奇蹟似乎提供了恰到好處的成長，讓每個人都感到滿意，而通膨則維持在溫和的水準。

東京迎來了一個「新時代」。一九八〇年代日本的經濟表現吸引到許多人的讚賞。有數以千計篇關於日本「新」經濟奇蹟的文章，而關於日本如何能在其他國家仍在與長期失業和通膨奮鬥時取得如此輝煌成就的理論也層出不窮。經濟學家常提出的解釋是，高度且不斷提升的生產力解釋了日本經濟的傑出表現。

貨幣模型的瓦解

當觀察家發現到，經濟學家無法解釋一九八〇年代日本發生的任一異常發展時，他們應該要感到憂心忡忡。經濟學家困惑地發現他們甚至無法解釋日本GDP成長的原因。在此之前，經濟學家認為他們很清楚是什麼決定了GDP的成長。儘管現代的總體經濟學中有許多關於經濟的理論（古典／新古典、凱因斯主義、貨幣主義和財政主義是其中最重要的幾個），但它們都建立在貨幣與經濟間的基本關係之上。它們都假設貨幣的供給與名目GDP會成正比。經濟學家傅利曼（Milton Friedman）甚至稱這種關係是經濟學中最穩定的關係，其可靠程度接近物理科學的定律。[10]

而這門科學陷入了困境。在一九八〇年代的日本，所謂的貨幣供給指標（如M1或M2）與經濟活動之間的關聯已經崩解。GDP和貨幣供給的成長並不同步。貨幣供給的成長超過了GDP的成長。貨幣的「流通速度」不再恆定，這意味著「貨幣需求的函數」*已經崩潰。這表

＊　譯注：皆因凱因斯主義的概念。

示所有的現代經濟學理論，無論是古典、凱因斯主義或貨幣主義，都出現了嚴重問題，因為所有理論都仰賴貨幣供給和ＧＤＰ之間的穩定關係。

這也是一個很實際的問題。隨著貨幣和ＧＤＰ分道揚鑣，貨幣政策這個影響經濟的主要工具喪失了其效力。如果經濟成長不再與貨幣供給有關聯，那麼操縱貨幣就無法產生期望的ＧＤＰ成長率目標。

還有更糟的狀況。經濟模型中最常用的自變數——利率，無法用來解釋經濟的成長或資產的價格。人們常說，一九八七年二月到一九八九年五月期間維持在二．五％的低官方貼現率是泡沫的原因。但利率與資產價格或經濟成長之間也沒有任何穩定的關係。

日本一直讓經濟學家感到困擾。它似乎推翻了古典經濟學所珍視的信條：只有自由市場才能帶來經濟成功。日本顯然充滿了管制、卡特爾和其他貿易與競爭的障礙。若根據古典經濟學，日本應該是個經濟的重災區。[11]然而，日本在戰後時期的經濟成長如此之高，被稱為「奇蹟」。這種高成長似乎在一九八〇年代重現。資產價格、ＧＤＰ和資金流動量都以模型無法解釋的方式變動。經濟學家無法理解日本這個奇特的經濟體。

書呆子的復仇

然而，這個「金髮女孩」（Goldilocks）的「新經濟」沒能持續太久。當資產價格從一九九〇年起開始暴跌時，經濟學家再次感到震驚。從一九九〇年一月到一九九四年十二月，股票和土地的價格都腰斬。許多因投機目的購地而借款的公司和個人，發現到自己無法支付利息，更遑論償還本金。公司和個人破產的數量飆升至戰後新高。日本的投資者爭先恐後地撤出海外的投資。數家日本銀行和證券公司無力償債，這是前所未聞的事件。日本從一九八〇年代的繁榮落魄至為一九九〇年代的蕭條，這是自一九三〇年代以來最嚴重的經濟衰退。

某些經濟學家似乎鬆了一口氣。經濟的衰退證明了日本的經濟體制終究並非真的成功。先前被讚揚的日本特色，如政府與民間部門的緊密關係、主力銀行的監督、家族式的公司制度，突然之間都變成了裙帶關係、貪腐和缺乏透明度。這套體制很快就被歸咎為衰退的原因。在日本內外，開始有人呼籲要改革日本經濟結構，就像一九七〇年代曾發生過的景況。然而，這一次這些聲音持續了十年之久。

貨幣就是解答

日本的經濟結構並非一九八〇年代發生泡沫或一九九〇年代導致衰退的原因。傳統理論無法解釋日本的資產價格，是因為它們忽視了信用創造的角色。從一九八六年左右開始，銀行開始積極增加信用的創造量。在一九八〇年代末期，城市銀行的平均貸款成長率約為十五％，總貸款成長率大多時候維持在十二％以上。與此同時，經濟體償還這些貸款的能力，即國民所得的成長率只有一半。[12]這是一個典型的不具生產力但信用過度創造案例：銀行體制創造了貨幣，但並未用來提升生產力。貨幣反倒是用於投機行為和炫富消費。

隨著更多的貨幣被憑空創造出來，並注入不動產市場來購買土地，人們對土地需求也隨之上升。由於土地的供給量是固定的，土地價格必然會上漲。這為投機者創造了資本利得。這也吸引到更多的投機行為。[13]

看似安全無虞

土地價格的上揚進一步刺激銀行的放款量。自一九二七年的銀行危機以來，日本的銀行體制特別仰賴擔保品，而這幾乎總是指土地的擔保品。[14]屬於相同公司集團的大公司可以無擔保取得貸款。但大多數的借款人必須提供土地作為擔保品，才能獲得貸款。在這種情況下，銀行幾乎不在意貸款的用途。美國普遍採用的另一種作法是去計算投資計畫的預期現金流量。然而，日本的銀行認為現金流量預測法的風險過高。銀行家如何能夠正確評估一家公司的產品銷量？

銀行偏好使用擔保品的作法，因為簡單明瞭。放款人員檢視每年公布的各地區官方地價（路線価），然後以市值的七十%作為放款的上限。七十%的規定是大藏省為了提供安全邊際而強制實施的。這麼一來，即使地價下跌三十%，仍有足夠的擔保品來涵蓋整筆貸款的金額。[15]

土地擔保的原則符合政策制定者的規畫，他們將信用導向策略重點產業，並且不希望消費者能夠借款。大城市的大部分土地都掌握在大公司手中，這有助於他們籌措資金。隨著市中心的地價飆漲，公司確保能從銀行獲得持續增加的流動性。因此在整個戰後時期，土地一直是日本金融體制的支柱。

地價在戰後的多數時期穩定攀升。期間也曾中斷過一、兩次，例如一九七〇年代初期經濟泡沫後的地價下跌。但對一九八〇年代中期這世代的放款人員而言，地價似乎不可能下跌。許多經濟學家支持這種觀點，認為土地需求可能會上升：在一九八〇年代，**全球化**和**國際化**是關鍵詞，許多外國金融機構在東京擴展業務。他們會需要辦公空間。此外，隨著投機熱潮的興起和更多金融公司的成立，中央商業區的土地需求被推高。由於大多數預測者只是將當前的趨勢延伸到未來，房地產分析師預測地價會持續上漲到下個世紀。

一個典型的泡沫已然形成：價格上漲導致人們加碼投資，這又推高價格。然而，這並非基於經濟的基本面。如同所有的經濟泡沫一樣，它純粹是由銀行體制所快速創造的新貨幣推動。

合成謬誤再現

個別的放款人員很難看到這種危險何在：他們將地價視為既定變數，認為自己無法造成影響。因此他們以此為基礎發放貸款。但當所有其他放款人員都這樣做並加快房地產的貸款時，地價就被推高了。所以銀行陷入合成謬誤（fallacy of composition）的危機。每家銀行都認為土地是安全的擔保品，卻沒有意識到銀行的集體行為正在推高地價，使得用土地來擔保變得極不安全，因為它仰賴持續增加的銀行貸款來維持房地產的投機行為。結果，銀行系統性地低估了信用的風險。每家銀行都認為其房地產貸款是安全的。然而，一旦房地產交易的總貸款供給下降，地價也會隨之下跌。[16]

房地產投機在銀行貸款總額中的占比令人震驚。到了一九八九年底，房地產貸款已達所有銀行總貸款的十二％。然而，建築業的貸款同樣也用於房地產的投機行為，額外占了總貸款的五・四％。此外，許多公司和銀行都設立了非銀行的金融機構，這些機構向銀行借款後再貸給房地產投機者（又占總貸款的十％）。「泡沫」貸款的總額已達到總貸款的二十七％，絕對金額為九十八・九兆日圓，相當於一九八九年名目GDP的二十五％。在一九七〇年代後期，這三個「泡沫」部門的占比僅為十五％，或名目GDP的九・九％。[17]

實際上還不止於此。許多名義上歸類在其他用途的貸款，實際上被轉用於房地產的投機行為。例如，「服務部門」貸款在一九八〇年代後期激增，之中有許多便用於投機投資。即使一些正式用於營運或廠房設備投資的「製造業」貸款，實際上也流入了財技的投機投資。這代表有超過三分之一的信用創造被用來揮霍，而非投資生產力。[18]

輕鬆融資

通常，銀行會從眾多貸款申請人中挑選客戶，並拒絕一定比例的申請人。從一九八六年到一九八七年，銀行的放款條件很寬鬆。但從一九八七年開始，情況逆轉：是銀行在積極尋找潛在的客戶。在大型借款人已經借到所需金額之後，銀行甚至積極爭取小型房地產和開發商，試圖招攬更多人來借款。銀行之間為擴大貸款的規模而展開激烈競爭。

當銀行熱衷於擴大貸款的規模時，他們可能無法投入太多心力去創造有生產力的信用。因為這取決於經濟的基本面，即生產要素（土地、勞動力、資本、技術）的數量及使用生產要素的才能（生產力）。但銀行幾乎可以隨意創造出不具生產力的新信用。他們只需要提供給借款人可觀的資本利得前景。銀行可以透過專注在有擔保的貸款——也就是使用土地或股票等資產類別，作為配置和信用分配工具的貸款來實現這件事。藉由提高貸款價值與土地估值的比率，銀行吸引到更多認為可以從中獲利的借款人。隨著銀行提高擔保品的估值，其價格被推高，從而提供借款人資本利得，並使其從投資中獲利。銀行和借款人都受到鼓勵更積極投入這類活動，隨著消息傳開，越來越多的個人和公司想要加入這場遊戲。[19]

這正是一九八〇年代後期日本銀行的放款人員所做的事情。放款人員不是使用當前的官方地價，而是預估下一年的土地價值，例如，假設地價的上漲幅度會與去年相同。因此，雖然官方的貸款/估值的比率維持在七十%，但他們對估值的「預期」已經上升，使借款人可以獲得土地擔保品當前市值的百分之百或更多的貸款額度。很快連這樣都不夠了。放款人員開始採用兩年後的土地估價。銀行對土地價值做出越來越誇張的估價，以致土地價值與貸款的實際比率經常跳升到三百%或更高。[20]

關於銀行如何以優惠利率招攬貸款，像街頭小販一樣追逐客戶的軼事比比皆是。例如，一家小型房地產開發公司的老闆報告說，一九八七年底，一家過去與他沒有業務往來的大型城市銀行的分行經理來訪。分行經理不僅表示要向他提供服務，甚至實際上催促他向銀行借錢。無論他希望適用哪種利率，銀行都會同意。「請儘管借錢，根本不用考慮利率和還款時間表。」分行經理告訴他。當這位企業主回答說他不需要錢時，分行經理拿出銀行員工已事先確認過的特定房地產計畫的資訊。分行經理解釋說，東京的購物商圈有一塊可以用六億日圓購買的房地產。由於銀行必須遵守七十%的貸款/擔保品價值的比率，通常他們只能貸出四·二億日圓來購買這塊地。但銀行為相關地塊擬定了十一億日圓的銷售合約。基於這份合約，銀行隨後向房地產開發商提供了七·七億日圓的貸款。雖然表面上維持了七十%的貸款估值比率，但實際上遠超過百分之百。[21]

還有其他明文記載的案例提到，銀行放款人員在上級強烈要求增加貸款金額的壓力下，主動尋找潛在的借款人，慷慨提供貸款資助購買某塊土地的投機行為（這塊土地已由放款人員選定並「估值」），且「保證」可獲取資本利得。

銀行顯然迫切想要擺脫他們的錢。對外行人來說，這是一個奇怪的現象。人們很快將其稱為「資金過剩」（金余り）。只有經濟學家、分析師以及在金融市場或房地產公司工作的人才能理解實情。他們否定這種過於簡化的分析。他們聲稱，地價上漲的原因遠比僅僅是資金過剩來得複雜。一般人根本不了解先進金融技術的複雜性。這些在大學學過金融和經濟的專家知道，市場價格永遠是對的，因此地價是合理的。

經典的信用泡沫

結果，凡夫俗子原來比專家更有智慧。「資金過剩」一詞準確描述了當時的情況。銀行發放太多貸款，因此創造了太多貨幣。這些錢主要不是用於消費；因此消費者物價保持溫和。它被用於金融交易，因此造成了資產價格的上漲——資產的通膨，或現在所稱的「泡沫」。

就像一九七〇年代初期一樣，個別銀行沒有意識到他們在集體推高地價。這與一九八〇年代推動北歐房地產繁榮的過程相同。這現象也推動了一九八〇年代美國和英國的抵押貸款和房價的繁榮。同樣的過程也創造了「黃金的二十年代」（golden twenties）：在一九二〇年代，美國銀行以股票作為擔保放款。其原則始終相同。當每家銀行都將股價視為既定的數值時，它就能為股票的交易創造出新貨幣。隨著更多資金進入股市，股價必然上漲。每家銀行都認為接受某個百分比的股市價值作為擔保是安全的作法，但所有銀行的共同行為把整體市場的價值推高。越來越多的貨幣被創造出來。在一九九〇年代的韓國、泰國、印尼、馬來西亞，當然還有美國，也發生過同樣由銀行所發動的信用繁榮。這種現象必然會不斷上演。信用繁榮之後發生的事也總是一樣：信用緊縮、發生醜聞的銀行或金融危機，以及經濟衰退。

當債務增長快於收入，災難便迫在眉睫

銀行的貸款可說是向國家借貸。償還貸款的能力取決於創造收入的能力。也就是GDP的成長。在一九八〇年代末期，一個明顯的問題是日本的銀行貸款以兩位數成長，但名目GDP的成長卻不超過六％。[22]貸款成長超出GDP成長的部分，可視為衡量有多少信用創造不具生產力的指標之一。所有這些資金並未用來創造更多的國民產出額，而是用來炒作土地和股票市場，這樣做只會創造債務而已。考慮到信用創造的規模，不難得出日本正在走向災難的結論。無論是個人、公司還是國家，如果總借貸量的增長快於收入的成長，借款人終將無法償還所有貸款。

資產價格的上漲僅限於新資金持續進入市場之時。要戳破由信用所主導的資產泡沫，只需要放緩貸款的成長即可。屆時，整座信用金字塔就會像紙牌屋般崩毀。資產價格會下跌。這將使許多投機客的處境艱難，因為他們需要資產價格上漲才能償還貸款的利息，更遑論本金。因此他們被迫賣出資產。隨著更多投機客賣出資產，資產的價格就下跌。接著更多投機性質的借款計畫瓦解。許多投機客被逼到破產。這為銀行帶來大量的呆帳。總之，我們很容易就能估算出麻煩的最終規模為何：當泡沫崩壞時，所有投機的貸款都將變成呆帳。

泡沫崩毀：一九九〇年代的故事

這正是一九九〇年代發生在日本的事。一九八九年中期，銀行突然限制貸款的成長。半年後，股價達到頂峰。接著地價停止上漲。由於沒有新創造的資金進入資產市場，資產價格無法進一步上漲。投機客必須清償部位並開始賣出。光是在一九九〇年，日本股市（用日經平均指數來衡量）就暴跌三十二%。地價也開始急速崩跌。一些高度投機的商業區地段，其「市場價值」下跌超過八十%。越來越多房地產投機客感到「痛苦」。隨著他們破產，銀行數十年來首次嚐到呆帳的滋味。他們意識到問題可能很容易就會惡化。因此變得謹慎。非常謹慎。他們大幅減少核准對房地產、建案和非銀行金融公司的新貸款。然而，這必然會進一步壓低資產的價格，因為進入市場的新資金越來越少。於是破產的案件增加。

當銀行開始意識到潛在呆帳的規模有多龐大——九十九兆日圓的「泡沫」貸款，其中很大部分可能會變壞，他們變得如此害怕，不僅停止對投機客放款，也開始限制批准與泡沫無關的製造業公司的貸款。

信用緊縮

日本戰時和戰後的公司體制及其轉包關係的架構有如公司內的階層，頂層是少數的大公司，底層是大量的小公司。中小企業的規模太小，無法發行公司債，因此完全依賴銀行貸款獲得外部資金。儘管一九八〇年代投機客大舉借貸，但中小企業仍然是銀行最大的客戶，這一點並不令人意外。問題在於，對小公司放款總是比對大公司放款的風險更高。因此在一九九〇年代初期，當銀行開始背負呆帳並更加規避違約風險時，他們減少對小公司的放款。從一九九二年開始，小公司面臨信用緊縮的問題。[23]

這對日本經濟的影響很大：小公司是日本最大的僱主，占總就業人數的七十％。其影響立竿見影，因為小公司的員工從未享有終身僱用制和年功俸制的待遇。這些制度是戰時經濟官僚為大公司所保留的。在經濟衰退時，小公司快速減少獎金和薪資的金額，甚至裁員。由於他們是日本最主要的就業來源，實際失業率從一九九二年開始上升，可支配收入也隨之下降。由於小公司的員工開始擔心失去工作，他們減少支出並增加儲蓄。隨著消費量下滑，公司產品的銷量也減少。然而他們剛完成新工廠的建設並擴大生產能力。未售出的存貨堆積如山。價格被拉低。即使大公司也不得不開始採取削減成本的措施。勞動市場進一步惡化。簡而言之，日本陷入全面的衰退。

這一切都在預料之中。隨著癱瘓的銀行降低貸款的成長，經濟中信用創造的總量便萎縮。可用的購買力減少。因此，GDP的成長不得不大幅放緩。於是從一九九一年開始，日本經濟陷入一九三〇年代以來最長且最深的戰後衰退。失業率飆升到戰後的新高。可能有超過五百萬日本人失業，且無法在其他地方找到工作。

大多數的經濟學家再次感到困惑。他們未能預測到經濟的衰退。反而當官方貼現率降低（自一九九一年起共九次）時，他們預測經濟會復甦，因為他們認為利率是預測經濟成長的良好指標。當筆者在一九九一年底警告日本的銀行將被推向破產邊緣，且大規模的信用緊縮將導致重大衰退時，經驗豐富的專家否定了這項預測。[24]日本這個似乎正在接管世界、出口產品已占據全球市場領先地位、其資金正在全球購買資產的國家，怎麼可能突然陷入全面衰退？

這次衰退的時間也比預期持續得更久，其原因很簡單，因為經濟成長只有在有創造出更多信用時才會發生。只要信用創造量維持在低水平，降低利率對經濟並無助益。然而直到一九九三年和一九九四年，東京的大多數經濟學家仍否認日本存在信用緊縮。他們的理論根本未將信用創造納入考量，但這正是每個經濟體的核心運作機制。

用信用解開謎團

信用這項變數所述說的事情很單純。「圖九．一」顯示銀行對不動產業的放款與地價之間的關係。從圖中可見兩者具有高度的相關性（統計學的檢驗也證實了這一點）。[25]信用也解釋了為何傳統的貨幣供給衡量指標與GDP不再有太大的關聯。越來越多的貨幣被用在GDP範疇以外的交易，也就是投機性質的金融與不動產交易。我們應可預期的是，名目GDP的成長只會與投入GDP交易的那部分信用創造密切相關。換言之，我們應該能預期到，將總放款量減去三個泡沫產業——不動產業、營建業、與非銀行金融機構的部分，會與名目GDP的成長密切相關。「圖九・二」證實了這一點。我們以GDP為基礎的信用創造指標不僅解釋了一九八〇年代的繁榮期，也說明了一九九一年之後GDP成長急遽下滑的原因。[26]

更重要的是，我們的信用模型也解開了一個謎團，即一九八〇年代席捲全球、而後在一九九一年崩潰的日本海外投資潮：日本只是印鈔票買下了全世界。

雖然個人印製鈔票並瘋狂購物是違法的，但央行有權隨意印製鈔票。然而，對一個國家而言，要單純印鈔票接著在世界各地購物並不容易。要購買海外資產，必須用本國貨幣去兌換。在浮動匯率的制度下，外匯交易商會注意到該國對外幣（比如美元）異常強勁的需求，以及該國貨幣的大量供給。這會立即影響到匯率。此外，外匯交易商會密切關注他們負責貨幣買賣國家的關鍵經濟指標。如果某個國家出現高通膨，就會被視為該國央行印製過多貨幣的證據。因此該國的貨幣價值會下跌。

但這之中有個陷阱。印製過多貨幣的國家，其貨幣並不會自動貶值。外匯交易商是根據他們收到的資訊採取行動，這些行動會影響匯率。因此，如果交易商所關注的傳統指標未能察覺到該國創造過多的貨幣，且該國有經常帳的盈餘（因為成功向世界銷售產品，所以市場對其貨幣有需求），那麼印製大量額外的貨幣，並試圖將及兌換成美元的做法可能會奏效。也就順利完成這場金融把戲：該國可以純靠印鈔票來購買海外資產。經濟學家將這種價格未反映貨幣變化的現象稱為「貨幣幻象」（money illusion）。

圖九．一：銀行對房地產業的放款量與土地價格

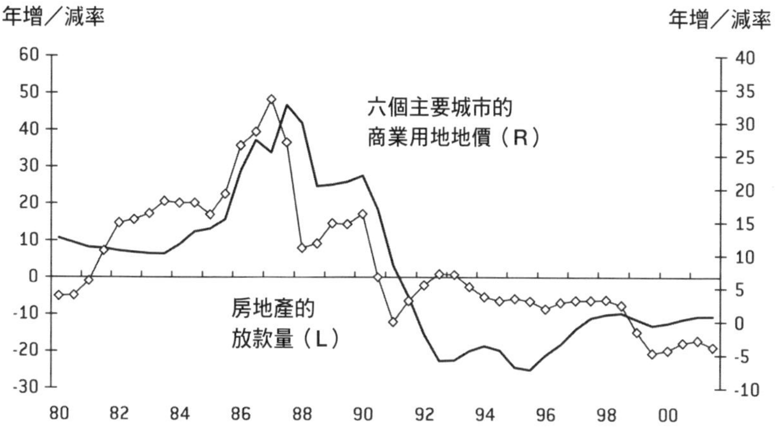

資料來源：日本不動產研究所；日本銀行

圖九．二：日本用於 GDP 交易的信用創造量和名目 GDP

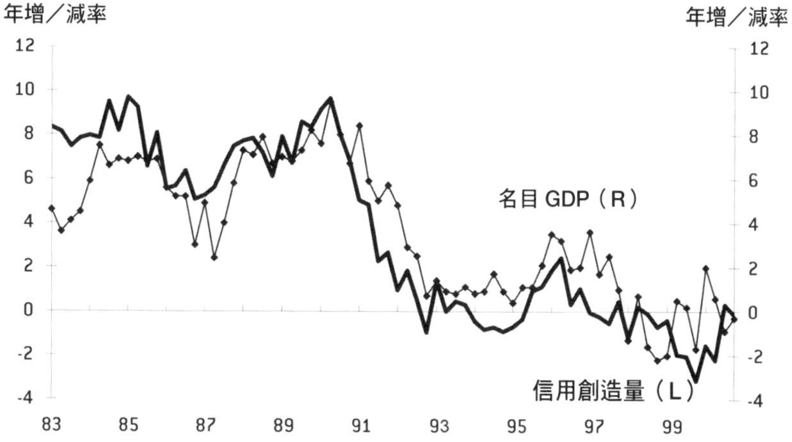

資料來源：經濟社會總合研究所；內閣府，日本政府，日本銀行

日圓幻象：日本印鈔買下全世界

一九八〇年代在日本發生的事情，很可能是有史以來最大規模的貨幣幻象。不僅國內的投資人與銀行家受到貨幣幻象影響，全世界也是如此。實情是，日本印鈔票並買下了全世界。常用來衡量通膨的指標是消費者物價指數。但如我們所見，過度創造出的信用並未用來購買商品與服務。大部分的過剩貨幣流向金融交易市場，造成資產價格的通膨。因此消費者物價指數仍維持穩定，在一九八〇年代的下半期平均成長一．三％。由於進口商品的價格下跌，整體躉售物價指數（WPI）在一九八〇年代下半期平均下跌二．七％，而上半期則成長二．三％。[27]

主流的經濟學家否認資金大量外流與日本泡沫有關。他們認為地價飆漲不可能影響

圖九．三：長期資本流動的淨值與銀行對房地產企業的放款量

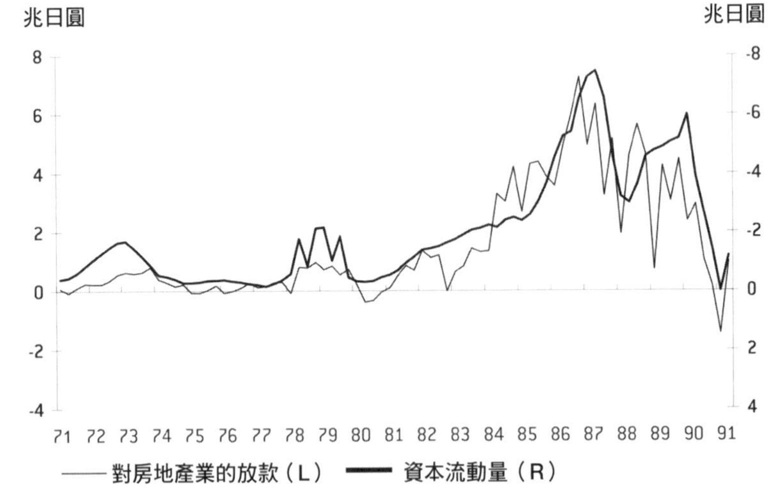

資料來源：日本銀行；大藏省

資金的流動：當日本人賣出土地時，買方主要也是日本人。因此這不會加強他們對外投資的整體能力，因為在賣方獲得更多資金的同時，買方資金也會減少——這是零和遊戲。[28] 事實上，地價是被過度創造的信用給推高的。這些額外的貨幣也可能流向國外。實際的運作方式可能是經由直接的途徑：大型日本不動產開發商向日本的銀行借款，購買夏威夷、加州、紐約或其他地方的優質不動產。也可能透過間接的途徑：過度創造的信用提升了金融機構（如人壽保險公司）的資產。擁有更多可用資金後，他們必須增加投資量。投資組合進行分散代表他們也應該購買海外資產——從不動產到美國公債，甚至收購外國公司。

因此我們可以預期，日本的海外投資量應該與投機性質的信用創造量成比例。「圖九・三」呈現出日本海外投資量與不動產貸款量的關係。如圖所示，兩者的相關性極高，這對如此波動的金融數據而言相當罕見。日本創造出新的熱錢然後買下了全世界。儘管資金大量外流，日圓並未走貶。日圓反而從一九八五年至一九八七年升值了一百零六%。[29]

日本用了與美國在一九五〇年代和一九六〇年代所使用的相同手法，當時美國的銀行創造過多的美元。美國公司利用這些熱錢收購歐洲公司。美國有美元本位制作為掩護，而日本的掩護是其顯著的貿易順差，這讓觀察者確信日圓必須走強。由於日圓並未走貶，全世界經歷了有紀錄以來最大規模的貨幣幻象——大日圓幻象。[30]

第十章
如何延長經濟衰退

艱困的七年

到了一九九五年的中期，日本陷入衰退的時間已經遠超過多數經濟學家的預期。曾期盼著日本全面復甦的分析師和投資人在檢視經濟體的狀況後轉趨悲觀——一九九〇年代前半期這樣的人不少。而日圓升值至八十日圓兌一美元的水準，這在半年前還是難以想像的。出口商承受著巨大壓力、經濟需求疲軟、生產成長放緩、庫存堆積如山，公司削減成本以維持營運。市場競爭的加劇與更多管制的解除，進一步加重經濟的通縮壓力。物價下跌導致消費者延遲購買行為，而裁員潮則推升失業率至戰後新高。同時，銀行體制也因呆帳而陷入困境。

出乎多數觀察家意料之外的是，經濟在一九九六年突然復甦，成長率約四％。但這樣的榮景並未持續太久：經濟在一九九七年和一九九八年再度陷入衰退。這次連日圓也跟著走弱。一九九八年六月十五日，日圓的匯率跌至接近一百四十七日圓兌一美元，較一九九五年四月的高點貶值約八十%。然而，日圓的疲軟並未幫助到日本經濟。現在多數分析師反而將此視為經濟疲軟和資金外逃的徵兆，認為日本似乎正走向經濟崩壞的境界。

當局嘗試刺激經濟的作法都無濟於事：經濟加速惡化，陷入惡性循環：需求緊縮、物價走跌、公司緊縮，進一步導致需求緊縮。很少經濟學家認為日本有機會復甦。

然而，大多數觀察家再次對於一九九九年經濟的強勁復甦，和東京股市超過五十%的漲幅感到驚訝。但股市在二〇〇〇年的第一季達到頂峰之後，市場和經濟在二〇〇〇年的中期和二〇〇一年又再度陷入衰退。到了二〇〇二年初，大多數的評論家已放棄期待快速復甦。已經歷過太多次虛假的復甦跡象。每當經濟似乎復甦，不久後就會再度陷入衰退。

誰是始作俑者？

自一九九一年以來，政府和大藏省一直試圖透過利率來提振經濟。日本銀行在一九九〇年代十度調降官方貼現率（ODR），第一次調降是一九九一年七月，在此之前的ODR為六%。在一九九三年九月之前，ODR經過七次調降後降至一．七五%的歷史低點。ODR在一九九五年四月進一步降至一．〇%，並在一九九五年九月降至〇．五%。在一九九五年十月，無擔保隔夜拆款利率（uncollateralized overnight call rate，官方公告為「操作的目標利率」）首次被「導引」至低於ODR（約〇．四七%）。三年後的一九九八年十月，日本銀行進一步將拆款利率降至〇．三三%的新低點。在一九九九年二月，利率降至〇．一%——當時稱為「零利率政策」。在二〇〇〇年八月短暫調升後，拆款利率在二〇〇一年三月再度降至〇．一二%，四月降至〇．〇二%。同年九月，ODR降至〇．一%，拆款利率則降至〇．〇〇三%。之後更降至〇．〇〇一%的極低水準。

由於貨幣政策似乎失去效果，政治人物開始推動凱因斯式的財政刺激方案。在一九九〇年代，政府實施了十多個大規模的支出方案，總計超過一百四十五兆日圓，但似乎也沒起到效果。如果貨幣主義和凱因斯主義的處方都無效，許多經濟學家便在思考，「我們還能做什麼？」他們開始傾聽那些認為衰退是源於日本經濟體制的聲音。唯一的出路是推動深度的結構改革，如解除管制和開放市場。到一九九八年，各界已普遍形成共識，認為必須進行根本性的結構改革。公司領袖、政治人物，甚至令人意外的是，就連官僚體制的成員也主張必須進行根本性的改革。

像這般的結論變得非常誘人，特別是在美國經濟在一九九〇年代持續走強之際。高經濟成長、創紀錄的低失業率、低通膨和資產價格的上漲，似乎為美國帶來嶄新的經濟時代。這被認為是自由市場刺激生產力提升的結果。自一九九六年起，七大工業國高峰會（G7）成為美國總統和美國財政部長宣揚美式資本主義有多麼優越的平臺。他們經常宣稱，若一個國家想要成功，就必須推動管制解除、自由化和民營化。隨著日本和其他亞洲國家陷入衰退，美國的壓力，以及國際組織的壓力，促使他們放棄舊有的經濟體制，改採美國所證明可行的成功模式。

人們似乎已經忘記，不過十年前的情況恰好相反。一九九一年，美國經濟陷入衰退。美國銀行在一九八〇年代借太多錢給房地產的投機者，到一九九〇年，壞債甚至威脅到規模最大的美國銀行。銀行變得規避風險，其放款能力和意願都降低。因此，仰賴銀行資金的小公司無法獲得足夠資金。隨著這些公司裁員，需求下滑。信用的創造量萎縮，經濟在一九九一年陷入衰退。

當時世人對美國經濟結構的悲觀情緒，與十年後的樂觀程度不相上下。許多作家甚至主張美國應該引進日本體制，因為日本在一九八〇年代泡沫高峰的不久後看來，似乎表現更為優越。在一九九一年，大多數的評論家預估日本將在千禧年之際超越美國的經濟地位。二十一世紀將成為日本的世紀。[1]

從這之中我們學到的是，若要評估哪些元素構成了成功的經濟結構，無法忽略景氣循環的影響。在景氣的榮景期，評論家很快就會把成功歸功於經濟體制。衰退則被視為經濟結構有缺陷的證明。事實上，兩者都只是在反應景氣循環。而景氣的循環是由信用的創造量所決定的。

無效的政府支出

然而在一九九〇年代的大部分時間裡，分析日本的大多數觀察家認為，信用成長之所以緩慢，只是因為經濟體缺乏貸款的需求。他們提出的政策建議是：必須透過政府支出來提振內需，然後貸款需求就會上升。在這十年間，政府遵循他們的建議，使政府債務攀升至歷史高點，也破壞了日本的財政健全。

但我們在第四章已經看到，信用市場是由供給所決定的。貨幣與蘋果和橘子不同——人們對於貨幣的需求會永遠存在。總是有足夠多的企業家願意去借錢並投資在有風險的計畫。潛在的信用需求是如此龐大，如果銀行提供利率來平衡供需，則利率會提升到淘汰掉保守和理性的投資人的地步，只留下高風險的企業家作為銀行的客戶。這就是為什麼銀行會將利率維持在市場出清（market clearing）的利率之下，並篩選借款人：銀行實施信用的配給。就總體經濟而言，這使得信用市場長期處於供給主導的狀態。

同時，財政支出之所無法提振需求，是因為它不創造貨幣。它只是將購買力轉移到像是接受大規模政府訂單的營建業手中。許多經濟學家單純地將這些額外的政府支出加總起來，並期待GDP會因這筆錢而增加。[2]這又是一個忽視政府需要為財政支出融資而形成的合成謬誤。問題在於如何籌措財政支出的資金。在一九九〇年代盛行的純財政政策之下，大藏省會發行政府債券來籌措資金。因此，用於刺激民間部門的財政資金是從民間部門本身籌措的。投資者，如人壽保險公司，必須從其他的投資中抽出資金來購買政府公債。我們會發現到財政政策並不創造新的購買力，只是重新分配已經創造的購買力。純財政政策在很大程度上對成長的影響是中性的。[3]事實上，整個一九九〇年代的經濟發展顯示出，政府每投入一日圓的財政刺激措施，民間部門的需求就相對減少一日圓。[4]

簡單來說，信用的創造量決定經濟總額的大小。財政政策會決定這個總額如何在民間部門和政府之間分配。在信用創造量不變的前提下，增加財政支出必然會減少民間部門可用的購買力。

因此，如果沒有創造額外的信用，民間部門在國民所得總額中的份額必然縮小（數量的排擠效應）。特別是銀行的主要客戶——小公司在一九九〇年代的大部分時間都遭受信用緊縮的影響。這壓抑了消費，進而壓抑到GDP。

印鈔票

政府為了促進更多新的交易活動，需要增加購買力。這能擴大經濟的規模。創造新的購買力是經濟復甦的必要且充分的條件。購買力是由銀行體制和央行所創造。因此，促進復甦的政策必須著眼於增加其中一方或兩者的信用創造量。即使協助銀行的政策成效緩慢，但只要央行有履行其職責並創造新的購買力，也不會阻礙經濟的即刻復甦。自一九九二年以來，日本隨時都有機會觸發經濟復甦。日本銀行啟動印鈔機制就是一種充分條件。[5]

這樣創造出的貨幣不會導致通膨。若經濟處於產能全開狀態，過度印鈔確實會引發通膨。但是在通縮和資源閒置的情況下，加印貨幣就將提升需求並減緩通縮。通膨只會在經濟擴張到所有投入要素都已充分利用、失業率降至最低、所有工廠都全力運轉之後才會發生；除此之外，需求還得超出經濟的最大產能。換言之，一旦經濟完全復甦並以最高的潛在成長率成長的話，央行就必須減緩印鈔。但在一九九〇年代日本遭遇困境時，並不需要擔心這個問題。

印鈔增加需求

當然，「印鈔」不僅僅指增加紙鈔。我們都知道如今大部分貨幣都以「帳面貨幣」，或更精確地說，是「電腦貨幣」的形式存在。央行可以隨時增加貨幣，且毫無任何限制，它只要從民間部門購買資產並用新創造的信用來支付即可。從經濟學角度來看，央行購買什麼並不重要。它可以買領帶、牙膏或不動產。

舉例來說，日本銀行可以跑去買原田先生的房子。它可以開出高於市價的價格來誘使他賣房子。這對日本銀行來說不是個問題，因為它可以印鈔，或更準確地說，可以創造先前不存在的新購買力。原田先生不在意收到的是紙幣還是日銀的轉帳（這過程只代表他的銀行會在日本銀行的帳簿中獲得信用，而他則在其銀行的存摺上獲得信用）。原田先生現在有了更多購買力可用，他很可能會至少使用其中一小部分去購買其他東西，例如另一棟房子。他將新印出的現金轉給賣方。那個人接著去向其他人購買東西，以此類推。突然間，更多經濟交易開始發生，其連鎖效應逐步擴散至整體經濟。日銀從無到有創造了更多的需求。

創造信用的央行

實際上，日本銀行並不會購買太多不動產（雖然它確實取得許多不動產，如房屋、俱樂部和休閒設施給員工使用）。為了在短時間內注入大量資金，央行傾向於購買政府債券、票據和公司發行的商業票據。當日本銀行在市場上購買這類票據時，對經濟體的助益就有如購買一塊土地。

這一點不難想像：在銀行因呆帳而癱瘓的情況下，許多中小企業正受到信用緊縮之苦。一個解決方案是讓它們發行債務憑證，如商業票據或公司債。日本銀行可以購買這些票據，並以新印製的日圓來付錢給公司。銀行可以擔任中間人，先行貼現票據，再由央行重貼現。但這並不會改變上述分析的結果。因此，公司能夠獲得先前不存在的資金。小公司也可以間接取得資金，形式是從發行此類債務票據的大公司那邊獲得易貨信用（trade credit）。其結果將會相同。當銀行無法履行放款和創造新貨幣的職責時，日本銀行可以介入，擔任全國的銀行家。

還有另一種方式可以說明單純的「印鈔」如何幫助經濟。我們發現，純粹由投資人購買債券來支應的財政支出，無法刺激新的經濟成長。這並未創造出新的購買力，只是轉移了舊有的購買力。但如果財政政策輔以信用的創造，就能發揮效用。如果政府債券不是賣給民間投資人，而是由央行購買或承銷，那麼信用創造量就會增加，而財政刺激就能把這些新貨幣注入經濟體。在這種情況下，關鍵不在於財政支出，而在於央行創造貨幣的行動。另一種選擇是，政府可以將公共部門借款的資金來源，從債券轉換為與銀行的簡單貸款合約。

印鈔並建造公園

倫敦每人擁有二十六・九平方公尺的公園用地，紐約有二十九・三平方公尺，巴黎則有十一・八平方公尺。然而，東京在全球主要城市中排名最後，每人僅有五・三平方公尺。[6]此外，東京的公園用地在日本各大城市中最少。日本銀行可以印鈔並在東京各處購買土地，用來建造公園和公共設施，這將是提振需求、刺激經濟、振興不動產市場，同時提升東京生活品質的好方法。[7]若要靠印鈔來將每人擁有的公園用地面積，提升到相對較低的巴黎水準的話，是地區和地價而定，可能要向經濟體注入將近七十兆日圓，這與某些對呆帳規模的預估相近。當然，新印製的貨幣還可以用於其他更有生產力的用途。可以建立滿足公共需求的設施，如改善醫療系統或老人福利的基礎設施。從某種意義上來說，一九九〇年代的衰退也提供了一個機會：可以印製大量貨幣並以有幫助的方式來使用，而免於承擔通常需要付的代價，也就是通膨。即使是央行直接發放貨幣給每位納稅人（比如每人兩百萬日圓），也是可行的，這不會產生任何成本。這可以被視為央行（因未能達成成果）的退款。

所有這些例子都表明，早在一九九二年或一九九三年，執政者可以輕易創造出對日本及其他地區都有利的經濟復甦。數百萬失業者本可以找到工作。如果採取正確的政策，在一九九〇年代的這個失落的十年間，原可實現經濟的復甦。

歷史證明這招有用

用印鈔票來刺激需求不只是看似優秀的理論構想。而是經過嘗試與試驗的措施。我們已經看到，在一九四五年後，當時銀行的情況比一九九〇年代更糟，且經濟體遭到地毯式轟炸摧毀時，日銀在一萬田以及政府的經濟安定本部的領導下，成功地讓日本經濟復甦。還有其他例子，比如在一九三〇年代，當世界陷入大蕭條，並引發日本的經濟結構轉型之時。就如同一九九〇年代一樣，當時問題在於銀行體制的停擺，先是在美國，接著是德國、日本和其他國家。[8] 如同第四章所述，銀行體制的本質相當脆弱，因為它們建立在許多人認為是詐騙的基礎之上：銀行實際上並不擁有他們所保證存放在那裡的錢。當這些錢同時被借出超過九十次，並用於沒有生產力的投機目的，因此就整體而言幾乎沒有希望償還時，這一點尤其明顯。舉例來說，一九二〇年代的美國銀行借給投機者太多資金，推高了股票和土地價格。[9]

然而，德國和日本是最早擺脫大蕭條的國家。當美國聯準會未能讓經濟復甦並任由許多銀行破產時，德國和日本的央行較早開始印鈔。雖然人們常說是財政政策刺激了日本和德國的復甦，但實際上是新創造出的信用使財政政策能發揮效用。目前還沒有發生過任何國家在央行積極發行貨幣的情況下還無法刺激需求的例子。每當在過度的信用擴張之後導致信用崩壞時，只有在銀行或央行再次擴大信用創造量時，才會帶來復甦。

解決銀行的問題

雖然央行必須重新啟動經濟，但同時也需要解決銀行體制的問題。經歷十年裡的失敗嘗試，人們可能會認為這個呆帳問題複雜得難以想像，但實際上這個問題可以立即解決，且沒有任何人需要承擔成本。而且這個問題早就該被解決了。當銀行背負大量呆帳時，他們就會無法履行放款和創造貨幣的角色。唯一的解決方案是讓銀行轉銷他們的呆帳並從帳冊中刪除。由於會計帳目是由資產和負債組成（貸款對銀行而言是資產，存款是負債；股權在負債端），且兩者必須始終平衡，因此單純刪除不良資產是行不通的。負債會超過資產——這是無償債能力的定義之一。因此，為了能夠轉銷呆帳，銀行需要在資產負債表的資產端放入其他東西。這些資產被稱為準備金，用來填補轉銷呆帳所造成的資產負債表的缺口。簡單來說，銀行需要資金。

因此我們需要做的就是給銀行資金。人們會很欣慰發現這個問題比前個問題簡單許多。因為我們知道，銀行自己或央行就可以創造貨幣。因此最簡單的解決方案就是讓日本銀行印鈔並將貨幣給予銀行。[10]當然，日本銀行會希望獲得某些回報，以便列入自身的資產負債表的資產端裡頭。這些都只是細節。銀行可以發行債務憑證，說明他們向日本銀行借款（例如，零利率借款）。或者他們可以發行新股份，如優先股，然後由日本銀行購買。另外，他們也可以將擁有的土地所有權轉讓給日本銀行。

呆帳問題可在一天內解決

如果日本銀行願意的話，它本可以在一個上午之內完全解決呆帳的問題。他們需要做的是以面額購買所有銀行的所有呆帳，並透過創造新貨幣來支付。銀行會樂意看到這個做法，因為他們會收到超過市值的現金，用來換取已經變成呆帳的貸款。那日本銀行呢？它不會蒙受巨額損失嗎？事實上，不會。用一九八〇年代的名目面額購買呆帳，央行表面上會出現虧損（因為它們現在的市值低得多）。然而，擁有印鈔資格的央行總是能獲得收益：它的融資成本為零，可以免費獲得具有某些價值的東西（即使它只值一美元的十分之一）。日本銀行實際付出的成本為零。它能憑空創造貨幣，因此總是能得到好處。實際上，移轉現金給銀行甚至不需要印鈔機，因為大部分的貨幣是在日本銀行的電腦系統中以電子形式創造的。由於所有銀行都有在日銀開設帳戶，它可以使用電子轉帳系統在幾秒鐘內清除銀行的所有呆帳——而不是花費超過十年的時間。

當然存在許多種的作法。例如，如果央行不願在其資產負債表上出現任何此類資產，可以使用政府機構向銀行購買呆帳，該機構本身則透過向央行發行債券或票據獲得資金。只要有解決呆帳問題的「意願」，就有各種可能性。

這不僅不會對日本央行造成任何成本，更重要的是，對整體經濟或社會也不會有任何成本。反而是使用政府的資金（即稅收）來援助銀行，那麼納稅人將來就必須得償還這筆錢。如果日銀只是印鈔，就不會給納稅人帶來負債。由於經濟已陷入通縮的困境，這也不會產生信用過度創造通常帶來會的成本，也就是通膨。在這種情況下，最好的結果是通縮的程度減輕——這將是件好事。

如何刺激銀行的信用

另外，央行也可以透過協助銀行獲得可觀的利潤來把資金轉移給銀行。這可以透過幾種方式實現。其中一種方式是央行壟斷某個市場，以協助銀行——實際的作法是在銀行大量投資的特定市場中製造小型泡沫，來為銀行帶來豐厚利潤。這已被證實是相對常見的央行協助銀行體制的技巧。另一個更透明的方式是利用銀行創造信用的能力，來為財政支出提供資金。如我們所見，財政支出無效的主要原因是，它未能與擴大信用創造的機制相結合。透過發行債券向私部門借款，會導致數量的排擠效應。然而，如果政府改變其公共部門借款要求的融資手段，情況就會不同。政府可以與銀行簽訂簡單的貸款合約，而不是發行債券。銀行會很樂意放款，因為政府是零風險的借款人。與債券市場不同，銀行的信用會創造新的購買力。政府支出的資金不會從經濟體中抽走，而是創造新的貨幣——從而解決衰退的原因，也就是信用創造量的缺乏。不會發生排擠效應。[11] 淨需求會增加。當然，在央行拒絕透過購買政府債券來供應財政支出所需的貨幣時，這種方法特別有用。最後，如果日本銀行真的想創造經濟復甦，它也可以使用窗口指導的機制，單純地「指導」銀行增加放款量。

道德風險原則

中央銀行是否應該紓困銀行並促進經濟復甦？經濟學家關切誘因的問題，也就是所謂的「道德風險」。為避免製造道德風險，闖禍的人應承擔某種懲罰。若銀行預期會獲得紓困，就會缺乏避免魯莽放款的誘因。此原則已指出納稅人不應承擔銀行的紓困成本，因出現呆帳並非他們的責任。[12]因此經常有人主張不應該紓困日本的銀行。但此論點也存在問題。首先，現在已經晚了將近二十年。我們應該在一九八〇年代初期，銀行過度放款時就關注此問題。然而自一九九〇年代中期以來，主要的問題是放款量太少。因此在現在的情境底下可以紓困銀行，等之後再進行適當的制度改革，以避免重演一九八〇年代的魯莽放款行為。但要做到這點，人們必須仔細檢視，銀行為何在一九八〇年代如此積極地放款。

其次，上述論點假設，銀行是一九八〇年代貸款泡沫的罪魁禍首。確實許多證據指出，銀行放款能解釋泡沫形成的原因。[13]然而，我們尚未確定銀行為何會放出如此多的貸款。

日銀創造了多少貨幣？

上述提到的多種振興銀行信用的方法，都需要花一段時間才能實施。由於日本經濟的衰退從一九九二年開始就對中小企業和多數日本民眾帶來痛苦，當時就該採用最快速的方法來重啟經濟。第九章的「圖九・二」測量了實體經濟（不含泡沫部門）的銀行信用創造量，由此可見，自一九九〇年起信用創造量便大幅下滑。一年後，名目GDP的成長也下滑。信用創造量持續維持在極低的水準，甚至在一九九四年底轉為負值：這導致在一九九五年初，名目GDP出現戰後（實際上是自一九三一年以來）首見的負成長。[14]在這般銀行信用創造量崩跌的情況下，央行有責任採取對應措施，做銀行未做的事——插手、並創造更多信用。

毫無疑問的是，日銀掌握著經濟復甦的關鍵。讓我們檢視日本銀行在一九九〇年代創造了多少貨幣。首先，我們需要正確衡量央行的信用創造量。由於央行創造貨幣時必須向民間部門購買某些東西，而收回購買力時就必須出售某些東西，因此更準確衡量央行信用創造量的方式是將其在所有市場的交易加總。[15]許多經濟學家在分析央行時，僅加總日本銀行稱之為「短期貨幣市場操作」的交易金額，因為這些數據每日公布，很方便取得。然而，這些操作並不代表日銀信用創造的總淨值。日銀的信用創造的淨值反而最好透過加總其「所有」的交易量來衡量。假設日本銀行提供的資料準確，這麼做應可提供一套合理且有用的指標，用來衡量日本銀行的信用創造量。[16]

一九九八年與二〇〇一年的積極印鈔

從「圖十・一」可見，在一九八〇年代（約從一九八六年起），日本銀行顯著增加信用

圖十・一：日本銀行的信用創造量：透過盈利研究中心所編纂的「領先流動性指數」（LLI）所衡量

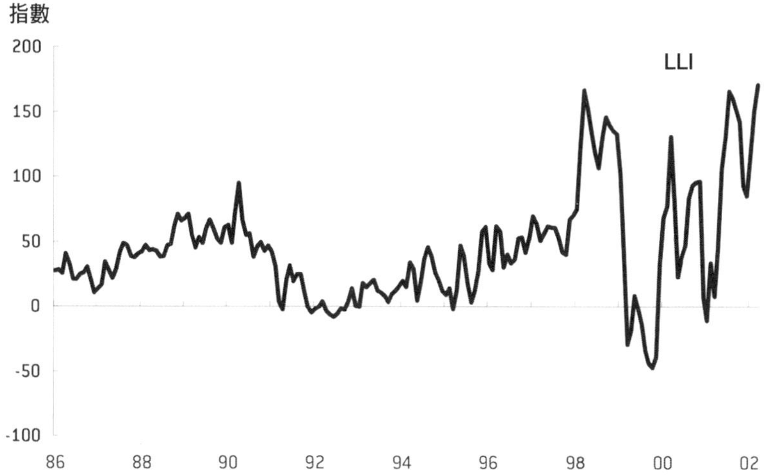

資料來源：日本銀行；盈利研究中心有限公司

的創造量。在那之後信用創造量急遽減少：一九九二年我們的指標轉為負值。這表示日本銀行從經濟中提取購買力。它的操作完全是信用創造的對立面。一九九三年的信用創造量仍維持在極低處；在一九九四年雖略有上升，但之後再度大幅下跌，並於一九九五年三月轉為負值。從一九九五年五月左右到一九九七年初，信用創造量有上升，到了一九九七年的下半年又再度下跌。雖然指標的趨勢呈現上升，但經常會出現明顯的信用縮減期。換言之，在一九九〇年代的大部分時間裡，日銀並未積極印鈔，或未達到足以使經濟持續復甦的程度。

一九九八年三月，日本銀行突然大幅提高信用創造量。我們的指標攀升到自一九七四年一月以來的最高水準，當時日銀正為一九七〇年代的房地產泡沫提供資金。這對日本是好消息，這動作也確實在一九九九年帶來強勁的經濟復甦，與股市超過五十%的漲幅。可惜央行在一九九九年以幾乎同樣的力道關閉資金的水龍頭，甚至在該年大部分時間裡，積極地從經濟中提取資金。這樣的政策轉向必將扼殺甫萌芽的經濟復甦。確實到了二〇〇一年，經濟再次陷入另一輪的通縮，需求再次下滑且物價也再次加速下跌。於二〇〇一年六月，央行再度改變貨幣政策，大幅增加信用創造量。[17]一如預期，儘管二〇〇一年和二〇〇二年初經濟嚴重衰退，這次轉向仍對二〇〇二年的經濟產生正面影響。然而，這樣的經濟復甦能持續多久？日本銀行迄今為止的政策，目標並非創造持續的經濟復甦。反而只是在一個長期衰退中，出現幾次暫時性的小型復甦。

日銀為何未完全反對通縮？

人們常說央行的工作是對抗景氣循環並創造穩定的經濟。這也是美國聯準會的支持者，在二十世紀初試圖說服國會議員設立央行之必要性的主張。然而，在分析日本銀行一九九〇年代的貨幣政策後，可以清楚看出日本央行並未實行對抗循環的貨幣政策。它反而在已經有太多購買力的時期（一九八〇年代後期），創造更多的購買力；而在購買力已經太少、且信用緊縮到擠壓整個經濟的時期（一九九〇年代），創造太少購買力，甚至減少購買力。日銀為何採取這樣的政策路線？是時候仔細檢視日銀到底在做什麼了。

第十一章
日圓之戰

大藏省的權力

直到一九九八年，日本大藏省在法律上幾乎掌控日本經濟生活的各個層面。它透過國稅廳和主稅局控制稅收，透過預算局掌管政府預算，透過理財局發行政府公債，透過國際金融局進行外匯干預和管理國際資金的流動，透過關稅局管理進出口，透過證券局監管證券交易，並透過銀行局監管銀行業。此外，大藏省旗下的印刷局不僅負責印製政府文件，還代為印製日本銀行發行的紙幣（央行需支付少許費用，但大藏省只負責印刷，無權決定印刷量）。

大藏省透過正式規則和非正式的指導來行使權力；部分以「通達」（行政命令）的形式公布，部分則是代代相傳的不成文「傳統」。大藏省的影響力似乎滲透到經濟和政治生活的各個層面，因為曾任大藏省的官僚紛紛轉任政府金融機構、公營公司、民營銀行、證券公司、大公司的主管，或是從政。國會中也有相當數量的議員是前大藏省的官僚。

法律明文：大藏省掌控大局

儘管貨幣政策是由日本銀行負責執行，但法律將監督權交給了大藏省。在法律上，日本銀行的最高決策機構是政策委員會，正如我們看到的，此委員會是在一九四九年由美國占領當局所設立，目的是要讓央行「民主化」並淡化其戰時體制的色彩。政策委員會除了日銀的總裁和副總裁外，也包含外部人士。政策經過討論後付諸表決。然而，眾所周知的事實是，委員會僅是在為日本銀行的理事會已做出的決定蓋章背書，而理事會是由日本銀行的職員組成，並由總裁負責領導。

人們一般認為，關於調降或調升官方貼現率的決策，央行都必須與大藏省密切協商後才能決定。這不只是因為大藏省擁有的「非正式」權力，在法律上也完全合理：規範日本央行職責和權限的《日本銀行法》有明定，日本銀行的大部分業務內容，都必須聽從大藏省的指示。第四十二條便直接指出：「日本銀行應受主管大臣之監督。」第四十三條：「若主管大臣認為，對於實現日本銀行的目標有特殊的必要因素時，得命令該行從事必要業務，或命令修改章程及採取其他必要行動。」以及第四十四條：「主管大臣得……發布命令或採取其認為執行監督所必要之行動。」類似的條文還不止於此。在規範日本銀行權利與義務的前四十七條條文中，「經主管大臣許可」或「依主管大臣規定」等用語出現了二十九次。雖然「主管大臣」是指大藏大臣，但實際上這代表的是由大藏省最高級別的官僚——大藏政務次官。因此，貨幣政策實際上是「依照」大藏省的想法所制定。考慮到這條法律是源自戰爭時期，這並不令人意外。

大藏省認為自己才是主導者

在戰後時期，大藏省經常直接介入有關官方貼現率的政策。[1]大藏省對外匯干預更具管轄權，因為這是受獨立的《外匯法》規範，這條法律賦予大藏省干預外匯的專屬權力。日本銀行只是負責執行大藏省指令的部門，只根據大藏省國際金融局的決定，去實施特定規模的外匯干預。這也是為什麼在一九九〇年代中期，外匯市場會如此密切關注個性張揚的國際金融局次長榊原英資的一舉一動。

根據這些法律上的事實，大多數觀察者而言都這麼認為：大藏省是真正當家的人。泡沫經濟是因為大藏省過度寬鬆的利率而造成的。從一九八四年到一九八九年，前大藏事務次官澄田智甚至出任日本銀行的總裁。擁有專業知識的日銀應該更清楚狀況，但由於其法律地位較低，只能被迫執行大藏省強加的錯誤政策。如今就連普通日本上班族也都明白，在一九八〇年代，銀行是投機者的主要幫兇，投機者揮霍超過年度國民收入四分之一的金錢。銀行受大藏省所監管，而大藏省是它們的金主。在一九九〇年代，日本的週刊雜誌經常報導大藏省的銀行監管人員如何在藝館接受招待、用餐享樂，並洩漏下次銀行稽核時間的消息。當大藏省對銀行界發生的問題（最一開始在住專*爆發）的反應是建議動用更多稅金時，其聲譽徹底毀損。起訴方似乎可以結案了：日本的經濟政策是場災難，而罪魁禍首就是大藏省。因此，大藏省必須受到懲罰，被剝奪權力並分崩離析。

英雄三重野

三重野康的形象與所謂的英雄很相似，他於一九八九年十二月至一九九四年期間擔任日本銀行的總裁。當他於一九八九年上任時，他發現前任央行總裁、前大藏省事務次官澄田的貨幣政策過於寬鬆。三重野很厭惡這政策的後果。他感嘆日本正在成為一個劃分為「有產者」與「無產者」的國家，因為地主犧牲了平凡員工的利益而致富。他決定要為泡沫畫下句點，在就任總裁兩週後便提高官方貼現率，送出那份一九八九年惡名昭彰的「耶誕禮物」。以股價為首的資產價格從一九九〇年開始暴跌。直到十多年後，股價在二〇〇二年持續創新低。地價下跌約八成，直到二〇〇二年初仍在持續下跌。在充滿浪費和扭曲的七年繁榮期後，緊接著是讓經濟清醒的七年蕭條期。

在一九九〇年，大藏省財務官內海孚與日本銀行總裁三重野公開交鋒。三重野批評泡沫經濟期間的過度發展有違社會正義，因而在道德上占了上風。他宣稱自己一生從未持有過股票，而這

* 譯注：專門發放住宅貸款的機構。

樣清廉的人物似乎正在為日本制定一套公平的政策。媒體將他描繪為「平成時代的鬼平」，一位為窮人爭取權益的現代羅賓漢。

在三重野於一九九四年十二月卸任總裁後不久，他展開另一項行動。他在全國各個協會與利益團體發表演說，遊說《日本銀行法》的修改。他的論述內容很巧妙地暗示大藏省迫使日銀採行錯誤的政策。為了避免未來再次發生這類問題，日銀需要在法律上獲得完整的獨立性。根據三重野的說法，讓央行獨立的舉動「映照人類從歷史中孕育出的智慧」。[2] 最終，他的主張獲得了橋本龍太郎首相領導的聯合政府支持。政府的行政改革專案小組跟許多觀察家一樣，將一九九〇年代日本遭遇的困境歸咎於大藏省，因此提議要撤銷該部會的諸多權力。這之中包括讓日本銀行獨立，並剝奪大藏省任免日本銀行官員的權力。在一九九七年，聯合政府向國會提交修訂《大藏省設置法》與《日本銀行法》的法案。新的《日本銀行法》於一九九八年四月生效，剝奪了大藏省制定貨幣政策的權力，使日銀在法律上完全獨立。

大藏省試圖創造經濟復甦

毫無疑問，大藏省想要創造經濟復甦。它作為政府預算的主管機關，深深厭惡財政赤字與政府債務的增加。這些指標的惡化被視為有損大藏省的形象。經濟衰退會減少公司、所得與銷售的稅收。同時也會增加失業給付與社會福利的支出。此外，人們還會要求政治人物推出政府的支出方案。[3]因此，支出會膨脹而收入會萎縮，並使預算陷入赤字。赤字需要透過發行債券來融資，大藏省也不喜歡這手段。最重要的是，大藏省不喜歡經濟衰退，因為它於法負責管理經濟。因此它也要為衰退承擔責任。長期的經濟衰退可能會使它失去長年累積下來的所有權力。

對大藏省而言，最糟糕的情況發生了：經濟未能復甦。結果，政府實施了深層的行政改革。在日本歷史上，一九九八年被視為是大藏省失去其主要權力（壟斷編列預算權力）的一年。這是戰後首次由政治人物來制定振興方案。大藏省失去了監督銀行的控制權，這項權力移交給了獨立的金融監理機構。由於「金融大改革」（Big Bang）的計畫，它失去了核發執照的權力。最後，它失去了對貨幣政策的控制權，此權力移交給獨立的日本銀行。雪上加霜的是，二〇〇一年一月大藏省甚至失去了其歷史悠久的名稱。如今，大藏省已不復存在。

雖然大藏省明顯有推動經濟復甦的正面誘因，但日本銀行的立場則較為模糊。因此，是時候重新檢視相關證據。

請重新檢視證據，華生醫生

讓我們回到一九九一年。認為利率是關鍵貨幣政策工具的大藏省，對日銀的高利率政策感到相當不滿，並持續施壓要求調降官方的貼現率。一九九一年是日銀在一九九〇年代首次降低官方貼現率。然而，當經濟並未改善反而進一步衰退時，大藏省運用其法定上的地位多次向日本銀行施壓，並要求進一步調降貼現率。當經濟在一九九二年和一九九三年持續惡化，金融市場承受的壓力反映在股市的急遽崩盤之時，大藏省頻繁推出的財政刺激方案似乎透露出他們的驚慌跡象。儘管大藏省多麼渴望經濟復甦，卻始終難以實現。

在戰後的歷史裡，日本銀行一直仰賴信用額度來監控和調節經濟。在一九五〇年代和一九六〇年代，日銀維持特別低的利率以實施信用配給，並將資本分配給特定產業；透過這番經驗，日銀深知在信用配給的情況下，調降利率並不會導致信用額度增加。一九九〇年代，呆帳問題使銀行陷入癱瘓，造成嚴重的信用配給問題。因此，對日本銀行而言，政策的解方應該顯而易見。由於信用只能由銀行和央行來創造，因此必須透過擴大日本銀行的信用創造量，來因應銀行信用量的成長受到數量管制而下滑的情況。然而，日本銀行的信用創造量並未顯著增加。日本銀行反而一直到一九九五年的三月，仍在從經濟體中收回資金。央行未能依照《日本銀行法》的規定支持政府的政策。

遭受抵銷的財政刺激方案

政府的財政政策也面臨同樣的命運。政府在一九九二至一九九四年間，除了正規的政府支出之外，還推出了四個總額達四十五兆日圓的大規模財政刺激方案。此後又陸續追加超過一百兆日圓的支出方案。[4]這些龐大的刺激方案反映出大藏省與政治人物，是多麼迫切想要取得經濟復甦。

然而，他們再次未能達成目標。其問題在於財政支出是透過發行債券融資，而資金大多取自民間部門。若缺乏央行（或銀行）同時擴張信用量，財政支出必然會壓縮到民間需求。但日本銀行仍維持信用緊縮。因此，一九九〇年代的財政刺激方案只是一場空，徒增了政府的債務。

為何大藏省會放任日本銀行對其政策置之不理？答案似乎是大藏省官員認為自己掌控著貨幣政策，因為他們可以操縱利率、財政政策和匯率政策。在戰後初期曾短暫與日本銀行競爭，希望擴大信用創造量的老一輩大藏省管制官僚早已離去。經濟安定本部的官僚也已各奔東西，組織內的知識也已流失。新古典經濟學已成為日本大學課堂的主流取徑。不再有人傳授有關信用創造的知識。這項知識仍存在日本銀行的內部，但央行並未與大藏省或大眾分享。日本銀行的員工反而投入大量資源發行出版品或舉辦公關活動，告訴大眾其政策是透過操縱利率來決定，而信用等指標並不重要。[5]結果，到了一九八〇年代初，大藏省不再關注信用額度這項貨幣政策工具。

日圓之戰

在一九九四年底，當利率和財政政策都無法有效地刺激經濟時，大藏省試著打出最後一張王牌：匯率政策。他們希望若能削弱日圓，就至少能靠外部需求支撐經濟。他們採行的政策工具是所謂的外匯干預，也就是由官方購買或出售外匯。根據法律規定，日本銀行只是外匯干預的執行單位，而決策權在大藏省身上。

因此，大藏省命令日本銀行賣出大量日圓，購入美元資產（主要是美國國債）。在一九九四年下半年，這個金額達到七十億美元。到了一九九五年二月和三月，則上看一百九十億美元，是外匯干預金額的單季最高紀錄之一。在一九九五年三月底，日本累積買入的美元使官方外匯存底增加到一千三百一十億美元，為全球之冠。[6]理論上，對美元資產的需求會強化美元，進而削弱日圓。但大藏省的預期再次落空。儘管有著史無前例的干預程度，但日圓並沒有走弱。反而持續走強。從一九九五年一月到四月之間，日圓升值二十%，在四月十九日創下一美元兌七十九・七五日圓的歷史新高。如此前所未見的強勢日圓，給已經遭受重創的日本經濟又帶來再一次重擊。

建立在利率基礎上的匯率理論

究竟是什麼決定了美元兌日圓的匯率？討論國際資金流動和匯率的主流理論模型，都認為利率是主要的決定變因。如果美國的利率比日本高（或正在攀升），資金就會從日本流向美國，這將導致日圓變弱並強化美元。分析師和財經媒體幾乎每天都在引用這套理論。[7]

儘管這套理論流傳甚廣，儼然成為媒體經常提及的常識，但它卻無法透過實證的檢驗。「圖十一・一」呈現的是美元兌日圓的匯率與美日十年期政府公債殖利率之間的差距。

人們很容易從中得出「事情正按照預期發展的結論」；如圖所示，兩者之間似乎存在微弱

圖十一・一：日圓／美元匯率與美日利差

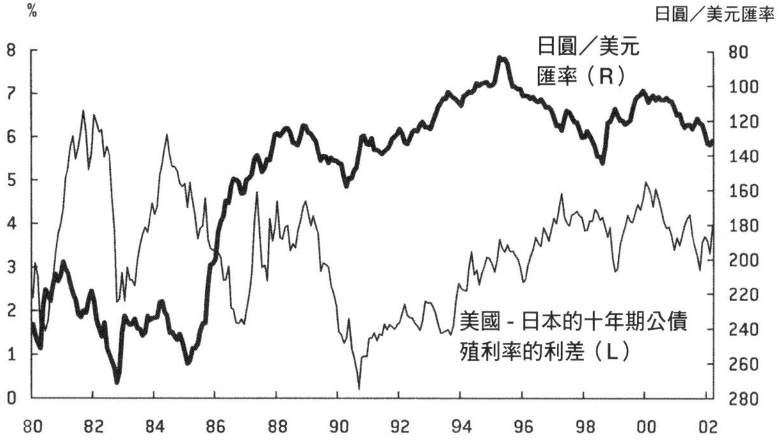

資料來源：聯邦準備理事會

的關聯。不幸的是，現實往往與理論不符。每當美日的利差擴大（即美國利率相對日本利率更高）時，美元不但沒有走強，反而經常走弱。例如，在一九九〇年代的前半時期，隨著美國的利率上升而日本的利率下降，美日利差因而擴大。但這並未伴隨美元走強，反而是日圓走強——在一九九五年四月達到高峰。在過去二十年裡，匯率與利率的相關性無法支持「利率決定匯率」的理論。這項結果同樣適用於短期利率。[8]

若仔細研究關於匯率的實證文獻，會發現到數十篇研究論文幾乎一致的結論是：匯率無法被解釋，更遑論預測。據說「隨機漫步」（random walk）至今仍勝過任一種貨幣預測的理論。換句話說，若要預測匯率，沒有任何特定模型或解釋變數的組合，會比觀察最近幾次匯率實際變化的作法來得精準。某位資深研究人員總結：「經濟學家尚未理解在短期到中期內，匯率變動的決定性因素是什麼。」[9] 匯率的未來走向只能用猜的。

整體大於部分之總和

主流的利率理論陷入了合成謬誤：當只觀察單一投資人時，利率是影響該投資人行為的既定變數。經濟學家僅是把所有的投資人加總起來。這種聚集的作法即是謬誤之所在。對單一投資人而言有用的原理，不見得適用於所有投資人。舉例來說，若所有的投資人都轉而偏好某項特定資產，利率就會受到影響。對美國和日本的所有投資人而言，利率的差距並非既定的外部變數。反而是所有人的投資行為的結果。[10] 簡而言之，債券市場（也就是利率）的所有資訊，在任何時間點都反應在外匯市場當中。兩者都受到第三個因素所驅動，且彼此無法互相解釋。因此，以利差為主體的模型，其預測能力有限。

我們在第四章已發現到，由於不切實際的假設（完美資訊）和合成謬誤，現代經濟學理論錯誤地將重點放在貨幣的價格（利率）上。實際上，最重要的決定因素是購買力的新增數量。在資訊不完美的情況下，市場不可能處於均衡狀態。反而可能受到數量配給的影響。因此，結果是由數量決定，而非價格。我們應該預期匯率也是如此。匯率應該由信用創造量的差異決定，而非利率的差距。簡單來說，如果日本銀行印製日圓的速度快於聯準會印製美元的速度，那麼日圓應該會貶值，美元則會升值。[11] 當外匯交易員密切關注當時被稱為「日圓先生」的大藏省官員榊原英資所說的每一句話時，其實日圓兌美元的匯率主要是由日本銀行和聯準會所控制。

日本銀行與聯準會控制了日圓兌美元的匯率

在「圖十一．二」中，我們計算了聯準會和日本銀行信用創造量的差異，並與匯率的變動進行對比。如圖中所示，匯率的變動並非隨機漫步，而是與央行的信用創造量息息相關。他們信用創造的相對值似乎能夠合理解釋過去二十年間匯率的變動。從一九九〇年開始，日圓升值而美元貶值。當時，美國聯準會快速創造更多美元以刺激美國的經濟，而日本銀行則採取相反作法以戳破泡沫。由於日圓供給量減少而美元供給量增加，美元變走弱而日圓走強。一九九五年的初期也發生類似的情況。這套理論同樣適用於一九九八年日圓的異常走弱，以及隨後一九九九年的走強時期。每一次，央行信用創造的相對比率，都能在很大程度上解釋並預測匯率。

現在讓我們回顧一九九五年三月和四月那段神祕的時期，當時日圓升至歷史新高。這主要是由聯準會的政策所造成，還是日本銀行實行政策的結果？我們知道，在大藏省的命令之下，日本銀行進行外匯干預的金額已達上看百億美元。那麼日本銀行肯定創造出大量的日圓？

為了找出真相，我們將指數分解為兩個組成成分：聯準會的信用創造量和日銀的信用創造量（圖十一．三）。我們發現到，在一九九三年至一九九六年期間，聯準會相對穩定地減少美元的創造量。單就這點來看會使日圓走弱。因此一九九五年日圓的走強並非源自於聯準會的作為。觀

圖十一．二：聯準會與日本銀行的相對信用創造量（聯準會 - 日銀 LLI）及日圓／美元匯率

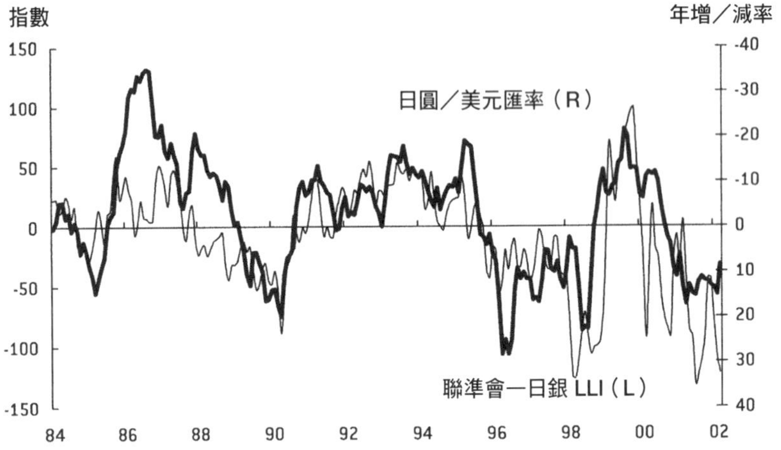

資料來源：聯邦準備理事會；日本銀行

圖十一．三：日本銀行和聯準會的信用創造量：透過盈利研究中心領先流動性指數衡量

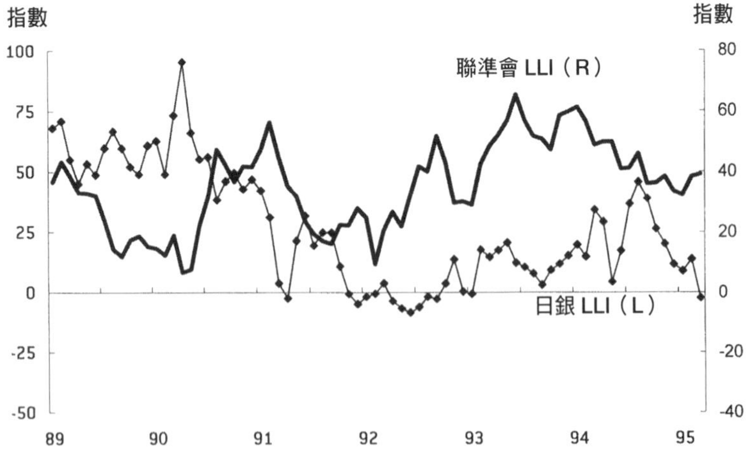

資料來源：聯邦準備理事會；日本銀行；盈利研究中心有限公司

察日銀的信用創造量便找到了關鍵線索：從一九九四年八月開始，日本央行信用創造的淨值急遽下降。緊縮的情況愈來愈嚴重，最終導致一九九五年三月的事件。儘管面臨到嚴重的衰退且大藏省極力試著讓日圓走弱，但實際上日本銀行在這個月減少了信用創造量。它從經濟體中收回資金。如我們的匯率模型所示，這種突然減少日圓創造量的做法，導致日圓相對於美元必須大幅升值。

如果日本銀行想要支持政府政策並使日圓走弱，它只需增加信用創造量即可。然而它卻採取相反的做法。由於日本銀行的信用創造淨值是它可隨意改變的政策變數，我們就能確認日本銀行是造成在一九九五年四月十九日，日圓突然升至七十九．七五日圓兌一美元歷史高點的始作俑者。

受外匯干預誤導的大藏省

日本銀行為何能夠推行這樣的政策？原因似乎還是大藏省對事實的認知不足。大藏省國際金融局的官員可能認為因為他們有權決定官方是否干預外匯，所以匯率的政策完全在他們的掌控之下。他們的公開發言（包括榊原英資在內），似乎都在暗示這一點。但實際上影響匯率的是央行的信用創造淨值。而這取決於各央行所有交易行為的總和。外匯干預只是其中的一部分。

當大藏省要求日銀購買美元時，日銀就照做。大藏省或許以為日銀會印製日圓來購買美元或美國國債，從而使日圓走弱。但情況不一定如此。簡單來說，日銀向國內經濟體制的投資者出售政府債券或其他票據，並用這些所得來干預外匯。它沒有印鈔，而是從經濟體中抽取資金。經濟學家稱之為「沖銷」。由於日銀的信用創造量在這種政策下並未增加，日圓便不會走弱。[12]

在一九九五年二月和三月，當大藏省命令日銀購買價值兩百億美元的美國票據時，日銀「過度沖銷」：從經濟體中抽走的資金超過大藏省所要求的外匯干預金額。在一九九五年三月，央行信用創造的淨值萎縮，日圓飆升至歷史新高。

在一九九九年，大藏省與日銀再度就日圓的匯率展開角力。日圓在一九九八年大幅貶值之後，人們普遍預期隔年將維持疲軟。然而，日本銀行以創紀錄的速度從經濟體中收回信用。這樣的信用收縮速度使得日圓在一九九九年底升至接近一百日圓兌一美元的高度，儘管大藏省下令央行展開新一輪創紀錄的外匯干預操作。日本銀行再次進行過度沖銷干預的操作。

日銀所造成的苦難

也許日本銀行認為經濟已足夠強勁。在一九九五年第一季，失業率達到戰後的新高，人民叫苦連天。在一九九六年初期，日本實際的失業人口可能超過五百萬人。[13]相當於丹麥的全國人口。與衰退相關的自殺人數也攀升至戰後的新高。同時，銀行體制仍深陷困境。由於即使是對規模較小的「住專」的紓困手段都面臨強烈的民意反彈，政府的資金遲遲無法到位。財政刺激的措施也因為未得到貨幣創造手段的支持而付諸東流。為了要償還刺激措施帶來的破天荒高額債務，未來世代將背負不斷攀升的稅負。同時，低利率的政策（本可透過增加信用創造量來避免）將財富從儲蓄者身上轉移至銀行。移轉的購買力總額可能超過一百兆日圓——比英國一年的GDP還多。

日銀是否害怕通膨？

為何日本銀行多年來未能實施最明顯有效、最簡單且最適當的政策，也就是印鈔？第一種解釋可能是：日本銀行沒有意識到這是正確的政策。三重野總裁在一九九〇年宣布的政策目標是對抗資產價格的通膨。儘管經濟已陷入通縮的困境，日銀可能仍在與過去的敵人奮戰。但這不是個合理的解釋。到了一九九二年，資產價格急遽下跌的情況已經顯而易見。此外，消費者物價或批發物價的通膨從未構成威脅。只有當新創造的信用數量把經濟體推到超過其最大產能，且失業率處於極低水準時，通膨的壓力才會出現。但實情卻是產能利用率持續下滑、庫存不斷增加，許多工廠在衰退期間大多處在閒置狀態。在失業率創下戰後新高的情況下，用恐懼通膨來解釋日銀緊縮貨幣的政策並不合邏輯。

日銀是否只是能力不足？

日銀的政策是否只是源自於能力的不足？若只以日本銀行的某些出版物為依據，確實可能會得出這樣的結論。它的許多研究採用的是高度理論化和抽象的新古典經濟學框架，同時立基在過度簡化且違背現實的假設。此外，日銀官員多次發表研究成果，宣稱日本銀行無法控制貨幣的供給。然而，如同我們在前幾章所見，雖然央行對銀行間市場所注入的資金可能無法控制貨幣供給，但並不代表其他交易方式也不行。雖然這些模型可能反映出受到新古典主義經濟學訓練的行內經濟學家的觀點，但他們很可能完全無法影響決策、或是缺乏讓他們熟悉信用創造理論的工作經驗，譬如在營業局的經驗。從日銀的歷史看得出，決策者從過去五十年的機構經驗裡，非常清楚知道信用創造的數量，如何決定經濟狀況和匯率。就我個人而言，我遇到過非研究部門的職員告訴我，他們的經濟學家並不理解真正的政策執行作法，也就是基於信用創造的政策。[14]

日銀職員只需要回顧他們如何在一九七五年成功使通貨再膨脹：當時日本首次面臨的景氣循環衰退，就是透過日本銀行積極創造信用而告終。當時負責增加信用量的營業局主管，是一位名叫三重野康的年輕央行人員。央行人員也可以回想一下，在一九四五年之後，當他們面臨更為戲劇性的銀行問題和通貨在膨脹的期間所採取的行動。

日銀不能以無知為藉口

日本銀行自一九九一年以來，勢必很清楚什麼是解決日本迫在眉睫危機的作法，會這麼說是有原因的。在一九九〇年，美國面臨與日本類似的困境，當時因過度創造信用所導致的經濟榮景開始轉向蕭條。龐大的呆帳使銀行體制陷入癱瘓。隨之而來的信用緊縮，使得非金融部門的經濟活動戛然而止。在一九九一年，實質GDP的萎縮幅度約為一％。這場衰退持續的時間長短，掌握在一個機構手中——聯準會。它需要印鈔票。從一九九〇年開始，聯準會就是這麼做的。增加信用的創造量，使得美國比預期更快走出經濟衰退。

接著，聯準會展開通貨再膨脹計畫的第二階段——暗中紓困銀行。它協助銀行在債券市場創造出可觀利潤，透過這項手段將資金轉移給銀行。有部分是因為這些利潤，使銀行有能力轉銷呆帳並重新開始創造信用。如此一來，聯準會迅速實現經濟的再通膨。儘管一直到一九九四年初，多數的觀察家仍持悲觀態度，但美國經濟實際上在一九九二年就已全面復甦。選擇立即採取行動的聯準會，在一年內就結束了美國的銀行危機與經濟衰退。在聯準會推動再通膨之際，日本央行卻按兵不動。然而在當時，日銀曾詳細研究過聯準會的作為。[15]到後來，日本銀行高層的證詞也顯示出他們早已知道問題之所在。[16]因此，主張「日本銀行不知道印鈔票與創造債券市場的榮景會是終結衰退的正確政策」的這種說法並不合理。

由於央行的行動多年來始終如一（從一九九〇年到一九九七年，一九九九年又一次明顯採取緊縮態度），也不能說日銀政策只是一時的失誤。沒有證據能夠支持「央行是因為不理性才這麼做」的假設。

那麼，為何日本銀行不在一九九三年或一九九四年促使經濟再通膨？為何它要破壞民選政府及大藏省的通膨政策？央行要創造多少信用，完全是由日本銀行來決定。日銀的實際作為無法支持其意在創造復甦的假設。經濟學家（包含日本銀行經濟學家）透過他們模型中所使用的顯示性偏好原則，可以看得出日銀明顯偏好信用創造量的緊縮——以及隨之而來的長期經濟衰退。然而，很難相信央行會刻意想要延長衰退。要檢視這個議題，有必要回顧一九八〇年代發生的事件。這些事件是衰退的根本原因，或許它們能提供更多線索。

第十二章
誰手握著扳機？

是誰製造了泡沫？

我們知道是日本銀行在一九八九年戳破了泡沫。奇怪的是，我們也發現到，正是日本銀行的作為延長了經濟的衰退。它到底在做什麼？在尋覓日本陷入經濟動盪的原因時，我們現在必須分析一九九〇年代銀行危機和經濟衰退的根本原因，而這要追溯到發生在一九八〇年代的事件。我們必須弄清楚究竟是誰該為泡沫的形成負責。

在第九章中我們理解到，泡沫是因為銀行過度創造信用所導致。因此問題在於銀行為何創造如此大量的信用？是什麼決定了它們的行為？在第五、六、七章中我們得知，從一九四〇年前後直到至少一九七〇年代末期，這個問題的答案就是日本銀行的窗口指導。我們知道這是許多研究者都確立成真的事實。[1] 但在關鍵的一九八〇年代又是如何？

日銀聲稱：窗口指導在一九八〇年代並不存在

雖然已有一些研究在探討日本銀行於一九八〇年代所採用的貨幣政策工具，但它們完全忽略掉窗口指導這項作法。[2]不過，有份研究論文直接聚焦討論一九八〇年代的窗口指導。（星岳雄等人，1991）作者群得出結論：「從一九八二年到一九八九年，窗口指導在貨幣政策執行的面向，扮演著微不足道的角色。」（頁九）因此看來我們必須尋找其他會影響銀行放款的因素。

然而，若仔細檢視這份論文就會發現，星岳雄和他同事的結論並非建立在實證研究的結果之上。那只不過是某種主張。[3]毫無疑問的是，他們主張的資料來源就是日本銀行本身：在一九八一年十二月，央行宣布從一九八二年一月起廢除窗口指導的管制。日本銀行表示，不再對銀行下達貸款成長的配額，而是要「尊重」它們的放款計畫。在一九八四年，日銀宣布完全廢除任何形式的窗口指導。[4]日本銀行後續的官方聲明重申了這則消息：一九八六年，《日本經濟新聞》引述一名日本銀行官員的話說，央行「目前並未進行窗口指導」。[5]在一九八八年，日本銀行聲稱自一九八二年以來就不存在「狹義的」窗口指導。它主張因為利率解除管制、金融去中介化和自由化，都使這些政策工具失去效果。[6]

日本銀行甚至開始證明，信用總量與經濟活動之間不再存在顯著的相關性，因此無法作為貨幣政策的工具。其言下之意是，既然信用似乎不再能推動經濟，窗口指導就不可能是必要的，甚至是不可能實行的作法。[7]

在一九九一年三月，日銀覺得有必要再次針對在一九九〇年代窗口指導所扮演的角色，發布一份官方的評估報告。這份題為〈日本的貨幣政策決策與執行過程〉（The Process of Decision Making and Implementation of Monetary Policy in Japan）的報告是為海外讀者而寫，因此只有英文版。報告聲稱：「為順應放寬金融管制的趨勢，自從日本銀行在一九八二年停止針對放款計畫向個別銀行下達指示以來，窗口指導就不再以原先的那種信用管制的形式實施。」[8]在這份報告發布後不久，日銀在一九九一年七月，針對窗口指導發表了最後一則、但有些自相矛盾的說法：宣布立即廢除窗口指導。

日本銀行會誤導我們嗎？

日本銀行宣稱，窗口指導在一九八〇年代不是重要的政策工具，但這種說法從未得到實證經驗的支持。[9]此外，有幾個理由讓我們對日本銀行的說法保持懷疑。首先，窗口指導的本質就是一種非正式的政策工具，不僅不存在法律上的認可，且籠罩在祕密當中，這也代表它不太可能在官方聲明中完整揭露出來。其次，當日本加入OECD時，就有義務減少直接的經濟管制，採行市場導向的經濟體制。直接的信用管制一直飽受美國的批評。因此日本銀行有政治上的動機去淡化這類管制，並強調市場機制。第三點是，在一九八〇年代以前，窗口指導就存在相關紀錄：雖然曾被正式宣布「廢除」，但實際上要不是在非正式地持續運行，就是在廢除不久後就重新實施。[10]第四點是，於一九九一年再度廢除的事實本身就暗示它在這之前確實以某種意味深遠的形式存在。第五點是，信用量的成長已被證明是一九八〇年代經濟失序的肇因，最終也導致了一九九〇年代的經濟衰退。[11]我們必須假設所有可以決定銀行信用總額的人，都可能有動機想要淡化其參與及控制的程度。

傳喚證人

如同在法庭辦案那般，當有疑問時，就應該傳喚證人。[12]經由交叉詰問應該能確定這些說法是否一致，或是存在矛盾。尋找證人的起點可以是徹底檢視日文財經媒體的報導。若搜尋日本最受重視的財經報紙《日經》及其姊妹報《日經金融新聞》，會發現有確鑿的證據指出，日本銀行在一九八〇年代繼續實施窗口指導的信用管制，跟一九八〇年代之前的狀況完全沒有改變。以下是一部分相關報導的摘要：[13]

> 一九八一年十二月：《日經》報導，日本銀行推出了「新型態的窗口指導」，等同於廢除嚴格的貸款成長上限。根據新的作業流程，日銀將從此「尊重」銀行的放款計畫。這是「自一九四五年以來最寬鬆的管制」。然而，日銀官員也證實窗口指導「並未廢除」。一名官員表示「透過在日常與民間金融機構的日常接觸，並藉此來控制放款的意圖仍然存在」。[14]

一九八二年九月：《日經》發現到，儘管日銀官方聲稱所有銀行的放款計畫都會受到「尊重」，但主要城市銀行的高層抱怨「個別銀行的放款計畫並未受到足夠尊重」，銀行無法自由競爭。如果放款計畫真的完全被日銀接受，那麼銀行之間的競爭就會增加，銀行的排名也會改變。然而，銀行的資產排名依然維持不變。[15]

一九八六年十二月：窗口指導的配額緊縮。日本銀行意識到地價飆升、貨幣供給快速成長、資金過剩，以及銀行大幅擴張對不動產產業的放款。[16]

一九八八年三月：一九八八年第二季的窗口指導貸款配額遭到緊縮。央行意識到銀行放款成長最快的部分是不動產和「財技」的投資。[17]

一九九〇年九月：「當實際的年度放款成長未達到管制配額時，日本銀行過去都會在下一期的配額中扣除未用完的額度。這導致每家銀行都會極力設法用完貸款的配額，即使這樣做並不合理。從現在開始，日本銀行正在研究廢除這套程序。」[18]

一九九一年六月：《日經金融新聞》引述一家「高階城市銀行」的銀行主管說，窗口指導增加貸款的規定所帶來的副作用是，銀行「即使沒有貸款的需求，也需要增加放款量。而且即使有貸款需求，他們也必須確認（放款量）與其他銀行保持一致」。[19] 一名銀行主管表示：「到目前為止的作法是，先由日本銀行的信用配置框架決定總體信用額度，然後我們再決定如何分配那個配額。」[20]

從新聞媒體報導來看：日銀在傳達錯誤資訊

這些來自權威媒體的證詞清楚顯示出，窗口指導確實存在，日本銀行仍持續對銀行施加貸款成長的配額，儘管這樣做與它的公開聲明內容大相逕庭。此外，我們發現到日本銀行持續對信用進行質性的配置，並監控信用的使用狀況。央行似乎已察覺到投機性金融交易的信用創造量增加，尤其是房地產相關的借貸。

若《日經》和《日經金融新聞》的報導屬實，那麼日本銀行便在一九八〇年代誤導人們對窗口指導所扮演角色的認知。值得注意的是，部分媒體評論暗示，日銀可能曾透過運用窗口指導來「抑制」貸款的成長以減緩泡沫化的速度。若沒有日本銀行的信用管制，泡沫是否會更加嚴重？我們是否該感謝央行的作為？

來自日銀與銀行主管的直接證詞

在法庭上，陪審團和法官偏好第一現場目擊者所提供的證據。窗口指導是個複雜的程序，會涉及許多日本銀行的官員，以及更多負責與日本銀行聯絡的銀行主管（即所謂的「日銀擔當」）。因此有機會訪談到非常多的相關人士，去理解「一九八〇年代窗口指導的實施與角色」這個關鍵問題。然而，由於泡沫已造成長期衰退，且銀行已接受政府資金援助，顯然這已成為一個敏感的政治議題。銀行及其監管機構都因其作為而受到嚴厲批評。某些醜聞揭露了在大藏省官員與銀行家之間存在的非正式聯繫（即所謂的「大藏擔當」）。許多銀行職員，甚至部分政府官員都已被逮捕入獄。雖然日銀擔當的角色尚未被公開討論，但銀行家顯然不願意公開談論他們的角色。同樣地，許多日本銀行的官員可能也難以據實以報，因為這可能會迫使他們牽連到其僱主或同事。

因此，我很幸運能在一九九二年展開一系列的訪談，目的是弄清一九八〇年代窗口指導的運作方式。我訪問到十二位曾負責窗口指導的日本銀行官員，部分訪談有錄音，部分是手寫筆記。[21]我也訪問了三間不同銀行（且屬於不同銀行類型）共六名日銀擔當並留下紀錄，這些人的工作是與日本銀行討論銀行放款事宜。在一九九二年，我訪談的日銀和銀行員工似乎都未意識到窗口指導的角色會變得如此敏感。因此他們對我提問的回答似乎都相當坦誠且開放。

判決揭曉：窗口指導確實持續存在

我得到的結果很一致。所有受訪者對於窗口指導各個層面的說詞都大同小異。[22]央行和銀行的官員向我們證實，窗口指導在一九八〇年代持續進行，且至少持續到一九九一年六月。其形式與一九八〇年之前的窗口指導完全相同：日本銀行決定全國銀行的整體貸款成長率，接著年輕的日本銀行職員會用 Excel 試算表計算如何在所有類型的銀行（城市銀行、信託銀行、地方銀行等）和個別的銀行（富士銀行、三和銀行等）之間進行分配。貸款成長的配額隨後會在季度會議中向全國各地的銀行公布。每季的配額會被拆解月增量，這數值也受到監控。[23]「當接近每季的結尾時，就很容易看得出來銀行到目前為止增加了多少貸款。因此在那個時候，例如在三月底前，銀行人員會來與日本銀行的對口談話，表示他們可能會超過貸款額度的上限，希望能調高上限。或者日銀的人員會要求調低上限。因此在每一季結束時，會有很頻繁的交流。他們會來報告。我們實際上會打電話給他們。我們會每個月詢問他們增加了多少貸款。如果他們看起來已超過限額，我們就會告訴他們『稍微放慢一點』」（日銀官員5、6）。

日銀主導的貸款卡特爾

由於銀行不會去考量成本或獲利與否，反而跟其他戰時經濟的產業一樣，以擴大市占率為目標，若少了卡特爾的制約，他們會陷入破壞性的「過度競爭」。窗口指導持續充當日銀所主導的卡特爾，替各家銀行劃分整個信用市場，並巧妙維持他們的地位順序。「日本銀行利用『從眾意識』（橫並び意識），使銀行永遠願意聽命行事」（銀行幹部4）。這不僅強化了日本銀行控制信用總量的能力，也使銀行會受到信用管制的手段吸引，因為只有卡特爾能緩解過度競爭的問題：「若沒有窗口指導，我們會競爭直到切腹致死。這樣不好。」（銀行幹部5）[24]因此銀行總是會完全用盡其窗口指導的配額。這代表日本銀行能精準決定該國的信用創造量，進而影響經濟活動。

卡特爾的劃分方式如下：「貸款增加的配額總是與過去的實際貸款量成比例。大銀行可以增加很多貸款，小銀行則較少。我們這樣做是為了不改變銀行的排名。因此無論銀行為了競爭再怎麼努力，銀行的排名都完全不會改變……自由競爭並不存在。」（日銀官員5、6）配額是根據銀行的排名決定的：「為此日本銀行使用以下公式：首先決定規模相近的四大城市銀行（住友、富士、三菱、三和）的配額。如果他們得到一百，那麼其他銀行會得到多少就確定了：第一勸業銀行會得到一百二十，三井和東海銀行會得到八十。這樣就能維持原本的順序。」（銀行幹部4）然後長期貸款銀行和其他類型的銀行則按比例決定：「日本興業銀行可能得到一百，長期信用銀行得到五十，日本債券信用銀行得到三十。」（銀行幹部4）然而，日本銀行握有極大影響力的裁量權，可以隨意改變配額，偏袒特定銀行。因此在實務上，每家銀行和每個種類的銀行，其貸款配額的實際增幅通常都不同。有時，即使其他銀行的貸款配額增加，某些銀行的配額也不會增加。

窗口指導的非正式控制手段也被用來懲罰銀行的其他「不當行為」，例如當一家名古屋的銀行解僱了一名日本銀行「天降官員」（天下り）*時。懲罰也可能是透過減少貸款配額的形式（日銀官員1）。「實際上這經常發生」（日銀官員5），這類處罰的決定權在負責特定私人銀行的日本銀行官員手上，因此他們掌握相當大能任意行使的權力（日銀官員6）。[25]

日銀也實施信用配置制

除了季度會議之外，銀行人員也必須參加每月的聽證會，向日本銀行說明其存款、放款、股票和債券投資上的業務計畫變動。[26]「窗口指導非常關注細節」（日銀官員5）。日本銀行不僅掌握資金流向哪些產業，也要知道主要公司的名單。如一位銀行幹部所說，日本銀行關注「資金流向何處，用於何種目的」（銀行幹部3）。

「日本銀行會詢問各產業部門的貸款金額、短期或長期貸款的比例、借款人的公司規模、不動產業的貸款需求等。有時還會詢問大型客戶的名稱，例如松下電器」（銀行幹部4）。貸款資訊會依照經濟體的產業部門細分，並進一步列出大額借款戶（超過一億日圓）的名稱與金額。這

* 譯注：指空降到民間部門享有優渥職位的前央行官僚。

些都需經過日本銀行官員的詳細審查。「在每月會議中，重要的問題包括不良資產的數量、對暴力組織（即黑道經營的公司）的貸款等」（日銀官員5）。

具有約束力的窗口指導

信用管制在一九八〇年代極為有效。根據受訪的日本銀行官員表示，銀行幾乎從未超過設定好的貸款配額，因為超過的話會立即受到懲罰。「如果他們超過上限，下次就會獲得較少的配額。但我從未聽說過這種情況。這幾乎從未發生過。人們一直都嚴格遵守窗口指導」（日銀官員5）。[27]更令人驚訝且意義重大的發現是，在一九八〇年代，銀行幾乎從未留下任何配額（銀行幹部2）。「銀行總是會把貸款的額度用到滿。銀行必須完全消化配額。如果沒能消化配額，我們再分配到的額度，就會比競爭對手相對要少。所以我們必須全部用完；這就像必須吃光便當一樣」（銀行幹部2）。

對於超過和未達成窗口指導配額的銀行，日本銀行的處罰方式相同：如果銀行連兩季沒把貸款成長的配額用完，就會減少銀行未來的貸款配額。「我曾因此減少過他們的『枠』（配額）。如果只發生一次可能不會減少，但如果連續兩季都沒用完，那麼我們就會減少他們的配額」（日銀官員5）。想要在未來獲得更多配額的銀行必須避免受罰，並要透過總是用完百分之百的窗口指導配額來展現其「實力」。「如果銀行未能達成目標且未用完配額，下一次貸款成長的上限就會被減少。這在泡沫（時期）是個問題……因為（貸款成長配額）的上限非常高。因此銀行想要達成目標；他們會竭盡所能達成任務。銀行總是努力達到上限」（日銀官員5）。窗口指導的政策極為有效。我們從一間民間研究機構取得資料，他們意識到窗口指導配額的重要性，並蒐集了所有的相關資料（甚至依照銀行種類進行細分）。[28]「圖十二·一」呈現四種銀行種類（城市銀行、信託銀行、地方銀行及長期信用銀行）的窗口指導貸款配額的總額。從圖中可見，窗口指導的配額與這數百家金融機構的實際貸款總額幾乎完全吻合。實際貸款數字與窗口指導設定的數字變化亦步亦趨。看到這張令人驚訝的圖表時，我們容易忽略這兩組資料之間存在著三個月的時間差：窗口指導的配額是在每季開始前（例如三月底）向各銀行公

圖十二·一：日本銀行的窗口指導內容，和三個月後的實際銀行放款量

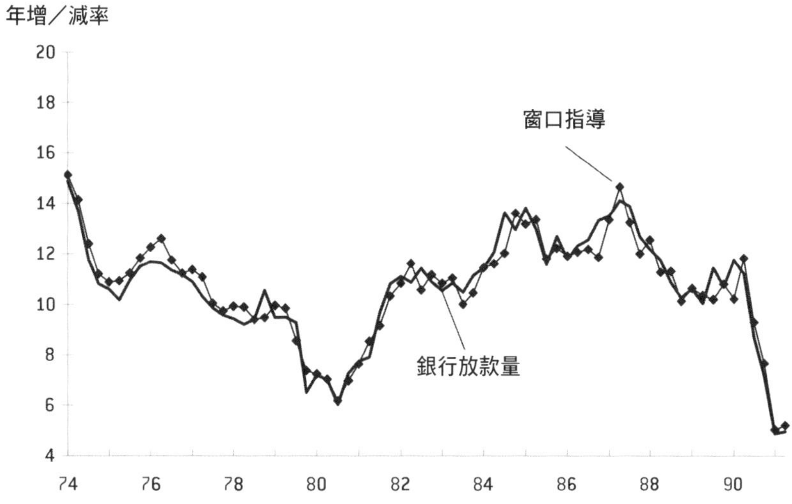

資料來源：日本銀行；野村綜合研究所

布。而實際的貸款資料要等到該季結束後才能取得（六月底之後；事實上，日本銀行至少會延遲兩個月才發布資料，因此在這個例子中，要等到八月底之後才會得知）。兩組資料在圖表中雖然都按其所屬季度呈現，但實際上窗口指導的資料早在一季前就已經確定。

「表十二．一」並列了貸款的配額與實際成果。不用多說，這些資料並不支持「窗口指導在一九八二年或一九八〇年代的其他時間就已廢除」的說法。窗口指導配額與三個月後的實際銀行貸款金額之間的誤差幅度依然極小。一九八〇年代銀行貸款市場仍存在卡特爾，因為無論是各類銀行的市

表十二．一：一九七四－一九九一年窗口指導的貸款成長率配額（WG）與實際貸款成長率（年增／減率）

	城市銀行		區域銀行		信託銀行		長期債券銀行		總計	
	WG	實際	WG	實際	WG	實際	WG	實際	WG	實際
1974	11.81	11.86	14.88	14.74	21.54	10.50	12.86	13.01	13.21	12.78
1975	10.41	10.38	12.01	12.00	15.88	5.32	11.39	11.51	11.21	10.80
1976	11.03	11.00	12.52	12.42	19.65	8.53	12.31	11.96	11.95	11.45
1977	9.34	9.13	11.74	11.69	20.14	12.69	10.24	10.16	10.56	10.16
1978	8.86	9.00	10.59	10.89	19.15	13.82	8.14	8.07	9.67	9.64
1979	7.84	7.72	10.69	10.85	15.69	9.29	7.23	7.25	8.93	8.68
1980	6.33	6.62	7.82	8.00	6.90	1.13	6.56	6.81	6.85	6.86
1981	8.31	8.80	9.15	9.18	16.55	11.45	8.59	8.85	8.91	9.02
1982	10.42	10.75	10.59	10.36	25.49	22.82	10.54	10.71	11.04	11.07
1983	10.02	10.37	9.44	9.49	27.36	26.66	10.37	10.22	10.58	10.74
1984	11.50	11.64	11.45	12.12	29.08	29.42	10.50	10.87	12.17	12.52
1985	13.15	13.37	9.84	9.70	26.46	24.71	11.62	12.81	12.63	12.75
1986	13.64	14.19	6.94	6.73	23.9	28.00	11.80	12.01	11.99	12.48
1987	13.97	14.53	10.50	10.23	23.53	21.45	11.77	13.03	13.30	13.54
1988	11.73	11.70	11.02	11.46	9.98	7.72	10.91	10.94	11.31	11.26
1989	10.00	10.28	12.27	12.86	9.19	6.45	9.31	9.93	10.49	10.69
1990	9.39	9.64	11.59	11.51	5.69	2.68	9.21	9.61	9.74	9.70
1991	5.83	5.94	5.45	5.64	-4.03	-8.64	6.02	5.96	5.11	4.92

占率，或是其貸款金額的排名都未發生變化。[29]

從一九八〇年起，日本銀行也對衝擊貸款（即非以日圓計價而以外幣計價的貸款）設立窗口指導配額。這項配額較為寬鬆。銀行幹部表示，雖然他們「總是百分之百用完」以日圓計價的窗口指導配額，但衝擊貸款配額的使用率僅在八十%至一〇〇%之間（銀行幹部4）。當銀行似乎將要超過國內貸款的配額時，他們通常可以增加衝擊貸款的金額（即透過海外分行辦理國內客戶的貸款，以外幣計價，並立即換回日圓）。日本銀行默許這種作法。一名日本銀行官員承認，這種作法會特別助長衝擊貸款的量，並促進整體貸款金額的成長。[30]

窗口指導被用來提高貸款量的成長

我們發現在一九八〇年代，窗口指導幾乎不是用來抑制貸款成長的工具。很少銀行會渴望超過日本銀行所設定的貸款成長配額。銀行反而通常會認為這些配額過高：「在泡沫時期，我們想要特定的（貸款增加）額度，但日銀要我們花得更多。在一九八五年之後，日銀說：『再花多點！』通常，我們不會得到我們希望的額度……特別是在一九八六年和一九八七年，在這約莫一年間，日本銀行說：『因為我們處於衰退，所以要花更多。』窗口指導不只可以用來減少借貸，也可以用來增加借貸。我們實際上認為『這有點太多了』。但我們一定要用完獲得的配額。因為如果沒用完，其他獲得類似配額的城市銀行，可能就會打敗我們。因此，為了保持我們（在銀行間）的排名，我們必須全部用完……而且，如果我們得到實力不足的壞名聲，未來得到的配額就會減少。」（銀行幹部4）「窗口指導對銀行來說是種負擔，因為有時我們必須在不需要放款時放款，有時限額又少於我們想放的金額。」（銀行幹部5）

窗口指導：頭號政策工具

從與日本銀行官員和銀行幹部的訪談中很快就能發現，日本銀行不光是核准銀行貸款量成長的計畫。而是能酌情決定並管理信用成長的配額。這種全面控制的形式，與一九八〇年之前的情況相同——事實上，也與戰爭時期相同。窗口指導仍然是央行主要的政策工具。利率充其量只是輔助工具。日本銀行會懲罰超過或未達配額的銀行；它也意識到銀行彼此競爭排名的舉動代表即使沒有罰則，銀行也會努力達成而不會低於貸款成長的配額。如同在一九八二年之前，質性的窗口指導持續進行；因此日本銀行完全知悉並「指導」房地產、建築和非銀行金融機構的貸款增加，換言之，即增加用於投機目的的信用創造量。[31]

藉由法外的窗口指導機制，日銀幾乎可以像玩溜溜球一樣操控經濟。要加速成長時，就提高貸款成長的配額。要減緩成長時，就降低配額。這樣對經濟近乎完整控制的權力，也讓他們輕視其他似乎較不能掌控局面的央行。例如在一九八〇年代初期，聯準會顯然在貨幣目標的管理上面臨重大的難關。最終，它在一九八二年放棄M1的目標，一九八七年完全放棄設定目標，因為它認為無法同時控制貨幣的價格（利率）和數量。遵循主流理論重視利率的觀點，聯準會看似放棄了對貨幣數量變數的控制。根據報導指出，日本銀行官員當時對聯準會的問題發表輕蔑的評論。日銀與聯準會不同，它能輕易同時控制貨幣數量和價格：日銀設定利率，同時透過窗口指導控制新購買力的創造量，這也決定了如M2＋CD這類存款型的貨幣供給指標。[32]

窗口指導推高放款量

一旦日本銀行通知銀行下一季的貸款成長配額，銀行就會再將配額分配給各分行，各分行經理再將貸款的成長目標分配給負責貸款的各名主管。因此，日本的整個金融體制都會分配到總體貸款的成長配額，例如十五%的成長會被分配成為每個銀行種類、每家銀行、每間分行、每位貸款主管的具體目標。然後，在這個信用分配指揮鏈的最末端，遍布全國數千個分行的貸款主管，都面臨要達成這些貸款成長目標的任務。

起初，他們的工作並不困難。一九八五年經濟處於「円高」（日圓升值）的衰退期，需要壓抑資金的需求。但當從窗口指導傳達下來的貸款成長目標維持在高檔，而具生產力的公司貸款需求已得到滿足時，貸款主管越來越傾向將放款對象轉向不將資金用於生產力的公司。他們開始關注房地產的放款。由於房地產公司更容易獲得貸款，他們開始增加房地產的投資。更多的交易代表著更大量的土地需求。因而地價開始上漲。這為投資者帶來龐大的資本利得。利潤誘使他人爭相效仿。其他的房地產公司，接著是建設公司，最後甚至連普通的製造業公司都想透過借款投資房地產來參與這場遊戲。隨著地價不斷上漲，這似乎是穩賺不賠的投資。對個別銀行而言，這情況也看似安全：他們的貸款都以土地作為擔保，這被認為是最安全的擔保品。這個問題唯有從整體經濟的角度來才能察覺，人們可以發現到在新增貸款的總額中，房地產相關的貸款金額占比在急遽攀升。若比較總體貸款的成長與ＧＤＰ的成長時，就很明顯看得出新創造的信用並非投入生產力的提升。土地並非真的那麼有價值；而是被銀行的過度放款所推高。一個泡沫就此形成。

但為何要設定如此高的信用配額？

在戰爭期間和戰後初期，日銀透過窗口指導將信用分配給順位優先且能提升生產力的領域。它同時抑制「不具生產力」且具通膨性的信用創造用途。這就是日本經濟在一九五〇年代和一九六〇年代能夠快速成長的原因。在一九六〇和一九七〇年代，我們曾看到日本銀行警告：暫時放寬窗口指導的上限所導致，過度且不具生產力的不動產放款可能帶來危險。這作法助長了不動產放款的熱潮並造成資產價格的飆漲。日銀以緊縮貸款的成長配額作為回應。當央行停止過度創造信用，這些貸款變成呆帳，並導致一場以銀行為風暴中心的衰退。

基於這樣的經驗，日銀會在一九八〇年代密切關注不動產相關的放款行為也就不足為奇。日本銀行的窗口指導手段已變得相當細緻，不僅監控和管制各部門的放款總額，甚至連主要借款人的名單都在掌控之中。因此，銀行將越多創造出的信用分配給不具生產力和投機性的作法，都是在日銀知情且認可的情況下進行。然而，日銀不但沒有在一九八六年後減少窗口指導的配額，反而將其維持在極高水準：多數年份的年增率都超過十二％。由於GDP的成長率以及有生產力的信用需求量都遠低於此，日銀知道銀行要達成這些高配額目標的唯一方式就是擴張不具生產力的信用用途。

並非所有日銀官員都贊同這項窗口指導政策。《日經》在一九九〇年報導，部分日銀官員抱怨，窗口指導的制度會以下次降低配額來懲罰未用盡貸款配額的銀行，這是一九八〇年代出現「毫無必要的強勁放款成長」的原因之一，因為銀行總是會用盡貸款配額，即使沒有這個必要。一位日本銀行主管表示：「恕我直言，窗口指導的副作用之一，就是在泡沫時期刺激了銀行擴張放款量。」[33]另一名我們訪談的日銀官員表示：「日銀在泡沫時期推動了貸款的擴張。」（日銀官員5）「如果（低風險借款人）沒有信用的需求，而我們想用盡配額，風險就會惡化。因此在泡沫期間，呆帳增加。在一九八〇年代後期的某段時間內，達成配額成了目標。」（銀行幹部3）

《廣場協議》的藉口

會不會是大藏省政策要求的低利率讓日銀別無選擇？在《廣場協議》和《羅浮宮協議》

（Louvre Agreements）的談判期間與其後，美國財政部官員對大藏省國際金融局的官員施加重大壓力，要求他們降低利率，且一旦利率降至二．五％的歷史低點後，就要維持數年。當大藏省順應美方的希望時，日本銀行幾乎別無選擇只能執行這項利率政策。這是否代表著大藏省要為泡沫經濟的形成負責？

恰恰相反。在戰後的大多數時間裡，日本的利率都受人為控制在很低的水準，其目的是補貼產業、鼓勵投資並增加非通膨性的經濟成長。日本銀行只需要管制與分配可用資金的數量，就能防止通膨和經濟過熱。由於利率低於銀行原本應該設定的水準，信用市場處於持續的超額需求狀態——甚至比平常的需求更大。日銀便詳細監控各個經濟部門獲得購買力的情況，以及資金的用途。

換句話說，當因為政治因素難以升息時，窗口指導是防止貸款高度成長和減緩經濟發展的理想機制。在一九五〇和一九六〇年代，日銀採行人為的低利率政策來支持產業，同時透過限制信用的政策來控制經濟成長。在低利率的環境之下，降低窗口指導的配額是有可能的；的確，這在過去一直是標準作法。因此，即使有美國和其他G7國家的外部壓力迫使大藏省要求日銀降息，日銀仍可以收緊貸款的成長配額，從而防止經濟泡沫。但它卻提高了貸款成長的配額，迫使銀行增加放款量，甚至也要對不健全的計畫放款。銀行感到安心；「即使銀行在瘋狂放款時，他們也說沒關係，因為日銀說沒問題。」[34]這說法很明確將製造泡沫的責任歸咎給日本銀行。

日本銀行官員的辯護方式是公開聲稱他們試圖透過升息來防止泡沫的形成，但因為政治因素無法推動升息。[35]確實，日銀要升息會很困難，因為它並不能獨立控制這項貨幣政策的工具。但低利率並不會造成泡沫。而是窗口指導的貸款配額所造成的。日銀本可以輕易在不受任何阻力的情況下減少這些配額——銀行會傾向更低的配額——從而防止泡沫發生。

我訪談的日銀官員完全證實了這一點：「日本銀行在泡沫時期擴張了放款量……現在回頭去看（一九八〇年代），那是個錯誤。我個人認為：如果在降低利率的同時也降低窗口指導的貸款成長上限，那麼在這樣的政策組合下，泡沫就不會形成。但實際上，不僅利率被降低，窗口指導也非常的寬鬆。因此貨幣供給量增加了十%，最高更達到十三%。他們為何沒有加強緊縮窗口指導的額度，這是極為令人困惑的問題……所有銀行都試圖將貸款成長的配額用到極限，盡其所能在放款。但貸款並未流向鋼鐵、汽車等普通公司，而是流向營建業、（從事不動產投機行為的）非銀行金融機構。這就形成了泡沫。」（日銀官員5）

銀行幹部也持相同看法：「我非常擔心當局的政策……如果他們對窗口指導的政策稍微緊縮一點，這種現象，也就是泡沫，本來是可以避免的……如果日本銀行有想要收緊配額，它本來可以達成很多事情。」（銀行幹部2）

確實令人困惑的是，日本銀行在將近五年的時間裡，面對已經飆漲的不動產價格，儘管曾公開表示對泡沫的擔心，卻持續為日本的銀行體制設定異常高的貸款成長配額。日銀不僅擁有一九七〇年代經濟泡沫的經驗，而且在一九六〇年代，研究人員就已指出日本銀行的窗口指導是信用過度成長的源頭，並主張這現象不能簡單歸咎給銀行：將責任歸咎於「都市銀行在放款層面的『過度』競爭而導致信用擴張過快，這根本搞錯信用管制的責任歸屬。控制商業銀行的信用創造額度是日本銀行的職責……（一九五〇年代的）過度放款不是那些追求利潤最大化的銀行的錯，而是允許這種信用擴張現象發生的日本銀行的錯」。[36]

顯然，對於那些有權決定信用配額，且有數十年經驗可以回顧的日本銀行決策者而言，宣稱自己不知情是完全站不住腳的。我們不得不得出結論：這些決策者一定知道他們正在製造泡沫。

日銀在試圖湮滅證據？

窗口指導在一九九一年七月突然遭廢除，其過程似乎很倉促。日本銀行官員表示，窗口指導的廢除來得如此突然，就連窗口指導的官員自己都感到驚訝。六月持續有舉行聽證會，日本銀行官員也如常準備窗口指導的配額，但廢除公告一發布，他們就突然停止工作。日本銀行並未向負責窗口指導的官員說明原因。（日銀官員5）

銀行家同樣感到驚訝，事實上他們幾乎不知所措：在窗口指導廢除後不久，銀行家抱怨他們不知道該如何制定放款的計畫：「到目前為止，都是先由日銀的信用配額決定我們可放款的總信用量，然後我們再決定如何分配這些配額。」在那之前，「當某個分行說他們想要增加放款量時，我們可以回應說窗口指導的配額已用盡——但現在我們無法再這麼做了」。[37]

日銀向大眾說明的官方廢除理由是，由於金融自由化，窗口指導的效力日漸減弱。但受訪者都不認為窗口指導是因為無效而被廢除。它運作得非常好。銀行家和日銀的官員都不很清楚它突然廢除的真正原因。[38]

也許有另一種解釋的方式。窗口指導製造了泡沫然後又刺破它，因而引發了一九九〇年代的經濟衰退。事實上，在整個戰後時期，窗口指導的貸款成長配額是最重要的一項經濟變數。它是冒著煙的槍，找到槍的主人是誰，就很容易找到罪魁禍首。因此我們需要查明到底是誰持有這把槍並扣下扳機。

第十三章
日圓王子

正是因為日本銀行在一九八九年六月突然緊縮窗口指導的額度，終結了泡沫經濟，進而導致一九九〇年代的經濟衰退。[1]也是日本銀行讓這場衰退延長，儘管它早在一九九二年或一九九三年就能結束衰退，但在整整十年內都未採取適當的通貨再膨脹政策。我們也發現到一九九〇年代經濟危機的根本原因——窗口指導的信用管制機制，正是它造就了一九八〇年代的經濟泡沫。同樣地，這套機制也是由日本銀行所掌控。因此，日本銀行的政策就是過去二十年來銀行放款、GDP成長和資產價格變動的主因。[2]但究竟由誰決定日本銀行的信用政策？

對此日本銀行鮮少提供說明。它反而對窗口指導在一九八〇年代扮演的角色提出誤導人的論述。此外，該行也多次重組其部門架構。在一九九七年，信用機構局的業務被拆入金融市場局及考查局。一九九八年四月又再改組一次。至此，原本營業局的業務已分散至業務部、金融市場局、信用機構室以及考查局。因此，若想找出信用管制政策的核心在哪，也會變得更加困難。

大藏省完全無法影響窗口指導

有時候觀察家會認為銀行業擁有強大的遊說力量，足以影響甚至決定窗口指導的貸款配額。[3]但在我們的訪談過程中，日本銀行的官員堅稱銀行只負責接受窗口指導，並非由銀行自行決定窗口指導的貸款配額。「我不知道有銀行自行決定（貸款配額）的情況。」（日銀官員3）日本銀行的官員一致認為，窗口指導配額是經由「單方面」的流程所設定，並不涉及銀行。這「如同命令」，決定權完全在日本銀行手上（日本銀行官員7）。那麼是誰下達這些命令？

許多戰後的日本觀察家深信，大藏省不僅在法律上主管所有的經濟事務，也是關鍵政策的決策者。因此他們認為，就連信用管制最後也必然是在大藏省的監督之下執行。這確實是舊版《日本銀行法》（一九九八年四月前有效）所暗示的情況。然而，許多研究者已經證實，在一九六〇和一九七〇年代的情況並非如此。儘管日本銀行在一九五〇和一九六〇年代初期在與大藏省首次的權力鬥爭中落敗，但由於掌控著窗口指導的工具，仍保有控制經濟的實際權力。但在關鍵的一九八〇年代，情況又是如何？

我所訪談的日本銀行官員表示，官方貼現率的決策確實會受到大藏省影響：「官方貼現率……是由（日本銀行）企畫室在蒐集調查統計局和營業局的資訊後決定。然後會諮詢大藏省……其影響力相當強大……有時大藏省會取消貼現率（的調整）。雖然（日本銀行）也有政策委員會，但實際上官方貼現率是由日本銀行的企畫室和大藏省的銀行局共同（決定）。但這一切都相當保

密。」（日本銀行官員7）

然而，我們知道利率（包括官方貼現率）在泡沫形成的過程中並不是關鍵。窗口指導則是另一回事。關於窗口指導，日本銀行官員表示：「決策過程……（與官方貼現率的決策）完全不同。」（日本銀行官員7）「放款的增加總額是由局長（日本銀行的營業局主管）決定，他也決定如何『割振』（分配給各家銀行）。官方貼現率的決策則不同，因為在這方面大藏省可能會介入，有時會延遲或取消日本銀行試圖調整官方貼現率的作法。」（日本銀行官員6）

接受窗口指導的商業銀行員工也認為大藏省並未參與其中，「我們不知道窗口指導的上限是如何決定的。但我們並未感覺到大藏省在背後操控」（銀行幹部4）。與大藏省官員的訪談證實也這個發現，並與一九八〇年代之前的相關文獻內容相符。[4]

日本銀行讓大藏省有名無實

早在一九八〇年代之前，許多學者就一致認為：「窗口指導有很大的程度不受大藏省的干預，因為設定上限的過程牽涉到許多技術性的問題，且操作細節相當保密。」[5]另一位研究者總結道：「雖然大藏省依法可以決定央行的貼現率，但無法決定窗口指導的內容。政治人物或公司主管也難以介入。日銀在執行窗口指導和實施懲罰性利率時也高度保密，直到政策實施數月後才會公開，這也使得大藏省無法輕易插手。」[6]

因此，到了一九八〇年代，大藏省會對窗口指導所扮演角色的認知更加模糊也就並不奇怪。如同我們在第六章所見，央行運用多個煙幕來轉移批評者和競爭對手對其真正控制工具的注意力。央行宣稱自己不執行信用的配給、聲稱窗口指導僅是與銀行進行非正式且可自願參加的諮詢過程、表示窗口指導並非有效的工具，且（自一九八二年起）聲稱實際上它已遭廢除且變得無關緊要。在過去二十年的官方出版品中，日銀一直宣稱自己是透過設定利率目標來執行政策。[7]結果，在一九八〇年代，大藏省從未嘗試去掌握日本經濟最重要的控制工具。

大藏省確實能夠影響利率，因此錯認自己掌握了貨幣政策。如果它知道窗口指導的真相，它本可以奪取這套權力工具。日本銀行顯然戲演得很好，因為任何大藏省對利率的影響，都遭嚴厲抨擊是不當干預。事實上，央行一定很樂於將利率的控制權讓給大藏省，同時透過窗口指導維持對經濟的控制。這就是為什麼一名日本銀行的高階官員能夠深信不疑地說，儘管舊版《日本銀行法》賦予政府和大藏省對央行的監督權，但「（大藏省的）命令權從未實際使用過。實際上，貨幣政策的管理是由日本銀行以獨立的立場負責執行」。[8]即使在一九八〇和一九九〇年代，央行讓大藏省保有其地位。但真正掌權的是日本銀行。

那麼究竟是誰製造了泡沫？

如果窗口指導的貸款配額是由日本銀行決定的，那麼究竟由誰拍板定案？窗口指導的貸款配額影響了在日本的所有人，也影響到全世界的許多人。無論是誰決定窗口指導的內容，他實際上都掌控了日本的經濟，就如同沙赫特在一九二〇和一九三〇年代的大多數時間裡掌控德國經濟一樣。那麼，這位信用的獨裁者究竟是誰？

窗口指導的官員在設定特定一家銀行的貸款配額時，往往擁有很大的裁量權。這在地方銀行尤其明顯，「對第二類的地方銀行而言，分行的窗口指導官員必須具體決定哪家銀行要放多少貸款」（日本銀行官員6）。然而，「分行所分配到的貸款成長配額來自日銀總部，但沒有規畫得很詳盡。但對都市銀行來說，（從一開始）配額就會依銀行分配」（日本銀行官員6）。因此，雖然在決定特定小型銀行的貸款成長目標時，日銀的職員保有一定彈性，但他們仍必須在上頭規定的各類銀行總貸款成長配額的範圍內運作。此外，對都市銀行而言，貸款成長的配額已經確定，窗口指導的官員只是轉達營業局上級給予的命令。

是誰決定各類銀行和都市銀行的整體貸款成長配額？又是誰決定日本最重要的變數——全國整體貸款的成長配額？「首先要決定全國總貸款量應該增加多少百分比……局長（營業局主管）會決定增加的總量……然後這個數字會在不同類型的銀行和個別銀行間進行分配（割振）……會先決定都市銀行的配額」（日本銀行官員7）。

我們發現到營業局局長要對窗口指導負責。但他是如何做出那個重大的決定？日本銀行的官員無法解釋確切的過程：「我並不十分清楚全國貸款成長增加量的決定過程。他們會考慮貨幣供給、GNP、物價。但我不知道他們實際使用哪些資料。固定的公式並不存在。我猜想他們會決定應該改變多少的貨幣供給量。」（日本銀行官員5）此外，營業局局長是自行做出決定，或是只是接受日本銀行高層（如總裁）的命令？

是澄田智總裁製造了泡沫嗎？

要為央行政策負責的官員自然是央行總裁。在一九八四年十二月到一九八九年十二月的這個關鍵時期，當時窗口指導正在製造泡沫：日本銀行的總裁是澄田智。澄田並非由日本銀行內部晉升至此職位。他是一名「天降官員」——一名從大藏省最高階層退休下來的資深官員。人們很容易將泡沫的形成歸咎到澄田身上。確實，當澄田於一九八九年十二月卸任，由三重野康接任總裁時，日本媒體報導說這位從日銀基層升上來的「純血」的央行家不認同前任的政策，因此在貨幣政策上做出了一百八十度的大轉彎。事實上，在三重野首次以第二十六任日銀總裁身分召開的記者會上，他表示由於先前的寬鬆貨幣政策導致地價上漲問題，現在將對不動產相關的貸款進行限制。[9]在就任總裁三天後接受《日經金融新聞》訪問時，三重野表示：「可以這麼說，金融機構不應助長土地投機的行為。況且，這類活動將導致銀行體制喪失健全的生態。雖然我們已經要求金融機構嚴格自我控管與約束，但我認為往後仍需要請他們加強自我節制與管理的程度。」[10]

神話：總裁更迭，政策轉向

媒體的確說了一個好故事：新上任掌管經濟的三重野，對來自大藏省的前任總裁的寬鬆貨幣政策，及這政策導致地價快速上漲的現象感到不滿。他一旦掌權，便迅速採取行動，使他在世時就成為傳奇。三重野這位對抗資產通膨的戰士，宛如現代羅賓漢，他是弱勢者的英雄，其使命是要戳破泡沫，打倒那些將國家分裂為有產與無產階級（這是三重野自己的用語）的貪婪房地產投機客。接著在一九九〇年，三重野做了讓當權者意外的舉動：他與大藏省就貨幣政策進行很罕見的高調爭執。大藏省反對緊縮貨幣，但他在擔任日銀總裁期間始終堅持緊縮的立場。因此，當他在一九九四年十二月五年任期屆滿之時，大藏省又安插了另一位舊大藏省官僚松下康雄接任總裁。

這是目前流傳的說法。但當澄田於泡沫時代擔任總裁的期間，他真的掌控了日銀的貨幣政策嗎？另一位大藏省出身的松下，在他於一九九四年至一九九八年擔任總裁的期間，真的制定了日銀的政策嗎？我們可以經由確認澄田和松下是否能掌控日本銀行信用創造的政策，來輕鬆查證這些問題。首先來看澄田；關鍵的問題在於他是否掌控窗口指導貸款配額的決定權。

窗口指導並非由澄田決定

日本銀行會定期召開兩個會議，並在會議中（至少在表面上）制定出央行政策：政策委員會會議和理事會議。政策委員會總是在為較早舉行、重要性更高的理事會議中做的決定背書。在理事會議中，日本銀行的常務理事與總裁、副總裁一起開會。在一九八七年二月，理事會在大藏省的壓力之下，決定將官方貼現率降至很低的二．五％。因此人們會認為理事會也負責決定更重要的窗口指導的貸款配額。我訪問到一位在一九八四年至一九八九年的這段關鍵時期，擔任日銀常務理事的資深人士。[11]我詢問他窗口指導貸款的配額是否是在理事會議裡討論或決定。他告訴我，會議圍繞的議題是官方貼現利率的設定和短期貨幣市場的拆款利率。窗口指導的貸款成長配額從未在這些會議上決定，而且幾乎從未被提及。

澄田總裁是否可能在會議之外決定窗口指導的貸款配額？幾乎不可能。從訪談中我發現到，澄田在一九八〇年代期間甚至完全不了解窗口指導政策所扮演的角色與其重要性，日本銀行的職員也未曾向他說明。澄田雖然名義上是日本銀行總裁，但他並未參與關鍵政策——也就是窗口指導的決策。[12]儘管人們經常指責是他造成泡沫，而且他自己也願意承擔維持在過低利率的責任，但日銀職員從未向他解釋，為何在一九八〇年代後期會為窗口指導設定如此高的貸款成長率。

大藏省出身的總裁被排除在決策圈之外

澄田的案例並非特例，而是常態。我們看到在一九九五年初大藏省正竭力刺激經濟，但日本銀行卻減少信用創造量，因而加劇經濟衰退，並使日圓兌美元的匯率升至八十比一。然而，當時日本銀行總裁也是來自大藏省的「老人」——松下康雄。我從松下的一名親信暨知己那邊蒐集到證詞，他也將我寫的一些有關信用創造的研究報告轉交給總裁。他後來告訴我總裁讀過了這些報告，並且因為開始注意到屬下從不向他說明信用創造的數量，因此後來向日本銀行職員詢問「量化政策」以及如何增加貨幣數量。日銀職員辯稱央行無法控制貨幣的數量，並將討論主題轉向利率上。松下想進一步詢問時，對方就用技術性的術語搪塞過去，暗示這些事務很複雜，需交由專家（純血的日銀）官員處理。

如果澄田沒有決定過窗口指導的內容，而日銀也不告訴松下信用創造的數量，那麼這兩人都沒辦法實際控制日本銀行或決定日本的貨幣政策。若深入研究曾擔任日本銀行總裁的大藏省前官員，可以看出其中有套規律存在。研究結果是：每當一名大藏省官員被任命為日本銀行總裁時，他就會被排除在關鍵的控制機制之外——也就是信用創造的數量。這數量是由不向總裁報告的純血日銀職員所決定的。大眾一直都被誤導，搞不清楚誰是日本銀行的真正統治者。[13]

是的，總裁先生

那麼，誰實際掌控著日銀？誰決定了一九八〇年代的窗口指導和一九九〇年代的信用限制政策？眾所周知，大藏省和日本銀行一直輪流推舉他們的總裁人選。這個傳統始於一九七四年，當時大藏省出身的森永貞一郎接任純血的日銀總裁佐佐木直。在一九七九年的五年任期結束後，另一位日銀人士成為總裁：前川春雄。一九八四年，當他的五年任期結束時，大藏省出身的澄田智成為總裁。在一九八九年接任總裁的是純血的日本銀行人士三重野康，而三重野在一九九四年又把棒子交給大藏省出身的松下。這套機制是為了安撫大藏省而設計，因為這麼做似乎就代表在貨幣政策的制定上，大藏省和日銀之間存在某種權力平衡。再加上大藏省對官方貼現率的影響力，這個安排看起來在貨幣政策上給予大藏省相當大的控制權。

因此許多觀察家認為，日銀的政策會反映出總裁是來自大藏省還是日銀：大藏省以主張緊縮財政政策著稱，因此偏好貨幣刺激。純血的日銀總裁則會採取緊縮的貨幣政策並主張財政刺激。確實，若沒有總裁的輪替更換，似乎無法解釋一九八〇和一九九〇年代如同雲霄飛車般的貨幣政策走向：在當時出現了戰後歷史上最為戲劇化的政策反轉。大藏省出身的澄田似乎製造了泡沫，而日銀出身的三重野則戳破了它。

然而，真實的故事並非如此。每當一名大藏省官員成為總裁時，我們發現到日銀職員會有計畫地將他排除在關鍵議題的討論之外，也就是那些關於信用創造數量的討論。日銀會指派一名官員，其唯一工作就是「協助」這位不熟悉央行運作、大藏省出身的總裁。這位助理會讓總裁感覺自己掌控全局。但實際上，他的工作是將總裁與那些重要的信用資訊隔絕開來。

一位資深的《日經》記者曾經解釋：「除了副總裁外的關鍵人物，是總裁辦公室的主任（總裁祕書役）。無論是在日銀的內部還是外部，他都會跟隨總裁左右，如同『提詞人』般判斷總裁的一舉一動。這甚至包括總裁的個人事務……特別值得留意總裁辦公室主任的一點是，當非純血日銀出身人士成為總裁時，他所扮演的角色。在這段期間（雖然日本銀行否認這點）有跡象顯示他會扮演『監視者』，確保總裁的施政內容不會偏離日銀的政策……例如，當大藏省前官員澄田智擔任總裁時，當時的總裁辦公室主任丸磐根……與澄田相處融洽，沒有完全履行嚴密監視的『職責』，據說他因此被替換。無論這是否屬實，正是因為這是個敏感的職位，才會流傳這樣的謠言。」[14]

「表十三・一」列出了歷任的總裁和副總裁（以及一些相關的其他人事任命）。當閱讀這份由大藏省和日銀輪替總裁的名單時，不會立刻注意到人事安排上存在著很大的一致性。當來自大藏省的山際正道於一九六〇年代初期擔任總裁時，他從一九六二年起的副總裁是日銀的內部人士佐佐木直。在一九六四年，總裁由另一位外部人士宇佐美洵接任。然而，副總裁仍然是佐佐木直，他在這個職位上任職七年。然後當宇佐美總裁於一九六九年十二月卸任時，新任的總裁是佐佐木直。

一九七四年十二月，當佐佐木當了五年的總裁後，他將總裁的職位移交給大藏省出身的森永。這段期間的副總裁是日銀的內部人士前川春雄。當森永的任期結束時，新任的總裁是前川春雄。一九八四年十二月，前川將總裁的職位交給大藏省出身的澄田。他的副總裁是三重野康。五年後，澄田將總裁的職位移交給同一位三重野康。一九九四年，三重野的總裁位置由大藏省出身的松下接任。副總裁職位則由日銀的內部人士福井俊彥擔任。

從這段編年史中我們學到，來自大藏省的總裁只會任職五年。而在他任內的副總裁永遠是土生土長的日本銀行人士，而這位副總裁恰好會成為下一任的總裁。而來自日銀的副總裁總是會成為下一任總裁。如果再加上之前所得出的結論——也就是來自大藏省的總裁被排除在關鍵決策的討論之外——我們就會得出一個重大結論。雖然《日本銀行法》將總裁的任期限制為五年，但在整個戰後歷史中，純血日本銀行的總裁都個別掌權了至少十年：先是擔任副總裁，然後擔任總裁。而在日銀內部人士的十年任期結束之後，另一位日銀人士會接任並再掌權十年。土生土長的日銀總裁一直掌控著局面。而日銀只是為了符合社會觀感，會定期邀請一名大藏省的人士擔任官方的代表人物。

佐佐木、前川和三重野都是在擔任了五年的副總裁後，又擔任五年的總裁。因此，如果我們整理這張表，把那些來自日銀外部的掛名總裁去掉，我們很快就能看出戰後日本貨幣政策的關鍵決策者（我們也納入了由一萬田擔任大藏大臣的特殊時期；見「表十三・二」）。

我們發現到日銀的實際領導人各自執政至少十年。因此在戰後時期控制日本貨幣的只是一小撮人。自日本投降到一九九八年初，共有二十四個人擔任過首相。但在同一時期，日本的貨幣

表十三・一：日本銀行歷任總裁與副總裁

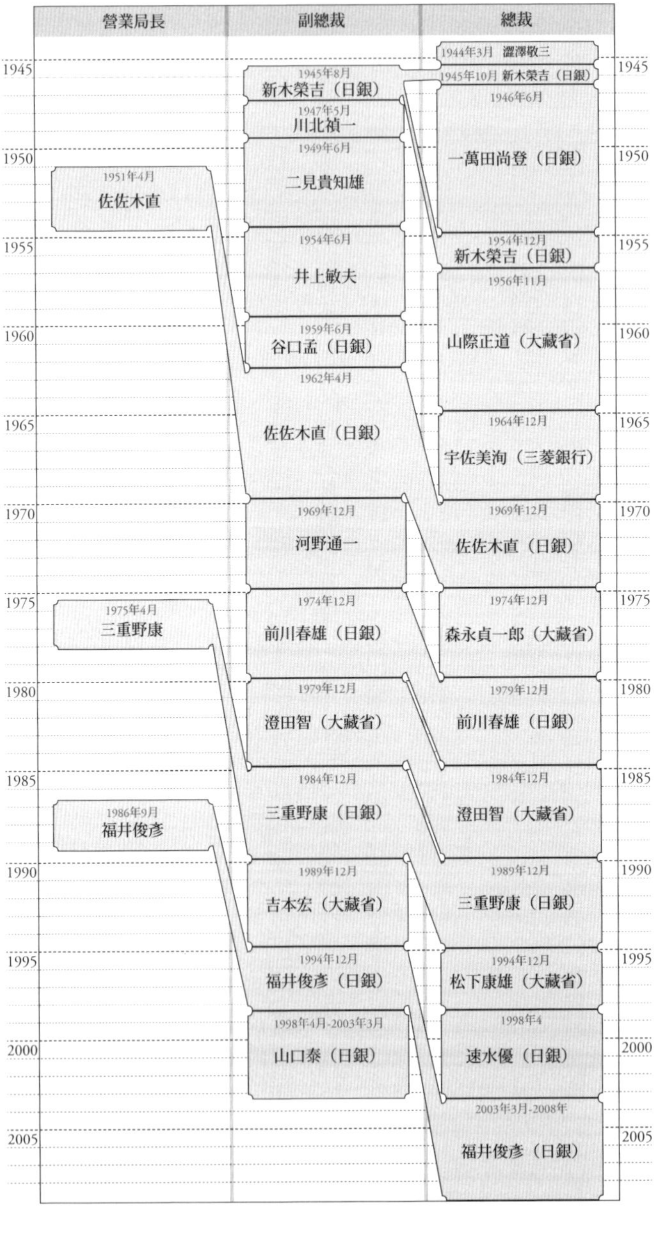
營業局長
副總裁
總裁
1945
1950
1955
1960
1965
1970
1975
1980
1985
1990
1995
2000
2005
1944年3月 澀澤敬三
1945年10月 新木榮吉（日銀）
1946年6月 一萬田尚登（日銀）
1954年12月 新木榮吉（日銀）
1956年11月 山際正道（大藏省）
1964年12月 宇佐美洵（三菱銀行）
1969年12月 佐佐木直（日銀）
1974年12月 森永貞一郎（大藏省）
1979年12月 前川春雄（日銀）
1984年12月 澄田智（大藏省）
1989年12月 三重野康（日銀）
1994年12月 松下康雄（大藏省）
1998年4 速水優（日銀）
2003年3月-2008年 福井俊彥（日銀）
1945年8月 新木榮吉（日銀）
1947年5月 川北禎一
1949年6月 二見貴知雄
1954年6月 井上敏夫
1959年6月 谷口孟（日銀）
1962年4月 佐佐木直（日銀）
1969年12月 河野通一
1974年12月 前川春雄（日銀）
1979年12月 澄田智（大藏省）
1984年12月 三重野康（日銀）
1989年12月 吉本宏（大藏省）
1994年12月 福井俊彥（日銀）
1998年4月-2003年3月 山口泰（日銀）
1951年4月 佐佐木直
1975年4月 三重野康
1986年9月 福井俊彥

只由六人控制：新木榮吉、一萬田尚登、佐佐木直、前川春雄、三重野康和福井俊彥。因為新木的任期基本上與一萬田（一萬田在擔任大藏大臣期間曾與新木總裁有所爭執）重疊，或許可以說共五個人掌控了日本的貨幣政策。若我們聚焦於一九六二年至一九九四年的這段關鍵時期，我們會發現在這三十二年間，只有三個人掌握了日銀的控制權：佐佐木、前川與三重野。民眾忙於投票選舉，讓政治人物獲得或失去權力。然而，那些決定經濟走向的人物卻始終牢牢掌控著大局。他們在缺乏民主制衡的狀況之下，決定誰能取得資金、誰不能，經濟是要陷入衰退或復甦，以及實際上有多少人失業、多少人能夠就業。

日本經濟的統治者是如何被選出的？

政治人物是透過選舉進入權力的核心。但是，日本經濟的統治者又是如何被選出的呢？我們知道，一

表十三・二：戰後的六位「王子」

時期	「純血」日銀職員擔任總裁／副總裁
1945 年 8 月 - 1946 年 6 月	新木榮吉
1946 年 6 月 - 1954 年 12 月	一萬田尚登
1954 年 12 月 - 1956 年 12 月	新木榮吉
[1954 年 12 月 - 1956 年 12 月、1957 年 7 月 - 1958 年 6 月]	一萬田尚登（大藏大臣）
1962 年 4 月 - 1974 年 12 月	佐佐木直
1974 年 12 月 - 1984 年 12 月	前川春雄
1984 年 12 月 - 1994 年 12 月	三重野康
1994 年 12 月 - 1998 年 2 月	福井俊彥

位純血的日銀總裁必定擔任過副總裁。但還找得到其他幾個共同特徵。在成為副總裁之前，他會擔任理事的職務。日本銀行在任何時候都只有六名理事。[15]這代表在每年被日銀錄取的四、五十名大學畢業生中，當中只有約一人有望獲任命為理事。而成為副總裁（進而自動成為總裁）的機會更是微乎其微，因為在十年間只有一個人能擔任這個職務。假設在十年間，日銀僱用了五百名的新進人員，而其中只有一人能在三十多年後晉升至最高職位。

因為機率如此低，人們會認為從入職日本銀行到成為總裁的這段期間會有激烈的競爭，才能確保遴選程序能夠公平客觀。經過多年來以傑出能力證明自己的過程，會逐漸浮現出幾位總裁的潛在人選。隨著他們在階層中向上晉升，其他競爭者逐漸被淘汰，最後會剩下少數幾位潛在的總裁人選——那些持續展現出優異才智與傑出工作表現的人。有了這份最終名單，就可以在需要任命新總裁時從中挑出最終人選。這樣的遴選程序對大多數的公司和官僚體制來說都是合適且公平的。

但日本銀行並非如此。日本經濟的統治者並非依循這種程序所產生。我們不該感到意外。考慮到日銀最高統治者的權力是如此影響深遠，其遴選程序更可能類似於獨裁者選擇繼任者的方式。執政的獨裁者只會將權力移交給對他忠誠且認同其目標的人。相較於能力與功績，選擇繼任者的首要標準是忠誠度以及對共同目標的認同。為了培養他的忠誠度，必須很早就將繼任者提名為王位的繼承人，這麼做他才會感激他的恩師，並以遵從其政策作為回報。

教皇與王子

這就是日本貨幣統治者的任命方式。由於日本在投降之後至一九五二年之間都未擁有國家的主權，因此前兩位央行首長實際上是由美國占領當局所提名。美國第一個安排登上日銀王座的人是新木榮吉，他在一九三九年至一九四二年建立戰時體制的期間，擔任地位關鍵的營業局局長。在一九四五年八月日本戰敗後，他立即被任命為日本銀行的副總裁。再兩個月後，他被任命為總裁。然而，如同許多滿洲國的菁英階層一樣，他在一九四六年六月因戰爭罪行遭檢察官起訴，不得不辭職。麥克阿瑟將軍成功利用嚴厲刑責（包括死刑）的威脅，使大多數滿洲國的戰時經濟菁英成為美國的終身盟友。[16]在一九五一年，政府解除戰犯嫌疑人擔任公職的禁令。才過了一年，新木就與一大批總體戰經濟時期的同僚共同重返官場，並擔任當時最高級別的公職之一：一九五二年，新木從戰犯嫌疑人搖身一變，獲任命為駐美大使。這項人事任命還有另一個特殊之處：因為這顯然是最重要的外交職位。值得耐人尋味的是，這個職位並非交給受過訓練的外務省官員或政治人物，而是給了一位央行家。顯然，美國最關注他們與央行的緊密聯繫。

當新木前往華府時，另一位純血的日銀人士獲任命接替他的位置：其繼位者為一萬田尚登。如我們所見，他已在全國金融統制會時期就證明了自己的能力。我們在第六章已聽過他被稱為「教皇」的故事背景。在一九四六年六月至一九五四年十二月這八年半的時間裡，他利用對於資金管制「絕無謬誤」的諭令無情地掌控著經濟，同時他的導師新木則在華府維持溝通管道的暢通。一九五四年，由於美國剛結束占領統治時期沒多久，美國顯然認為是時候讓新木回到東京，並把他安排在控制經濟的位置——新木從美國大使的身分順利轉任回央行家，並在一九五四年至一九五六年間再次以日銀總裁的身分控制著日本經濟。

同時，因為一萬田表現出色，得到同樣令人驚訝的人事安排，成為大藏大臣——這是戰後唯一一位擔任此職的純血日銀人士。作為大藏大臣（從一九五四年十二月至一九五六年十二月，以及一九五七年七月至一九五八年六月），一萬田是日銀首次試圖修改《央行法》，並從大藏省獲得完全法定獨立地位這項運動的領導人，但以失敗告終。

當日本銀行的這次政變最終功虧一簣，大藏省重新確立地位之後，日銀暫時失去了政治上的主導權。由大藏省與日銀輪流擔任總裁的「妥協」方案很符合日銀內部人士的想法，因為這讓大藏省對貨幣政策的影響力減到最小，同時也提供了民主的遮羞布。

因為有了這套體制，新木和一萬田能夠推舉他們選定的繼任者。這位繼任者並非經過多年的公平公開競爭之後，從日銀職員中選拔出的人選。他是效忠於新木和一萬田及他們理念的人：佐佐木直。一萬田在佐佐木的職涯早期就表明他是他們所欽定的接班人。因此，他從年輕就被稱為「王子」，一位曾與他共事的前日本銀行職員表示：「大家都認定他必定會成為總裁。」[17] 就連佐佐木還只是日本銀行年輕職員時，他的同事就已在私下語帶敬畏般談論「他終將成為日本銀行總裁」。這種在早期就選定人選的做法，讓其他人失去憑藉個人才能晉升到最高職位的機會。

王子佐佐木造就了王子三重野

如同許多日本人在戰後的職涯發展一樣，佐佐木的職涯也從戰時的經歷得到助益。就在戰爭爆發之前，政府召集了一群年輕的菁英官僚和公司人士組成「總力戰研究所」，其目的是建立一個「模擬內閣」來推演在即將到來的戰爭中的各種政策選項。當時年輕的佐佐木就是以「模擬央行總裁」的身分代表日本銀行。[18]新木和一萬田在戰時就注意到這位年輕人，並在戰後迅速將他提拔到重要職位。他在日本銀行的同期同事，可以從這種特殊待遇中看出他已被欽點要擔任更高階職位。在擔任過企畫室長和人事局長之後，這位「王子」以營業局長的身分，被引介認識窗口指導的神祕核心。從一九五一年四月到一九五四年九月，他在這個關鍵職位任職共三年半，是戰後時期任期最長的營業局長。他在這個職位上負責管理一萬田嚴格的信用配給制度，扮演其得力助手。這時候也是現代版的窗口指導機制最終成形的時期。[19]之後，佐佐木被任命為理事，並在一九六二年成為日本銀行的實際負責人，先後擔任副總裁和總裁。

佐佐木的管理風格和一萬田一樣強勢。他承接了導師的獨裁決策風格，似乎連他信任的追隨者都對他心生畏懼。[20]雖然在理論上，所有理事都能對貨幣政策上發表意見，但實際上若委員會的成員提出與佐佐木相左的意見，就是在冒著危及自己職涯發展或退休後就業機會的風險。然而，這並不表示佐佐木不與任何人討論政策；他的導師一萬田仍健在，在幕後擔任智囊。此外，新木和一萬田也已選定佐佐木的繼任者，這位繼任者仰慕佐佐木這位前輩，是他親密而信賴的盟友。此人就是前川春雄。[21]

當佐佐木擔任人事局長時，負責選拔日本銀行的新進人員。作為欽定的繼承人，王子佐佐木有機會挑選日本銀行未來的總裁，也就是王子前川的接班人。在一九四七年的新進人員中，有一位年輕人特別引人注目：三重野康。他之所以引人注目，並不是因為他擁有第一高等學校和東京大學法學院畢業生的這類日銀職員的必備資格。在三重野康就讀東京頂尖的高中之前，他在滿洲長大，他的父親是滿鐵的高級官僚，這公司是由日本人所設立和營運的戰時經濟體制的核心。對於像佐佐木這樣的戰時經濟官僚來說，這是很好的資歷，而在日本銀行裡頭，正確的家庭背景一直是重要的選拔標準。

年輕的三重野看似野心很大，渴望爬到最高位。然而，他並不熟悉日本真正的權力結構，天真以為只要加入大藏省就可以獲得最高的職位。當佐佐木詢問他的職涯偏好時，三重野似乎將日本銀行排在大藏省之後。我們不知道佐佐木對三重野說了什麼，但我們知道他成功說服三重野加入日本銀行。佐佐木很快就決定要立三重野為下一位王子，讓他像自己年輕時一樣，在央行內部快速晉升。[22]

當一萬田擔任大藏大臣時，三重野被派往國外，以便更接近世界上最有權力的央行：從一九五八年到一九六〇年，他被派駐到紐約。作為日銀紐約事務所的年輕職員，他在那裡必然與他的上司，即日銀的紐約事務所主任關係密切。這位主任不是別人，正是前川春雄，他是預計在佐佐木之後「治理」日本經濟的下一位統治者。前川也毫無疑問地利用這個機會將三重野介紹給重要人物，如紐約聯準銀行的總裁、美國財政部的官員和華爾街的重要人物。

三重野在回到日本銀行所在的日本橋後，他所面臨的第一個重大挑戰是一九六〇年代的股市暴跌。日本銀行當然沒有對這次暴跌感到意外，因為這是他們突然收緊窗口指導貸款的額度所引發的事件。三重野被任命為企畫室課長，參與前所未有的直接向經濟體注入流動性的組織計畫，以解救陷入困境的山一證券。[23]

佐佐木的小圈圈

以佐佐木為中心所組成的排外組織包含他的前任，以及前川和三重野兩位繼任者——他們就是日圓王子。由於決策圈是如此小，以至於其他的理事經常被排除在協商過程之外。被排除在外的不只是他們：在佐佐木掌權的前七年，他的正式頭銜只是副總裁。總裁是來自大藏省的山際正道和來自民間部門的宇佐美洵。儘管他們是總裁，但並不是佐佐木圈子的一分子。這圈子的排他性明顯到許多委員會的成員對此感到不滿，其中一人甚至公開批評——這是前所未有的舉動。[24]

在擔任日銀副總裁五年後，佐佐木又以總裁的身分統治了五年，他掌控日本經濟命運的時間長達十二年。在那之後，他按計畫將權力移交給前川王子。但顯然他不願意放棄權力。在一九七四年至一九七九年的第一個任期內，前川副總裁必須與佐佐木商量信用政策。[25]佐佐木的影響力依然很大。竹下登（直到二〇〇〇年才退休的自民黨的大老）在擔任大藏大臣時，會舉行三人會議討論貨幣政策：其成員包含竹下、來自大藏省的森永（當時的日本銀行總裁）和前日本銀行總裁佐佐木直。[26]然而，真正的決策是由佐佐木與他的王子前川和三重野所共同做出的。從一九七五年四月到一九七八年二月，三重野擔任營業局長，負責窗口指導，並直接執行這些決策。

在前川從一九七四年到一九八四年掌權了共十年後，交由三重野接掌日本銀行。他先是從一九八四年十二月到一九八九年十二月，以副總裁身分統治了五年。之後，他繼續以官方總裁的頭銜統治日本銀行。同時，前川和三重野早已在培養下一位王位繼承人：當三重野以副總裁身分經營日本銀行時，新王子正在負責信用控制機制的管理崗位上磨練，擔任營業局長：從一九八六年九月到一九八九年五月，福井俊彥擔任營業局長，其任期比平均時間更長。依照計畫，當三重野的十年任期結束時，福井會於一九九四年十二月任命為副總裁，正式接掌日本銀行。[27]

日銀的人事任命不受大眾監督

日銀的內部人士能夠按照他們長達數十年的繼任計畫，輕鬆任命其人馬就任日本銀行的實質首長，這個現象很耐人尋味。日銀的人事任命決策往往提前許久就已確認，因此資深觀察家從不會對其人選感到意外。在三重野於一九八四年獲任命為日銀副總裁之前，根本沒有人在討論誰將擔任這個職位。所有人都清楚知道三重野是獲欽點的接班人。同樣地，當他獲任命為總裁時，也完全沒有任何討論，即便是在私底下也是如此。《日經》早在一九八八年十月就報導，澄田總裁任期於一九八九年十二月屆滿後，很可能會由三重野接任。[28]幾個月後，在一九八九年一月，《日經》報導：「現在似乎已確定，三重野將在十二月成為日銀總裁。」到了六月，《日經》報導三重野接任澄田一事已經「正式確定」。大藏省和日銀的消息人士早在一九八九年六月就已確認「制度不會改變」，暗示副總裁將成為下任總裁。[29]唯一懸而未決的次要問題是誰將成為他的副手。[30]由於副手得是大藏省出身，因此他必須忍受接受公開討論的尷尬情況。同樣地，當大藏省出身的松下被正式任命為總裁之前的一九九四年十二月，關於誰將接任總裁曾有很長一段時間的討論。但對於似乎更重要的副總裁人選卻完全沒有討論——媒體和資深觀察家都已經知道會是福井。

關東軍統治

對大多數日本銀行職員來說，央行內部顯然存在著菁英中的菁英：這個掌控信用管制的小圈子會嚴密守護他們對窗口指導的權力，不允許任何外人置喙。他們不僅親自挑選接班人，也只允許少數忠誠的追隨者擔任營業局長這個關鍵職位。由於營業局負責執行窗口指導的政策，該部門變得比日銀的其他部門來得強大而獨立，所以其他日本銀行職員稱之為「關東軍」。[31]

將這部門比喻為關東軍可說是恰如其分。關東軍是日本陸軍駐紮在滿洲的部隊。他們幾乎不受東京軍事總部的控制，得以推行具侵略性且基本上不受約束的政策，進而擴大日本在中國的勢力範圍。其後果是災難一場。同樣地，窗口指導的貸款配額是由日本銀行內部的一小群人所決定，他們獨立行事且不必為其行為負責。雖然警覺心高的銀行家有意識到這一點，但由於他們業務的未來取決於與央行保持良好關係，所以他們也無能為力。銀行幹部2證實：「窗口指導是由營業局長所決定的，他是日本銀行權力最大的人，且通常最後都會成為總裁。在泡沫時期是福井，在二十年前是三重野。」

製造泡沫的那個男人

早在三重野正式成為總裁之前，日銀就已在一九八八和一九八九年開始收緊窗口指導。[32]然而，當時的總裁澄田對這個政策的轉變所知甚少。他對製造泡沫的信用指導手段也幾乎一無所知。[33]可憐的澄田為泡沫經濟背了黑鍋，他確實也在公開場合為此道歉，而日銀的純血職員卻獲得了更好的評價，被視為對抗資產通膨和捍衛貨幣政策美德的守衛者。

三重野在一九八九年接任總裁時，看得出媒體對他的高度青睞。他表現得像是泡沫時期政策的無辜旁觀者，不僅批評這些政策並暗示他會採取不同的做法。在一九八九年十二月底的某次媒體訪談最能體現這一點。訪問的記者消息靈通，提出了敏感的窗口指導議題。三重野回應道：「到目前為止，日銀會持續維持尊重民間部門放款計畫的經營框架，我認為這個基本框架並不會改變。不過，當（銀行）制定放款計畫時，（日本銀行）在聽證會上會認真提出深入的問題，並視情況而定，我認為我們會詳細說明我們的想法。特別是關於地價的上漲，我們必須更進一步關注這議題。當然，地價會如此大幅上漲有許多複雜的原因，比如法律制度、稅收制度等等，但資金也是原因之一。因此，如果具有公共財性質的銀行為了投機目的而放款，或繼續推高貸款金額而損害金融體制的健全時，這就是個問題。到目前為止我們會要求銀行自我約束，但隨著這次利率上升，我希望銀行能考慮強化自我約束的程度。」[34]

三重野的說法顯然難以令人信服。當澄田在一九八四年至一九八九年擔任總裁期間，信用管制的關鍵決策是由副總裁所決定的。在一九八〇年代設定高額的貸款配額，進而導致泡沫形成的人，正是三重野康本人。許多當時的觀察家已經認清這一點。例如，《日經金融新聞》就報導，在澄田擔任總裁期間，三重野「身為澄田制定貨幣政策的顧問，並發揮了重要作用」。[35]作為實際決策者的三重野，有時被稱為澄田的「夫人」，這是暗指在日本傳統中丈夫雖居於統治地位，但實際上是妻子在掌權。[36]《日經金融新聞》在一九八七年寫道，三重野「作為日銀的純血人士，在與大藏省出身的澄田搭檔中，是實際負責工作的人」。[37]他被視為澄田時期貨幣政策的「實際操盤手」（根回し役）。[38]

正因如此，許多經驗豐富的投資者和日本銀行觀察家都了解三重野在一九八九年之前所扮演的角色，在一九八九年十二月，他們深信新任的三重野總裁不可能推行任何重大的政策改變；這些專家都很清楚，畢竟他一直是在澄田任內制定政策的人。一家大型日本人壽保險公司投資部門的總經理，他對這次任命意涵的解讀不只是學術上的探討，而是會直接影響基金績效，他對三重野的就職得出以下評估：「考慮到三重野一直是澄田的有力副手並負責管理貨幣政策的這個事實，完全沒有理由認為在新的（三重野）體制下會有任何政策變化。」[39]

市場的觀察家一定對三重野戲劇性的轉變感到驚訝，他迅速與過去的政策撇清關係，假裝與這些政策毫無關聯。三重野把這個角色演繹得很好。他早就為自己準備好了不在場證明。早在一九八六年，當泡沫正是由三重野管理的窗口指導所引發時，副總裁三重野就在國會作證表示他擔心經濟中資金過剩的問題。[40]如果他真的擔心，為什麼還要為銀行設定如此高的窗口指導的貸款成長配額？他在一九八七年七月的國會預算委員會上表示：「寬鬆的貨幣政策將會維持不變。」[41]

當三重野已經遏止過熱的投機行為後，他在就任總裁的官方演說中，將泡沫的責任歸咎於民間部門、不動產投機客和銀行。[42]然而，不動產投機客是受銀行所提供，幾乎零成本的資金所吸引。而銀行則是被三重野的窗口指導所迫，不得不大幅擴大對不動產部門的放款。

三重野並非唯一的幕後黑手；信用管制是由營業局長執行的。從一九八六年九月到一九八九年五月，在關鍵的這三年裡，這個職位是由日本銀行的下一代王子福井俊彥所擔任。如同數十年前就已決定的那樣，他在一九九四年十二月獲任命為副總裁。儘管福井必須在一九九八年初與松下總裁一同請辭，但他此後一直在爭取接替臨時總裁速水的位置以重掌大權。直到二〇〇二年，包括外國媒體在內的新聞界都認為他是可能的繼任者，「很有機會接任最高職位」。[43]速水拒絕提前請辭。然而，目前並無跡象顯示，日本銀行內部選擇王子的制度有所改變。[44]

我們已經找出了那些造成日本泡沫經濟、並要為戰後最長的經濟衰退以及從一九三〇年代以來最高失業率負責的人。這是日本銀行內部的一小群人，他們的行動未受到其他日本銀行職員的監督或控制——他們就是日圓王子。他們一直掌控著日本經濟。這些人是三重野康、福井俊彥，以及在泡沫創造初期擔任他們導師的前川春雄。三重野和福井分別以副總裁和營業局長的身分，在一九八六年至一九八九年間製造了泡沫經濟。此後，這兩人又分別以總裁（一九八九到一九九四）和副總裁（一九九四到一九九八）的身分主導著貨幣政策，並俯瞰著一九九〇年代經濟衰退的形成與延續。我們已經回答了部分問題，但新的問題也隨之而來：三重野和福井都是受過高等教育且經驗豐富的菁英幹部。他們究竟為什麼要這麼做？

第十四章

貨幣政策的目標

我們面臨著一個雙重謎團：為何日本銀行透過過度放款強迫銀行製造泡沫，以及為何在一九九〇年代，它未採取適當政策來促進復甦，同時阻礙著政府刺激經濟的作法。這無法單純以人事異動（例如在一九八九年或一九九四年備受矚目的總裁更替）來解釋。我們發現在一九八〇年代後期和一九九〇年代的大部分時間裡，都是由同樣的兩個人掌權：三重野和福井。他們為何要實施這樣的政策？

為了找出解答，似乎最適合採用獲司法界驗證的手法。首要任務是確立責任的歸屬。我們可以主張三重野、福井及其親信的行為不理性或暫時精神錯亂。在經濟學的領域裡，把這些說法當作主要解釋是很不可取的作法。若人人都不理性且難以預測，經濟分析就失去了意義。反而許多經濟學家對於人們的口頭陳述抱持懷疑態度，傾向觀察其行動，認為分析人們的實際行為就能揭露其意圖——就是「顯示性偏好」原則。但即便人們傾向採用不理性或精神錯亂來解釋，其最大的問題在於，迄今尚無任何支持這說法的證據。我們反而會看到證據顯示出，主要決策者的作為與言論，非常明顯的一致且合乎邏輯。

在缺乏精神錯亂的證據之下，人們應考慮要責備三重野、福井及其同僚。下一個問題是要指控他們的行為是過失、還是蓄意。或許令人傾向認為這些王子只是無能，因此僅是過失行為。然而，我們發現到這些王子對於控制信用創造量，並運用此工具操縱經濟的方面，是無人能及的專家。

因為能夠從極為詳細的窗口指導程序中獲得相關知識，就代表在泡沫形成期間擔任營業局長的福井，會確切知道有多少資金用於投機性的不動產交易。如果他想的話，甚至能辨別出每位大額借款人是誰。他的上司兼導師、實際掌控日本銀行的副總裁三重野，從一九六〇和一九七〇年代就親身體驗到，增加對不動產業的放款量會如何造成泡沫。福井和三重野在一九八〇年代的言論顯示出他們很清楚當時的情況：兩人都針對銀行貸款和貨幣供給的擴張如何推高不動產的價格進行評論。由於窗口指導貸款配額的規模不受任何約束——明確的規則、理由的揭露、大藏省的壓力或對任何人負責的責任，福井和三重野可以做他們認為對的事。如果他們真的不同意大藏省所追求的積極寬鬆貨幣政策，日銀王子大可將窗口指導的配額維持在較低水準，例如六%或七%的成長率，約為福井所實施的十二%至十五%成長率的一半。但他們選擇了如此高的貸款成長配額，導致泡沫變得無法避免。

關於一九九〇年代的情況，人們的結論類似：無論是大藏省官員或政治人物都缺乏技術性的知識去理解（至少直到一九九八年左右），增加信用創造量是一九九〇年代復甦的關鍵。但我們看到日銀王子很清楚這一點。從戰後初期開始，這些王子就展現出解決信用緊縮衰退的高度專業。在一九四五年呆帳的問題更為嚴重，當時一萬田總裁印製鈔票、購買公司票據和商業本票、為銀行體制再融資並提高信用的創造量。

動機的問題

如果嫌疑人知道並體認到其行為內容與帶來的結果，那麼他們就是蓄意為之。辯方必須證明嫌疑人並非蓄意造成這結果。最重要的是，如果能夠確立動機，檢方就有強而有力的蓄意犯罪的證據。如果對於他們的行動能夠找到一致且理性的意圖，那麼預謀行動就是很合理的解釋。這似乎是個很大的難關——他們在一九八〇和一九九〇年代的政策，只有在認為他們的目標是摧毀經濟的前提下，才能被視為一致。這乍看之下並不理性。為何有人會想這麼做？

三重野和福井是不是有進行投資，以便從一九八〇年代的經濟泡沫和後來在一九九〇年代的衰退中獲利？有可能……但機率不大。偵探用來識別犯罪者和其動機的一種方法是看誰從罪行中受益。因此我們也可以辨別泡沫和衰退所引發的巨大變化，並看看誰從中受益。毫無疑問的是，在一九九〇年代的衰退中日本銀行成為主要權力機構中最大的贏家。當其他官僚機構被拆散、削弱甚至廢除時，日銀終於實現了法定地位獨立的目標。當大藏省失去了關鍵的操縱桿、被拆分，最終失去其作為大藏省的歷史地位時，日本銀行的權力和地位則大幅提升。由於一九九〇年代的經濟衰退，日本銀行贏得了從一九五〇年代起與大藏省的長期鬥爭。這個動機夠大嗎？或許吧。我們已經看到央行強烈渴望擺脫舊《日本銀行法》賦予該部門的法律枷鎖。這絕不會是首次有機構濫用其政策來促進該機構的自我利益。然而，這些證據只能算是間接證據。

請被告進入應訊臺

欲探究央行高層的動機，最直接的方式就是找出他們宣稱的目標，並辨別這些目標所奠基的深層信念是什麼。最好的資料來源就是他們的談話和著作。換句話說，是時候請被告站上應訊臺。

由於日本銀行的高階主管曾多次接受訪問、發表演說並出版報告，所以相關資料相當豐富。他們說了什麼？當然，我們無法期待能從公開演說或訪談中，揭露戲劇性的真相。眾所周知，央行官員往往措辭謹慎，說話極其含蓄。然而，詢問證人的目的是要找出前後矛盾之處——無論是個人說詞矛盾，還是不同證人間說詞矛盾。透過這樣的交叉詰問，往往能輕易地揭露真相。

在一九九〇年代，日本銀行的發言人不斷努力反駁任何認為央行可以採取降息以外的措施來刺激經濟的建議。[1] 他們的論述通常遵循這樣的模式：日本銀行官員會先提出一系列具有法學上或技術性的論點。一旦某個論點的缺陷和矛盾在公開場合被指出，發言人不是修正錯誤和政策內容，而是修改論述方式，改以完全不同且通常毫不相關的論點，卻剛好會得出相同的結論。央行不斷轉換說詞和反駁論點的做法，會讓自己陷入矛盾，而下一位發言人則乾脆忽視這些矛盾。儘管央行經常改變論點，但結論始終遵循相同的底稿，無論是哪位發言人在坦誠表達其「個人意見」：央行在一九九〇年代已盡其所能（降息幅度已經足夠；央行別無他法可增加信用的數量進而刺激經濟）。

在二〇〇一年三月十九日，央行政策突然大轉彎，正式實施所謂的「量化寬鬆」（Quantitative Easing）政策，儘管此前十年一直宣稱不可能執行這樣的政策。然而，日本銀行的發言人仍持續重提舊有理由，說明為何這項新政策（雖已正式採用）不可能奏效。央行堅持不願接受任何主張應採取更大規模貨幣刺激措施的合理論點，它的這種態度讓許多觀察家得出一個結論：央行的說詞只是為了執行預定政策所找的藉口。

一名長期關注日本銀行政策的美國知名經濟學家最終抱怨道：「近年來，日銀官員為了避免採取行動，以極小的制度或技術問題為藉口，但逃避的程度與問題的大小根本不成比例。」[2]與此同時，儘管央行舉辦了無數場的研討會、會議，提供海外教授獎助金，加上政界領袖和評論家大力呼籲實施量化寬鬆，央行仍然無視這些自一九九八年前後就已蔚為主流的建議，並拒絕增加貨幣供給。[3]建議遭受忽視的許多學者，或許會想起長期擔任央行顧問的傅利曼談論聯準會時說過的話：「我參加過許多所謂的學術顧問會議……然而，我最後得出的結論是，這些會議純粹是作秀。我完全看不出顧問的意見對聯準會的行動有任何影響。事實上，邀請特定人選擔任顧問的選擇，似乎是想刻意確保他們的意見會相互抵銷和矛盾，好讓聯準會能自行其是。即便有罕見的幾次出現接近共識的場合，我也察覺不到這對後續政策有任何影響。」[4]

與此同時很明顯的是，日本銀行的關鍵人物很早（比大多數的經濟學家早了好幾年）就充分理解這些問題和可能的解決方案。[5]在一九九二年，有位敏銳的記者詢問一名日本銀行關鍵官員：「央行是否應該在降息之外，輔以量化寬鬆或擴大貨幣的供給？」這位官員的回答是：「過去我們的常規取徑是同時關注利率和數量這兩個層面再做決策，並廣泛地運用窗口指導等能夠施加限制的手法。但現在自由化已有所進展，日本銀行也廢除了窗口指導。如今，要判斷寬鬆的程度是否足夠，只需看利率是否下降得夠多即可。說個完全不相關的，我認為未來的一個重要問題是，在金融機構持有不良資產的情況下，銀行的行為是否會與過去不同；換句話說，當日本銀行實施同樣的降息的貨幣政策時，銀行的行為是否會與過去不同，以及貨幣政策的傳導機制是否正在改變。」[6]

這段訪談訪問到的是當時擔任日本銀行常務理事的福井俊彥，他透露出自己熟悉窗口指導的信用管制，以及當時尚未浮現的問題：銀行的信用量將大幅下降，「徹底改變銀行的行為」，導致日本銀行官員後來所描述的「貨幣傳導機制的崩壞」情況。他的見解令人驚訝——有些經濟學家花了將近十年才得出這樣的結論。更重要的是，（在一九九四年至一九九八年間掌控央行政策的）福井甚至告訴我們他打算如何處理這些問題：什麼都不做，因為基於某些未明說的原因，也與過去五十年的態度不同，「要判斷寬鬆的程度是否足夠，只需看利率是否下降得夠多即可」。這正是福井在一九九四年成為副總裁之後的作為，由於當時的總裁是前大藏省官僚，他成為日本銀行的實際領導人。

貨幣政策的目標：永續成長

在日本銀行發言人多年來持續否認央行可以注入更多資金，或是這類政策能對經濟產生任何影響之後，資深副總裁山口泰近期承認：「大體而言，如果央行持續購買各類資產，從定義上來說，最終確實可能會帶來通膨。」[7]換句話說，他同意央行可以藉由購買更多資產（如債券，並以創造出的信用支付）來減緩通縮。山口在同一場演說中也承認，通膨不可能在經濟復甦之前發生：「預期通膨會先出現，接著才會經濟好轉或成長率提升，這種假設並不正確。過去發生的順序正好相反：先有經濟的好轉和成長率的提升，隔段時間才會出現通膨。」[8]確實如此。因此問題依然存在：既然山口副總裁已經承認正確的因果關係，為何日本銀行不透過購買更多資產來創造更多貨幣，進而刺激需求、帶動復甦，並減緩通縮呢？山口告訴我們：「我們的目標不是帶來通膨，而是實現永續成長。」[9]根據山口承認為真的因果關係（即通膨不可能在經濟受到刺激和復甦之前發生），他的說法幾乎是在說央行的目標並不是減緩通縮或刺激短期的經濟成長。它的目標反而是「實現永續成長」。讓我們來看看其他的證詞。

「永續成長」並非新的說法。反而在過去十年來，日本銀行的發言人就跟古羅馬政治家老加圖（Cato the Elder）一樣，習慣每次演說都以相同的句子作結，他們大多數的演說都會包含這個神祕的說法，也就是「央行政策的目標」是達成「永續成長」。[10]僅舉幾個近期的例子：「為了奠定日本經濟穩定且永續成長的基礎，日本銀行決心要持續盡一切努力履行央行的職責」；[11]「日本銀行……與各界共享同樣的目標，即將經濟帶回永續成長的軌道」；[12]「會相對應調整貨幣寬鬆的政策，以實現永續成長」。[13]甚至日本銀行的政策委員會也一再發表聲明，表示其貨幣政策旨在「使日本經濟重返永續成長的軌道」。[14]

長期目標萬歲

因此，要理解日本銀行貨幣政策目標的關鍵，在於正確解讀日銀領導人所說的「永續成長」究竟是什麼意思，以及他們認為要採取哪些措施來達成這個目標。人們會很容易將這個說法解讀為：央行希望刺激經濟並投入週期性的需求管理。然而，非常令人驚訝的是，央行在其諸多公開聲明中從未清楚表示要在短期內刺激經濟，也未曾採取一致的風格來執行這類政策。他們的作為恰恰相反。

央行家明確區分短期和長期的定義。三重野總裁在一九九四年的一場演說中多次提到「永續的經濟成長」是其政策目標，並清楚將其定義為「中長期」目標。[15]其他的央行家也重複他的說法。例如速水總裁經常談到「長期永續成長」是央行政策的目標。[16]

若要實現他們的長期目標，會對經濟帶來怎樣的短期效果？過去十年以來，日本銀行發言人已經明確且一再告訴我們，他們的「長期永續成長」的目標，可能會需要經濟在短期內惡化，這便與短期內刺激經濟的作法背道而馳。早在一九九三年三重野總裁就指出：「當我們歷經眼前的調整階段時，我們對於政策管理所設定的最重要目標，**不是達成短期的經濟條件改善，而是實現非通膨性永續成長的長期目標。**」[17]一年後，三重野警告：「在執行貨幣政策時，雖然我們完全認知到受到負面影響的人的痛苦，但我們必須從中長期的角度來看，著眼於整體經濟活動的穩定。」[18]三重野以一貫的例行結語作結：「最後我要說的是，日本銀行將繼續盡一切努力，使日本經濟走上中長期非通膨性永續成長的正確軌道。」[19]

在短期內實現復甦的政策，和短期內造成衰退但可能在長期帶來「永續成長」的政策之間，日本銀行一再表示會偏好後者。以三重野的標準來看，央行在一九九〇年代的政策因此並不算是失敗。通膨在一九九〇年代並未構成問題。短期的痛苦也顯而易見。另一方面，貨幣政策的正面效果，只會實現在不知何時到來的長期未來。

這當然正是英國經濟學家凱因斯在一九二〇和一九三〇年代所要批評的政策和論點，他那句經常被引用的話就是對此的提醒：「這種**長期**觀點反而會誤導我們對當前事務的處理。從**長期**來看，我們都死了。」[20]

何謂「永續成長」的定義：結構轉型

那麼，日本銀行對於未來所要實現的「永續成長」美好願景，其定義究竟為何？甚至，日本要到何時才能達到這個目標？首先，讓我們探討阻礙永續成長的因素是什麼。速水總裁告訴我們：「在日本失落的一九九〇年代背後……有個基本的結構因素……就是過去支撐日本戰後經濟發展的諸多體制已經難以為繼。」[21]由此可見，從日本銀行的角度來看，日本戰後的經濟體制似乎就是實現永續成長的主要障礙。其他日銀官員說得更直白。擔任總裁顧問的白川在二〇〇一年表示，永續成長的「先決條件」就是「結構改革」。[22]

早在一九九三年，三重野總裁不僅談論結構的改革，更提出需要一個更全面的**結構轉型**：「從我對理想經濟狀態的描述當中，你可以看到這與《廣場協議》之後以及其後續日圓快速升值的期間，日本所追求的經濟面貌極為相似。當我回顧過去，我認為日本當時所承諾展開的結構轉型，在近期的經濟榮景與泡沫現象期間逐漸遭到忽視。如今，日本再次意識到實施這類轉型的必要性……我的確想要重申，在管理國家的貨幣政策時，必須謹記這些中長期目標（推行結構轉型）的重要性。」[23]

日銀政策委員會的委員植田和男解釋道，這種結構轉型或改革在「短期內可能產生通縮壓力，但過一段時間後將創造出更有效率的經濟體制」。[24]日本銀行政策委員會甚至宣稱：「結構改革可能伴隨痛苦的調整。然而，若不進行這些調整，就無法提升生產力或實現永續的經濟成長。」[25]速水總裁解釋說，為了達成結構改革的長期目標，必須接受短期衰退：速水總裁承認，許多人認為「使經濟重回景氣循環中的復甦階段是項重要的課題」。[26]但是，跟三重野前總裁一樣，他在同一場演說中解釋道，這並非優先目標：「然而，**更重要的是**，日本必須沉穩地推動結構的改革，才能重拾經濟活力，度過目前的困境。」

綜觀日本銀行高層的官方聲明紀錄，我們可以歸納出以下關於貨幣政策目標的重點：這項政策並非為了實現短期的復甦。其目標而是達成長期的「永續成長」。而這個目標，唯有在完成結構變革，甚至是結構轉型之後，才有可能實現。

結構變革如何透過貨幣政策實現？

這一切乍看之下似乎令人困惑。央行掌管著貨幣政策。一方面，其所宣示的貨幣政策目標是實現永續成長；另一方面，它表示實現永續成長的先決條件是完成結構改革。然而，我們知道日本銀行既無職權也無監管權力能直接對結構進行改革。因此，接下來的問題顯而易見：央行如何能透過結構改革來實現其所宣示的貨幣政策目標，也就是達成永續成長？

日本銀行要如何透過改變「支撐戰後日本經濟發展的體制」來完成結構改革？[27]我們知道它只能運用貨幣政策來達成目標。但它會運用貨幣政策來推動結構改革嗎？如果會的話，它究竟該採取什麼樣的貨幣政策，才能達成目標並促進經濟的結構轉型？

最後，難道這不是一項超出央行權限與職責範圍的政治議題嗎？日本銀行並不這麼認為。總裁顧問白川解釋：「要改變體制的框架並推動結構改革並不容易，因為這必然涉及所有與經濟主體相關的既得利益。」[28]這正是日本銀行認為自己可以發揮作用的地方，它也意識到評論家指出的問題，也就是：結構改革無法刺激需求。[29]政策委員會委員植田和男同意「這種手段可能在短期內產生通縮的力道」。它的目標在於長期成效，當結構改革「在一段時間後將創造出更有效率的經濟體」。[30]

那麼，目前的貨幣政策要如何有助於實現**長期**目標？針對這個謎題，央行家已告訴過我們令人驚訝的解答：那就是透過不提供協助來提供協助。日本銀行的白川解釋說：「進一步寬鬆（貨幣政策）不會有助於經濟復甦，反而會延緩結構改革的進程，而結構改革是永續經濟成長的先決條件。」[31]日本銀行的翁邦雄在談到短期的刺激政策時解釋：「現行的低利率政策會造成某些傷害嗎？答案是肯定的。作為止痛藥的低利率政策可能會進一步延緩結構調整的進程。當經濟復甦時，呆帳可能變得可以收回、過剩的庫存可能得以售出、過剩的設備可能可以重新運轉。」[32]依據他的說法，這種通常稱為復甦的狀態是應該避免的。這就是為什麼山口泰副總裁對於央行政策與結構改革之間的關聯能夠說「貨幣政策無法取代結構變革的政策」，而日本銀行面臨「重大困境」，即貨幣寬鬆會「緩解立即的風險」，進而導致人們「延遲採取終極解決方案的時間」。[33]這也是為什麼福井前副總裁可以說：「若考慮到經濟的供需情況，很容易想到要採取果斷的貨幣寬鬆政策……**但我們必須對進一步寬鬆——例如購買更多日本政府債券或設定通膨目標——所帶來的風險保持警戒**。」風險是什麼？「認為單靠貨幣政策就能帶來**永續復甦**的想法是值得人們存疑的……正如金融市場所告訴我們的，小泉首相提出的**結構改革**同樣重要」。[34]日銀所擔心的風險是結構改革遭延遲或甚至終止，而它已將結構改革定義為實現「永續成長」的必要條件。

這個概念已不算是祕密。媒體經常報導：「速水確信日本需要進行徹底的公司重組和銀行改革才能復甦，而他有責任推動這項工作……速水對改革的熱忱也帶有撙節的色彩。理論上，大多數的經濟學家（和政治人物）認為以超寬鬆的貨幣政策來抵消結構改革所帶來的痛苦，是個明智的選擇。但速水擔心如果他的政策放鬆過快，可能會減輕需要改革的壓力。」[35]

換句話說，結論必定如下：央行知道強力的貨幣刺激政策會帶來復甦，但它選擇了在十年間避免這麼做，因為這會延遲其改革結構的進度表。[36]華府國際經濟研究所的經濟學家波森同意這個結論：「藉由逐一排除的作法，並仔細閱讀日銀政策委員會的委員聲明，我得出結論：日銀消極接受通縮的主要動機是希望促進日本經濟的結構變革。」[37]

這解釋了為什麼央行一直讓人很困惑，它居然會反對其他支持結構改革的人所提出看似合理的想法：「如果這個結構改革政策對經濟有抑制或刺激的效果，就必須輔以適當的總經政策來抵銷這個效果。」[38]對於這類論點，速水總裁在二〇〇〇年五月反駁道：「當經濟復甦時，就像現在所發生的狀況，人們可能會因為安全感而忽視為結構改革所付出的努力。」[39]這就是他在二〇〇〇年再次緊縮貨幣政策的理由。事實上，只有在完全理解日本銀行對永續成長的定義，也就是實施影響深遠的結構改革進度表後，才能明白為何央行大多數的演說和聲明都否認短期內需要進一步實施貨幣刺激的政策：這類刺激被認為不利於實現**永續**成長，正是因為它會創造**短期**的成長，減輕人們所承受的痛苦與壓力，也就無法凝聚足夠的政治支持來達成結構改革的目標。

一九八〇年代貨幣政策的目標

央行家的公開聲明提供了答案。我們找到日本銀行在一九九〇年代推行各種措施的背後原因。該行從未打算刺激經濟，反而刻意採取緊縮政策，因為其所追求的政治進度表需要製造衰退。這項進度表的目標不僅止於改變日本的體制安排，更要徹底改造整個經濟體制。

但是一九八〇年代呢？當這些王子迫使銀行製造泡沫之時？當被告遭傳喚上到應訊臺時，他們會如何解釋這個時期的所作所為？當福井俊彥擔任營業局長時，他在一九八七年七月接受《日經金融新聞》日文版採訪，正值他剛啟動泡沫的時期。記者向這位關鍵人物提出了精準的問題。他問福井：「借款量正在快速擴張……您是否打算關閉銀行放款的水龍頭？」福井回答：「由於我們持續推行寬鬆的貨幣政策，若對銀行貸款進行數量管制將造成自相矛盾。因此我們無意收緊放款量。隨著經濟結構持續調整一段相當長的時期，國際失衡的問題正逐步獲得解決。貨幣政策支撐著這個發展；因此我們有責任盡可能長期維持的寬鬆貨幣政策。銀行貸款的擴張是很自然的結果。」[40]

乍看之下，這個回答似乎晦澀難解。但仔細檢視後，很快就能看出其涵義。[41]福井以「結構調整」必須「持續相當長的時期」為由，為制定過度寬鬆的貸款配額（進而製造泡沫）辯護。依據他的說法，早在一九八〇年代的中後期，日本銀行貨幣政策的目標就是透過這種「結構調整」來「解決……國際失衡的問題」。這裡似乎又出現了一個謎題：如果一九八〇年代的貨幣政策目標，如同一九九〇年代一樣，是要推動結構轉型，那麼日本銀行究竟該採取什麼樣的當前貨幣政策來支持這個目標？福井解釋說，要在一九八〇年代實現日本經濟結構轉型的正確貨幣政策就是「盡可能長期維持寬鬆的貨幣政策，因此銀行貸款量的擴張是自然的結果」。

福井的導師兼同僚三重野康似乎同樣明白他們掌管的窗口指導配額的含義。在一九九三年的一場演講中，這位時任總裁的人承認他知道泡沫必然會導致衰退。談到泡沫時，他說：「一旦出現如此規模的浪潮，必然會跟著出現重大的調整。」[42] 根據三重野的說法，這會帶來正面的效果。如我們所知，三重野和福井一樣，都公開支持日本的經濟體制需要轉型。

想要日本轉型並非小事。如我們在前面的章節所見，戰時經濟體制具有內部的一致性，滲透到經濟乃至社會的各個部門和層面。它塑造了勞動力市場、資本市場、公司治理的結構、法律體制，以及公司、官僚、政治人物乃至普通民眾的行為。要改變日本，似乎就等於要改變一切。只有拋棄舊有體制的所有特色，才有可能創造不同的經濟結構。要如何完成這項史無前例的巨大工程？三重野告訴我們，正是衰退迫使日本所有人「意識到實施這種轉型的必要性」。

衰退有利於改革

山口副總裁也展示出他對日本體制歷史起源的見解，以及當這套體制承受壓力時展開深層變革的可行性：「我需要指出一項觀念：體制和慣例並非一成不變。在**環境變遷的壓力**之下，它們會逐漸**改變**。例如，根據經濟史學家的研究，現在與日本的大公司息息相關的終身僱用制，要一直到一九二〇年代才獲廣泛採用。因此，我認為，直到經濟適應新環境為止，現有體制和慣例對經濟成長的制約只是暫時的……重要的是保持昂首前進，持續推動必要的結構改革。」[43]這似乎解釋了山口為何認為貨幣寬鬆會產生「減緩立即風險」的效果，進而導致「人們延遲採取終極的解決方案」。[44]

佐佐木呼籲日本轉型

我們已得出結論：結構改革的進度表，是一九九〇年代央行政策的一貫主軸。我們也發現這項政策早在一九八〇年代就已經出現。現在我們需要探討的是：這個結構改革的進度表從何而來？它是基於哪套理論？以及已推行了多久？藉由探討這些議題，我們或許能對以下問題的解答獲得進一步的發現：為何這些王子在一九八〇年代大幅擴張窗口指導的銀行貸款配額量，進而促成泡沫經濟的形成？

既然人們都知道這些王子會緊密合作，因此若檢視福井與三重野的前輩（也就是欽點他們的人）是否也有相同的目標，可能會得到啟發。如此一來，我們希望能進一步闡明發生在一九八〇年代的諸多事件的背後原因。因此，我們回頭去找那位聘用年輕的三重野並冊封他為王子的人物——佐佐木直。佐佐木本人是第一位被「教皇」一萬田所欽點的王子，一萬田讓他主掌營業局並掌管嚴格的信用配給機制。按照計畫，佐佐木很快就接替一萬田的位置，掌控日本經濟超過十年。跟一萬田一樣，佐佐木身為實踐派的統制經濟信徒和干預主義者，他充分運用影響力廣泛的權力，決定經濟體中的資金配置，這模式與戰時新木與一萬田根據戰爭規畫人員所擬定的方針，控制與分配信用的作法相當類似。

儘管佐佐木擁有如此一流的規畫人員與管理者的資歷，但在一九八〇年代初期似乎出現了神祕的變化：看起來，他改為追隨一套截然不同的教義。他突然公開支持促成日本經濟的金融自由化的國際化。顯然他深信日本的經濟體制需要從根本進行改變。在將日銀的指揮棒交給前川王子後，佐佐木成為經濟同友會的會長，並以此身分在一九八三年一月提出一份名為〈往世界國家邁進的自覺與行動〉（世界国家への自覚と行動）——這是一份關於日本經濟改革與自由化的五年計畫。[45]

這項計畫呼籲日本迅速開放市場以利協助世界，主張經濟「必須從關注國家利益轉變為關注世界的共同利益」。它將農業、金融和服務業列為要快速且「完全」自由化的目標產業。這項計畫積極要求進行行政改革、強化政治人物在政策制定中的角色、終結管制與官僚的指導，並明顯強化首相的角色，賦予他能夠實踐強大領導力的權力。此計畫表示，這些變革將使日本和世界受益：「如此大膽開放市場的舉動，不僅有助於解決與歐美的經濟摩擦，且如果經濟結構有所改變，也將為日本經濟持續帶來活力。」由於這些革命性的改變，日本的經濟成長率將維持在高水準，五％的實質成長不會只是空談。[46]

這份報告的主要受眾是日本國人。雖然措辭婉轉含蓄，但在當時來說相當激進，因為它呼籲日本實行全面轉型，包括改變政治程序並終結官僚體制的權力。儘管措辭隱晦，它展現出對戰後體制菁英，特別是大藏省的正面攻擊。

一年之後，佐佐木透過經濟同友會發表的另一份報告繼續提倡他的訴求。這一次，他以國際化和投資組合多元化的名義，要求日本的銀行應積極擴展在海外的業務活動。為了達成這個目的，大藏省應放寬對銀行海外業務的管制（直到當時仍受到嚴格的控管），並允許信託銀行和證券經紀商在海外設立分公司。[47]政府採納了他的建議。大藏省提供一個體制的環境，讓窗口指導可以成功製造出泡沫以及在一九八〇年代日本資金大量外流的現象。值得留意的是，號召放寬管制的佐佐木，並未要求改變日本銀行能透過窗口指導嚴格控制銀行體制和管理經濟的作法。他反而暗示自己支持這種作法，因為在一九八三年，當官方說法是窗口指導已不再與貨幣政策有關時，佐佐木卻給出窗口指導仍然存在的證據。一九八三年四月，在一場關於金融自由化必要性的報導訪談中，一位熟悉金融的記者問他：「在金融自由化的時代，應該如何執行貨幣政策？」他的回答是：「官方貼現率的調整必須靈活且富有彈性。這正是日本銀行一直以來的目標，因此也可以說這份報告肯定了目前的官方貼現率政策。而有關日銀對私人金融機構的窗口指導，並未特別提到應該改變的意見。」[48]

前川的閉門會議

結果，一九八〇與一九九〇年代的貨幣政策確實展現出高度的「彈性」。當時佐佐木年事已高，無法親眼見證其理念與所謂的五年計畫的實施成果，但他可以信任他的繼任者前川春雄會為他繼續奮鬥。前川相當早就奠定豐富的國際資歷，他曾擔任日銀的國際局課長（部分的工作內容就包括與美國聯準會合作）。[49]之後，他被派任日銀紐約事務所主任，任期從一九五八年至一九六〇年。回到位於日本橋的東京總部後，前川被任命為國際局長，持續協調日本銀行與紐約聯準銀行之間的業務。在展開他的十年任期（先擔任副總裁，接著擔任總裁）之前，他曾以理事身分定期代表日本銀行出席ＩＭＦ和國際結算銀行（Bank for International Settlements, BIS）的會議。

在公開場合的發言中，前川追隨其導師佐佐木新制定的方針。他看似也熱衷於金融部門的自由化與國際化，但他對於解除管制的熱忱並未延伸至央行窗口指導的廢除，而這項政策在一九八〇年代仍持續實施。身為日本銀行總裁，他批評大藏省保護金融業免於外國競爭的政策：「像護航編隊那般協助每一家金融機構的作法並不恰當。」[50]跟美方談判代表的態度一致，他要求開放大額存款的短期利率，作為全面金融自由化的第一步。

然而，前川必須謹慎行事。身為央行總裁，他推動日本經濟體制變革的作為不能太過公開。政治人物與官僚，特別是大藏省的官員，可能會提出反對，並指出這些議題並非央行該關心的事務。大藏省很可能會主張，這些都是需要透過民主制度來決定的政務。

在擔任副總裁的期間，前川與「關東軍」小組成員密切往來，這些精挑細選的菁英分子透過窗口指導的信用管制來掌控日本經濟。他們每天晚上都在日銀總部新大樓的八樓，也就是主管樓層，舉行封閉的圓桌會議。參與者的名單受到限制，討論內容也不對外公開。雖然依法前川必須向來自大藏省的森永總裁報告，但他並未邀請這位「老前輩」參與每日的討論。《日經》曾報導，森永「豁免」這樣的閉門會議，可能是因為他認為自己透過利率政策就能掌控經濟。如同許多省廳官僚一般，森永似乎完全不知道神祕的窗口指導管制扮演著怎樣的角色。[51]

〈前川報告〉

在掌控貨幣政策十年後，綽號「麥克」（Mike）的前川春雄於一九八四年十二月將經濟的控制權移交給三重野。跟之前佐佐木的狀態一樣，卸任總裁讓他得以從事遊說活動，並更公開地策畫並推動其改革目標。[52]前川與佐佐木，以及其他理念相近的國際主義人士的遊說確實產生了影響。在一九八五年十月三十一日，日本首相中曾根康弘成立了「國際協調經濟結構調整研究會」（国際協調のための経済構造調整研究会），其英文官方譯名為 The Advisory Group on Economic Structural Adjustment for International Harmony。中曾根任命前川擔任研究會的主席，負責「從中長期的角度研究有關日本的經濟、社會的結構與管理的政策措施」以及應該如何改變。在接下來的五個月中，諮詢小組共召開十九次會議，並於一九八六年四月七日向首相提交建議書。[53]媒體很快就用形塑其內容與結論的主席名字為這份報告命名，稱為〈前川報告〉。雖然〈前川報告〉獲得更多的媒體關注，但其內容大致呼應到更早期的佐佐木報告的訴求。不過，〈前川報告〉的建議更為詳細，用語也更為直接。

報告的開頭就點出結論：「現在就是日本在傳統經濟管理政策與國民生活方式層面，展開歷史性轉型的時刻。若**不進行這項轉型，日本將無法繼續進一步的發展**。」[54]報告所倡導的中期國家政策目標是「決心……穩定減少國家的經常帳失衡」。報告承認，「基本上，龐大的經常帳順差與日本的經濟結構」及其出口導向的特性有關。因此，「**日本迫切需要實行大刀闊斧的結構調整政策，並致力將日本的經濟結構轉型**，變得更為國際合作導向」。

這份報告讀來像是美國貿易談判代表的願望清單。報告首先呼籲行政改革——**基本上是廢除官僚的權力**：從原先由管制與許可主導的制度，轉向以市場機制為基礎的政策，實行「原則自由，例外管制」的規範。報告的目的是擴大進口、外國人更容易進入市場、並「徹底推動管制的解除」。即使是在高政治敏感度的農業部門，報告也呼籲開放進口並「更全面運用市場機制」。

〈前川報告〉呼籲日本「從出口導向的經濟成長，轉型為內需導向，由擴大內需所帶來的成長」。這項目標的實現方式是增加民間消費，以及將低附加價值的工廠遷往海外。政府透過減稅，以及增加休閒時間的作法（縮短工時、實施週休二日制、鼓勵員工多使用有薪假）來刺激消費。政府也能經由政宅政策與都市重建計畫來提升消費額，包含提供稅收優惠、放寬住宅開發的準則，以及減少建築規模與土地使用的限制。

為了「鼓勵進口製造業的商品」，日本應精簡配銷的體制，並檢討「配銷與銷售相關的各項限制」。報告也呼籲政府要嚴厲處理不公平或獨占的交易行為，「推動國家金融與資本市場的自由化與國際化」，並推動日圓的國際化。

延攬三重野王子加入〈前川報告〉小組

簡而言之，這份報告的目標是為整個政治體制帶來「轉型」：廢除戰時經濟的體制，並引進美式的自由市場經濟。報告中指出：「**全力達成**此一國家目標至關重要，本小組殷切期盼政府在全民的全心理解與支持之下，全力落實這些建議。」

前川的顧問小組延攬了當時身為副總裁的三重野王子成為成員，同時開除一些意見不同的人，包括備受敬重的經濟學家宮崎勇。[55]一九八七年五月，新版的〈前川報告〉出爐。這份報告從原本的十一頁擴增至四十一頁，基本上重申了第一份報告的要點，但加入了更詳細的改革具體方案。此外，報告也預估經濟的核心將如何從農業與製造業部門，轉向知識與服務產業。值得注意的是，報告也訂定目標完成的時程表：例如，知識與服務產業占GDP的比重，預計將從一九八五年的二十五％，上升到二〇〇〇年的三十二％。報告還計算了在解除管制後，新的部門可創造的就業機會數量。第三版報告於一九八八年六月發布。標題是〈新經濟計畫——與世界共生的日本〉。

〈前川報告〉是這份報告的非官方名稱。在這份報告中也進一步強調要在二〇〇〇年前實現日本結構轉型的明確進度表。在報告出版之後，〈前川報告〉在日本銀行內部被簡稱為「十年計畫」。[56]

運用貨幣政策推動結構改革

媒體與評論家對〈前川報告〉的報導和評論都帶有高度批判：觀察家察覺這項計畫的激進本質。因此認為它的野心太大。報告呼籲對日本經濟、政治和社會體制的各個層面推動全面的革新。要同時解決結構性的貿易順差、地價高漲、心態封閉的農業部門、生活品質的低落、工時過長，以及管制過多等根深蒂固且棘手的問題，這想法似乎過度理想化。毫不令人意外的是，在擠滿記者的〈前川報告〉發表記者會上，無禮的外國記者讓前川春雄很不好過：「我們已經聽過太多次這類說法了，」一位德國記者說：「為什麼這次我們該相信你？」[57]

雖然計畫明確指出想要達成的目標，但對於要如何實現這些崇高的目標？卻又尷尬地保持沉默。報告中唯一提到目標達成方法的陳述是：「**在落實這些建議之時，財政與貨幣政策會扮演關鍵角色。**」這是個耐人尋味的說法，因為財政與貨幣政策主要是週期性的政策，而報告完全著重於結構的變革，這會涉及管制、法律的修改與實務作法——換言之，這是個意在改變監管與體制框架的政治過程。沒錯，財政政策具備顯著的結構性特徵，因此提及財政政策是合理的。報告確實也呼籲進行財政改革，包括廢除儲蓄的優惠稅制。然而，令人費解的是，純粹週期性的貨幣政策工具如何能用於推動結構的變革。報告僅用下列文字說明這個謎團。「在確保貨幣穩定的同時，**需要靈活運用貨幣政策**以實現內需導向型經濟。」

這裡又出現了央行家（如佐佐木）所提出謎一般的要求——透過「靈活」的貨幣政策實施結構上的變革。根據《牛津英語字典》，「靈活」指的是「容易因應新情況而改變」。報告設想的時程很長，但卻要求立即展開：「由於改革經濟的結構與改善我國經濟的基本特徵是一個長期的過程，因此必須**持續努力並把眼光放遠**。然而，**相關政策必須盡快展開**。」

十二日會

這會引發兩個問題：究竟什麼是能夠推動〈前川報告〉所設想，能帶來結構轉型的「相關」且「靈活」的貨幣政策？其次，考慮到前川已不再擔任總裁，他如何能實施這種相關且靈活的貨幣政策？讓我們先評估第二個問題——前川對貨幣政策是否還有任何影響力？

前川在形式上可能已失去權力，但他並非局外人。作為日本銀行實際負責人三重康的前輩與導師，他能直接接觸到強大、不受法律限制的窗口指導信用管制機制。前川經常與日本銀行職員舉行私人會議。每個月的十二日（週末與假日除外），前川會在東京大倉飯店召集現任的日本銀行理事與局長級官員。他們必須獲得邀請才能參加。抵達後，他們必須報告日本銀行當前的活動與政策。前川隨後會針對該如何行事提供建議。能受邀參加這個由「麥克」舉辦的私人聚會（被稱為「十二日會」）是一種榮耀。由於王子間的效忠關係可追溯到數十年前，他寶貴的建議很可能受到三重野及其同僚的重視。[58]

遠端指揮

前川還召開了其他會議。前川派更核心的小圈子會在每月第一個星期一聚會，稱為「星期一會」。最常出席的成員是三重野和福井——後者在一九八六年時已是營業局長，早已被欽點是下一位王子和三重野接班人。而每兩個月，前川會從小圈子中再精挑細選成員參加「本石會」，這個名稱源自於日本銀行的地址：日本橋本石町。三重野自然在列，還有被選中的委員會成員如菅野雅明。不用說，時任日本銀行總裁的澄田智，以及其他大藏省的高層都不在邀請名單中。[59]

這類聚會是前川與日本銀行的業務仍保持密切關聯的鐵證。然而，他是否真能影響央行的運作，例如操控神祕的窗口指導？有證據指出前川對日本銀行的影響力可說無所不在。他對後輩與追隨者的控制大到能夠影響人事的決策，因為基本上是由前川決定日銀官僚退休後要空降到哪些公司擔任「天降官員」——這是最關鍵的人事決定之一，甚至可能是最關鍵的人事決定，因為日本官僚體制的薪資結構特性，真正的豐厚報酬要等到取得退休職位時才會實現。以下是由一名

《日經金融新聞》調查記者所提供的事實：曾任日本銀行理事的岡昭，就剛被任命為日本開發銀行的副總裁。但前川正在尋找一位忠實的追隨者來擔任東京灣道路公司的社長。[60]於是他要求岡辭去日本開發銀行的新職來接任這個職位。「當你到了像你現在的地位，你就不能自己決定自己人生的走向了。」前川對岡說。「所以，被這麼一說，我也別無選擇。」岡後來回憶道。[61]由於擁有分配優渥退休職位的權力，前川在面對央行後輩時，身處很有利的地位。

我們當然不知道前川究竟要與日本銀行的現任高層討論什麼。不過我們的確知道，他熱衷於讓他們深入參與他的十年計畫，因為他透過官方的途徑，將他欽定的接班人三重野康納入第二份〈前川報告〉的諮詢委員會。三重野當時的正式職位是日本銀行副總裁暨統治中的王子（無庸置疑的是，來自大藏省的日本銀行總裁澄田並未加入〈前川報告〉的諮詢委員會）。

三重野不僅是地位最高的純血日本銀行官員，他與自己欽定的接班人福井還掌控著窗口指導。因此我們必須認定，那些撰寫〈前川報告〉並訂定出要在二〇〇〇年前完成日本轉型進度表的人，也能使用最強大的經濟政策工具——窗口指導的信用管制。

需要的是：一場危機

因此我們回到第一個問題。前川和他的心腹如何能實踐〈前川報告〉的目標，並在二〇〇〇年左右達成目標所設定的數字？而他們所含蓄暗示的「彈性」貨幣政策又扮演著什麼角色？我們在之前看到，負責執行窗口指導信用管制的部門主管福井俊彥，他在一九八七年七月，第二份〈前川報告〉發表後不久表示，適合實施日本經濟結構轉型的央行政策是「持續的貨幣寬鬆政策」，並明確「擴大銀行放款量」。

這是另一個謎團。為什麼日本銀行的領導階層會認為，在一九八〇年代後半時期對投機貸款的過度放寬，是能正確實踐前川的日本經濟結構轉型的貨幣政策？為什麼相同的領導階層（福井和三重野）又認為一九九〇年代的緊縮信用政策是推動日本經濟結構轉型計畫的正確貨幣政策？福井和三重野怎麼會認為先製造泡沫，再造成嚴重衰退災難等級的貨幣政策是恰當的？

改革人士想要擺脫暫時經濟體制並為經濟體制帶來轉型，同時改變政治決策的結構（透過剝奪先前主導管制框架的省廳官僚的權力來達成）。從他們討論「轉型」的說詞可以看出，他們知道這無異於一場革命。為什麼這類革新從來都難以成功實施？因為任何體制都有既得利益的群體，因此不願改變現狀。前川及其夥伴必須克服舊體制中所有在經濟和政治上的既得利益者。政治人物對於過去的運作方式很滿意，他們從大公司和大藏省手中獲得豐厚資金，回到農村選區內進行政治酬庸。大公司也過得不錯：成功的出口攻勢已征服世界的市場，累積了豐厚的利潤。最後，官僚體制的整個權力基礎，是建立在能進行行政指導與核發各類許可的權力。特別是位居官僚菁英頂端的大藏省，會因報告提議的「金融去管制」計畫損失慘重。

面對這樣的形勢，媒體對於〈前川報告〉的出版會有負面回應是可以理解的。這樣崇高的任務從一開始就注定失敗。外國記者認為這又是來自東京的空談。確實有許多具有影響力的領導人，不論是在政界、商界，甚是是在官僚體制中，都抱持著國際主義的觀點。但他們顯然是少數。即使菁英階層中的部分人士，可能會被〈前川報告〉所提出的理性論述給說服，但大多數人，尤其是那些較不關心外國利益的人士，不太可能同意要徹底改變日本的經濟體制——因為正是這個體制創造了戰後的經濟奇蹟。這場革命很可能會無人理會。

歷史學家對這樣的阻礙並不感到意外。歷史的法則之一就是，國家要展開徹頭徹尾的改變，只有在特定條件下才有可能，事實上，全世界可能沒有任何國家能夠在沒有危機的情況下，在經濟、社會和政治體制上做出重大改變。由於任何體制都會孕育出既得利益者，變革往往只有當危機動搖了整個國家，並削弱既有權力階層的地位時才會發生。

〈前川報告〉並未詳細說明貨幣政策在實現其目標所將扮演的「重要角色」。三重野、福井以及他們在日本銀行內的追隨者要如何「立即實施相關的貨幣政策」？我們看到日本銀行也相信這個歷史法則，因為一位日本銀行官員表示：「要改變體制的框架並推動結構改革並不容易，因為這必然涉及到所有與經濟主題相關的既得利益。」[62]除非有危機降臨。

這是央行家能夠發揮作用的地方嗎？在一九九三年，當衰退已經出現（由窗口指導所引發）時，三重野指出，由於這次的衰退，每個人都開始「意識到實施這種轉型的必要性」，正如〈前川報告〉所設想的那樣。這番話出自那位負責窗口指導並造成泡沫的人之口，而且他在一九九三年就表明，他很清楚這樣的泡沫必然會帶來重大衰退。

窗口指導可能製造的危機

如果有人想要實踐〈前川報告〉中的建議、手中掌握了能操縱經濟的必備工具、並且擁有馬基維利式的思維，那他就可能會開始思考如何製造一場危機。

到了二〇〇〇年時，我已不是唯一一個得出「日銀想要利用貨幣政策來促進結構改革」這個結論的觀察家。[63] 如果日本銀行想要「立即」從一九八六年開始「靈活」運用貨幣政策這個週期性工具，以達成長期落實十年計畫中的結構轉型目標（就像日銀發言人告訴我們的那樣），那在邏輯上只剩下一種作法。貨幣政策必須被用來促成一場歷史性的危機，其規模要足以壓倒既得利益者（特別是大藏省）。

當然，如果貨幣政策可以一目了然，且是透過利率來運作的話，就不可能做到這個地步，但事實並非如此。什麼類型的窗口指導方式最能實現長期目標？只有兩個選擇：一是大幅收緊窗口指導的配額來立即造成衰退；二是大幅放寬配額來製造金融泡沫。前者的一大問題是，如果只是毫無理由地限制窗口指導的配額來造成衰退，那麼衰退的原因很快就會公諸於世（就像一九八九年窗口指導收緊限額時，實際發生的狀況那般）。反對者會抱怨窗口指導收緊得太多，也就很難再進一步緊縮配額。在一九八〇年代，日本銀行仍然必須考慮其政治對手和大藏省的意見，因為從法律上來說，日銀是後者的下屬。第二個問題是，雖然突然收緊配額可能會造成衰退，但危機的規模和持續時間可能不足以讓舊有菁英階層失去信譽，也就沒有足夠的理由強制推行前川、三重野，以及後來的福井、山口、速水和他們的同僚所談論的那種歷史性的結構轉型。最後一個問題是，大藏省才剛在《廣場協議》中承諾要降低利率並刺激經濟。因此，若要實施這項十年計畫，大幅放寬窗口指導的配額，是實務上唯一可行的選擇。這作法還提供額外的好處，也就是任何來自銀行家、央行家或記者的批評或情報洩漏（確實發生過，我們也有紀錄）都可以輕易地平息，因為只要解釋說窗口指導必須與大藏省的低利率政策保持一致即可。

因此演繹推理的邏輯迫使我們得出結論：在一九八〇年代，貨幣政策能夠「立即」用於實現於二〇〇〇年前日本完成轉型目標的唯一方式，就是採用第二個選項：利用窗口指導製造投機的泡沫。這一選項不會面臨政治上的反對，因此也就不會有人反對隨之而來所產生的危機。只要把貨幣的閥門打開，讓經濟體內充斥著資金，就算原本反對改變的人，一開始也會過得很好而不會抱怨。寬鬆的貨幣政策實際上收買了他們。在泡沫時期，公司的利潤飆升，房地產投機者和銀行賺取了巨額利潤，政治人物們以政黨捐款的名義收取了大筆資金，大藏省則對意外增加的稅收感到欣喜若狂。充裕的資金推高了全國各地的支出帳戶。由於經濟繁榮帶來的快感，商界、官僚和政治人物所組成的舊菁英階層都感到滿意。很少人有足夠的智慧發現到危險，並拒絕這些輕易得來的金錢。結果是當泡沫破裂時，一場大規模的危機就此爆發。這與邁達斯（Midas）因點石成金術而滅亡的經歷類似，一九八〇年代的寬鬆貨幣政策也有著高昂的代價。

前川和他的王子三重野、福井所控制的可能是唯一力量強到足以改變日本的操縱桿。前川在一九八九年去世，但他的繼任者仍掌握著權力。三重野和福井首先推高了全國的借款量，使其幅度遠超過國民收入的增長。在製造出投機性的泡沫之後，這些王子又確保它會以引人注目且駭人的方式破裂。正如三重野在一九九三年所證明的，一旦這些王子關閉貨幣的閥門，衰退就勢必會到來。過量的信用轉變為呆帳。癱瘓的銀行體制隨後引發了信用的緊縮衰退。如我們所見，這些王子本可以輕易終結衰退，但他們並沒有這樣做。與此同時，大眾的目光都集中在政治人物和大藏省身上。很少有人會去懷疑日本銀行在其中扮演的角色。

就像一九二〇年代沙赫特的德意志帝國銀行一樣，日本銀行在追求系統性變革的政治進度表時，表現得像一個「第二政府」。

外部動機

諸位王子的動機還有更多相關資訊可供參考。這些王子追求的目標與美國對日本的要求幾乎完全一致。自一九七〇年代末期起，美國開始對日本施加體制改革的壓力。首先，美國在與日本的談判過程中提出要求。從一九八〇年代初期針對日圓/美元的會談，到一九八〇年代末期的《日美結構協議》（Structural Impediments Initiative），美國一再要求日本改變經濟結構，不僅開放經濟體對外國進口的接納，並引入一個名義上以自由市場為原則（就跟美國一樣）的經濟體制。這些王子向來仰賴直接干預信用市場來操縱經濟。他們在一九八〇年代仍持續使用窗口指導的信用配額，顯示他們深信官僚干預和經濟「指導」的力量。然而，自一九八〇年代起，他們似乎也開始支持解除管制、自由化，以及放棄對經濟的直接干預手段。

十年計畫的內容與美國對日本的要求如此相似，或許純屬巧合。我們確實知道一萬田王子是由美國占領當局挑選的，且他在美國有密友。他的上司、管控信用的官員新木，從原本被懷疑是戰犯，到後來直接被任命為日本駐美大使。他們則盡早選出繼任者，藉此建立深厚的忠誠關係。

儘管在戰後初期，美國對日政策轉向維持戰時動員經濟體制，但到了一九八〇年代初期已有所變化。日本成功的戰時經濟體制對美國造成的成本日益增加。因此美國同意日本著手改革。這個想法在首次日圓／美元會談時就曾公開宣布，不是什麼祕密。佐佐木正是在那時發表他改革日本的首份計畫。不久之後，他的繼任者前川、三重野和福井都被發現他們支持日本經濟結構的轉型。有些人的公開場合發言較多，有些人則較少，但自一九八〇年代以來，他們都熱衷於廢除戰時經濟體制，並把日本市場開放給美國和全世界。

檢方重申論點

我們已經確定的是，福井、三重野和他們的同僚並非失去理智，且在製造一九八〇年代的泡沫和延長一九九〇年代的衰退時，都清楚知道其行為的後果。此外，我們也確認他們擁有一項廣為人知的動機，而基於該動機，他們的行為可被解釋為理性的行動方案——事實上，這是唯一有機會實現目標的方案。若在司法界，法官或陪審團現在會審視證據和證詞、進行商議，然後宣布判決。但三重野、福井和他們的同僚並未受審。他們仍逍遙法外。他們的繼任者仍掌握著權力。事實上，直到小泉純一郎首相採納日本銀行的結構改革進度表作為政府政策之時，福井俊彥就是政府金融體制委員會的委員，同時也是高盛（Goldman Sachs）的顧問，且儘管面臨政治上的阻力，但他仍是預計在二〇〇三年三月就職的央行總裁的主要候選人。

一九九八年，日本銀行在法律上獲得更大權力，現在它幾乎不必向任何人負責。作為政府機構，日本銀行對這些議題的回應不是保持沉默，就是提供不實資訊（例如，它仍在公開場合宣稱窗口指導在一九八〇年代已毫無意義）。儘管本書在日本成為暢銷書且受到廣泛討論，但日本銀行從未公開對書中論點提出任何異議。

第十五章
回到未來：美式資本主義的回歸

經濟衰退終結大藏省的主導地位

在一九八〇年代末，大藏省內那些聰穎且權力強大的官員，曾是日本新娘夢寐以求的對象。如果男方在自我介紹時，能夠拿出這個知名財政部門的名片，他不只能讓未來的親家，還能讓整個社會肅然起敬，回以最深的鞠躬與讚嘆。然而，大藏省男性職員的黃金時代已然結束。醜聞接連重創了這個部門。在一九九八年初，檢察官首次搜查了這個日本最具權勢的部門。憤怒的民眾經常在機關門口示威，抗議官員的作為。那幾年間，數名高階官員遭到逮捕，也有幾位選擇了自殺。在二〇〇一年一月，大藏省正式走入歷史。殘存的部分與曾在過去半個世紀叱吒風雲的機構相比，已判若雲泥。

由於一九九〇年代漫長的經濟衰退與危機，日本銀行的這些王子在與大藏省長達數十年的權力鬥爭中徹底勝出。當所有振興舊有體制的傳統政策似乎都已失效時，體制本身就會開始受到質疑。有些外國的評論家（本土的評論家後來也跟上）開始認為日本的困境源自於沒有遵從自由市場的模式。在他們看來，當強勢的官僚制定出諸多法規，並維持國內經濟體的卡特爾與封閉文化、公司無視股東對獲利的要求、僵化的終身僱用制度、以及公司部門背負沉重債務的種種情況下，日本會陷入衰退並不足為奇。對新古典經濟學家而言，真正令人驚訝的是日本的體制沒有更早就崩潰。作為舊經濟體制的象徵，大藏省被歸咎為失落的十年、惡化的財政危機，以及泡沫經濟的罪魁禍首。人們不僅指控它無能，更糟糕的是，還指控它貪腐。

結果，大藏省再也無力自保。它成為政治人物爭取民眾信任的最佳代罪羔羊。到了一九九六年底，大藏省在金融管制政策的戰役中敗下陣來，不得不同意全面放寬金融業的管制，也就是所謂的「金融大改革」。這項改革廢除了特許制度，這是大藏省最主要的權力基礎之一。到了一九九七年初，大藏省再次敗北，這次是輸掉對銀行體制的監管權。政府決定從一九九八年六月起，將這項任務移交給獨立的金融監督廳。大藏省的銀行局和證券局遭到廢除，這是過去難以想像的變動。新成立的金融監督廳在一九九八年六月展開行動，關閉了兩家「天降」銀行——日本長期信用銀行和日本債券信用銀行。到了一九九七年底，大藏省也失去了政治上的主導權，從那時起，所有與財政與監管政策相關的決定，都是由自民黨的政治人物裁決。

最重要的是，大藏省失去了關鍵的操縱桿，即貨幣政策的控制權和對日本銀行的監督權。一九九七年六月，國會通過《日本銀行法》的修正案，並在一九九八年四月生效。這項修正案終於給予日本銀行奮鬥半個世紀以來所爭取的目標——不受大藏省管轄，且為了安全起見，更是不受任何其他機構管轄（在第十八章將有更多相關內容討論）。

如果日本銀行是對的呢？

但我們發現，這些王子所追求的目標，遠不止於瓦解大藏省和獲得法定獨立地位。他們的目標是為日本經濟帶來結構轉型。儘管人們可以批評他們追求這個目標的手段，但如果改變日本的經濟結構這樣的終極目標並不那麼糟糕，而且可能符合日本和世界其他地區的長期利益呢？如果（也的確有很可能）他們所選擇的特定貨幣政策就是實施這項結構改革的唯一途徑，那麼央行家或許一直在做正確的事情。確實，媒體（尤其是外國媒體）似乎表示認同速水「擔心如果政策放鬆過快，可能會減輕需要改革的壓力」的言論——雖然他們到了一九九〇年代後期才開始意識到貨幣政策是用來改變結構。[1]

現在領導國家的政治人物也明確採用舊有的結構改革進度表，並認同製造困境來加快改革進度的想法。有些政治人物，譬如自稱改革派的小泉純一郎，他們的說詞可能是由日本銀行高層所提供的。小泉在二〇〇一年七月的日內瓦高峰會上，當被問及如何在週期性和結構性的改革政策間取得平衡時，他回答：「我說：『沒有改革就沒有成長』……因為我們決定『沒有改革就沒有成長』，我們不該推遲改革的進度並採取週期性的刺激政策。有些人說經濟復甦優先，不需進行改革。**但如果經濟復甦，改革的意願就會消失……**選舉後我將繼續推行『沒有結構改革就沒有成長』的**計畫**。」[2]值得注意的是，就經濟的因果關係而言，小泉並沒有聲稱結構改革對復甦是**必要**的手段。他只是**決定**宣布「沒有改革就沒有成長」，這精準地表達了日本銀行在一九九〇年代的座右銘。這確實只是對〈前川報告〉裡頭一句話的重申，報告指出日本迫切需要「在傳統的經濟管理政策和國家生活方式，帶來歷史性的轉變。缺乏這種轉變，日本就難以進一步發展」。

當然，很顯然一九九〇年代的經濟表現不佳，並非實施結構變革的充分理由。在一九九〇年代期間，日本銀行曾主張刺激性的貨幣政策將不利於其長期結構變革的目標，因為這些政策恰恰好能夠有效達成經濟復甦的目標。然而，這種說法承認經濟對循環性政策有所反應，因此也等於承認，一九九〇年代的經濟表現不佳，並不是改變日本經濟結構的理由。換句話說，支持結構改革的人承認，為了改變結構可能會需要短期的經濟衰退，但這麼一來他們也因此失去主張結構改革有其必要性的最關鍵論點。日本銀行實際上同意許多批評者的看法：他們認為若是不推動改革，經濟本可在一九九〇年代的大部分時間裡達成更高的成長率。若情況確實如此，那麼日本銀行為何想改變日本的經濟結構？

前川十年計畫的動機能否為日本銀行的行動提供合理的解釋？這項計畫主張，在全球化和國際化的世界經濟體中，日本無法繼續維持封閉的出口導向體制。日本必須對世界開放。同樣重要的是，該計畫也認為，改變日本的經濟結構不僅能終結貿易上的摩擦，還能提高日本的生活水準與品質，並促進日本的經濟成長率。這項主張只是為了安撫抗拒改變的保守民眾的話術？還是確有其理？

成長的支柱

戰後日本對戰時經濟體制的修改，仰賴著環環相扣的成功結果。日本經濟需要持續高度成長，才能維持系統的可行性。一如我們所見，在日本戰時經濟體制中，追求市占率擴張的目標取代了利潤的動機。股東獲得的股利不多，但透過股價上漲（反映再投資所獲得的利潤）而獲得報酬。因此持續成長是滿足股東的關鍵因素。這情境同樣適用於管理者和員工。在戰時經濟的體制中，他們的動力來自於在公司階梯中向上攀升。大公司的薪資標準最初相對微薄，但會快速提升。為了能夠信守終身僱用制和不斷上升的薪資承諾，公司有必要維持高度成長。最終，高漲且不斷提升的生活水準，能夠安撫在這個系統中幾乎沒有政治發言權的民眾——他們的生活品質低於歐洲或美國。換言之，戰時的經濟體制需要高度的經濟成長來滿足所有利益團體。

然而，成長最終是建立在出口的基礎之上。儘管在一九九〇年代出口只占GDP的不到十五％，但其重要性曾經更為龐大。內需被壓抑，國內產品的價格被人為操控維持在高點以增加儲蓄。過度投資而生產出的商品必須銷售到國外。

若沒有持續成長，這套系統便無法維持下去，或至少必須展開修改。快速成長的能力建立在兩根支柱上。一個是世界貿易的體制（實際上就是美國的體制），它允許日本侵蝕他人的市場占比。作為戰略上軍事利益的交換，美國允許日本延續戰時的經濟體制。第二根支柱是能夠持續將新的信用分配給具生產力的部門。通產省會協助辨別哪些部門有生產力。日銀的王子會參考其建議來配置信用。不具生產力的部門無法獲得購買力。透過這種方式，日本快速往高附加價值的產業發展，從紡織到鋼鐵，再到汽車、半導體和消費電子產品。

奇蹟模式的危機

在一九七〇年代初，成長的兩大支柱開始崩塌。從一九八〇年代開始，當日本的出口力道大到讓美國難以承受時，所有的美國政府單位都要求日本放棄出口導向並開放市場。隨著冷戰結束，美國也就更迫切推動這般政策的轉向，因為他們重新評估強大日本所帶來的政治和戰略利益。

日本無法忽視外國要求變革的呼聲：遭受日本貿易順差所苦的世界，可能會對日本的進口關閉大門。一直以來，人們認為這種威脅似乎不會發生在現實中，因為日本的商品在許多領域都變得很強大，難以想像要如何進行抵制。然而，貿易集團的形成和強大亞洲競爭對手的出現，改變了既有的平衡。儘管人們充滿懷疑，歐洲依然形成了貨幣的聯盟。北美洲與南美洲計畫在二〇〇五年統一為單一自由貿易區，之後可能會進一步形成貨幣聯盟。如此龐大的貿易集團可能變得可以自給自足，或至少不再仰賴日本的商品。

第二個成長支柱，即持續往高附加價值的產業升級，也顯示出疲態。在過去，從一九七〇年代的汽車產業，到一九八〇年代的半導體產業，所有新的高附加價值領域都出現在製造業。如今，日本已經到達製造業附加價值金字塔的頂端。即使人們把工廠合理化的程度與投資量加大到極致，頂尖製造商所能新增的附加價值量也趨於平緩。製造業的成長潛力正在縮減。

經濟社會所使用的主要生產要素是土地、勞動力、資本和技術。戰時經濟體制或許是在最短時間內動員這些投入要素，並確保它們用於被視為高優先層級業務的最有效方式。隨著越來越多的人加入勞動力市場、越來越多的土地被有效利用、資本投資增加，以及新技術持續從國外引進，經濟持續高度成長。然而，在高度成長數十年以後的一九七〇年代，日本已經很靠近這些生產要素的充分使用狀態。

更糟的是，投入要素的數量開始下滑。勞動力的參與率已達到高峰，且由於社會高齡化，參與率正接近下降的轉折點。國土的面積固定不變，提升土地的使用效益極為困難（雖然實施空間分散化和

圖十五．一：日本的實際 GDP 成長

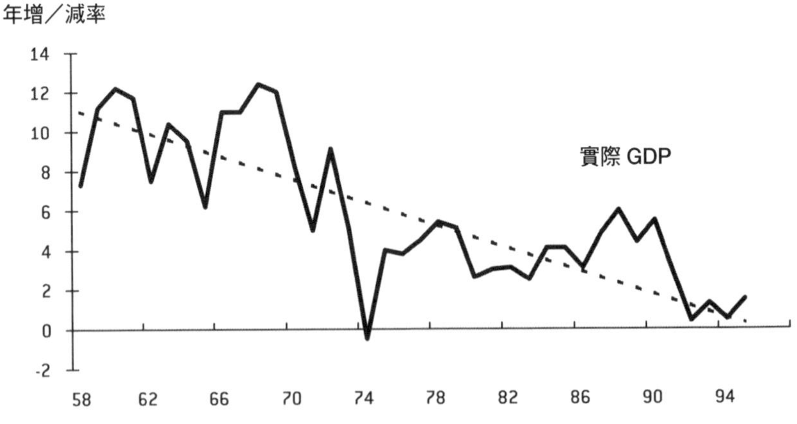

資料來源：經濟社會總合研究所；內閣府，日本政府

區域均衡發展可能是一條出路）。資本投資已經到了某個高點，任何新增的投資都會導致收益遞減。技術的投入變得更加困難，因為日本的技術已趕上世界領導者的水準。日本與其模仿或取得授權，現在需要更昂貴且耗時的研發。

日本正在耗盡所有投入要素。因此，戰時經濟體制不再能夠提供高度成長。從一九七〇年代開始，日本的經濟成長率急遽下降：一九五〇年代的平均成長率為八．七％，一九六〇年代為十％，而一九七〇年代僅有六％。[3]如「圖十五．一」所示，從統計的角度來看，日本的成長率自那時起呈現急遽下降的趨勢。若單純仰賴最大化製造業要素投入的舊有模式，經濟成長率至多只能在一％的水準徘徊。舊有的高成長體制已轉變為成長放緩的束縛。[4]

不僅戰時動員經濟體制的運作機制需要持續高度成長。其快速老齡化的社會也需要超過一％的成長率。勞動力將會很快開始萎縮，而養老金和社會福利所需的支出將飆升。由於日本選擇了隨收隨付的制度且消耗掉超額的收入，這將對日益減少的勞動力基礎造成巨大負擔。[5]如今，社會上每兩位社會保險的繳費者，就會對應到超過一位的退休金請領者。退休金領取人數上升如此之快，以至於大幅削減退休金和大幅增加繳納金額都將不足以應對。有人建議的解決方案是，將公共退休金的義務轉換為基於個人帳戶的確定提撥制，並投資於股權基金。但要養活日本老齡人口的唯一方法是增加日本的成長率。如果能夠創造更多財富，就能有更多資源與老年人分享。

提高生產力

日本有幾種方式可以擺脫成長放緩的束縛。日本經濟一直仰賴盡可能投入要素來最大化成長，但經濟成長的結果不僅是投入數量的多少；還涉及使用要素的品質高低——也就是生產力。由於戰時經濟體制主要奠基於對生產要素的動員，日本經濟幾乎未曾將生產力視為經濟成長的來源。日本的出口商以其效率和高品質的產品聞名。因此，當發現到日本在國際生產力的排名遠遠落後其他國家時，觀察家通常會感到很驚訝。[6]

生產力取決於適當的激勵機制。而最好的激勵受段往往是競爭。出口導向的產業一直暴露在最嚴峻的競爭環境中，即全球市場。這就是為什麼日本出口導向的公司擁有高生產力的原因。但大多數的就業機會來自內需導向的產業。戰時體制使國內的經濟體維持卡特爾化和封閉狀態。雖然存在排名的競爭，但競爭會受到卡特爾組織的限制。因此，其生產力未能發揮出最高潛力，尤其是非製造業的行業。考量到非製造業在經濟體中的高占比，這現象降低日本整體的生產力。

這處境為日本提供了一個機會。解決日本成長率下降問題的方法是提高生產力。如果日本能更有效地利用其生產要素，即使要素的數量正在減少，仍能提高成長。

提高生產力有幾種方式。一種是重新調整經濟結構，從出口導向轉而擴張內需，特別是面向消費者的產業。另一種方式是從投入要素為基礎的製造業，轉向重視非製造業的高生產力和具創意的活動，例如研究與開發、創新、資訊科技的相關產業，以及整體的服務業。這般轉變也符合人口發展的趨勢——更多退休人士代表著面向國內消費者、服務業、休閒產業和福利相關產業的需求增加。

因此，日本必須投入到它在現代史上從未做過的事情：將服務業和國內的需求轉變為經濟成長的基礎。在戰爭期間，快速成長並最大化實體產出是優先要務。服務業不重要，因此未被視為關鍵角色。生活品質被視為人們無法負擔的奢侈品。因此對於住房、公共設施、宜居城市、永續的自然環境、短通勤時間和實質的高購買力等相關的投資嚴重不足。這套體制也不允許太多的個人自由，因為這會妨礙執行集體目標的速度。無論是在工作場合還是公共領域，公開辯論和自由表達意見從來都不是戰時經濟體制的強項。這抑制了許多領域的創造力。

央行家可能由衷在乎日本生產力的提升。央行家之所以關注生產力，是因為在既定的生產要素投入之下，生產力會決定經濟體可達成的最大潛在成長率。他們主要控制經濟的名目成長率（通過創造信用的數量）。人們並不清楚這種名目成長有多少比例會是實質成長，有多少比例會以通膨的形式出現。這取決於經濟的實際成長率與其潛在成長率之間的相對關係。簡而言之，若名目成長率維持在潛在成長率以下，則會出現通縮壓力而非通膨壓力。工廠會閒置，失業問題浮現。在這種情況下，人們可以增加名目的成長（通過增加信用的創造量）而不會產生任何通膨。然而，若經濟的成長速度快於潛在的成長率，則物價將被推高，通膨隨之而來。這可能是由於創造了過多的信用（相對於既定的潛在成長率）、或潛在成長率在下降所致。因此，為了控制通膨，央行家非常關注潛在成長率，他們通常支持能夠提高潛在成長率的措施。

當前川與三重野在一九七〇年代後期使經濟再通膨時，他們可能憂心忡忡地注意到，超過五%的成長率會導致通膨——比過去還更快出現。日本的潛在成長率已經下降。隨著投入的生產要素減少，長期的潛在成長率將持續下降，除非生產力有所提升。顯然這些王子確信，可以藉由放棄戰時經濟體制、解除管制、市場自由化、打破正式與非正式的卡特爾組織，以及向世界開放日本經濟來提高生產力。這些結構改革家得到他們所期望的結果。

日圓升值加速管制的解除

伴隨著一九九〇年代緊縮貨幣政策出現的日圓升值（円高）現象，日本公司加速將製造基地轉移到亞洲各地的腳步，並幫助日本開放國內市場引入舶來品。前所未有的工廠外移浪潮，已實

圖十五．二：製成品的進口占比

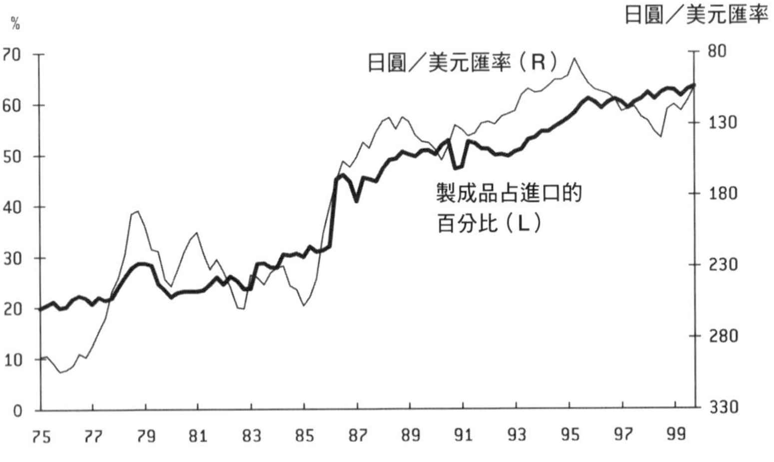

資料來源：大藏省

質上在日本境外創造出第二個日本。在一九九五年會計年度，日本在國外製造的產值超過了從本土出口的產值。

同時，強勢的日圓促進了進口的興盛。當然，有很大一部分是從已轉移到國外的日本工廠再進口到本土。然而，自一九八〇年代中期以來，來自歐洲和北美的進口量也大幅增加。日本戰時經濟的特徵是製成品在進口量的占比異常的低。強勢日圓改變了這項特徵；「圖十五．二」顯示，在強勢日圓的推動下，製成品在進口的占比從一九八〇年的低點二十六%，增加到二〇〇〇年的六十四%，這個數值正迅速接近德國或美國的程度。

工廠的外遷和製成品的湧入（無論是來自日本海外工廠還是外國公司）都迫使國內經濟環境有所變化。為了與不斷增加的進口商品競爭，公司必須降低價格、解決效率低下的問題並提高生產力。為了達成這點，公司必須改革招聘制度、裁減人員，並更加重視消費者的喜好。必須在國內的新興產業中創造新的就業機會。但直到現在，內需導向產業的效率仍較低。隨著舶來品在日本市場的占比增加，從半導體到啤酒，從鋼鐵到汽車，都是消費者不再願意為了維持強勁的出口而支付高額費用。

要如何提升內需和服務導向產業的效率？跟過去提升出口導向的製造業的作法相同：透過競爭。隨著製造業的基地轉移到海外，解除管制和提高進口商品的滲透率，就成為創造新就業機會的重要選項。解除一個領域的管制，反而會創造出經濟壓力，迫使其他領域要進一步解除管制。解除管制帶來的影響日益擴大——最初的進展極度緩慢，但後來迅速加快。

轉型的浪潮

一九九五年四月，由於面臨經濟低迷和日圓創紀錄強勢的雙重危機，日銀、通產省和政界的改革家，成功突破官僚對解除管制的抵制。日圓兌美元攀升到八十比一的衝擊甚至說服了頑固的保守派，日本別無選擇，只能選擇解除管制。因此，在日圓才剛來到歷史高點的幾週後，日本政府宣布了影響力深遠、共包含了一千項解除管制項目的方案。政府在該年末發布了《解除管制白皮書》（規制緩和白書）。此外，在一九九六年和一九九七年，贏得足夠政治支持的改革家，展開他們對舊戰時經濟體制的最大挑戰：金融部門的全面解除管制。「金融大改革」於一九九八年四月，從解除《外匯法》的管制開始。這行為確實象徵著戰時經濟體的終結，因為正如在前文所見，在一九三〇年代導入戰時經濟的開端，就是《外匯法》。

在此之前，只有獲得許可的外匯銀行才能處理外幣業務。現在，任何人都可以交易外匯。資本可以自由流入或流出國家。股票經紀業務佣金的自由化、不同類型金融機構間界線的模糊，以及向來自外部和日本國內其他產業（如零售商伊藤洋華堂）的參與者開放金融產業，都將全球領導公司的激烈競爭帶入了本土市場。所有對外國公司的障礙都已消除；通往國內金融產業乃至整個經濟體的大門，就此向世界開放。因此，外國公司大量入股日本的龍頭公司，而這在十年前是無法想像的。例如，美林證券（Merrill Lynch）接管了破產的山一證券、旅行者集團（Travelers Group）買下日興證券四分之一的股份，美國基金公司瑞普伍德（Ripplewood）收購了曾經強大的長期信用銀行。

日本正將其經濟體制轉向美式的市場，這也代表經濟的中心正從銀行轉向股票市場。為了吸引存款人將資金從安全的銀行和郵政儲蓄存款轉移到風險較高的股票市場，改革家已撤除對所有銀行存款的全額保障，並提議私有化或廢除掉郵政儲蓄的系統，同時為股票投資設立稅收優惠。

從集體主義到個人主義

自一九九四年中期以來，服務業僱用的人數超過了製造業，這可能是日本歷史首次出現的現象。與此同時，公司為了提升生產力，已從齊頭式的年功俸制，轉向能夠對有創造力的個人提供豐厚回報的績效獎金制。它們也採用彈性的全年招聘方式。隨著教育體制從以死記硬背為重點、旨在培養硬體生產人力的模式，轉變為鼓勵個人特質與創造力的系統，社會的風貌也將隨之改變。

在一九六〇年，有超過一千個豁免於《禁止壟斷法》的合法卡特爾。到了一九九八年，由於管制的解除，其數量已減少至接近零。[7]除了官方的卡特爾外，還有眾多特殊的法律對許多產業的後進者設置阻礙。然而，這些法規大部分已有所修訂。《大規模零售業法》（大規模小売店舗立地法）的修訂，使得消費者導向、經常打折的大型商場數量增加。電信業在一九九三年解除管制，這項鬆綁讓行動電話的數量大爆發，並大幅增加資訊服務業的就業機會。一九九六年《電氣公司法》的修訂，允許公用事業之外的公司發電。其他例子包括《汽油零售法》（揮発油販売業法）的解除管制。公訴檢察官也開始嚴厲打擊公司勒索者、建築業的「談合」（非正式的串謀協議）以及戰時體制所帶來的其他行為。[8]公平交易委員會（公正取引委員会）變得更強大，並在意義上更具獨立性。過去為壟斷者的利益所服務的委員會，現在似乎正在尋覓限制壟斷者影響力的手段。日本於一九九五年新頒布的《製造物責任法》，是首次對消費者明顯有利的法律。如果現在發生消費爭議，製造商需負舉證責任。

政治體制的變革

系統性的變革不只發生在經濟體制上。經濟泡沫崩毀後的眾多醜聞，也終結了自民黨於一九五五年以來穩定的一黨專政體制。在舊有的體制中，政治人物並非藉由提出不同的政策來競爭。因為政策是由官僚制定，政治人物僅專注於用公共工程的項目來安撫地方選區的選民。由於日本的《公職選舉法》賦予鄉村選票更高的權重（比都市選票高三倍），這代表政治人物必須特別去取悅鄉村選區的選民。這使農業的遊說團體對政府政策更具影響力。一九九三年的細川政府改變了選舉制度，從而改變了政治風氣，現在政治人物更加關注都市居民的想法。農產品的進口量增加。一九九三年，稻米市場被迫開放，這是因為政府將官方稻米的庫存量降低到戰後紀錄上的最低點。這導致惡劣天氣會使得稻米短缺，連帶影響輿論方向有利於稻米進口的自由化。[9]

隨著政治人物的權力越來越根基在都市而非鄉村的農場，他們發現選民喜歡更高的生活品質和生活標準。因此，幾乎所有政黨的政治人物自一九九〇年代中期以來，都競相打造自己是激進改革家的形象。他們開始從官僚手中奪回權力，並越來越常做出關鍵的決策。一九九七年十月是戰後歷史上首次，所有刺激經濟的政策措施都來自於政治人物，而非官僚。

小泉政府的到來，讓人想起先前細川執政的改革政府的聲望。然而，到那時，對國家進行深層結構轉型的共識，已深深扎根在日本人的腦中。小泉的聲望也是他能持續執政的一個更重要的因素：這是日本首相第一次因為他獲得選民普遍的支持而上臺，而不是獲得自民黨派系的支持。

改變日本的十年

前川的十年計畫極力呼籲日本的經濟重返曾存在於一九二〇年代的那個更自由的市場，並將經濟的導向從生產者轉變回到消費者身上。因為這些王子所採行的政策，到了一九九〇年代末，所有重大的目標都已實現。其中最重要的是，大藏省的權力已經被大幅削弱，而日銀在一九九八年獲得獨立。隨之而來的是官僚對解除管制的抗拒也被打破。但事情還沒告一個段落。改變日本的計畫所啟動的經濟動力，至今仍在發揮作用。泡沫經濟實現了三件事：首先，它教會了日本消費者，花錢可以是件享受的事。在一九八〇年代末，炫耀性消費首次出現在戰後的日本。儘管這些舉動主要集中出現在富有的投機者身上，但這現象消除了炫耀性消費在過去數十年來所承擔的社會污名。泡沫的第二個實現，是推動日本對外投資的浪潮，一部分是為了將工廠轉移到海外。第三個實現是泡沫為經濟的衰退奠定了基礎，而衰退則繼續再教育消費者：它教導剛開始理解購物樂趣的消費者學會去要求物有所值。由於一九九〇年代的通縮，日本市場首次出現「價格破壞」的現象，到處都看得到商品在打折。經濟的衰退也推動經濟深層結構的變革，因為公司被迫裁員、失業率上升，侵蝕了日本傳統的終身僱用制和以年功俸為基礎的僱用制度。

打擊戰時經濟體制的核心

一如我們在前幾章所見，在戰時經濟體制建立之際，公司透過交叉持股的方式稀釋個別股東的影響力，使管理者得以掌權，無須在乎支付股利並專注追求成長。由於日本採用德國式帳面價值的會計準則，即使股價下跌，公司仍能維持交叉持股。在沒有股東壓力的情況下，公司可以制定長期計畫並快速成長。帳面價值的會計準則還有額外好處，就是能夠保護公司免受股市波動所帶來的不必要波動的影響。這有助於整體經濟的穩定。

這種沒有資本家的資本主義體制，漸漸地在一九九〇年代陷入困境。股價的崩盤和信用的緊縮，迫使許多公司出售在戰時和戰後時期所形成交叉持股的股票。這也代表著股東權力的回歸。與此同時，因為在一九九〇年代日股股價出現下滑的趨勢，且日經平均指數在二〇〇二年的最後一天創下二十年以來的新低，外國投資者把握機會買下日本公司的所有權——這舉動是不可能發生在早些年代的。一九九九年三月，在東京證交所上市的股票中，外資持有的比例創下戰後歷史新高，達到十四・一％。到了二〇〇一年三月，這一比例上升至十八・三％，遠高於一九七八年的外國人持股比例二・八％的紀錄。[10]在戰後初期所建立、防止外資收購公司的保護性結構壁壘日益崩塌。外國的機構投資人現在要求日本公司提供比過去更高的股利和更優異的資產報酬率。

資本家的回歸

在批評聲浪中，財務省也同意從根本改革日本的會計準則。二〇〇一年的會計年度是日本史上首次根據市場價值的會計準則來計算公司帳目的年度。財務省此時急於取悅日本國內外的批評者，在眾人說服之下採用「國際上的最佳作法」，將會計的準則從帳面價值轉而偏好美國式的市場價值。儘管大多數的工業化國家並未採用這項會計準則，但財務省仍不為所動，因為最重要的是，這是一套美國準則。

改採用市場價值作為會計準則，乍聽可能只是沒沒無聞的會計師做出一項的無害舉措。但藉由這一看似無傷大雅的會計準則改變，簿記員取得了重大的進展，而那是數十年來備受矚目的美國貿易談判代表所做不到的。這項變化使公司急遽加速轉型，從戰時經濟的治理結構變成以股東為主的資本主義體制。由於公司和銀行因擁有表現不佳的股票而蒙受損失，它們有強烈的誘因去解除交叉持股的關係。因此，他們一直拋售先前穩定持有的股票，這種拋售行為的規模在財務結算期間會特別大，例如在二〇〇一年三月和二〇〇一年九月——每次都對股市帶來強大的下跌壓力。政府公布明文要求銀行在幾年內進一步減少持股的計畫。綿延著整個一九九〇年代的交叉持股解體過程，就由這項計畫畫下句點。到了二〇〇五年，公司治理的格局將獲重塑，主力銀行的體制正在成為歷史。公司間的交叉持股將成為例外，而非規定。結果，公司要對股東負責的理念，從一九二〇年代以來，首次成為現實。公司的管理變得越來越利潤導向，而且公司的經營是為了股東的利益，而非管理者和員工。為資本家服務的資本主義已經回歸日本。

變革在我心中

在國家改變之前，人民的思維必須改變。反對戰後體制的新共識，毫無疑問是因經濟衰退而生。這個共識可能有辦法進行量化。經過檢視日本的日本經濟新聞社發行的四份報紙，並計算在一年內專門討論結構改革的三個關鍵主題的文章數量，我們找到能證明這種變化的資料。[11]「圖十五．三」顯示，從一九九二年開始，關於「天降」（官僚降落到民間產業的職位，從而能夠以非官方身分控制他們先前所監管的行業）的文章開始激增。反映出日本封閉、出口導向的經濟結構的「國內外的價格差異」（圖十五．四）一詞，從一九九二年開始成為流行語。一年內有數千篇關於解除管制討論的現象（圖十五．五），也是從一九九二年才真正開始出現。人們可能會想知道那一年發生了什麼事。簡單的答案是：一九九二年是經濟開始衰退的一年。因此，舊的

圖十五．三：《日經》出現關鍵字「天降」的文章篇數

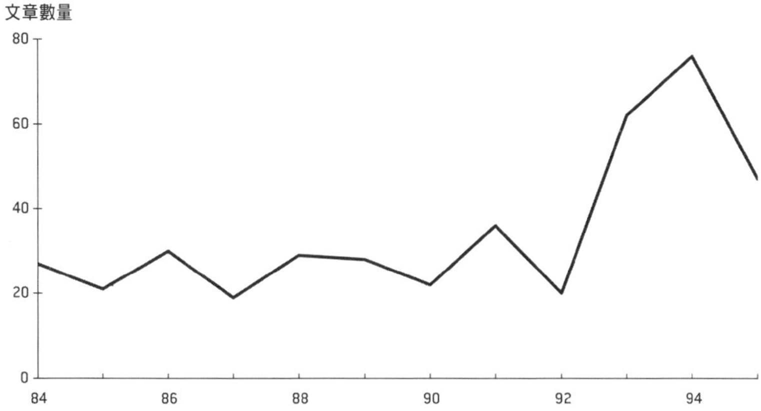

資料來源：《日本經濟新聞》

圖十五．四：《日經》出現關鍵字「國內外的價格差異」的文章篇數

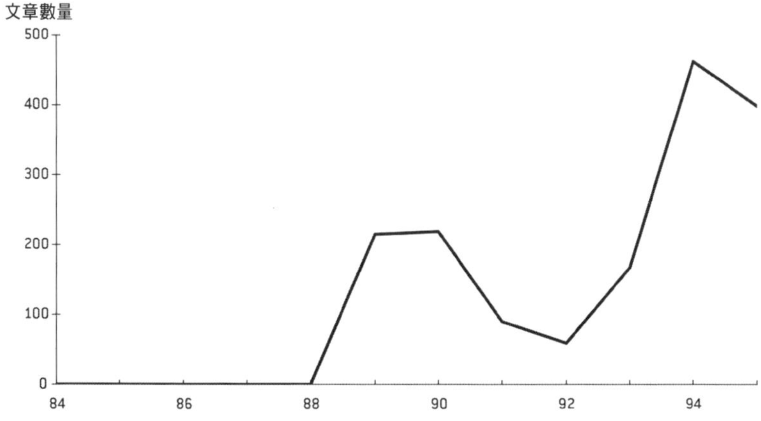

資料來源：《日本經濟新聞》

經濟結構遭受批評，人們開始反思問題的根本。[12]一九九〇年代泡沫後發生的經濟衰退，很成功地將民眾對戰時經濟體制的支持（在一九八〇年代中期仍是如此）帶來一百八十度的翻轉。如今，日本大多數的知識分子都會同意小泉首相（他在二〇〇一年上任，立志推動改革）的口號：沒有結構改革就沒有經濟復甦。「舊有體制不再有效且必須廢棄」已成為日本人的共識。

觀察家甚至開始意識到戰後體制源自於戰爭時期——這似乎能夠更進一步譴責它。擁有眾多讀者的《讀賣新聞》突然在二〇〇〇年中發表社論表示：「自泡沫經濟崩毀以來的十年裡，政府已經嘗試所有可行的財政政策。但經濟仍然持續低迷，因為政府從未嘗試徹底改革那些源自戰時體制、現已陳舊不堪的經濟與社會結構。」[13]對大多數

圖十五．五：《日經》出現關鍵字「解除管制」的文章篇數

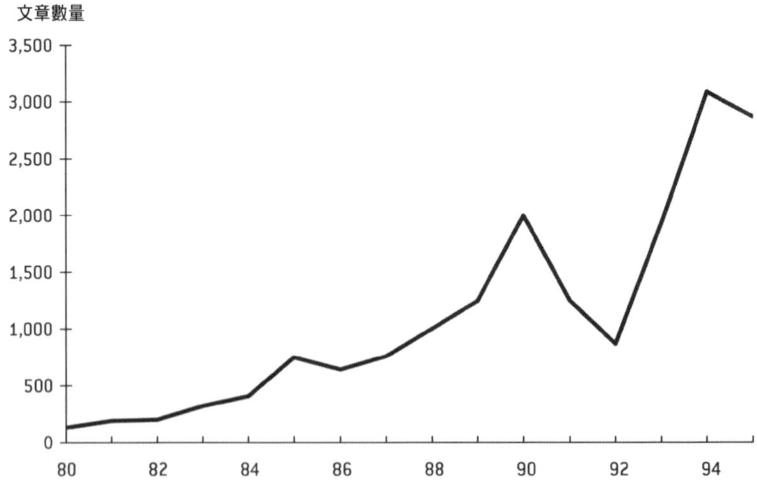

資料來源：《日本經濟新聞》

的觀察家而言，十年的經濟低迷似乎足以證明戰後的體制不再有效。

後世的歷史學家毫無疑問將會得出以下結論：一九九〇年代的經濟低迷，標誌出日本經濟、社會和政治體制的歷史性轉捩點。他們會認為體制本身是罪魁禍首，而政策制定者廢除掉創造出戰後經濟奇蹟的結構。他們放棄了戰時經濟體制。在實踐美式資本主義的道路上，日本現在取得很好的進展。看來日本銀行終究是做了正確的事情。

股東資本主義或福利資本主義？

即使我們忽略央行是以不當的方式促成這些結構改革，仍有兩個理由能說明其行動如何缺乏正當性。首先，日本有引入美式資本主義以外的選擇。

日本從一九七〇年代開始面臨生產要素投入量的下降和生產力低落的問題，這並不代表必須拋棄舊有體制。可以只要調整體制。政府所需要的只是運用關鍵的控制工具——信用創造，為非製造業和服務業提供新的購買力，尤其是高附加價值的業務，如教育、研究與開發、資訊服務、軟體開發和電信業，以及提升福利的計畫，如住房、公共設施、環保相關的計畫和產業。可以重新設計激勵的結構，允許更大程度的個人自由和公共辯論。分配給生產力低落業務的購買力，如傳統的分銷系統、製造業的夕陽產業等，可以緩慢淘汰它們，從而使這些產業自然萎縮，以及嘗試改造或移往海外。

透過這樣的信用政策，就能迅速改變日本經濟體制的重點。基於無資本家的資本主義，以及為規模而非利潤競爭，經濟奇蹟的結構可以維持下來。只要控制經濟的關鍵工具——信用創造，受到民主社會的監督，日本就能繼續實現高度經濟成長，同時提高人民的生活水準和品質、延續平等主義的所有權，並保護日本在社會正義層面獲得的成就。戰時經濟體制幫助日本避免了自由市場資本主義的缺點和顯著的人力代價，即龐大的收入和財富不平等、高失業率、高犯罪率以及各種社會不公。如果體制得以保留下來並因應時代而更新的話，就能維持這些優點。

歷史上有過成功修改戰時經濟體制並現代化其結構的案例。在戰後初期的幾十年內，德國歷經了類似的結構性破壞，當時在艾哈德（Ludwig Erhard）的領導之下，德國有意識地決定保留一九三〇年代所建立的經濟體制的優點，但改善了體制的目標：從產出的最大化轉向提高人民的生活水準。

德國模式

德國的最終結果結合了集體主義的戰時經濟體的和美式的自由市場。工人仍受到高度保護，也積極參與公司的管理，體制也確保公司產生的利潤能在三個利害關係組織——股東、管理者和員工之間公平分配。金融體制仍以銀行為中心，因而允許將新創造出的信用直接分配給有生產力的公司。房地產部門的投機性貸款因受到監管控制而保持在低水位，這代表房地產相關貸款的成數很低。同時，企業家獲得的獎勵遠超過戰時經濟體制所允許的程度。由於公司的結構，工人代表能確保合理比例的公司利潤會分配給工人與員工，而非只分給富有的資本家。因此德國的收入結構比美國更加平等。最重要的是，資源被分配用於提高生活條件。

德國人稱這種混合的經濟體制為「社會市場經濟」（soziale Marktwirtschaft）。[14] 戰後的經濟轉型超乎預期地成功，戰後德國的高成長率也被稱為「經濟奇蹟」。將購買力、房屋大小、通勤距離、工作時間、教育成本與品質等因素綜合考量的話，普通德國人的生活品質與水準毫無疑問在工業化國家中名列前茅，遠勝普通美國人。

日本在一九九〇年代本可選擇走德國路線。但提高生產力還有另一種方式：完全拋棄戰時經濟體制。藉由讓國內經濟擺脫法規和卡特爾的限制、放棄年功俸制，最重要的是，讓股東再次成為公司的終極控制者，企業家就可以獲得鼓勵，在新的服務產業中創辦嶄新、創新的公司。翻轉影響了日本半個世紀的戰時經濟體制，並回歸一九二〇年代自由競爭的資本主義，確實可以提升生產力。但在這種情況下，會喪失掉平等的「第三條道路」體制的所有優點，日本也將引入其領導人在一九三〇年代試圖避免的那些不受約束的資本主義帶來的缺點。

沒有公開辯論：由王子為你決定

「戰時經濟體制要改革和改進，還是完全拋棄它並引入自由市場」這項決定既然如此關鍵，應該也有必要廣泛舉行的公開辯論。當然，必須將從一套系統轉變成另一套系統的成本納入考量，這麼做會讓人傾向選擇德國模式。在理想的情況下，政府應該詢問民眾的意見，並根據公平客觀的資訊，以民主的方式達成決議。但實際上，從沒有對此有過公開辯論。甚至只有很少人知道這些議題的關鍵所在。

戰後前期的領導人知道他們運行的是戰時經濟，但出於政治理由選擇不去談論。冷戰的宣傳說法是戰後的日本採用了美式的政治和經濟體制。不願意說出真相的領導人（包含昭和天皇本人），將他們對日本經濟奇蹟起源的深層理解帶入墳墓。在一九八〇和一九九〇年代這兩個世代執政的官僚，甚至不理解自己國家經濟的真正特性與目的。同樣地，美國最重要的思想家對於日本戰時經濟的特性、優點和潛力也所知甚少。很諷刺的是，戰後有一整個世代的日本菁英被送往美國學習美式的經濟學，並取得博士和公司管理碩士的學位。他們帶著自由市場理論的訓練回到日本。然而，他們從未接受過關於本國經濟原理的正式訓練。而在戰後沒有一套理論能夠適當解釋日本戰時經濟體制的運作方式與優點（有部分是因為要掩蓋其源頭）。

由於新古典經濟學假設只有一種經濟體制存在，也就是不受約束的自由市場（股東和央行家在那裡享有至高無上的地位），年輕、聰明的日本菁英很快就開始複述美國經濟學家的論點。當美國的評論家要求日本改變其體制時，日本的經濟學家、商業領袖、官僚和政治人物都無法反駁美國的論點。許多年長的日本領導人出於本能認為，日本的體制為人民提供良好的服務，因此不該貿然放棄。然而，他們未能為其論點提供有說服力的理由。美國領導人憑藉著數十年來對自由市場的理論研究，輕易在公開辯論中取勝。因此，從未有過對於「應該藉由改革還是拋棄舊體制來提升日本的生產力」的辯論。那些負責窗口指導的人從未給這種辯論的機會。

改革的成本過高

當人們在考量是要修改日本的體制，還是透過長期且深度的衰退徹底廢除體制時，任何從成本效益的分析都必然得出以下結論：即便從長線來看會帶來結構上的好處，也沒有理由刻意延長經濟衰退。打個簡單的比方：週期性的政策旨在促進經濟成長，進而擴大國民收入的總額。結構性的政策則著重效率，也就是如何輕鬆切割與分配既有的總額。儘管根據某些指標的評估，結構的改革可能會些微提高經濟效率，但顯然十年經濟衰退帶來的龐大經濟與社會成本，已遠遠超過其潛在效益。為了施行結構改革而延長衰退，就像是為了能夠更輕鬆切開蛋糕，而將其尺寸縮到極小。

回到過去

許多觀察家仍深信，二〇〇一年四月上任的小泉純一郎首相所提出的改革計畫會對日本有利。其中他特別強調多家國營公司，尤其是郵局，應該要民營化。這確實是最為具體的改革計畫，也是小泉在其職業生涯中一直提倡的方案。然而，很難看出這樣的改革將如何影響經濟成長。在戰後，甚至過去一個世紀以來，國營機構的所有權都未曾改變。然而經濟的成長卻發生變化，日本在一九九〇年代陷入衰退，儘管政府並沒有增加對國營公司的所有權。從長遠的角度來看，若要說這之間有任何關聯，人們或許會發現經濟成長與這些國營機構的成立存在著正相關——它們的設立為日本驚人的經濟成長提供了部分的基礎設施。

那麼，民營化的吸引力何在？常見的論點是民營化會提高效率，因為市場的力量將使這些公司更具生產力和利潤導向。然而若跟其他國家比較，日本公部門就業人口占總就業人口的比例沒有太大。此外，公共服務的品質和可靠性在國際間必定名列前茅。

確實，將公用事業售予民間投資人可能會提高這些機構的獲利導向。但這一定是好事嗎？民間公司所關注的是企業主的利益。設立公部門機構的原因正是為了避免這種情況：它們應該為大眾的利益服務。眾所周知，市場無法有效管理每個人都能輕鬆獲益的財貨，像是環境、教育、公共基礎設施（如公園、道路和郵政服務）等公共財。企業主不會投入符合社會效率所需的資金。這種市場失靈的現象正是為何通常由政府掌控公共財的原因。這也適用於只允許少數幾家公司存在的自然壟斷產業。將經營權交由民間部門會導致壟斷，它們會透過提高價格和減少服務的數量與品質而對消費者不利。

日本引入國營郵政服務，是因為郵局會以同樣的價格服務包含偏遠地區在內的所有地區，這項措施對社會有益。民營化的郵政機構為了提高利潤，勢必會關閉大量的服務處。所有郵政服務的價格可能會上漲，而許多虧本但利民的服務可能會遭取消。普羅大眾的辦事成本將會增加。對新的企業主來說有效益的舉措，卻對大眾而言毫無效益可言。因此，民營化很有可能是將資金從普羅大眾的口袋轉移到新股東的口袋裡頭。

這現象同樣會發生在教育現場：教育是所有國家經濟發展的基石。為了提升日本的長期成長率並惠及多數的民眾，日本創立了學費非常低廉的公立學校跟大學。最優秀的整體教育水準，得透過開放、以能力為導向的教育體制才能達成，這套體制為所有人提供平等機會，無關父母的財富背景。教育一直是成功的平等、無階級社會（如瑞典、德國、日本和其他亞洲國家）的支柱之一，這些社會以擁有高生活標準而自豪。

小泉提議日本朝著英國的方向邁進，而英國的教育體制未能適當處理對經濟較不富裕學生的歧視，且國營公司的民營化顯然並不符合消費者和一般大眾的利益。[15]

人們有個揮之不去的煩惱是，國營機構無法提供員工有效的激勵手段，而民營化可以改變這一點。的確，如果員工表現不佳，應該要採取相對應的行動。但並不需要改變機構的所有權，而是透過實施正確的激勵結構來提高員工的績效。除了所有權的歸屬之外，國營和民營的官僚機構之間的差異實際上很小：大公司的結構與公務員的官僚機構很類似。

不能為達目的而不擇手段

我們檢驗了人們認為「日本銀行達成其目標的手段，或許可以因為它最終帶來好的結果，所以名正言順」的這個論點。然而，這個論點站不住腳。因此，日本銀行在過去幾十年採行的各式各樣政策，並沒有充分的經濟理由。這讓我們不得不承認：結構的變革最終仍是個政治上的決策。無論他們的終極目標為何，關鍵問題在於：推動一項牽動收入與財富分配、社會與經濟體制以及整體社會結構的長期變革的進度表，究竟是否應該交由未經民選的央行家來主導。無論是新版還是舊版的《日本銀行法》，都從未賦予央行這樣的權限。用波森的話來說：「日本的公民並未投票同意日銀推行這種促進結構重整的政策，事實上，也沒有民選官員委託這項任務給日銀，或將『鼓勵創造性破壞』的目標納入他們的指示中。」[16]故意製造經濟衰退，讓大眾對結構改革的「必要性」達成共識，必然是種濫用權力的行為。[17]

第十六章

通貨再膨脹：再創奇蹟

投資涵義：對日本的樂觀展望

在分析過往事件並適當提出批評之後，本章是針對想從我們的研究結果找出涵義，並調整投資策略的投資人和商業人士所撰寫。首先是結論：與多數人的觀點相反，我們認為日本的經濟衰退並非源自於體制內的深層問題。而是由日本銀行為了實行其結構變革的進度表而創造出來的。這也代表，只要央行的那些王子決定實施通貨再膨脹，日本經濟的復甦力道可能會比許多觀察家所預期的更為強勁。此外，就投資部門的配置而言，結構改革的進度表顯示日本正在進行的變革具有重大意義，這些變革很可能持續下去，並為海外公司提供前所未有的商機。結論是，不應看輕日本。日本反而具備著異常吸引人的前景。作為世界第二大的經濟體，日本迄今為止基本上不對外商開放，但現在正大幅敞開大門。此外，經濟的衰退使日本的物價降低，讓租金和房地產的價格與全世界相比之下更能夠負擔，並刻意損害了日本競爭對手的體質。從外國公司和投資人的角度來看，不把握這般罕見的機會將會大錯特錯。

從十三世紀蒙古人試圖入侵日本、到培里（Matthew Perry）的黑船、再到《廣場協議》，始終存在等著要看輕日本的人。如果歷史能夠提供任何指引的話，那麼最大的教訓就是，千萬別低估日本適應、面對和克服新挑戰的潛力。經濟衰退和日圓走強創造了危機的氛圍，緩緩推動民眾對展開深度變革有所共識，並為日本公司的重組提供動力。結構變革提高了生產力，因此提高了日本的潛在成長率。日本再次有可能不因通膨而達成四％成長率。

不要相信共識

二〇〇二年初，在衰退出現的十年後，日本經濟仍深陷其中。大多數的經濟指標指出，可能發生類似一九九八年的危機。日經平均指數跌至十八年來的低點。跟一九九八年一樣，人們擔心會出現系統性的銀行危機。宣布裁員進一步打擊了市場的情緒。在股價下跌超過十年後，許多投資人準備永遠放棄日本。

然而，如果我們回顧一九九八年的情況，當時瀰漫著悲觀的情緒，大多數的經濟學家預測日本的GDP將在一九九九年萎縮，但實際的發展是股市上漲超過五十％，實質GDP成長一．四％。然後，當人們上調經濟的預測時，經濟成長再次於二〇〇〇年放緩、股市下跌，日經平均指數在二〇〇一年九月跌破一萬點。市場共識再次變得堅定悲觀。

大多數的分析和經濟模型，都以利率作為主要的解釋變數。正如我們所見，這可能產生極具誤導性的結果。例如，一九九一年，許多投資人和顧問確信日本經濟將保持強勁，股市將迅速復甦。幾乎所有的證券公司都建議投資人買入日本股票，尤其是房地產業和銀行股票。日本銀行才剛開始降低利率——根據主流的理論，這必然會刺激經濟並推動股市上漲。但結果並非如此。日本的經濟以前所未有的程度暴跌。[1]

同樣地，利率也一直對美國經濟發出誤導的訊號。例如，在一九九一年，大多數經濟學家對美國的經濟成長極為悲觀。這種悲觀情緒持續到一九九二年和一九九三年，當時實質GDP成長率的預估值在零到一％之間。重要的金融媒體描繪著美國經濟的負面樣貌，大量使用**緩慢**、**令人失望**和**停滯**等形容詞。許多知名的經濟學家預測，經濟實際上會重新陷入全面的衰退。[2]多數人的負面看法甚至影響了政治的發展：一般認為，對美國經濟的普遍悲觀情緒是一九九二年十一月老布希（George Bush）競選連任失敗，而柯林頓（Bill Clinton）能夠入主白宮的重要因素。

但是當華爾街的專家預測經濟會長期衰退時，實際的情況卻完全相反。從事後看來，我們知道在一九九一年的嚴重衰退（實質GDP的成長率為負一．二％）之後，美國經濟展開了戰後歷史上最強勁、最長的成長期之一——一九九二年及隨後幾年的實質GDP成長率在三％至四％之間。由於利率在一九九〇年代逐步上調，標準的模型便持續低估美國經濟成長的強勁程度。實際推動成長的是穩定上升的信用創造量。同樣地，美國經濟的下滑，也可以從二〇〇〇年初，聯準會信用注入量的急遽減少看到端倪。

日銀在一九九八年實施通貨再膨脹的政策

日本的經濟在一九九九年暫時復甦，是因為日銀在一九九八年三月三十一日突然（且事後證明是暫時地）啟動了印鈔機，創造出在四分之一個世紀以來，最快的貨幣成長率。在隔天，新的《日本銀行法》生效，日本銀行獲得了法律上的獨立地位。或許它是在慶祝自己的勝利？

央行透過購買政府債券和商業票據，將新創造的貨幣注入經濟體。若從日銀所公布的標準貨幣供應指標來看，這手段並非立竿見影。央行沒有太大的誘因公開其行動的細節。雖然他們發表大量的金融資料數列，但卻大幅度淡化總體信用創造量的數據。因此，許多投資人和分析師專注於短期貨幣市場的操作，因為他們可以每天密切追蹤相關動態。然而，這些操作僅構成央行業務的一部分。

如我們所見，日本銀行的信用創造量，可以透過將央行的所有交易加總來衡量，包括提供給銀行體制的貸款、貨幣市場的操作、長期債券的操作、外匯的干預、沖銷的操作等。這可從前文提到的領先流動性指數看出來。如「圖十・一」所示，日銀在一九九八年奉行高度刺激經濟的貨幣政策。經過約一年的時間落差，經濟在一九九九年出現了出人意料的復甦。同時，匯率立刻有所反應——日銀注入大規模的流動性是日圓突然貶值的原因，美元兌日圓的匯率在一九九八年的中期跌到一比一百四十七。

在那個時期，有許多的貨幣模型預測日圓將會進一步大幅走弱。然而，事情的發展並非如此：日銀在一九九九年大幅減少信用的創造量，並在該年度的多數時間理積極從經濟體抽回信用。日圓回升到接近一百日圓兌一美元，一年之後，一九九九年的經濟復甦便停滯了。經濟的成長在二〇〇〇年開始減速。因此，股市也在二〇〇〇年的第一季達到最高點，然後下跌腰斬，從二〇〇〇年三月的兩萬零八百點，跌到二〇〇二年十一月的八千三百點。

小泉純一郎：符合王子心意的人

日銀於一九九九年再次實施緊縮貨幣的原因並非立即可知。但明顯可見的是，由於二〇〇〇年和二〇〇一年經濟的急速下滑，也進一步加快了結構改革的進度表。隨著衰退再次惡化，二〇〇一年的行政體制改革便依照規畫推動，大藏省在這過程中遭到裁撤。然後在二〇〇一年初，經濟衰退使得新形態的政治人物獲得執政機會，小泉純一郎成為首相。他就任時擁有驚人的支持度。就他受歡迎的程度和政策走向而言，他常被拿來與柴契爾夫人（Margaret Thatcher）或雷根（Ronald Reagan）比較。他要傳達的訊息很簡單：「沒有結構改革就沒有經濟復甦。」

改革派的小泉是合日銀心意的人，因為他堅信日本需要經歷結構改革。難道不該支持這樣的首相嗎？日銀的王子可能藉由他們緊縮信用的政策，暗中妨礙所有先前執政的政府。但對於首位似乎完全認同他們的結構改革進度表的首相，他們就沒那麼大的動機去搞破壞。[3]

這就是為什麼這些王子再次啟動印鈔機的原因。在二〇〇一年五月，商業票據購買量的年成長率超過五百％。債券的購買也迅速增加。我們的流動性指數也再次接近一九九八年三月的高位。日本銀行職員更首次對政府暗示，他們可能願意向一個專責收購銀行呆帳的國營機構注資──前提是滿足特定條件，即取消贖回權（foreclosure），這將創造不良資產的折價銷售，從而讓外國「禿鷹」基金得以在日本擴展業務。[4]

債券的繁榮拯救破產銀行

銀行的情況如何？購買銀行呆帳的國營單位的最新作法將完成對銀行的紓困。甚至在此之前，多數大型銀行的情況，在一九九七年和一九九八年就已有顯著改善。大眾幾乎沒有注意到這點。簡單回顧在一九九一年至一九九四年發生在美國的事情，將有助於說明這是怎麼一回事。

在一九八〇年代，美國銀行借太多錢給房地產投機者。我們知道，用於不具生產力目的的信用創造，最終必然會轉變為呆帳。當這種情況發生在一九九一年的美國時，美國的銀行受到傷害，信用的成長變為負值。結果，GDP在一九九一年萎縮。美國的報紙經常報導信用的緊縮。[5]直到一九九三年七月，葛林斯潘警告，「信用緊縮的現象……尚未結束」，經濟面臨著「強勁逆風」，這是由於「資產價值下降」和「過度債務負擔」所致。[6]然而，所有對經濟的負面預測，最終都證明是錯誤的。當人們突然清楚美國經濟真的在復甦時，債券市場在一九九四年二月崩盤，股票開始上漲。

發生了什麼事？當聯準會在一九九一年遭逢信用緊縮時，它重啟經濟的方式只有先靠自己印鈔，接著確保銀行會迅速恢復信用的創造。但即便是最頂尖的貨幣中心銀行，就法律意義上也面臨破產的邊緣。聯準會不願意讓他們違約（當然許多大型貨幣中心銀行是聯準會的股東，這也無傷大雅）。為了解決信用緊縮的問題，銀行需要轉銷呆帳並恢復回正常的資產負債表。大型銀行會需要資金，但用稅金來為像花旗銀行（Citicorp）或大通曼哈頓（Chase Manhattan）這樣的銀行紓困，在政治上並不可行。

銀行的獲利

隨著聯準會印製美元並購買債券，銀行也加大了債券購買的力道。由於央行和銀行體制都在購買債券，債券市場的動態只有一個方向，那就是上漲。殖利率的下滑反映出央行正在促進通貨再膨脹，而銀行則藉由增加收入和資本利得賺取利潤。當然，這一切代表經濟必定會復甦，但反過來也意味著債券市場注定會崩盤。事實確實如此。這為債券投資人造成巨大的損失。實際上，有幾家避險基金因而破產。但最大的債券持有者——銀行——表現如何？到了一九九三年底，銀行的資產有四分之一是政府債券。[7]儘管債券市場崩盤，但許多銀行不但未受嚴重影響，反而獲得了可觀利潤，並能夠轉銷掉幾乎所有的呆帳。如果假設債券的泡沫是央行精心設計要來救助銀行的話，這樣的結果就不足為奇。那麼，發現到銀行在市場高點賣出債券一事，也就不令人感到驚訝。技術上來說，銀行仍然擁有這些債券，因為這些債券仍在其帳簿上頭。實際上，作為債券的主要持有者，銀行不可能在現金市場上賣出它們。所以他們建立了空頭部位。在一九九三年底，許多分析師開始擔憂，美國銀行持有衍生性金融商品部位的迅速擴張。某些銀行持有這些不列入資產負債表的衍生性金融商品的規模，是其總資產的數倍以上。分析師不太確認該如何解讀這些統計數據，便將其歸因到日益複雜的銀行產品和金融工程。實際上，銀行主要是利用衍生性金融商品來做空債券市場。當債券市場崩盤時，他們會得到十分可觀的利潤。

扭曲的貸款統計資料

由於銀行在債券市場獲利，他們得以沖銷大部分的呆帳。然而，有另一個諷刺的點是：當銀行在一九九二年和一九九三年這麼做時，大多數的觀察家變得更加悲觀，因為他們發現到許多貨幣中心銀行的貸款成長再次轉為負值。這就是為什麼在一九九二年和一九九三年，對信用緊縮的擔憂幾乎無處不在。會造成這種誤解的原因是，轉銷呆帳對銀行貸款帳簿的影響：呆帳與前一期相比突然縮減，貸款就會呈現負成長。然而，這並不代表著信用創造的速度在放緩。

轉銷純粹是一種會計上的操作，與經濟活動無關。例如，如果銀行發放了價值五百億美元的貸款淨增量（貸款減掉還款），但轉銷掉價值六百億美元的舊有呆帳，那麼他們的貸款帳簿的金額將會縮減，因此觀察家可能會認為存在信用的緊縮，但實際上信用的創造量正在增加。只有轉銷後的情況會公開讓投資人看到。因此，在陷入困境的銀行體制獲得紓困的時期，需要對貸款成長的數據抱持懷疑的態度。這也是瑞典的經驗，他們曾經歷過大規模的信用繁榮後，又陷入信用的崩盤。[8]

當大多數的觀察家將瑞典視為一個絕望的案例，認為其銀行體制陷入崩盤且面臨嚴重的信用緊縮問題時，瑞典已經度過最糟糕的時期；一九九四年瑞典的經濟成長率約為四％。同樣地，當大多數經濟學家預期在一九九〇年代初期美國經濟的成長會陷入疲軟時，卻出乎意料地持續維持高成長率。

大型銀行從債券中受益

日本債券的第一次泡沫出現在一九九五年初期，當時債券的基準殖利率為四・七％，並一直持續到一九九八年九月，但此時債券的殖利率已經下降四百個基點，來到驚人的〇・七％了。[9]理解狀況的大型銀行獲得可觀的資本利得，部分銀行的資本利得可以媲美日本一九八〇年代後期，股票泡沫時期的水準。

日本的銀行與美國一樣，一直在利用衍生性金融商品做空債券市場。[10]最簡單的作法是購買賣權或賣出買權並賺取權利金。當這些收益被納入銀行的資產負債表時，就必須以某種形式的資產增加來呈現。實際上，所有銀行的彙總資產負債表上的「其他資產」項目，就是被用來記帳衍生性金融商品的交易。「圖十六・一」顯示了彙總銀行資產負債表中，僅被分類到「其他資產」的帳目。這個帳目通常不太引人注目。然而，它在一九九七年的中期開始急遽擴張。無論銀行到底做了什麼事，都幫助他們在最鼎盛的時期，將這個帳目的年增率提高到一百二十五％。當銀行的所有其他資產都在縮減或停滯成長時，光是這個帳目的擴張，就使銀行的彙總資產有著近五％的年增率——這絕非信用緊縮會出現的跡象。在一九九六年十一月至一九九八年十一月之間，銀行以某種方式增加了三十三兆日圓的資金。這套把戲在二〇〇〇年和二〇〇一年，又以較小的規模重演。結果，幾家大型銀行便積累足夠的資金來處理泡沫時期的呆帳。

圖十六・一：日本銀行的「其他資產」

資料來源：日本銀行

最主要的呆帳已經轉銷

許多觀察家擔憂，呆帳的問題可能比預期的來得嚴重。然而，我認為因泡沫經濟所導致的呆帳已經轉銷完畢，也就是一九八〇年代不具生產力的借貸所造成的「真正」的呆帳。

估算呆帳的難處在於，其規模要取決於經濟狀況。而經濟狀況又要取決於銀行狀況。這代表在景氣好轉時，銀行的資產負債表看起來會非常強健且持續在改善，而在經濟不景氣時，則會顯得脆弱且似乎持續在惡化。因此有必要區分「純屬週期性或次級」的呆帳（也就是如果經濟沒有衰退就不會出現的債務，且其中的大部分將能在經濟好轉時收回）與主要的呆帳。後者源自用於投機性和非生產力投資的信用創造。這些主要呆帳有一大部分來自一九八五年底至一九九三年底之間，銀行依照日銀的指示借給房地產、營造業和非銀行金融機構的貸款。若將這三個「泡沫部門」的貸款金額加總，我們會得出在一九八六年，泡沫部門的貸款總額為五十八．四兆日圓。到了一九九三年，這一數字已上升至一百三十一．九兆日圓。

從一九九三年銀行的泡沫貸款總額中減去一九八五年的數額，得到自上而下所估算出的非生產力信用創造的金額，約為七十四兆日圓。當然，借給經濟體其他部門的某些貸款也被用於投機目的。但同樣地借給這三個泡沫部門的貸款也並非全都是無生產力的；其中也包括對可執行計畫的資金支持。為了安全起見，我們再加上十五%，因此得到主要呆帳的預估總額為八十五兆日圓。[11]

銀行利用衍生性金融商品和其他手段將至少三十三兆日圓納入其資產負債表，並在一九九九年二月收到來自政府和第三方約十兆日圓的資金。此外，銀行在一九九三年至一九九六年九月期間，已經累計申報轉銷掉約二十二兆日圓的呆帳。[12]這代表著到了一九九九年中期，在總計八十五兆日圓的呆帳中，約有六十五兆日圓已經獲得處理。到了二〇〇二年，這項數值已經上升到八十兆日圓。[13]因此，我們必須得出以下結論：泡沫時期的主要呆帳，在二〇〇二年底基本上已完成轉銷。

然而，投資人和評論家仍然擔憂銀行體制中存在著規模更大的預估呆帳。所有剩餘的呆帳都是次級呆帳，這些債務源於日銀在一九九〇年代所採取的通縮和緊縮政策。因此，這些呆帳的規模是沒有盡頭的：如果持續實行這些政策，銀行轉銷呆帳的速度，會跟不上經濟萎縮新增呆帳的速度。實際上，取消贖回權和轉銷呆帳的作法本身就會減少需求，從而創造出新的呆帳。

日本銀行計畫讓更多人破產

日銀並未轉向推行刺激需求的政策，反而在二〇〇二年嘗試讓銀行的資產負債表惡化，並迫使銀行取消借款人的贖回權。在此之前，金融擔當大臣柳澤伯夫一直抵制日銀所提倡的建議：向銀行挹注稅金，實際上是將銀行納為國有，接手其管理權並利用這項權力從公司手中收回貸款，從而促使許多大公司破產。柳澤認為這項提議並不合理，因為剩餘的呆帳並非源於一九八〇年代的經濟泡沫，而是一九九〇年代的衰退。他認為這次衰退是因日銀的政策所造成，因此真正需要的是抵抗通縮和刺激需求的政策，而不是讓更多公司破產和更嚴重的通縮。因此，柳澤抵制日本銀行的計畫。

他為此失去了官位：在二〇〇二年九月，央行宣布準備向銀行購買股票，這項舉動讓世界大吃一驚；表面上是為了幫助銀行，然而人們很快就看出來，這舉動是為了使柳澤難堪，讓人覺得銀行體制的呆帳問題已經到了非常嚴重的地步，而他卻在阻撓必要的政策。柳澤隨即被首相解職，由任職經濟財政政策擔當大臣的竹中平藏取代。竹中支持日銀加強對借款人取消贖回權的計畫，並立即委派一個監督銀行政策的工作小組，其成員包含兩名前日本銀行的職員。其中一名成員木村剛立即要求銀行變更會計準則，這將迫使銀行的資產負債表惡化，使國有化成為必然的發展。[14]

富士通總研理事長暨日本銀行前副總裁福井俊彥在日本媒體上明確表示，竹中計畫獲得日本銀行菁英的強力支持。他認為政府應該向銀行挹注納稅人的資金，並迫使「銀行的管理階層為其單位的財務混亂承擔責任」。[15]我們注意到，這項提議形成了一種道德風險（這問題不是納稅人造成的），經濟層面的效率很低（有一種零成本的方法能夠解決問題），且減少需求反而會加劇最根本的問題。東京著名的經濟學家森永卓郎振振有辭表示，竹中受日本銀行啟發所提出的計畫，不會有太多國內人士因而受益，主要會是那些專門在央行政策轉向再通膨之前購買呆帳的美國「禿鷹」基金受益。[16]這些禿鷹基金遭遇到的困難是，儘管一九九〇年代有近二十萬家公司破產，但很少有規模大到讓「禿鷹」基金感興趣的公司破產。在這個脈絡下，有一點值得注意的是，當福井和木村表達他們對破產計畫的支持時，前者是華爾街投資公司高盛（營運「禿鷹」基金）的顧問，後者經營一間提供資產證券化（也包含不良資產）建議的民間公司。經濟學家森永因此提出，一旦有足夠的不良資產完成轉移，央行就會宣布通膨目標，並可能設計復甦的方案。[17]這說法似乎很誇張——當然，如果人們不熟悉在亞洲發生的事情的話（我們將在接下來的章節討論）。

復甦：創造另一個奇蹟

我們看到日本銀行在二〇〇一年五月（也就是在二〇〇一年三月正式宣布「量化寬鬆」之後），再次大幅增加信用的創造量。在堪比一九九八年破天荒的通貨再膨脹的這項政策，日本銀行再次決定要刺激經濟。考量到正常的時間差，這代表到了二〇〇二年底，工業生產以及國內消費，以及實質GDP都出現了令大多數觀察家感到驚訝的復甦。

究竟這次復甦是否只是曇花一現，完全取決於那些決定信用創造量的人。最重要的一點是理解到，日本經濟在過去十年間一直受到壓抑，並不是因為複雜的結構性問題，而是因為經濟體中流通的貨幣不足。因此，當這些王子拍板決定增加信用創造量時，日本的經濟就能享受類似一九九九年和一九九六年所經歷的快速復甦。受益於產出的缺口，有機會在接下來的連續幾年皆實現四％的非通膨成長率。對於一個先進的工業化國家而言，這幾乎可稱為第二次的「經濟奇蹟」。然而，如此高的潛在成長率能否實現，得取決於日銀這些王子的意願。

第十七章
亞洲金融危機和各國央行家

亞洲金融危機

在亞洲經濟表現卓越的經濟體中，日本並非唯一一個在一九九〇年代陷入自大蕭條之後最嚴重經濟衰退的國家。在一九九七年，東南亞主要國家的貨幣皆無法維持與美元的固定匯率。這些貨幣在一年內貶值了六十％至八十％。使得這些國家的大量海外債務的價值飆升。泰國、韓國和印尼因無法償還債務且面臨主權債違約的可能性，向IMF尋求緊急的資金援助。IMF的介入，只換來一連串的嚴厲政策。泰國、韓國和印尼的經濟在整個一九九八年不但沒有改善，反而持續惡化。銀行業瀕臨全面違約。經濟的成長萎縮。在危機的發源地泰國，製造業生產量的下滑幅度，創下四十多年來的新高。股市崩盤。

危機是源自經濟結構？

到底發生了什麼事？以美國央行主席葛林斯潘以及時任美國財政部長的魯賓（Robert Rubin）為首的評論家紛紛斷言，亞洲金融危機是因亞洲的經濟體制所導致，因為這套體制建立在封閉市場和政府干預的基礎上。[1]儘管在幾年前，來自歐洲和美國的評論家曾讚揚亞洲式資本主義的優點，但現在他們幾乎一致認為亞洲金融危機是由於政府與大公司之間的非正式關係（現稱為「裙帶關係」）、過度依賴向銀行貸款而非股票市場融資（現稱為「臃腫的銀行體制」和「堆積如山的債務」），以及政府干預市場的諸多形式（現稱為「政府管閒事」）所導致。

受過新古典經濟學特定分支信條訓練的觀察家，會得出這種結論並不令人意外。如我們所見，這種經濟學的取徑視為理所當然地假設只有自由市場經濟才能成功。亞洲國家，就跟日本和德國一樣，在個別股東的影響力受到限制、管理者擁有更大的自主權、政府以信用分配的政策引導金融產業，以及政府無所不在的干預等條件下實現了經濟的高成長。亞洲體制的源頭跟日本一樣，可以追溯到第二次世界大戰的黑暗歲月，當時各國政府依循德國模式重組經濟結構，最大限度地動員資源。非常成功的亞洲經濟奇蹟，一直使主流經濟學家感到芒刺在背。難怪當主流經濟學的支持者發現這套體制終於表現不佳時，便鬆了一口氣。由於ＩＭＦ也認同新古典主義的取徑，ＩＭＦ官員迅速宣稱金融危機是亞洲的體制所造成的。根據這項主張，ＩＭＦ隨後規定向泰國、印尼和韓國提供貸款的條件是，他們的經濟結構必須推動前所未有的轉型。[2]

但發生金融危機的時期（即便在日本延續了十多年），仍是歷史中的例外。日式的動員經濟體毫無疑問在日本獲得極佳的成果，而且也以各種不同的形式為整個亞洲的「經濟奇蹟」帶來貢獻。直到一九九七年，泰國、韓國、印尼、馬來西亞、新加坡和臺灣的總體經濟表現都受到評論家、學者和政策制定者讚譽有加。前三個國家在一九七〇、一九八〇和一九九〇年代前半時期，其平均經濟成長率達到兩位數。從一九六〇年到一九九〇年，人均收入的平均成長率也有五・五％。[3]

雖然其他發展中國家也曾有經濟快速成長的時期，但沒有其他國家能像這些國家一樣，連續三十年都保持如此高的成長率。而這些經濟體的成就不只有讓人印象深刻的成長率。這些國家的收入不平等程度也極低，也在減少貧困人口方面取得非凡的成功。此外，預期壽命的提升程度也超過世界上的任何地區。[4]

因此，找出亞洲金融危機是否真的是亞洲體制所造成的結果，可說意義重大。深入研究危機的成因後會發現，結果恰恰相反，是美國財政部、ＩＭＦ和亞洲各國央行「建議」的政策導致了亞洲金融危機。[5]雖然亞洲的央行在過去不具獨立性也擁有很小的法定權力，但在亞洲金融危機之後，幾乎所有的央行都獲得獨立地位，且無須為其行動負責。

亞洲金融危機的成因

在亞洲金融危機中最先爆發的泰國，其成因最早可追溯到一九九三年。泰國在那一年實行激進的資本帳戶自由化的政策，並成立了曼谷國際銀行業務單位（Bangkok International Banking Facility, BIBF）。這個銀行業務單位讓公司和銀行業能夠自由向海外借款——這是泰國的借款者在戰後第一次能夠這樣做。用一名專業觀察家的話來說：「這項計畫（設立BIBF）是由泰國銀行（泰國的央行）於一九九〇年發動，有鑑於至今為止金融自由化的成功，泰銀認為泰國已經準備就緒，且時機恰當。」[6]韓國和印尼大約在同一時期也採取了類似的政策——這同樣是他們戰後首次這樣做。

如同日本在一九八〇年十二月推行資金流動自由化的政策那般，這一舉動就是在大幅背離舊有的結構。人們不太清楚的是，為什麼要採行這種資金流動的自由化。泰國並不需要從國外借錢：它的儲蓄率高、外匯存底充足、擁有規模龐大且充滿活力的銀行業和央行。所有國內投資所需的資金，都可以在國內創造出來。

其實資本流動自由化的壓力來自泰國之外。自一九九〇年代初期以來，IMF、GATT（WTO的前身）和美國財政部一直在遊說泰國以及其他東南亞國家，允許國內公司從海外借款。從一九九三年之後，美國在幾乎所有亞太經濟合作會議（APEC）的峰會上，都會特別要求各國採取資本流動自由化。[7]美國支持自由化的論點是，從國外借款將使泰國、韓國、印尼及其鄰國的國際收出能出現赤字，並透過資本流入獲得金援。此外，ＩＭＦ和美國財政部聲稱，新古典經濟學已經證明，自由的資本市場和自由的資本流動能增加經濟的成長。

這些來自華府的論點，對部分發展中國家來說並不具說服力，因為這些國家已花費數十年研究各種方案是否可行。最值得注意的是印度，它一直拒絕放鬆對資本帳戶的管制，並在一九九〇年代再次抵抗來自美國的壓力。[8]印度有充分的理由抵抗：幾乎所有拉丁美洲國家在一九七〇和一九八〇年代的經驗證明，資本流動的自由化可能會導致累積過多的對外債務。這些外債不僅昂貴：為了償還債務，寶貴的國內資源會不斷以支付利息的形式流出海外；而且也很危險。《舊約聖經》告誡說，欠債的是債主的僕人。因為負債，發展中國家會變得更依賴貸款國。而且如果貸款國想要的話，他們可以隨時迅速撤回資金。如果無法償還貸款，像是本國產業的股權等抵押品，可能會被貸款國收回。這是許多拉丁美洲國家的經驗，這些國家在一九七〇和一九八〇年代發生金融危機之前，實施ＩＭＦ和美國財政部向他們推薦的自由化和放鬆管制的政策。[9]

最重要的一點是，從經濟的角度來看，一個國家從國外借入大量資金來投資國內，並沒有太大的意義。歷史經驗說明，像德國或日本這樣成功的經濟大國，他們經濟的發展過程很少向外國借款。只要一個國家擁有本土的銀行體制，它就可以透過銀行或央行創造出所有的必要資金，而不需要受制外國投資人的反覆無常。

央行的政策

資本帳的自由化也獲得國內人士的支持：泰國、韓國和印尼的央行，及其研究部門的經濟學者。他們主張這樣的自由化能夠改善資源的配置狀況。國內外的新古典經濟學家都接受這個說法，因為他們早就認定此說法無誤。當印度抵抗來自美國財政部和美國華爾街，以及來自央行和新古典經濟學家的兩股壓力之時，泰國、韓國和印尼的領導人最終屈服。到了一九九三年，他們都已放寬了對國際資本流動的管制。

這是他們所犯下的一連串錯誤關鍵政策的開端，到最後這些政策將使國家陷入戰後最大的災難之中。央行再次發動邁向金融體制崩潰的下一步政策。他們開始創造難以抵抗的誘因，鼓勵國內公司向海外借款。人們可以預想到BIBF所帶來的影響，一名專家早在一九九五年就寫道：「大公司將透過BIBF尋求獲得更多的資金。」因此就向海外借款。[10]

泰國、韓國和印尼的央行在所有的公開聲明中強調，他們將不惜一切代價維持與美元的固定匯率。但另一方面，他們將國內利率提到比美元利率還高。由於已放寬對資本帳的管制，這舉動就代表著理性的國內投資人，現在擁有向海外借款的龐大誘因。如果向國外貸款更便宜，且央行保證匯率的風險不存在，那誰還會選擇成本更高的國內貸款？因此，在一九九三年至一九九七年間，這些國家從國外借入了數十億美元的短期貸款。流入亞洲的私人資本淨值從一九九三年的五百四十三億美元（較一九九二年的兩百零九億美元大幅上升）激增至一九九六年的九百八十三億美元。11

這些央行同樣遵循著實行「錯誤」政策的模式。數十年來，泰國、韓國和印尼的央行，一直用著自己版本的窗口指導信用控制政策（在韓國有著相同的名稱；在泰國則稱為「信用規畫計畫」）。從一九九三年開始，這些央行推行與一九八〇年代日銀類似的政策——他們將配置給商業銀行的貸款成長配額提高。銀行被命令增加放款量。由於有生產力的產業被鼓勵向海外借款，銀行面臨到這些公司貸款需求減少的問題。但銀行必須達成放款配額的成長目標。因此，他們不得不藉由提高投機性貸款來應對。對房地產產業和非銀行金融機構的貸款量急遽增加。接下來就是歷史重演。像這樣信用的過度創造，最主要的影響並非提高消費者物價。由於這些資金被用於購買資產，必然會導致資產價格的上漲。土地和股票的價格因而飆升。

製造危機的政策組合

如果央行的目標是製造一場包含貨幣崩盤和經濟衰退的金融危機的話，那他們所採取的是最恰當的政策組合。政策造成的經濟結果該是可預測的、必然發生的、不該讓任何人感到驚訝，尤其是最不該超出央行的意料。由於國內的經濟因信用泡沫而繁榮，進口量也大幅提升。此外，這些貨幣與美元的固定匯率維持在嚴重高估的水準，特別是在一九九五年至一九九七年間，日圓貶值了八十%以後。因此，亞洲國家的出口量急速下降。隨著出口量的下降和進口量的上升，貿易餘額急速下滑，產生龐大的赤字。但由於公司大量借入外國資本，資本流入的規模龐大到足以填補貿易餘額的缺口。這個現象確保原本難以永續的經濟繁榮和貿易赤字還維持了數年。

這個狀態的危險之處是資本流入的性質是短期的，並可以在短時間內撤資。接下來發生的事情，是東亞央行採取爆炸性政策組合後的必然結果。外國投資人開始擔心，這種難以永續的情況終將迎來危機。問題不再是亞洲貨幣是否會崩盤，而是何時崩盤。能夠預測美元掛鉤何時崩盤的投資人，將會賺得鉅額財富。對沖基金經過在拉丁美洲的數十年經驗，熟悉這些央行和ＩＭＦ所玩的把戲，因此很關注外匯存底與短期外幣貸款之間的比率。一旦海外貸款的量已是外匯存底的好幾倍，就必須押注相關貨幣會貶值。為了守護該國貨幣與美元的掛鉤，央行不得不消耗寶貴的外匯存底。隨著其他投資人開始擔憂並撤回短期的外幣貸款，就有更多的外匯存底離開這個國家。最終，資金外流將變成資本外逃。如果央行繼續堅持維持與美元掛鉤，外國的貸款方將爭先恐後撤資，並迅速耗盡所有的外匯存底。一旦外匯存底消耗殆盡，貨幣無論如何都會貶值。這就是投機者的賭注，他們可以因此獲利數億美元。

更多央行犯的錯誤

當投機者開始拋售泰銖、韓圜和印尼盾時，各國央行未能正確實行相對應的政策。正確的作法應該是立刻放棄高估的匯率，讓貨幣貶值。任何試圖捍衛美元掛鉤的作法只會浪費寶貴的外匯存底，從而讓情況惡化。央行很清楚如果國家耗盡外匯存底，他們將不得不請ＩＭＦ來幫忙以避免主權違約。而一旦ＩＭＦ介入，這些央行很清楚這個總部位於華府的機構會提出什麼要求——因為在過去三十年來，只要遇到類似的事件，它的要求一直都相同。[12]而在每次的事件當中，國內經濟體的最大贏家之一都會是央行，它們都會因此獲得獨立地位。

泰國銀行、韓國銀行和印尼銀行並未選擇讓貨幣貶值，而是徒勞試著維持貨幣與美元的掛鉤，直到幾乎耗盡所有的外匯存底。尤其是泰國和韓國，他們在危機爆發時都擁有相當充足的外匯存底。但隨著外匯存底全面流失，這些國家沒有足夠的短期資金來彌補國際收支的赤字。此外，貨幣的延遲貶值為外國的貸款方提供充分的時間用高估的匯率撤回資金。面臨主權違約的困境，這三個陷入危機的國家的央行建議政府向ＩＭＦ求助。

危機的快速解方

ＩＭＦ理應提倡哪種類型的政策，才能快速化解危機並維持經濟的穩定成長？這些危機最關鍵的國內因素，與日本衰退的情況完全相同。也就是當各國央行試圖捍衛本國貨幣時，他們都選擇大幅提升利率。這作法刺破了信用的泡沫，很明顯的一點是，央行若不採取正確的政策，信用緊縮將會接踵而至。因此ＩＭＦ應該推薦的政策處方是降低利率，以及更重要的是，擴大央行和銀行的信用創造量。而為了穩定外匯匯率，應重新引入對短期資本流動的管制。最後，央行可以按面值收購所有呆帳。如果迅速實施這些簡單的政策，本可在六個月內解除危機，並避免信用緊縮而引發的衰退。事實上，拒絕將控制權交給ＩＭＦ的馬來西亞就採取了類似的政策。

最初泰國領導人似乎也有類似的想法。在一九九七年五月，曼谷爆發泰銖危機不久後，泰國的財政部長和總理認為他們應該借入更多的資金來度過暫時的國際收支危機，並實行紓困的計畫。誰會毫不猶豫地借錢給他們？當時日本是泰國最大的外國投資國。而日本公司、日本銀行，甚至日本政府都有很大的意願盡快解決危機，並防止危機擴大。因此在七月十六日，泰國的財政部長披塔亞（Thanong Bidaya）搭飛機前往東京。他會見了日本政府和大藏省最高層的官員並展開緊急討論。泰國只需要約兩百億美元。當時日本擁有兩千一百三十億美元的外匯存底——超過ＩＭＦ所擁有的總資源。[13]顯然，亞洲並不需要ＩＭＦ。日本也可以輕鬆完成這項任務。而且日本願意這麼做。日本在二戰之後，很難在政治領域更積極參與亞洲的事務，而現在亞洲鄰國深陷困境，日本有機會證明自己是願意提供協助的可靠鄰居。

華府阻止日本

為了回應泰國的請求，日本政府開始談論設立亞洲危機基金。當時的大藏省財務官榊原英資甚至提議成立亞洲貨幣基金，這樣就無需讓ＩＭＦ介入。理論上，華府對此應該感到高興，因為它多年來一直強烈批評，日本在政治上沒有發揮出與其龐大經濟規模對等的角色。現在日本甚至主動提出要獨力金援亞洲，從而為ＩＭＦ及其主要的出資者和股東美國，節省大量的資金。此外，幾乎毫無疑問的是，東京會採取恰當的政策並迅速解決醞釀中的危機。日本擁有非常豐富的資本管制經驗，並且在必要時成功且有效地運用過這些管制手段。日本會在不關閉銀行體制的前提下進行紓困，並重新振興各個亞洲經濟體。這麼做本來可以防止全面的信用緊縮，並可能避免任何的衰退。

但華府阻止了日本的主動行動，並明確讓東京知道，它不允許日本去救助亞洲的鄰國。任何解決蠢蠢欲動的亞洲金融危機的方案，都必須由華府透過ＩＭＦ提供。日本以為可以說服華府改變主意，但它失敗了。它被迫撤回提案。臺灣也面臨了相同的命運，美國也不允許臺灣利用貸款幫助亞洲鄰國。

日益加劇的壓力

結果，泰國（後來還有韓國和印尼）的領導人認為他們別無選擇，只能遵照央行的建議邀請ＩＭＦ介入。ＩＭＦ的「幫助」確實迅速到位。但它採取的作法，與經濟復甦所需的形式截然不同，也與東京主動行動可能提供的形式不同。作為提供足量短期資金以避免無力償債的交換條件，ＩＭＦ要求一系列的政策改變，其中包含：大幅提高利率、限制央行和銀行的信用創造量，以及包含大規模修改法律進行深度的結構改隔。這些政策是不容許協商的「績效標準」。[14]

但結構的改革增加通縮的壓力。強制減少信用創造量，進一步降低了需求。前幾年過度創造的信用因此變成不良貸款。負擔大量呆帳的泰國、韓國和印尼的銀行體制實際上已經破產。隨著信用的創造量下降，國內的需求萎縮。即使原本健康的公司，也開始受到信用緊縮加劇後的影響。因為這會迫使公司減少資本支出、裁員或完全停止營業，失業率上升、可支配所得萎縮、消費意願減少。國內需求的下滑進一步傷害公司的營運，使得更多公司破產和貸款違約。隨著呆帳數量攀升，銀行的放款便更少。在這種情況下，透過降低利率來刺激經濟的做法必然會失敗。即便借款的成本變低，信用的創造量仍持續下滑。工業的生產和產值全面崩跌。破產公司的數量飆升。失業率上升到亞洲國家在一九三〇年代以來的歷史新高。

IMF的目標是什麼？

這個故事似曾相似。既然IMF內部的總體經濟模型將信用的創造量視為關鍵的變數，IMF毫無疑問很清楚其政策會帶來什麼後果。[15]在韓國的案例裡頭，IMF甚至準備了一份詳盡但不公開的研究計算出，如果利率上升五個百分點，會有多少的韓國公司破產。其數字相當可觀。然而，IMF與韓國的第一份協議內容，就是要求利率調升五個百分點。[16]

看起來IMF最關注的似乎不是創造經濟的快速復甦。IMF堅決推動的兩項關鍵要求，牽涉到會改變亞洲民主國家性質的法律修訂方向。IMF聲稱經濟危機是由於經濟結構，而非錯誤的貨幣政策組合所造成的，因此要求泰國、韓國和印尼修改法律，允許外國投資人購買土地，以及接管銀行和關鍵產業。各國政府必須承諾不去紓困破產的銀行，而是關閉銀行並將其視為不良資產而低價出售，通常是賣給美國的大型投資銀行。在大多數的情況下，ＩＭＦ主導的意向書明確規定銀行必須出售給外國投資人，儘管從經濟的角度來看，這麼做沒有必要。

ＩＭＦ條件清單中的另一項關鍵要求是變更法律，使央行獨立——且實際上無須負責。然而，央行確實會與某個地方密切協調政策：ＩＭＦ本身。ＩＭＦ的團隊一抵達陷入危機的國家，就在泰國、韓國和印尼的央行內設立辦事處，從那裡發布等同於投降條款的指令，實際上是以非民選政府的身分在統治經濟。

ＩＭＦ沒有分析亞洲金融危機的真正因素、並從中吸取教訓，也就是讓央行對於關鍵政策工具（信用創造的數量）要負更大的責任，且更不能獨立行事，而這樣反而確保央行因其過往作為而獲得獎勵。

經由研究人事相關政策可以發現，跟日本發生的狀況一模一樣，在金融危機前決定增加銀行信用創造量、支持資本帳戶自由化、維持美元掛鉤以及提高國內利率的央行關鍵人物，在金融危機後都獲得晉升並持續控制央行。[17] 如今，泰國、韓國和印尼的央行都取得法律上的獨立地位。它們並沒有為其政策所帶來的災難擔起任何意義上的責任。

我們顯然需要進一步研究ＩＭＦ政策的真正動機，以及前世界銀行的首席經濟學家史迪格里茲（Joseph E. Stiglitz）所觀察到的相關事件是否存在因果關係——在亞洲金融危機期間ＩＭＦ

副總裁所推動的政策，與其後來到美國最大銀行任職之間的關聯。史迪格里茲的結論是：「『將ＩＭＦ視為追求（美國）金融界利益的機構』這個看法提供了某種角度，讓原本看似矛盾且理智上不一致的行為變得合理。」[18]

值得注意的是，國際組織似乎深知何種情況能提供最佳的機會，能讓外資持有更多其他國家的所有權，以及推行經濟結構的深度變革。例如，世界銀行的職員認為「危機可以是結構改革的窗口」，它可以「成為改革國家所有權結構的機會」。[19]將危機視為「機會」或「窗口」就代表，從某些方面來說，危機是受歡迎的。

解除危機

亞洲央行的政策與一九二〇年代沙赫特採行的政策十分類似，使得德國的銀行體制仰賴來自美國的短期資本流入——隨後這些資本突然撤出導致銀行體制和大部分公司破產，導致大規模的失業。因此，直到一九九八年的初期，結構改革者的政策看似一切順利。亞洲日益深陷於危機之中。然而，隨後發生兩件改變局勢的事件。緊縮性的政策因此遭到拋棄，政府開始採用擴張性的貨幣政策，並獲得ＩＭＦ的認可。

第一個事件是亞洲的領導人越來越意識到這是在玩什麼把戲，因此對ＩＭＦ和美國財政部的態度日益敵對。馬來西亞的領導人馬哈地（Mahathir bin Mohamad）很早就將亞洲金融危機的形成歸咎於國際資本和外國利益團體。他越來越常批判ＩＭＦ和其在亞洲推行的政策，儘管他的政府一開始也在馬來西亞引入這些政策。但在一九九八年九月，馬哈地對短期資本的流動實行管制，從而穩定匯率。與此同時，馬來西亞的央行加大了信用創造的力度，而政府實施一項計畫來清理銀行的資產負債表。他們並未實施任何ＩＭＦ風格的結構或法律變革。這麼做對ＩＭＦ帶來了問題：依照馬來西亞的經濟管理的方式，馬來西亞的經濟將會明顯復甦，而ＩＭＦ的客戶（泰國、韓國和印尼）則將繼續深陷持續惡化的衰退之中。如果發生這種情況，旁觀者將會明顯看得出，ＩＭＦ的政策是亞洲衰退的原因，而合理執行的資本管制將會提升社會福利。

馬哈地的政策必然會提振經濟。匯率保持穩定、外匯存底在實行資本管制之後的首個半年增加了三十三％、一九九八年初的出口成長率有兩位數，超越馬來西亞的亞洲鄰國。最重要的是，由於沒有ＩＭＦ要求政府關閉銀行並出售其資產，因此破產的公司少得多，失業率保持在較低水準。[20]由於經濟表現更佳，很諷刺的是，外商投資實際上也增加了。

因為國際媒體對於馬哈地限制資本流動這項政策決定的持續抨擊未能動搖他，ＩＭＦ別無選擇，只能發出訊號並結束泰國、韓國和印尼的亞洲金融危機。突然間，ＩＭＦ允許這些國家的央行迅速創造信用。結果，各個經濟體在一九九八年末期觸底，並在一九九九年開始復甦。由於韓國最忠實執行了所有ＩＭＦ的要求，所以如果韓國的復甦也是最強勁的話，對ＩＭＦ來說會更好看。在一九九八年中，韓國銀行的信用創造量激增，來到二十五年來的高峰——與日本銀行通貨再膨脹的狀況相當一致。結果，韓國的經濟成長率在一九九九年第一季大幅提升。在一九九九年中，工業生產的成長率也有兩位數，ＧＤＰ的成長也隨之跟進。從ＩＭＦ的角度來看，之所以會發生這樣的政策急轉彎，可能是因為已經實現了某些變革：金融危機已經為所有相關國家的政府帶來改變；法律上的變革已允許外國的利益團體接管許多關鍵的銀行、公司和不動產；所有央行都在法律上獲得完全獨立。

華爾街的裙帶關係

在一九九八年末，另一個問題浮現並進一步加快了ＩＭＦ現在在亞洲推行的通貨再膨脹的政策：最初只是區域性的亞洲金融危機，在開始快速地吞噬整個世界。損失金錢的投資人開始不僅撤出對亞洲的投資，也從其他的新興市場中撤資。一九九八年八月十七日，俄羅斯拖欠國內債務。接下來，巴西也搖搖欲墜、瀕臨崩毀。到了一九九八年九月，幾家大型的對沖基金已經損失了數十億美元；其中最著名的是總部位於康乃狄克州的長期資本管理公司（Long-Term Capital Management, LTCM）。這家對沖基金的客戶只有高淨值資產人士和機構。該公司從他們身上累積了約五十億美元的資金。然而，該基金將這筆資金作為抵押品，從銀行借入更多資金。因而藉此創造新的信用，並給予ＬＴＣＭ等對沖基金新的購買力去購買資產。在基金崩盤的前一年，ＬＴＣＭ用這些資本開了二十五倍以上的槓桿，從世界各地的銀行借入超過一千億美元。然而，與一九八〇年代的日本泡沫類似，這些購買力並未用於投資在新的商品和服務的創造。這純粹是投機性的投資。當亞洲金融危機影響到世界金融市場時，LTCM的損失威脅到那些向該基金提供貸款的銀行，這可能會引發系統性的銀行危機，並危及美國的金融體制和經濟。

美國財政部和美國聯準會的反應暗示著出他們對亞洲的真實態度，他們一直堅持數百家的亞洲銀行必須關閉、員工必須解僱、資產必須廉價出售。[21]他們不允許亞洲政府進行紓困去讓那些瀕臨倒閉的金融機構維生。但當類似的危機發生在紐約的自家門口時，同樣的機構卻有不同的反應：九月底，紐約聯準銀行主席麥克多諾（William McDonough）召集了一些世界金融圈最有權勢的人來到紐約聯準銀行十樓的董事會會議室。與會者包括摩根大通（J. P. Morgan）、旅行者集團、美林證券、高盛和摩根士丹利（Morgan Stanley）的董事長，以及重要的歐洲銀行的負責人和LTCM的董事會成員。聯準會並沒有關閉這家對沖基金，而是組織了類似卡特爾的紓困方案，藉由向華爾街和國際銀行施壓，要求他們提供資金讓LTCM的債務可以展期。這麼做避免了全面性的違約。但結果導致銀行實際上暴露在更大的風險下。

對亞洲人來說，這明顯存在雙重標準。華府告訴亞洲人，絕對不能讓陷入困難的金融機構的債務展期，必須關閉這些機構。此外，人們認為美國對亞洲國家充斥著「裙帶關係」的批評很偽善，因為據說LTCM與聯準會也有密切的人脈關係。二〇〇一年安隆公司（Enron）的破產，以及隨後發生的其他備受矚目的會計和詐騙醜聞，進一步模糊了亞洲式和美式裙帶關係之間的區別。[22]

覺得被美國背叛的許多亞洲領導人，認為是時候強化亞洲國家間的連結。的確，歐洲已經團結在一起。美洲正在建立一個從阿拉斯加延伸到智利的自由貿易區。然而，亞洲似乎仍被排除在這股浪潮之外。直到最近，亞洲仍不大可能形成貿易集團。因為從日本到中國，從韓國到印尼，幾乎所有亞洲經濟體的經濟成長都高度仰賴出口。跟歐盟不同的是，亞洲的大部分出口並非輸往區域內的國家。亞洲的出口目的地大部分是區域外的國家。這般對亞洲以外出口市場的依賴，一直是阻礙亞洲形成貿易區的主要經濟（甚至是政治）因素。為了使亞洲能夠形成自給自足的集團，從而降低對來自歐美這樣內傾型區域的潛在風險，亞洲需要一個市場，能夠成為消費者產品的最終出口目的地。該市場必須與歐洲或美國一樣高度發達且規模龐大。在亞洲地區，只有一個國家有望承擔這項角色，那就是日本。

日本與亞洲

自一九三〇年代以來，日本一直高度參與亞洲經濟的整合與發展。然而，隨著其他亞洲的經濟體在一九八〇年代快速發展，亞洲貿易區開始遭遇一個問題，阻礙他們無法形成類似歐盟的貿易集團。這個問題就是日本市場的封閉性。只有當日本對亞洲的進口（而不只是那些由日本的海外工廠所生產的產品）更全面開放時，才有可能形成亞洲的貨幣集團。只有這樣，亞洲集團才能減少對歐洲和美國的出口依賴。

隨著一九九七年亞洲的貨幣貶值和經濟衰退，日本第三次展開工廠轉移到亞洲的行動，也成為亞洲經濟區建立的最終階段。隨著亞洲貨幣對美元貶值的幅度高達八成，日本製造商在亞洲設立的生產基地，突然變得比預期更有競爭力。雖然針對國內消費市場生產的工廠會受到亞洲長期衰退的影響，但有超過一半日商的海外工廠一直作為離岸生產的基地，將產品重新出口到世界的其他地區（包含日本在內）。

那時，日本公司的所有產量裡頭，汽車有超過一半、機械裝置有一半，製造業的產品有四分之一，都是在日本境外生產的。[23] 這幾乎代表日商在日本列島之外（主要是在亞洲）創造出第二個日本。

日本將直接受益於中國經濟的快速發展，不僅在當地建設工廠，還輸出技術和專業知識。此外，隨著中國逐步發展，它將成為任何準備掌握先機的國家，可以開發的一個規模龐大的市場——而日本已整裝待發，準備好要提供產品與服務。日本體制擁有獨特的契機，能夠發展成整個亞洲地區的標準。日本產業不斷向海外擴張，將會是促使國內經濟結構發生根本變化的另一個因素，因為隨著製造業的工作崗位輸出到亞洲和世界的其他地區，國內的勞動力將會需要在服務業和非製造業的產業找到新的工作機會。

邁向亞洲貨幣聯盟之路

一旦央行擺脫國家政府和議會的控制，掌控著整個亞洲經濟區域的勢力，現在可以將原本在幕後進行的事務，用正式且公開的形式進一步鞏固權力：央行間已悄悄展開聯繫與合作，也有越來越多關於需要統一貨幣的討論。

目標已變得更近了。一九九七年亞洲金融危機造成的立即後果是亞洲國家放棄與美元掛鉤。不只是美元掛鉤（而非高估幣值）被認為是危機的主要原因，而且在美元存底耗盡的情況下，各國幾乎不可能維持兌美元的固定匯率。到了一九九八年，多數陷入危機的國家恢復外匯存底時，政策制定者的意見已經轉向反對與美元掛鉤。亞洲國家反而開始彈性鎖定以貿易為權重的國際貨幣組合。由於到了一九九〇年代初期，日本對亞洲的貿易重要性已經勝過歐洲或美國，這自然而然賦予日本較高的權重。換句話說，自一九九八年以來，東南亞實際上已經採行了以日圓為中心的貨幣體制的第一階段。

隨著一九九九年亞洲金融危機的塵埃逐漸落定，亞洲各國領導人舉行了許多會議和研討會，討論亞洲未來應如何組織其金融市場。熱衷於制衡華府影響力的馬哈地，是第一位要求亞洲國家之間建立更正式聯繫的人——某種亞洲經濟聯盟的形式。從日本角度來看，亞洲貨幣基金的構想在一九九九年又重新得到關注。香港金融管理局的總裁於一九九九年五月主張，亞洲應朝向成立貨幣聯盟的方向發展。這一論點於一九九九年六月獲得菲律賓總統的認可。與此同時，在東京的研究機構，如亞洲開發銀行研究所（Asian Development Bank Institute）和國際通貨研究所（Institute for International Monetary Affairs），和馬尼拉的亞洲開發銀行（Asian Development Bank）的智庫開始制定分階段引進貨幣聯盟的計畫，並參考歐洲貨幣聯盟的時程表：首先引入匯率的目標區，然後逐步過渡到半固定匯率，最後是固定匯率，讓大眾逐漸適應這個終極目標。

自一九九九年以來，美國對於日本更加深入參與亞洲貨幣事務的態度似乎再次有所轉變，不再批評亞洲貨幣基金的構想。美國更積極鼓勵日本在海外使用日圓。美國政策的大轉彎，可能是因為華府和紐約從未抵制過亞洲貨幣聯盟的想法。東京之前提出的亞洲貨幣基金提案遭到拒絕，可能只是因為把美國排除在外。

未來的歷史學家很可能會將亞洲金融危機視為邁向創建亞洲貨幣聯盟，以及引進獨立且唯一的亞洲中央銀行的第一步。在這些事件背後，來自東京的王子對於亞洲的發展並沒有袖手旁觀。早在一九九一年，東亞和太平洋地區的十一個央行就組成一個名為「東亞-太平洋中央銀行總裁會議組織」（Executives' Meeting of East Asia-Pacific Central Banks, EMEAP）的封閉組織。這個鮮為人知且保持低調的組織，會召集整個地區的央行副總裁每年開會兩次。自一九九六年七月十九日，日銀在東京主辦的那場所有總裁皆參與的具里程碑意義的會議以來，各國央行更加緊密合作。現在組織不僅召開總裁的年度會議，且每年幾個工作小組和研究小組也會頻繁開會。日銀一直是這個封閉組織的臨時祕書處。頻繁開會和討論的會議紀錄並未公開。

令人驚訝的是，儘管ＥＭＥＡＰ在一九九七年金融危機爆發的前幾個月，就已針對如何合作解決貨幣危機達成協議，但它仍未能防止亞洲發生危機。而且所有亞洲央行在危機前、危機發生期間和危機後採取的政策非常類似——也確實與日本銀行在一九八〇和一九九〇年代所採取的災難式政策類似。

第十八章
王子的權力擴張

賦予王子無可挑戰的統治地位

在一九九七年五月二十一日，日本國會的眾議院通過了半個世紀以來首次修訂的新版《日本銀行法》。該法案於六月於參議院通過，並於一九九八年四月一日生效。舊法曾賦予民選政府影響央行的途徑和手段，並將「支持國家政策」列為央行主要的政策目標。新法使得日本銀行在法律上獨立，只負擔向政府和大藏省提供最低程度報告的義務。

新法規定：「在制定和實施貨幣政策層面，應當尊重日本銀行的獨立性。」隔了兩段又重申：「在實行本法時，應當充分考量到日本銀行在執行其業務時的獨立性。」[1] 新的政策委員會中不再有政府的代表。總裁遭解職的終極威脅已不復存在。正如關於修改《日本銀行法》的官方報告建議內容：「官員不應因持有與政府不同的意見而被解職。」第二十五條規定：「日本銀行的高階主管在任期內不得違背其意願解僱他們。」即使日本銀行的職員被發現有不當行為，政府所能做的只是要求日本銀行本身「採取必要措施去糾正此類不當行為」。在新法中，「大藏大臣執行現場檢查的權力將被廢除」。[2]最重要的是，「應廢除大藏大臣向日本銀行發出指示並任命監事的大權」。

歷經半個世紀以來與大藏省和政治人物在幕後的鬥爭，這些王子達成了他們的目標：他們在戰後一直悄悄享有的龐大權力，現在已經獲得官方認可且完全合法。他們的身分已經從幕後的操縱者，晉升成為日本經濟的有冕統治者。

對現實的醒悟

在這項重大法律變更的不久後，政治人物開始醒悟到他們所做的事帶來的影響。從一九九九年初開始，有越來越多的政治人物意識到，在整個一九九〇年代，本可以透過擴大央行的信用創造量來輕易刺激經濟。在整個一九九九年，政府和自民黨的成員呼籲日銀透過購買政府債券來增加信用的供應量。他們的聲音在二〇〇一年初變得更加響亮，當時自民黨呼籲日銀進行「量化寬鬆」。

他們遲了一步。因為日銀剛在前一年獲得獨立，它將此舉視為首次對其新權力的挑戰，並強烈回擊政治人物的要求。速水總裁和其副手山口泰認為像這樣的「量化寬鬆」是不可能發生，也不會收到成效。在整個一九九九年，日銀未能增加債券或商業票據的購買量。許多不習慣央行公開抵抗的政治人物，對於日銀拒絕讓步的冷淡態度感到憤怒。但為時已晚。政治人物已經決定自願放棄對貨幣政策的控制權，等同於切斷了自己的右手。

不只有政治人物意識到他們變得多麼無能。在整個一九九九年，日圓違背多數貨幣預測者的預期而走強。大藏省擔心經濟和國民就業狀況，下令進行大規模的外匯干預。但是正如我們所見，當發生在一九九五年初期的事件重演時，日銀透過向國內市場出售債券來沖銷所有外匯干預力道。也跟一九九五年一樣，日銀過度沖銷。央行沒有創造更多信用，反而以戰後前所未見的速度加快收緊信用。這使日圓在一九九九年底重新回到一百日圓兌一美元。

那些回過頭去研究新版《日本銀行法》的大藏省官員和政治人物找不到任何可以指責央行的地方，因為該法唯一明確規定的政策目標是「物價穩定」。既然通膨不存在，央行及其決策者辯稱，他們是在履行自己的職責。

在一九九六和一九九七年，日銀領導階層對國會政治人物的遊說取得了成效。當時，日銀內部人士如山口泰（後來的副總裁）和福井俊彥發動了一場運動，將日本所有的經濟問題都歸咎於大藏省。三重野已先奠定好這項論點的基礎，他在一九九四年退休後的公開活動中的大部分時間都在參與無數的演講和會議，遊說《日本銀行法》的修改。因為他曾刺破經濟泡沫來幫助貧困百姓，而擁有羅賓漢的美譽，使得許多人都聽信這位無私之人的言論。

將主權歸給王子

還有一個原因讓政治人物認為「央行應該獨立」的論點合理。在日本推行變革時，若能參考其他經歷過類似變革的國家經驗，通常會有所助益。這樣就能主張日本必須跟隨國際趨勢。戰後的日本政治人物受到的訓練是要去關注「國際社會」所訂定的趨勢。所以日本銀行的官員適時指出，許多先進的工業化國家的議會，已經讓它們的央行獨立。

支持央行獨立最有力的論據出現在一九九二年的《馬斯垂克條約》（Maastricht Treaty）中，這項條約為歐洲貨幣聯盟的形成奠定基礎。這項條約描述歐洲中央銀行的角色和功能，這家銀行依照計畫在一九九九年一月一日開始運作，從法律上來說，是世界上最獨立的央行。根據條約內容，歐洲央行將完全獨立於任何政府和任何民選議會之外，不需對他們負責。

《馬斯垂克條約》迅速成為全球央行家所嚮往的新目標。日本銀行的職員明確將其視為「現代」中央銀行法的首要典範，因為此法確立了央行不受民主體制的控制，且只被設定確保物價穩定的任務。[3]《馬斯垂克條約》的支持者以德國央行——德國聯邦銀行的經驗作為討論的基礎。由於此條約很新，且大多數其他國家的央行才剛獨立，日本銀行獨立的支持者最終也參考了德國的案例，因為該國的央行擁有最為悠久的獨立歷史。藉由頻繁引用德國聯邦銀行的經驗，日本銀行的職員營造出一種印象：擬議中的新《日本銀行法》符合國際公認的最佳實踐作法，日本只需遵循「國際標準」。

德國經驗

德國聯邦銀行的經驗，一直是討論央行獨立性的焦點，因此值得我們仔細審視（這也是下一章的目的）。眾所周知，德國的央行，當時稱為德意志帝國銀行，在一九二二年和一九二三年創造了過多的貨幣，從而導致了惡性通膨。人們普遍認為，這就是為什麼戰後的德國憲法讓德國聯邦銀行在很大的程度上（雖然不完全）獨立於政府的原因。事實上，德國聯邦銀行的表現紀錄非常好。這樣的經驗可能說服了日本及其他國家的多數議員，認為讓央行獨立是正確的作法。

然而，德國的案例可能不具代表性。讓德國聯邦銀行獨立的思考鏈如下：德國憲法的起草者回顧了德國的貨幣政策，並查明何者是最大的政策錯誤。毫無疑問是一九二〇年代初期的惡性通膨。然後，他們開始找出原因，得出的結論是央行的法律地位是問題所在。這才因此決定德國聯邦銀行的地位。

三重野和他在日銀的同僚將這過程簡化為以下公式：德國聯邦銀行的成功要歸因於它擁有很大的法律獨立性。他們接著敦促政治人物接受這些結論，而沒有適度地反思德國聯邦銀行的真實地位，以及德國人得出這些結論的思考鏈為何。這就像是把德國陡峭的房屋屋頂複製並引入東京，卻沒有意識到陡峭的屋頂是為了大雪紛飛的地區而設計的。如果日本要真正從德國的經驗中學習，它就應該像德國一樣，回顧過往的貨幣政策、查明最大的政策錯誤、找出其原因，然後實施一部防止問題再度發生的法律。

對德國人而言，我們從上述的過程中得出截然不同的故事。正如我們將會在下一章看到的，一九二〇年代和一九三〇年代初期的貨幣政策錯誤，是由完全獨立且不需向德國政府或議會負責的德意志帝國銀行所犯下的。這就是實情為什麼與普遍的認知不同，德國聯邦銀行的獨立性比帝國銀行還弱，且要負更多責任。

不破就不修：日本的通膨紀錄

此外，日本銀行職員藉由參考德國的經驗，也在暗示通膨是貨幣政策最大的問題。雖然通膨在德國可能是個問題，但在日本，這並非問題所在。與幾乎任何其他國家相比，戰後的日本是享有最低通膨率的國家之一。從一九七六年到一九九六年的二十年間，消費者物價指數平均每年僅上漲二·九％。從一九八六年到一九九六年的十年間，僅上漲一·二％。這顯然低於美國的通膨率，美國在這二十年期間的平均通膨率是五·三％，在這十年間則為三·五％。許多人會驚訝地發現，日本的通膨率甚至低於被認為是低通膨典範的德國。德國在一九七六年到一九九六年的二十年間，平均通膨率為三·一％，一九八六年到一九九六年的十年間為二·四％。後者的數值是那十年間日本通膨率的整整兩倍。[4]

日本的通膨紀錄無可挑剔。足以讓德國聯邦銀行羨慕。既然沒有人批評德國聯邦銀行的通膨紀錄，或建議需要再修改法律使它變得更加強大，那麼為何日本國會要修改《日本銀行法》？

日本的問題：劇烈的經濟榮枯循環

雖然通膨並非日本貨幣政策的最大問題，但這並不表示貨幣政策沒有嚴重的缺陷。我們已經見識過，日本貨幣政策最大的問題一直是經濟榮枯循環的出現。最初是一九六〇年代走走停停的成長模式和資產通縮的危機。接著在一九七〇年代初期出現了巨大的投機熱潮，最終在一九七四年及隨後數年陷入深度的衰退。然後在一九七〇年代末期，經濟成長再次加速，但在一九八〇年代初期又陷入低谷。在一九八〇年代的後半期，日本創造出史上最大的經濟泡沫。隨後是長達十年的衰退和創紀錄的高失業率。在經濟成長大幅波動的同時，日圓匯率也經歷了劇烈的波動，例如在一九九五年四月，美元兌日圓的匯率是一：七十九．七五，但之後暴跌了八十%，在一九九八年中跌到一：一百四十七的位置。

在本書中我們已經見識到經濟成長率、資產價格的走勢和匯率，有很大程度是由日本銀行所決定的。[5]利用其法外的窗口指導信用控制手段，央行在一九八〇年代迫使銀行向房地產投機者過度放款。在一九九〇年代，它限制信用並使泡沫崩毀。隨後，它未能增加信用的創造量，並積極地破壞政府刺激經濟的政策。除了延長經濟的衰退之外，日本銀行還在關鍵時刻操縱匯率使日圓走強。這些對經濟的打擊所造成的巨額國債，日本銀行也要對此負責。

原因：過度獨立

日本銀行採取這些造成災難的政策，是因為不能獨立於政府或大藏省行事嗎？對於日本銀行未能完全掌控利率政策的這項共識，人們並無異議。然而，我們發現這些代價高昂的劇烈經濟震盪的罪魁禍首並非利率。而是信用的創造量。沒有證據指出大藏省、政府或其他機關，能夠影響日本銀行信用發行量的政策。我們反而發現這些政策是由日本銀行內部的一小群人獨自決定，且無需為他們的行動負責。製造泡沫的三重野和福井，並沒有因為其政策而被降職，反而被分別晉升為總裁和副總裁。福井在二〇〇二年仍在爭取晉升到最高職位（雖然因為大眾日益認識到他在創造泡沫所扮演的角色，而使他升官的機會受損）。因此日本銀行最大的問題並非不夠獨立，而是過度獨立以及無須為關鍵的貨幣政策工具——信用的數量負責。

王子的權力

我們從德國和日本的歷史得出的教訓是，日本銀行的權力和獨立性應該被削弱，而非加強。正如政治人物所發現的，現在他們幾乎無法影響央行。作為交換這般全方位權力的條件，日本銀行只需要「建立相關程序，每六個月準備一份報告，說明政策委員會的貨幣政策決定內容及其實施狀況」。此外，「日本銀行應盡力公開揭露其有關貨幣政策的決定內容及決策過程」。換句話說，央行只需要選幾個主題出來報告。無論是國會、政府還是大藏省，更別說一般百姓，都無法做任何事情來改變央行的貨幣政策。新法的唯一政策目標是「物價穩定」。打著嘗試達成「物價穩定」的名義，央行可以做任何它想做的事情，而且除非廢除新法，否則沒有人可以干涉。

增加決策過程的「揭露」可說是場鬧劇。政策委員會會議的簡短摘要，現在會延遲一段時間後發布在網路上。但若仔細研究這些摘要會很明顯發現到，關鍵的決策甚至沒有在政策委員會中討論過。每個月，日本銀行會決定它將創造多少信用。這項決定會影響經濟的成長、資產的價格和（幾乎立即影響）匯率。然而，自從開始公布會議紀錄後的這些年裡，政策委員會從未明確討論過這項決定，委員會一直專注於討論利率政策（日銀長期以來使用的煙幕）或銀行準備金（最近使用的誘餌）。[6]由此可見，由日本銀行內部人士和十分順從的外部人士所組成的委員會，仍不是真正做決策的地方——正如在日本銀行戰後的歷史上，這裡也從未做出真正的決策。

資訊的管理

缺乏外部的監督制衡機制，央行不太可能向大眾透露太多實際的施政細節。他們反而在公開討論中強調利率的重要性，實際上是在散播假消息。在日本，日本銀行的金融研究所是用來傳播日本銀行政策相關的誤導資訊的重要工具。這個研究所並不負責向日本銀行的實際決策者報告經濟狀況。而是進行學術研究，並邀請國內外的學者參與報酬優渥的研究計畫和會議。傅利曼是許多央行邀請的學者之一，他從美國聯準會的經驗得出結論，認為這些學術活動並非真心想追求真相並嘗試從中汲取適當的教訓。他反而發現到經濟學的研究和與學者間的交流僅是在「裝飾門面」，用來支持或掩飾央行的實際施政內容。[7]

牛津大學的福德（James Forder）是另一位備受敬重的央行政策研究人員，他在仔細審視歐洲央行的出版品後得出結論，認為他們這麼做只是為了自己的利益。[8]早在一九七〇年代初期，研究人員就已經爭論過，可以預期央行會宣稱「貨幣政策能達成的效果相當有限」，並總是對事件提出解釋，來減輕自己對政策失敗的責任，但當政策成功時，卻歸功給自己。其此，可以預期到他們會嘗試「對同一現象，在不同時期提供不同解釋」，藉此最大化政策迴旋的空間，並盡可能負最少的責任——這暗示只有他們知道哪個解釋適用於哪個時間。接著，根據他們提供的解釋，可以選擇採取不同的政策。政策呈現有個很萬用的元素，便是宣布各種不同的政策目標或指標。這舉動看似讓政策透明，但實際上提升了央行的自由裁量權，因為它可以透過在不同時間參考不同的指標，來證明他們所需政策的合理性。[9]福德從歐洲中央銀行的出版品中得出結論：「所有這些事項都可以在歐洲中央銀行現今的行徑中看得到。」

日本銀行金融研究所的行徑與福德的調查結果高度雷同。若檢視其研究成果會發現到，它專注於傳播對決策者而言幾乎無關緊要的經濟分析內容。任何真正重要的議題，例如信用量的重要性或關於信用量的決策過程，都被排除在外。此研究所從未發表任何嚴謹的報告，去分析窗口指導對泡沫的形成和擴散所扮演的角色。日本銀行聘用的經濟學家撰寫的文章反而給人一種印象：

貨幣政策的制定和全面理解，只需要關注利率即可。日本銀行僱用的經濟學家甚至提出暗示央行幾乎沒有權力的研究。在現任研究所所長翁邦雄於一九九〇年代出版的刊物中，他聲稱日本銀行無法控制經濟體中的貨幣或信用量。根據翁的說法，貨幣始終是由需求所決定，而問題在於一九九〇年代期間的「貨幣需求」不足。因此，日本銀行在一九九〇年代期間降低利率的應對方式就足夠了。

翁沒有指出的是，世界上最大的貨幣需求確實來自日本，因為政府迫切需要資金，且大多數的中小企業，近十年來一直面臨資金短缺的問題。然而，日本銀行拒絕向他們提供任何資金。正如傅利曼等人所詳細解釋的那般，這類論點使得央行能夠抵禦對其政策的任何批評，從而使他們能夠在無須負擔太大責任的前提下，追逐自己的目的。[10]

或許可以說，研究所的大多數職員甚至沒有意識到，自己被王子當作煙幕來利用。許多受僱的經濟學家遭到隔離，不能接觸到貨幣政策實行的實際狀況。他們反而被送到美國，去取得那種幾乎看不到貨幣存在作用的理論經濟學博士的學位，這個作法很理想，能將人們的注意力從重要的實際事實上移開。

製造誤導和片面的宣傳內容，並非央行嘗試減少承擔責任的唯一方式。事實上，央行「管理」資訊的範圍相當廣泛。任何想要監督央行政策的人，都需要準確的資訊。但評估經濟表現和央行政策所需的資料，卻是由央行自己產出的。這形成利益上的衝突。有時經濟學家和央行家所表達的觀點——央行**應該**對經濟狀況和其政治意圖含糊其詞——使情況更加惡化。在這方面，日本銀行的表現很出色。當日本銀行在一九九八年四月取得法律獨立性時，它停止發布自一九四二年以來持續編制且作為信用配置基礎的資料：依產業劃分的每月銀行貸款數字。這一系列的資料一直是窗口指導信用配置過程的核心。難怪日本銀行試圖保密這些資料。

這些資料提醒人們去注意王子所使用的關鍵工具。停止發布這樣的資料系列將使經濟學家更難分析經濟狀況並評估日銀的政策。很諷刺的一點是，日本銀行的翁邦雄已在其出版品中承認，信用統計的資料很重要，且確實比其他資料系列（如M2+CD）具有更大的資訊價值。然而，令他感到遺憾的是，這些資料系列對經濟學家的預測幾乎派不上用場，因為它們太晚才公布——這時間點是由日本銀行決定的。[11]央行當然可以即時取得資料，但它並未加快發布資料的速度。觀察期結束和信用統計發布之間的時間差，仍然是三十或四十年前所需的兩到三個月，儘管資訊科技已經提高資料的處理效率，甚至能夠即時發布。

權力集中在少數人手中

一名日本銀行總裁曾提醒我們：「家庭、公司和投資人的日常交易，有很大一部分是經由銀行間的資金轉帳和匯款來結算的。而銀行的餘額則透過其在日本銀行持有的帳戶進行結算。換句話說，在全國各地進行的大多數交易行為，最終都會集中到日本銀行並在那裡結算。因此，每天日本銀行往來帳戶所結算的金額超過三百兆日圓。這代表相當於有日本年度GDP約七十%的金額，每天經由在日本銀行的帳戶轉移。」12

隨著冷戰告終，傳統政治人物已經不再是推動世界的力量，取而代之的是央行家。央行的決定可以打開資金流動的閘門，使資金湧入某個市場並流出另個市場、重新計算價格、數量和貨幣。隨著提升央行獨立性運動的聲勢逐漸壯大，那些穿著深色西裝、不給人大鳴大放的印象、行事謹慎的人士，已成為各個經濟體、國家和地區的實際統治者。他們創造經濟的繁榮、蕭條和危機；他們再通膨和通縮、升值和貶值，影響著數百萬人的日常生活。

大多數的觀察家都假設日本銀行在一九九〇年代希望創造經濟的復甦。事實是，它並不想這麼做。這項發現為發生在其他國家的事件提供更清楚的解釋。我們通常會假設美國聯準會希望結束一九三〇年代的大蕭條，這場悲劇導致美國和其他國家有人挨餓致死。然而，在近十年的時間裡，聯準會都未能採取必要的政策來創造復甦。聯準會不僅沒有進行干預，並推行當初成立它的政策，也就是印製足夠的貨幣來支持銀行，反而眼睜睜看著數萬家銀行破產，同時也奪走許多普通老百姓的儲蓄和生計。此外，跟日本一九九〇年代的情況一樣，一九三〇年代銀行危機的起因是在前一個十年，當時聯準會允許銀行大幅增加信用，尤其是用於投資目的所創造的信用。無論我們考量的是一九八〇和一九九〇年代瑞典央行採取的量化政策，還是美國、亞洲國家或日本央行的政策，歷史的事實就是：央行一直是讓世界經濟陷入榮枯循環的災難核心。基於這樣的表現紀錄，進一步增加央行的權力並減少其承擔的責任，真的是明智的選擇嗎？

中央銀行的當責度與透明度

要使央行負起責任，政府必須設立明確的政策目標，而非僅限於實現低通膨的狹義目標。[13]政府應要求央行避免景氣週期的波動，並實現接近充分就業的狀態。對央行政策的受眾而言，最關鍵的總經變數是名目GDP的成長率，因為它決定了整體的銷售額、公司利潤、工資及薪資，並與潛在成長率的差距共同決定出物價。[14]因此，沒有道理要求央行以其他指標作為目標。若選擇其他變數作為所謂的中介目標，那麼這些中介目標和實際重要的目標之間必然存在差距。而央行的官僚可能會用這些差距，減少負擔的責任並追求自身的利益。

就日本而言，可以為日本銀行設定四%的名目GDP成長率目標。若日銀未能在誤差範圍內如〇．三個百分點內達成此目標，則實際的決策者（而非名義上的代表）應遭受嚴厲且會落實的懲罰。懲罰方式可包含解僱所有的高階職員。為讓人相信會落實懲罰的執行，可以同時任命由專家組成的「影子」日本銀行隨時準備接管業務。在這種刺激的結構下，央行毫無疑問將實現經濟的高成長與低通膨。若央行官員辯稱他們無法達成這些目標，那麼就讓他們所推崇的自由競爭機制去在勞動市場中尋找能夠勝任的人選。讓人毫不意外的是，頂尖的總經學家都主張為央行設立名目GDP的目標。[15]

更好的作法是再次修改《日本銀行法》，使央行直接對民選機關負責。然而，這在政治上難以實現，因為這條法律才剛在一九九八年修改過。但必須盡早承認錯誤並開始修正。理解實情的大眾可能會同意將貨幣政策重新交到民選機關的手中。這包含終結目前央行對許多資訊的壟斷。應將蒐集和發布銀行與信用相關資料的權力，轉移到獨立的審計機構身上，且這些機構也應定期更換。

日本國會應要指派一個獨立的委員會，詳細審查過去二十五年內日本銀行的量化政策，並要求相關人士對此負責。奇怪的是，在泡沫崩毀之後，有數十名的銀行家和官僚遭到逮捕，而那些真正該對經濟的衰退、泡沫以及銀行呆帳負責的人，卻從未被究責。經濟衰退導致失業、社會動盪與自殺的問題。這些王子可能沒有意識到，或者根本不在乎，他們其實影響到數百萬人的生活。是時候讓他們承擔責任了。

日本的經濟可以透過創造信用，輕鬆走上第二次經濟奇蹟的道路。但只要這些王子的行為不受任何民主機制的制衡，他們就可以依照自己的意願製造另一次的經濟衰退，就像他們在一九九七年和二〇〇一年所做的那樣。

第十九章

德意志帝國銀行的復甦

現在有許多國家……將貨幣政策的制定委託給獨立的中央銀行。這映照出人類從歷史中孕育出的智慧。

——三重野康，日本銀行總裁[1]

聯準會、歐洲央行和日本銀行合起來，為涵蓋全球工業化經濟活動八成的區域制定貨幣政策……如此龐大的權力很罕見（甚至從未）由如此少數的機構所掌握，而這些機構又不需受民主程序直接監督。

——高盛經濟研究部[2]

葛林斯潘現象是近年來席捲全球的趨勢之一：如今，央行家正在掌控世界。這位未經民選的經濟學家，卻一直掌握著美國的經濟走向……在歐洲，有十二個國家採行了單一貨幣，且實際上將經濟的主權讓渡給了歐洲央行。

——佩西克（William Pesek Jr.），彭博新聞社專欄作家[3]

衰退：但我們無能為力

評論家似乎一致認為，現在央行家掌控著大局。在標題為〈當央行家掌管世界〉（When Central Bankers Run the World）的文章中，彭博財經專欄作家佩西克很疑惑：「除了偶爾有人在WTO或IMF的會議上抗議之外，人們對這種新世界的經濟秩序幾乎沒有任何反彈。」他認為這是因為「選民和政治人物都因知道有經驗豐富的經濟政策制定者在掌握局面，所以感到安心」。[4]換句話說，我們對央行家的統治感到滿意，因為我們相信這將會確保經濟會持續成長和繁榮。這是種令人安心的信念。

當德國的經濟在二〇〇一年明顯有所放緩時，包含財政部長艾希爾（Hans Eichel）在內的德國政治人物，日漸感到有必要實施刺激經濟的政策。[5]然而，就跟一九九九年的日本同僚一樣，他們發現自己能做的事情不多。通常政府有三種政策工具可以用來影響和刺激經濟：監管政策、財政政策和貨幣政策。既然德國跟當今許多國家一樣，致力於放鬆管制、私有化和自由化，因此沒有實施新的監管干預政策的空間。由於歐盟《穩定與成長協定》所施加的財政緊縮規範，就得把刺激性的財政政策排除在外。就只剩下貨幣政策可用，它是影響經濟的最強大政策工具。然而，政治人物無權使用這項工具。歐洲央行不受任何政府控制。因此，政府已經失去所有重大的總經政策工具。即使德國的央行德國聯邦銀行，認為有必要採取行動刺激德國經濟，它也無能為力。德國聯邦銀行曾是世界上最強大的央行之一，但現在已轉變為歐洲央行的法蘭克福分行。德國的貨幣政策由歐洲央行決定，不管德國政治人物或德國聯邦銀行的職員是否喜歡。

德國馬克的終結

在二〇〇二年一月一日，歐洲大部分的地區開始使用新的紙幣和硬幣。對許多觀察家而言，在一九九〇年代中仍看似不太可能發生的情境，在沒有重大阻礙和混亂的狀況下發生了：十二個歐洲國家放棄各自國家的貨幣。隨著固定匯率在一九九九年一月開始實施，這些國家的政府和央行已經將所有的貨幣政策權，讓渡給新的歐洲權力中心：歐洲中央銀行。[6]

最讓外國觀察家感到驚訝的是，歐洲最大的經濟體德國放棄了德國馬克。德國人在戰後發展出對馬克近乎宗教一般的強烈依戀。許多經濟學家將戰後德國的經濟奇蹟，歸功於馬克的穩定以及馬克的守護者德國聯邦銀行的可靠表現。隨著德國馬克的消失，德國聯邦銀行的歷史也走到了盡頭。

英國觀察家將之稱為「謎題」：「德國馬克成為歐洲貨幣體制（European Monetary System, EMS）的關鍵貨幣，也是世界的主要貨幣之一；到了一九八〇年代，就國際貿易計價貨幣的使用比例而言，德國馬克只僅次於美元。在如此較短的時間內取得如此大的成就，使這貨幣有著非凡的歷史發展。但或許更為非凡的是它的未來。一個取得如此輝煌成就的貨幣，並因此很受使用該貨幣的國家公民歡迎的貨幣，將在二〇〇二年消失在歐洲貨幣聯盟（European Monetary Union, EMU）中，不管怎麼說，都讓人很驚訝……人們不得不感到驚訝，這個既是德國復甦的原因，也是象徵著復甦的貨幣，會在民主國家遭到放棄。」[7]

政治因素位居首位

經濟學家一直都知道，放棄馬克並沒有什麼正當的經濟理由。例如，許多德國大型銀行的經濟學家想要發出警告，指出引入歐元會對德國帶來的成本和危險。然而，他們銀行的董事會不允許他們發表這樣的研究報告。他們反而只允許發表正面的分析。[8]毫無疑問的是，人們無法在經濟領域找到創立歐元的原因。[9]貨幣整合這項工具被用來加速歐洲的統一，和推動建立一個完全成熟的「歐洲合眾國」（United States of Europe）。[10]

儘管不斷推動公開宣傳活動，並偶爾壓抑反對歐元知識分子的聲量，但在許多歐洲的主要國家，如德國和法國，基層對單一貨幣的抗拒仍然很強烈。反對最劇烈的可能仍是英國，因為英國民眾意識到，如果放棄自己的貨幣，將免不了失去主權和對自身命運的控制。政治人物也對在丹麥和瑞典舉行的公投結果感到不自在，因為民眾的意見與他們不同。因此，他們將被要求再次投票，而且如有必要的話，之後會再投票一次。在德國，任何關於廢除馬克和採用歐元的公投，都很難獲得多數人的支持。這就是為什麼政府從未舉行過這樣的公投。政治人物反而使用納稅人的錢資助昂貴的宣傳活動，要讓歐元受歡迎。

權力掌握在少數人手中

使用歐元的地區包含約兩億九千萬的人口，其GDP超過七兆歐元。這規模與美國相當接近，美國擁有約兩億八千萬的人口，和約八兆歐元的GDP。歐洲央行的一小群決策者控制著流通在這十二個國家的貨幣總量，最終也掌握了對貨幣的分配。[11]這狀況絕非小事。歷史經驗證明，創造與分配貨幣的權力很容易就能跟軍事力量相匹敵，甚至能夠支配軍事力量。

然而，因為政治人物經常表現不佳，使許多觀察家相信，將權力交給客觀的技術官僚（如央行家），可能是更好的做法。這種論點存在幾個問題。首先，即便是技術官僚也是人。因此，他們與任何人一樣經常犯錯和自私行事。需要有正確的獎勵結構來限制他們的這些傾向。這代表需要有落實的制度使他們對政策負責。

其次，央行家真的總是客觀的嗎？用歐洲議會（European Parliament）的經濟與貨幣委員會的德國籍主席蘭茲歐－普拉特（Christa Randzio-Plath）的話來說：「貨幣政策從不中立。它會影響成長和就業。」[12]這就是為什麼在歐洲央行成立之前，蘭茲歐－普拉特持續在推動讓這個機構更加透明和負責——結果卻是徒勞無功。

尤其有鑑於歐洲（尤其是德國）在二十世紀，就曾實驗過不負責任且不透明的控制政體所導致的災難，現在又在實驗另一種中央集權控制的政體，這舉動令人感到驚訝。怎麼可能把對如此廣闊地區、如此龐大的控制權力，交給如此少數的人手中？

為了創造低通膨

歐洲委員會（The European Commission）這個非民選的組織，其存在的理由是建立出一個具備統一國家所有特徵的歐洲合眾國，它有意削弱各個國家政府和歐洲民主議會的影響力。還有什麼方法，會比設立獨立的歐洲央行更容易削弱各國的影響力呢？比較難理解的是，為什麼歐洲的議員會同意閹割自己的權力，因為這是設立獨立的央行會帶來的後果。

他們之所以同意，是因為他們相信經濟理論和歷史事實已證明這是最佳的解決方案。就像日本的情況一樣，設立超級獨立的歐洲央行是有理由的，用三重野的話來說，這是「人類從歷史孕育出的智慧」——尤其是德國聯邦銀行的歷史。

確實，德國對聯邦銀行的經驗大致上是正面的。但正如我們在本書中所見，在相對短暫的央行歷史中，這是個例外。聯邦銀行的前身以及其他國家央行帶給人的經驗就沒那麼美好。這就帶出了三個問題：使聯邦銀行如此成功的原因是什麼？歐洲央行（以及日本銀行和其他的央行）是否也具備同樣的成功要素？事實上，「成功」貨幣政策的定義是什麼？

人們通常認為央行或政府可能犯下的重大政策錯誤就是造成通膨。專家將這則觀點簡化成一個公式：如果通膨很低，則央行的政策就是成功的。與世界各國相比，確實德國的通膨率在戰後的大多數時間都較為溫和。同一群評論家普遍認為，聯邦銀行之所以能成功維持低通膨的主因是其獨立性。這個看法已經成為既定的觀念，以至於人們幾乎不再詢問是否有任何的真實證據能夠支持這說法。[13] 幾項有影響力的學術研究提供了這樣的證明，從統計結果顯示兩者的相關性：央行的獨立程度越高，通膨率就越低。這些研究表示，政府對央行的影響越小，貨幣就越穩定。

但人們後來發現《馬斯垂克條約》所仰賴的那份關於央行獨立性的科學證明，是來自一項由歐洲委員會本身（與央行有利害關係）所委託的單一研究。這份研究於一九九二年以〈一個市場，一種貨幣〉（One Market, One Money）為題發表，聲稱研究結果證明是央行的獨立程度導致低通膨。[14]

虛假的調查結果

這項研究的調查結果有多可靠？若仔細檢查會發現裡面沒有提供其所宣稱的科學證明。該研究隨意挑選出一些國家，然後武斷地決定其央行的獨立程度，然後便發現這與相關國家過去的通膨表現具相關性。研究人員沒有去驗證，如果使用與原作者選擇不同的時期來計算平均的通膨率，結果是否會有所不同。他們也沒有去驗證，如果選擇不同的國家，而不是研究所挑選的十七個國家，是否會得出不同的結果。[15]

然而，最糟糕的是，他們用來決定受檢驗國家的央行獨立程度的方法。由於不存在官方的央行獨立性指數，作者便自己創造一個。牛津大學的獨立經濟學家福德檢查了研究人員是否有仔細遵循他們自己對於獨立性的定義，因此至少在論點上保持內部一致性——這是科學研究最基本且必要（但不充分）的要求。[16]

他的研究結果令人震驚。他揭露出原作者一連串操縱資料的行為，並恰好得出作者所期望的答案，也就是央行的高度獨立性與低通膨成正相關。在修正這些明顯的「錯誤」之後，福德發現對於得出結論最為關鍵的某些國家，其資料點突然有所不同。經過他的修正之後，無法再查出央行獨立性與通膨之間存在統計上顯著的相關程度。福德的結論是：歐洲委員會委託的經濟學家使用的資料和方法，並未提供任何能夠說明央行的獨立性與通膨間有相關性的證明。

但歐洲委員會將這項有缺陷的研究，作為引入一九九二年《馬斯垂克條約》的重要理由，這項條約使歐洲接受了由歐洲央行統治單一貨幣區域的局面。[17]我們必須得出以下結論：在統計上，央行的獨立性與低通膨之間不存在穩健的相關性。

不只是低通膨

但我們曾見識過，通膨並不是央行錯誤政策的唯一案例。在過去幾十年裡，日本的通膨率一直低於德國。因此，依照對貨幣政策成功的傳統定義，日本甚至在別人的主場，打敗備受敬重的聯邦銀行。在過去二十年裡，日本的消費者物價通膨率平均為一．五％，而德國為二．五％。在一九九〇年代後期，消費者物價的通膨率甚至轉為負值，該十年的平均值為〇．八％（相較之下，德國為二．三％）。然而我們都知道，過去幾十年的日本貨幣政策並不能稱得上成功。這個現象證明了一點，即低通膨不應繼續作為衡量央行表現的唯一方式。

央行可能造成的其他嚴重問題還有很多，例如經濟衰退。在這種情況下，通膨率可能很低，但經濟可能會因純粹由貨幣政策所引起的大規模失業而受害。央行也可能造成通縮，這會增加借款人（如有抵押貸款的屋主）的實際債務負擔。這就是發生在日本以及幾個亞洲和斯堪地那維亞國家的情況。再次強調，若以低通膨為衡量標準，央行的表現可能算是優異。但實際上，它們根本沒有履行職責。

央行還可能藉由其政策引發過度的投機性繁榮。這是發生在美國、斯堪地那維亞國家、日本和大部分亞洲國家的故事：資產的繁榮會伴隨著穩定的消費者物價通膨。再一次強調，如果光是用低通膨來衡量，央行家似乎完成了他們的任務。但資產的通膨為未來埋下龐大的隱憂，最終導致大部分的公司破產，並使得經濟陷入衰退與高失業率。

獨立性不會保證政策的良莠

沒有證據能夠顯示在上述國家導致資產通膨後又引發緊縮性衰退的央行政策，是由其他參與者（如政府）所決定的。這些政策反而是由央行所制定，而央行在關鍵的信用數量政策上，基本上不受政府影響。這說明了央行的獨立程度並不能確保貨幣政策帶來經濟上的成功。瑞典中央銀行（Swedish Riksbank）就曾在一九八〇年代獨自造成信用的擴張，而在一九九〇年代又造成信用的緊縮。美國央行在一九九〇年代持續增加信用創造量時，並沒有受到政治壓力影響，卻因此製造出一個巨大的資產泡沫。泰國和韓國的央行獨自鼓勵銀行過度放款給房地產業，並獨自制定政策鼓勵所有公司從國外借款，從而在其經濟體的核心埋下一顆危險的定時炸彈。[18]隨後，他們採取過度緊縮的政策，造成經濟的深度衰退。[19]這一切都是違背各國政府意願所發生的事件。最重要的是，日本銀行是獨自迫使日本銀行業創造一九八〇年代的資產泡沫，隨後又獨自在一九九〇年代延長為期十年的經濟衰退，使曾經強大的日本經濟陷入困境。

相較之下，若根據我們對成功更廣泛的定義，德國聯邦銀行的表現相當的好，失業率雖然在一九八〇年代中期和一九九〇年代末期有所上升，但仍明顯低於其他歐洲國家。[20]戰後的經濟成長率相當的高，在一九五〇和一九六〇年代的實質成長率超過六％，而在一九七〇、一九八〇和一九九〇年代的平均為二．七％。這在所有工業化國家中名列前茅。此外，德國既沒有面臨緊縮性的信用危機，也沒有出現因金融投資過度投機而導致的全國性資產泡沫——這在全世界的許多其他國家卻曾發生。

我們從中學到兩點。首先，貨幣政策成功的衡量標準不僅僅是通膨，而是低通膨與經濟穩定正向成長的結合。如我們在第四章所見，經濟成長在很大的程度上是由央行所決定的，因為只有創造新購買力才能帶來新的成長。央行可以操控自身的信用創造量以及民營銀行的信用創造量。增加信用的創造量會推高名目GDP。信用創造與通膨的關聯很簡單：在達到最大的潛在成長率之前，經濟的成長將不會造成通膨。對於在其後所創造的信用，一旦新創造的貨幣並非用來提升生產力，就可能會導致通膨。但只要成長仍低於最大的潛在成長率，創造額外的信用不一定會導致通膨。

其次，德國人民對德國聯邦銀行評價很高的主要原因是它的成長導向。如果德國央行把德國帶入十年的通縮，儘管不存在通膨，也很少會有評論家會認為它的施政很成功。因此關鍵的問題是：聯邦銀行實現低通膨和高成長的政策組合，是否是因為央行的獨立性？

德意志帝國銀行也是獨立的

許多經濟學家認為德國聯邦銀行的成功僅源於其法定獨立於政府的地位，但他們忘記了，即使是德國聯邦銀行在二戰前的前身德意志帝國銀行，在法律上也同樣獨立於政府。自一八七五年成立以來，這種獨立性在實際運作上已大致存在，因為央行當時多為民間持股，且主要向股東負責。[21]在一九二二年五月，央行的獨立性被明確寫入法律，在一九三九年前都不曾更動。[22]在此之前，德意志帝國銀行不對人民、政府或國會負責。在一九二四年八月，新頒布的《銀行法》再次確認了德意志帝國銀行獨立於政府的地位——「但大大增加德國的外國債權人對中央銀行的影響力」。[23]德意志帝國銀行獨立於德國的民主機構之外，卻受制於德國境外利益團體的意志。雖然政府無法影響德意志帝國銀行的政策方向，但央行受到賠償委員會（Reparations Commission）的控制，而這個委員會主要由華爾街的銀行家所主導。[24]毋需贅言，這些華爾街公司的利益，與德國人民的利益不一定一致。

在此期間，德意志帝國銀行比德國聯邦銀行更加獨立。它也不需對其政策負責。然而，這個高度獨立的央行做了什麼？它暗中大力破壞了剛起步的威瑪民主。首先，它創造了惡性通膨，這個現象在一九二二年中期開始全面爆發，並在一九二三年底來到頂峰，當時的消費者物價上漲了二十億倍。從一九二〇年代中到一九三三年，德意志帝國銀行實行的政策有著諸多限制。第一階段的信用緊縮發生在一九二四年至一九二六年間，隨後在一九三一年發生了更嚴重的信用緊縮。在這兩個時期，數千家公司因未能獲得資金而破產。正如我們所見，在大部分時間裡，公司生死存亡的權力掌握在德意志帝國銀行的總裁沙赫特的手中。他在銀行業推行了我們在本書中詳細研究過的法外信用控制手段。他利用這些手段積極推動德國經濟轉型，迫使許多公司破產——他形容這個過程有「清理」的效果。他宣稱他的目標是加速「合理化」，這是當今央行家稱為「重組」或結構變革的過程。[25]

當美國銀行因一九二九年發生在美國的信用緊縮，開始從德國銀行撤出存款時，德意志銀行堅持銀行要從德國公司那邊收回貸款來支付給美國的存款人。一如預期，公司早已將資金投資在廠房和設備上。獨立的德意志帝國銀行所推行的政策，代表公司必須關門並用低價出售其資產。一夜之間，爆發大規模的失業潮。德國陷入大蕭條。如果你相信這種災難性的政策不可能重演，以為央行家應該會從歷史中學到教訓吧？那第十七章談過的會讓你大吃一驚。泰國、韓國、印尼的央行，幾乎完全複製了一九二〇年代和一九三〇年代初期德意志銀行的異常政策——導致一九九七年和一九九八年的亞洲金融危機，同樣使多國政權垮台並創造破天荒的高失業率。另一個與一九二〇年代事件的相似之處是，國際間的銀行家，這次由ＩＭＦ作為代表，要求這些亞洲國家進行大規模的結構改革。

讓威瑪共和國注定失敗的不穩定經濟，不僅是因為第一次世界大戰勝利者的不合理要求。這至少也是不負責任且權力過大的央行所造成的。德國的第一個民主政體幾乎沒有機會成功：政府可能嘗試創造經濟的成長，但控制經濟的權力最終仍掌握在央行手中。經濟學家得出結論，德意志帝國銀行已成為一個「第二政府」（Nebenregierung），其行為「專制」且獨立於民選政府之外。[26]民選的政府反而是力量較弱的一方。

相信我們，我們是央行家

脫離德國政府獨立運作，並沒有阻止德意志帝國銀行在一九二〇年代和一九三〇年代初期採取恐怖的政策，這些政策最終為德國和全世界帶來致命的後果，它們為一個提倡經濟成長的政黨——國家社會主義德國工人黨（NSDAP）的崛起奠定了基礎。我們必須提醒自己，支持央行的獨立，實際上是在說政治人物無法為國家的利益行事。只有央行家，這些中立客觀的技術官僚，才能為做出對人們有益的政策。

這毫無疑問是對民主制度的某種憤世嫉俗的看法。這也是國家社會主義德國工人黨的觀點，他們認為不能信任政治人物。這種觀點並非毫無危險，因為這會將技術官僚變成了我們國家的統治者——一種技術官僚的極權主義。有證據指出這是個天真的取徑。備受讚譽的貨幣技術官僚沙赫特就曾利用他的技術和法定權力，積極且有目的性地將德國交給希特勒統治。他因這些舉動獲得回報，在一九三三到一九三九年間再次被任命為德意志帝國銀行的總裁。[27]

那麼我們能期望歐洲央行為人民的利益行事嗎？第一個困難點是確認這些人民指的是誰。歐洲央行為十二個相當多元的經濟體制定貨幣政策。單一政策必須適合所有歐洲國家。[28]更大的問題是，我們無法保證歐洲央行的央行家如我們所希望的那般無所不知且善良。到目前為止，歷史上極少有案例是一小群幾乎不對自身行為負責的人能夠成功治理社會。有鑑於我們交到他們手中的龐大權力，如果他們在濫用這種權力，我們不應該對此感到驚訝。

問責制度是關鍵

回到最初的謎題：為什麼德國聯邦銀行能取得成功？因為最終人們會對獎勵做出反應。獎勵結構通常由體制的框架規範而成，而體制的框架通常由法律的結構所規定。因此德國聯邦銀行的法律架構應該能夠告訴我們什麼才是一個好的央行。我們注意到，在法律的規定中，德國聯邦銀行不只需要致力於穩定物價。在一九六七年德國聯邦銀行成立十年後，國會通過了《穩定與成長協定》（Stability and Growth Act），明確規定央行的政策目標是「穩定物價、高就業率、外部均衡、穩定且充足的經濟成長」。這條法律要求德國聯邦銀行實現低通膨和穩定成長。這也是德國聯邦銀行在制定政策時的考量點。例如，據說德國聯邦銀行的總裁克拉森（Karl Klasen）「認為經濟的成長與貨幣的穩定同樣重要」。[29]

德國聯邦銀行經常被說成是世界上最獨立的央行，但這根本不是事實。事實上，德國聯邦銀行的獨立性明顯受到限制。首先，央行的獨立性並未寫入憲法，因此並非不可改變的。此外，德國聯邦銀行僅被賦予「不受政府指示的獨立性」。當這句話被寫入法律時，議員可能是記住威瑪共和國的教訓，明確警告說這段文字「當然不能被解釋為央行會成為國中之國」。[30] 雖然德國聯邦銀行不受政府的直接指示，但它並非獨立國會之外，如果國會願意的話，它可以藉由制定法律或給予指示來控制央行。此外，德國聯邦銀行並非獨立於德意志聯邦共和國的其他機構之外，而是受德國的法律約束，並要向聯邦的審計機構德國聯邦審計院（Bundesrechnungshof）和德國法院的判決負責。

但就連央行於政府之外的獨立程度也是有限的，因為《德國聯邦銀行法》也明確表示：「德國聯邦銀行的職責是……在履行其任務的同時，支持聯邦政府的總經政策。」而幾乎沒有任何時期的政府，其主要的政策目標不是實現像樣的經濟成長。儘管無法直接向央行發出指示，政府代表可以參加德國聯邦銀行的政策委員會會議，並期望央行支持他們接近充分就業的政策目標。正如法律專家指出，如果政府在《穩定與成長協定》的目標中與德國聯邦銀行關注不同的重點，例如追求經濟和就業的成長，那麼只要政府沒有忽視物價的穩定，德國聯邦銀行就有義務遵循政府的政策。忽視《穩定與成長協定》的目標是違法的行為。[31]

還有其他法律結構中的獎勵措施，有助於德國聯邦銀行取得成功。例如，德國聯邦銀行有著去中心的組織架構，會由聯邦參議院（Bundesrat）指派德國各邦的代表參與政策決議。此外，每個地區的代表又由各種職業（包括工會）的代表負責提供建議。[32]因此，德國聯邦銀行的決策過程通常非常平衡、反映社會的各個面向和地區的意見、將政府的政策考量在內、並受到法律的制衡。

德國聯邦銀行相當成功的貨幣政策，正是源於這種多層面的問責機制和共識導向的決策方式。當然，它也會犯錯。德國聯邦銀行擁有足夠的權力，為政治人物帶來嚴重的問題。有好幾個案例是，政府希望德國聯邦銀行加強刺激經濟的力道，但它卻拒絕。接下來三名總理的倒臺——一九六六年的艾哈德、一九六九年的基辛格（Kurt Georg Kiesinger）和一九八二年的施密特（Helmut Schmidt）——都直接或間接與德國聯邦銀行的緊縮政策有關。[33]通常最後會發現，是政府而非德國聯邦銀行才是正確的。[34]但至少有政治上的限制，讓德國聯邦銀行不能獨力實行違背人民利益的政策。[35]

諷刺的是，我們因此必須得出結論：德國聯邦銀行的成功最主要並非源於其獨立性，更多要歸功於其與民主體制其他元素之間的微妙**依存關係**。法律的架構使央行要對其政策負很大的責任，並且始終明確表示這些政策不能僅僅包含維持低通膨，而必須反映實現穩定經濟成長的目標。相較之下，德意志帝國銀行的失敗肯定是由於其過度獨立，缺乏問責制和追索權。因此，若我們比較德意志帝國銀行和德國聯邦銀行，會發現到戰後央行獨立性的**降低**，以及引入問責制度和對民主機關的依存，大幅提高貨幣政策的表現。我們的觀點與多數人不同：德國聯邦銀行的成功，反而是因為其獨立性相對較**低**。

因此，若要確定歐洲央行是否對德國和歐洲人民而言算是成功，關鍵是要確認這間新的央行是否同樣要對人民負責，並能實行維持低通膨和穩定成長的雙重目標。

不受問責的歐洲央行

隨著歐洲央行體制的引入，德國政府失去了對貨幣政策的影響力。隨著歐洲央行的成立，《德國聯邦銀行法》也進行修訂。在新的《德國聯邦銀行法》中，德國央行不僅受制於歐洲央行的指示，而且也不再需要支持政府的整體政策方向。[36]歐洲央行也不需要支持德國政府的政策。然而，它被要求支持「歐盟的整體政策目標」。定義歐洲央行角色的《馬斯垂克條約》指出，歐洲央行的首要職責是維持物價的穩定。它還表示，「在不影響維持物價穩定使命的情況下」，歐洲央行還將支持「歐盟的整體經濟政策」，其中包括「穩定、非通膨和環境友善的經濟成長」以及「高就業率」等目標。[37]

這段文字可以解釋為歐洲央行跟德國聯邦銀行一樣，必須為維持低通膨和穩定經濟成長的雙重目標而努力。然而，施政重點明確放在物價的穩定上。此外，跟德國聯邦銀行的狀況不同，不存在制衡歐洲央行行動的手段。因此，不論是政府、國會甚至（非民選）歐盟委員會，實際上沒有人可以強制歐洲央行執行任何特定目標，或者實際上強制歐洲央行執行任何事情。與德國聯邦銀行不同的是，歐洲央行不僅獨立於政府之外，而且獨立於議會、民主選舉的國會或歐盟內的其他機構之外。此外，定義歐洲央行地位的《馬斯垂克條約》中包括一項條款，即歐盟內的任何民主機構甚至不允許試圖影響歐洲央行的政策。[38]這在民主體制中是前所未見的。

此外，歐洲央行的透明度遠低於德國聯邦銀行。舉例來說，其決策機關的審議內容是保密的。[39]它不需要公布交易的詳細資訊（隨著歐洲央行的成立，也取消了對德國聯邦銀行的這項要求）。雖然歐洲央行有權獲取歐盟內任何銀行或公司的資料，但它沒有義務公開這些資料或任何特定的統計資料。

不出所料，歐洲央行的章程已經被解釋為，幾乎完全以穩定物價為目標。歐洲央行的前身組織的負責人杜伊森貝格（Wim Duisenberg）在擔任歐洲央行的前身組織歐洲貨幣管理局（European Monetary Institute, EMI）的總裁時，曾告訴我們他支持「以嚴格穩定整個歐元區的物價為目標的單一貨幣政策」。[40]

復活的德意志帝國銀行

歐洲央行所擁有的獨立性比德國聯邦銀行要來得多。它也比美國聯準會來得獨立，後者在法律上的地位較弱，並要直接向國會和政府負責。[41]我們發現到在所有發達國家中，歐洲央行是最不需負責的央行。

我們必須得出結論：歐洲央行職員的獎勵結構，可能不足以保證他們會做出最佳的經濟政策。這一點令人擔憂。這暗示人們沒有正確解讀德國歷史所提供的教訓，而歐洲央行是建立在錯誤的基礎上。設立歐洲央行的人沒有採用使德國聯邦銀行成功的特色——向其他民主機關負責和相互依附，而是讓無須負責的德意志帝國銀行的屍體復活。一如我們所見，人類苦難的故事線很直接從沙赫特延續到與這位「金融奇才」共同受訓的一萬田身上，以及造就了一九九〇年代經濟衰退的諸位日銀王子。歷史告訴我們，將不受制衡與問責的龐大權力，交到少數非民選的官員手中是很危險的事情。「人類從歷史中孕育出的智慧」建議我們不要讓德意志帝國銀行復活。但歐洲央行的成立卻正是在做這件事。

超出貨幣政策的界限

一九二〇年代的德意志帝國銀行所採取的政策，超出標準貨幣政策的界限。它參與結構調整的政策和強制推行產業「合理化」。威瑪共和國時期的德國經驗顯示，日本並非第一個遭受獨立的央行強制推行大規模結構變革和「重組」的國家。它也不是最後一個，正如東歐、拉丁美洲和亞洲國家接受ＩＭＦ指導的經驗所顯示的那樣。這些國家的央行，可能是受到ＩＭＦ承諾將提供法律獨立性的誘惑，幾乎都支持ＩＭＦ的論點。隨之而來的是經濟衰退和大規模的經濟動盪。歐洲央行肯定不會在歐洲做這樣的事情吧？

當德國包含財政部長在內的政治人物，在二〇〇一年夏天暗示需要歐洲央行採取進一步的刺激政策以支持經濟成長時，歐洲央行總裁杜伊森貝格和他的同事重複著《金融時報》所描述的「每月口號」：呼籲財政緊縮和結構改革。在其短暫的歷史裡，歐洲央行一直拒絕創造更多的貨幣來刺激德國和歐洲的經濟，除非能滿足它的條件，也就是德國和其他政府推行結構改革：「總裁杜伊森貝格和他的同事，已將對財政紀律和結構改革的呼籲變成每月的口號。這些要求是放寬貨幣政策所隱含的代價。」[42]這些結構改革的內容包括自由化、解除管制和私有化——簡而言之，引入新自由主義的美式股東資本主義，廢除已根深蒂固且成功的福利資本主義。

與日本如此相似的發展令人感到不安。如果歐洲央行早就認定戰後德式經濟體制是不好的，必須加以廢除怎麼辦？它命令德國聯邦銀行在二〇〇二年，以前所未有的力道縮減信用的創造量。隨著在經濟中流通的貨幣數量減少，需求下降，經濟便陷入衰退。與此同時，央行加強力道宣傳德國衰退是因其過時的經濟結構的說法。大多數的觀察家很難提出反證。隨著經濟持續衰退，越來越多的專家可能會對此表示同意——他們所能看到的只是一場漫長的衰退。這當然證明了這套體制並不管用？

是體制結構、還是貨幣政策，導致成長緩慢？

日本在戰後建立的經濟體制是依循著德國的經濟發展模式，這套模式是由德國經濟學家所開創，並由政策制定者在二十世紀上半葉推行。這套體制在實現快速成長、促進整體經濟的快速發展、大幅提升生入與生活水準，以及創造出驚人的平均收入和財富分配等面向的表現都極為成功。在德國，倡導「社會市場經濟」理念的艾哈德在戰後對這套體制進行修改。其目標是結合市場經濟的結構與政府的巧妙指導——類似日本發展出的模式。德國與日本的經濟發展體制毫無疑問非常成功，且對一般民眾特別有利，可作為發展中國家的典範。

然而，這套典範並未獲得廣泛採用。德國和日本反而遇上央行以及「國際社會」機構（如ＩＭＦ、ＯＥＣＤ、歐洲央行和美國財政部）要求推行大規模的結構改革。他們告訴我們，德式體制是不良且效率低落的。這套體制，連同其所孕育出的經濟與社會結構要一併廢除。他們告訴我們，最有效率的是不受限制的美式資本主義。

缺乏嚴肅的辯論

這或許是一項值得推行的改革。然而，我想從幾個面向提出質疑。首先是關於是否應該改變整個經濟（進而影響社會）體制的問題，因為這對社會的影響很巨大，通常在民主國家中，會事先展開深遠的公共辯論與深入的政策討論。辯論的過程應遵循民主決策過程的標準程序，包括討論德式經濟體制的優缺點，並與換成美式資本主義的成本和效益進行比較。

我們別忘了，艾哈德及他身邊的知識分子（以及他們在日本的同行），完全理解美式自由市場資本主義的特色。然而，他們刻意採行不同的體制。他們這麼做必定有充分的理由。事實上，美式資本主義有著歐洲國家無法接受的幾個重大缺點。包括極大的收入和財富差距（這種差距通常只存在發展中國家）、更大的教育不平等、更嚴重的社會動盪及更高的犯罪率——換言之，這是歐洲思想家在過去曾考慮過，但最終因其不夠平等和社會不公義而拒絕的一套社會模式。

無論如何，不管德國公民是否想要採用這種系統，最終應該由他們自己決定。在經過充分的公共辯論後，選民和民意代表應做出審慎的抉擇。然而，上述過程並沒有發生。如今，這類決定似乎是由央行家在閉門會議中定案的。

其次，關於推行美式解除管制和英式私有化的體制是否就是德國唯一的解方，這點沒有明確的定論。德式體制有許多值得保留的特點，日式體制亦然。在翻新過時的部分的同時留下基本結構豈不是更好？這做法確實更符合歐洲的傳統。

第三，德國和日本經濟體制受到批評的理由令人存疑。幾乎沒有證據能指出，徹底改變經濟結構並引入美式資本主義會帶來更高的經濟成長。如果德國的經濟結構確實是導致低成長的原因，為什麼在過去五年左右開始推行結構改革政策之前，德國在一九九〇年代初期和一九八〇年代的成長率會高出許多？若德式的經濟結構這麼沒有效率，為何它能在一九五〇年代創造八％的實質GDP成長？此外，若美式經濟體制能帶來經濟的復甦，為何美國本身會在二〇〇一年底或十年前陷入衰退？顯然，美國體制也會受景氣循環影響。這證明除了經濟結構之外，還有另一個解釋經濟成長的要素。那就是貨幣。而貨幣由央行控制。

央行濫用權力

支持央行獨立的人認為，應將央行家的地位置於政治人物和政府之上，因為他們是客觀且沒有政治立場的。但央行的歷史中，就充滿各種央行越權並參與高度政治決策的例子。

美國開國元勛深知銀行和銀行世家的力量。因此，他們堅決抵制央行的設立。傑佛遜是堅決反對央行設立的人。因此，美國憲法確立政府擁有發行貨幣的權利。並未賦予央行任何角色。這就是為什麼在美國建國後的大部分時間裡，央行並不存在。貨幣由政府，或自由競爭銀行體制中的銀行發行。美國沒有央行的時候表現並不差：它當時是成長最快的新興市場，到一九〇〇年已剛好超越世界第一的經濟強國英國。

直到一九一三年才成立聯準會，至今仍有一半由民間公司持有。基於央行可在銀行陷入危機時進行紓困的論點，國會最終被說服同意成立聯準會。但當所謂的銀行危機出現在一九三〇年代時（因聯準會本身過度創造信用的政策所引發），聯準會卻未採取行動。數十萬名農民失去土地和生計。大蕭條改變了美國的面貌。然而，聯準會從未因其施政內容而被追究責任。

日本經驗的教訓

擔心會造成很大的危險，許多一般民眾都反對成立歐洲央行和廢除德國馬克。部分德國政治人物拒絕成為「隨波逐流者」（Mitläufer），並勇於反對政治高層對歐元日益高漲的支持浪潮。例如，拉方丹（Oskar Lafontaine）認為歐洲央行的政策需要更多的民主制衡。實施這些制衡並不代表應該讓貨幣貶值或允許通膨發生。事實恰恰相反，唯一能確保貨幣穩定的方式是讓央行在被賦予適當政策目標的同時，也必須對其政策結果負責。從德意志帝國銀行和日本銀行得到的教訓，也該是歐洲央行的教訓。

跟威瑪共和國時期的德意志帝國銀行一樣，日本銀行一直是日本真正的政府。緊跟著這些專制央行腳步的歐洲央行，很可能會造成威脅。

統御全球的王子

不幸的是，美國的情況並沒有顯著的不同。沒人去爭論聯準會為何有權力影響市場和經濟。然而這種權力的使用，缺乏實際的民主制衡手段。每當聯準會主席葛林斯潘向國會報告其政策與行動時，他說的內容都沒什麼意義（媒體甚至因此稱讚他）。沒有人監督和限制聯準會創造多少信用。因此葛林斯潘（透過其利率政策）在公開場合給人的印象，是他從一九九〇年代中期起的大部分時間裡，都希望減緩經濟的發展，例如他在一九九六年發表的關於「非理性繁榮」的著名演說。然而事實上，他在這段期間持續增加聯準會的信用創造量。[43] 這與日本銀行在一九九〇年代採取的政策恰恰相反。日銀雖然公開表示要透過降低利率來證明，自己盡了一切努力在提振經濟，但其政策的實際意圖卻在量化政策中顯露無疑：在一九九〇年代的多數時間裡，它未能提振經濟。同樣地，葛林斯潘對美國經濟的強勁表現感到驚訝。但每當他提升利率時，它卻加快了貨幣印製速度。聯準會在透過量化政策影響經濟的同時，也跟日本一樣將公開聲明的焦點完全集中在利率上。

王子的枷鎖

當前央行的權力難以與民主體制相互調和。只要央行家繼續對信用數量及其分配擁有不受約束的掌控權，他們實質上就是經濟的絕對統治者。如果他們擁有這樣的權力，沒有不加以使用的理由。這可能代表那些為了讓央行追求其目標所設計出的榮枯循環會繼續存在。而他們的目標可能與我們天真的猜想大相逕庭。只要沒有實質的問責制度，就只能任由他們在信用遊戲中擺布人們的生活。

為了強化民主機制，政策制定者必須考慮再度修法，使央行要為其政策（尤其是量化政策）向議會負責。或者，我們應該聽從傅利曼經過數十年的研究和與聯準會交手的經驗後得出的結論：「就長期而言，對我來說只有兩種可行選項：要不讓聯準會成為財政部底下的局處，受財政部長管轄；要不就讓聯準會直接由國會所掌控。兩種選擇都涉及終結所謂的『獨立於系統之外』。但兩種選擇都將為聯準會創造強大的動機，促使其創造出比現在還更穩定的貨幣環境。」[44]

若無法修改法律將中央銀行重新納入政府體制的情況下，一項過渡性措施應是建立由政府制定的名目GDP成長目標，要求央行在預設的誤差範圍內、在規定的時間框架內達成這些目標——否則將面臨實質的懲處。我相信在這樣的獎勵結構之下，我們可以免去自央行成立至今，見證過的許多景氣循環和大規模衰退。否則，王子的統治權將繼續不受約束，對民主和我們的福祉造成損害。

第二十章
葛林斯潘的祕密

經濟衰退——但我們束手無策

王子經常在副總裁或總裁的職位上運籌帷幄。有時他們本身就是央行官方的負責人。在西方世界有一名王子並非出身自他現在統治的央行。但他毫無疑問掌握著大權且熟悉自己工具箱的內容物。他就是葛林斯潘。

這位具學術背景的經濟學家並未遵從古典理論。在一九六〇年代，他因承認信用創造的重要性而聲名大噪。在於一九六七年發表的〈黃金與經濟自由〉（Gold and economic freedom）的論文中，他反對過度集中在央行手中的權力。他進一步主張，只要央行家掌控著貨幣，經濟自由就不存在。

葛林斯潘在分析一九二〇年代美國聯準會的政策時，他認識到聯準會創造了過多的貨幣，並刺激銀行過度創造信用，因而「溢入股票市場，引發驚人的投機熱潮」。[1]

他精闢的分析得出以下結論：聯準會應對經濟泡沫和大蕭條負責。在整個一九三〇年代的失落十年中，當數十萬、甚至數百萬美國人陷入飢餓時，聯準會未能履行創造它的唯一目的：介入並印製大量貨幣以重振經濟並維持銀行的償付能力。聯準會反而讓數萬家銀行倒閉。由於當時沒有存款保險，個人存戶失去了生計。

儘管大蕭條造成大規模的經濟動盪，當時美國和英國的經濟學家仍建議，不採取任何行動是最好的政策。如我們所見，古典經濟學家聲稱，追逐利潤能夠確保資源有效配置，因此無須政府的干預。因為聯準會突然似乎遵循這則信念，美國經濟在一九三〇年代的大多數時間內持續衰退。

因為觀察家不清楚信用政策是導致經濟榮枯的背後因素，他們開始相信體制本身應對長期的景氣低迷負責。就跟一九九〇年代的日本一樣，這場經濟的長期衰退促使美國人相信他們的體制必須改變。

但其基本理由卻與今日日本的情況相反：因為發生大蕭條，熱愛自由的美國人可能被說服，認為缺乏強大國家控制力道的分權聯邦體制行不通。因此，進行大規模改革、增加聯邦稅收和強化聯邦權力的「新政」（New Deal）得以成功推行。

後來葛林斯潘不再引用他一九六〇年代的著作。事實上，身為聯準會主席，他在演講中避免使用「信用創造」一詞。自從他的身分從獨立觀察家變成他先前所批評的機構負責人之後，葛林斯潘的觀點似乎有所改變。他在一九八七年被任命為聯邦準備制度的主席，自此之後，他所做的事情，跟他先前所批評的一九二〇年代聯準會所做的事情一模一樣。

當然，使用著聯準會官方的貨幣政策工具——聯邦基金利率（相當於日本的隔夜拆帳利率）的葛林斯潘，看似是位保守的央行家。自從他成功（在一九九一年到一九九四年間）利用創造債券市場的泡沫來紓困紐約的大型貨幣中心銀行後，他一直在提高利率。此外，他發表許多批評股市「過度」或「非理性繁榮」的演說。他的這些評論與日本一九八〇年代後期，三重野王子和福井王子的聲明如出一轍，而當時正是他們製造出這般過度投機的現象。

這些言論也與日銀在一九九〇年代發表的官方政策宣言內容大同小異。日本央行聲稱自己正在盡一切努力刺激經濟成長。它提出的證據是，利率持續下降了十年。

然而，利率與信用創造量沒有直接的關聯。但是經濟的活躍與否取決於後者。從官方政策工具以外的角度來看，我們發現到日本銀行實際採取的政策，是在延長一九九〇年代的經濟衰退。同樣地，就信用創造量而言，我們也發現到葛林斯潘的言行不一致。葛林斯潘的聯準會沒有試圖減緩美國的成長和美國的資產價格攀升，而是用史無前例的力道擴張自己的信用創造量，並鼓勵商業銀行繼續創造更多的貨幣來火上加油。

新經濟

就跟一九八〇年代的日本一樣，證券經紀人創造一套理論來證明美國的高資產價格很合理。

最流行的是「新經濟」（new economy）理論，此理論認為美國並未陷入泡沫。一切都正常。高股價僅是反映出因生產力提升而強化的經濟潛力。生產力的提升解釋了為何沒有發生通膨的這項事實。

的確，如果生產力上升，就會增加非通膨的潛在成長率。然而，憑著生產力這一點無法解釋過去十年美國經濟所發生的事件。攀升到二十年來高點的信用創造量，似乎更有關聯。雖然標準的經濟理論無法解釋資產的價格，但用信用創造可以輕鬆解釋這一點。就如同泡沫時期的日本，大部分的信用創造並未流入與GDP相關的交易活動。這解釋了為什麼通膨程度很小。多出來的大量資金用於資產的交易。這解釋了美國資產價格出現前所未有飆升的原因。

通膨的壓力確實存在，因為消費者試圖將他們的投機收益變現。然而，通膨數據可能無法完全反映這一點。隨著工資成本的上升推高服務業的價格，美國政府的統計學家辯稱，服務業價格的上漲是因為服務變得更好。換句話說，他們聲稱漲價的不是相同服務的價格，而是因為服務的品質提升，理應付出更高的價格購買，不應該稱之為通膨。簡而言之，人們可以用這種說法，將漲價視為生產力的提升。這不僅會改善通膨的數值，還會提升生產力的數值。這是新經濟存在的證明。

舊災難

除了資產價格的高漲和估值過高之外，所有信用泡沫的典型徵兆都已出現：儲蓄率大幅下滑。現在已接近零或為負值。在一九八〇年代，英國抵押貸款的信用泡沫，也導致英國儲蓄率「莫名其妙」下滑，因為家戶將部分的投機資本收益用來買東西。就跟在英國一樣，消費額的增加促使廠商進口更多的貨物，從而產生貿易赤字。在美國，幾乎每個月的貿易赤字都創下新高。

之所以陷入貿易赤字還能維持經濟穩定，是因為有大量的資本流入。就像一九九〇年代的韓國、泰國和印尼一樣。當然，美國身處的位置更有利，因為其債務是以美元計價的，聯準會可以簡單透過印鈔票來還債。然而，這對美元毫無幫助。一旦泡沫崩毀，也很可能造成美元危機。

然而到了那時候，美元的崩壞將是多數美國人最不擔心的事情。一九九〇年代美國股市的泡沫規模，已經超過一九八〇年代的日本泡沫，和一九二〇年代的美國泡沫。這當然不成問題，因為我們會從過去的錯誤中學習，所以這次可以避免大蕭條發生。不幸的是，一九三〇年代的觀察家早就覺得這不成問題。國會從十九世紀的信用循環中汲取教訓，在一九一三年批准聯邦準備系統的成立。有了聯邦準備系統，理應能夠防止銀行業崩盤。但我們沒料到的是，聯準會竟選擇不要刺激經濟。就像一九九〇年代的日本銀行在當時選擇延長衰退一樣。

當美國股市崩盤，且過度擴張的銀行處在破產邊緣時，個人存戶不會像一九二〇年代那樣失去生計。因為美國現在有存款保險的系統。然而，問題在於，由於金融解除管制，資金不再存在銀行裡頭。在過去二十五年內，人民儲蓄的標的發生劇變，從銀行存款變成股票市場。無論是直接投入還是透過共同基金，現在有高達五十%的個人儲蓄投資在股票市場。而股市的資本虧損尚無保險。

當過度信用的創造速度放緩時，資產價格將會下跌。投機者將失去金錢。銀行將背負呆帳。這將進一步減少信用的創造量。隨著股市大幅下跌，將會抹去很大一部分民間部門的財富——就像一九二〇年代發生的那樣。日本戰時官僚不允許其人民將大部分的財富放入股票市場是有原因的：這是一個零和遊戲，跟銀行的信用不一樣，並不會增加任何人的財富。但為時已晚。接下來將發生的衰退，可能會比日本的衰退嚴重得多。因為在日本的情況下，個人存戶沒有損失半毛錢。儘管有「失落十年」的說法，但情況絕非類似於一九三〇年代的災難。

然而，發生在美國的情況不會那麼輕鬆。隨著個人財產的崩盤，需求也急遽萎縮。公司將無法銷售其產品。破產的數量將會增加。銀行的呆帳將會增加。信用將會萎縮。通縮將會擴大。可能會再度發生大蕭條規模的事件。隨著外商停止對美國的投資，國際收支的危機將會使美元崩盤。

葛林斯潘認為自己在做什麼？

葛林斯潘是否不知道這些事實？他曾仔細研究信用創造的過程，從研究中看得出他清楚了解一九二〇和一九三〇年代美國經濟週期的形成機制，因此他必定知道這些事實。透過某次與他面對面接觸的經驗，我確信他知道這些事。在一九九七年九月，我在香港舉行的ＩＭＦ／世界銀行年會上遇見了葛林斯潘。

早在四年多前（一九九三年），當我研究日本泡沫經濟背後機制的其中一篇研究論文，在英國週刊《經濟學人》（*The Economist*）受到討論和引用時，我收到了許多來信，主要來自於各家華爾街的投資銀行和央行。[2] 所有人都希望取得這篇論文。其中最迫切的請求來自美國聯準會：副主任韓德森（Dale W. Henderson）透過傳真和數通緊急電話告訴我「一名理事會的高階成員」希望盡快取得我的論文。在我寄出論文之後，再也沒有收到任何收件人的回覆。在一九九五年，當我在華府拜訪聯準會的韓德森，並詢問那位想要閱讀我論文的理事會成員是誰時，他說：「當然是葛林斯潘。」

因此，當我在一九九七年於香港的接待晚宴上親眼看到葛林斯潘時，我想這可能是個不錯的破冰話題。於是我走過去說：「請容許我自我介紹？我是理察・韋納。我相信您之前讀過我的研究。」我本以為葛林斯潘會搖搖頭並質問我：「是嗎？是談關於什麼的？」然而他卻說了以下的內容，而這些話至今仍清晰留在我的腦海中：「噢，沒錯，理察・韋納。信用創造。那篇關於日本的論文。我讀了兩遍。刊登在《經濟學人》的文章和原始的論文。」這次輪到我啞口無言了。這位忙碌且手握大權的人，在四年多後還記得這些關於我的名字和論文的細節，這似乎不大可能。我想不出其他話可說，於是我問他：「那麼，您願意評論一下這篇論文嗎？」他的回覆是：

「記不得了。」然後他便轉身離開，僅留下非常困惑的我。

當然，葛林斯潘先生記得很清楚，因為他能在四年後正確說出我的論文內容和發表地點就證明了這點。然而，他顯然沒有心情討論這一點，也不想表現得特別友善。我之前也遇過類似的反應——就在日本銀行。當我向關鍵人物提出我的調查結果時，他沒有解釋、沒有試圖說服我相信其他觀點、沒有對事實的討論，只有故意冷落我。我開始意識到，央行家不喜歡我在做的事。我洩漏了他們的行動。

毫無疑問的是：葛林斯潘對他的信用理論仍然瞭若指掌。他現在正在推行這套理論。他知道自己在做什麼。他必定是最清楚美國正在發生什麼事的人。

葛林斯潘知道，他製造的泡沫所導致的經濟動盪，會讓之前戰後的幾次經濟危機相形失色。個人存戶將失去他們的錢。用（一九六七年）葛林斯潘的話來說：「福利國家的金融政策，要求財富擁有者沒有保護自己的方法。」當聯準會改變政策走向，大規模且持續減少信用創造量時，大多數的美國人將蒙受重大損失，而這種情況終將發生。大蕭條很可能再度發生。當然，推行正確的政策可以避免這種情況。

世界貨幣

但問題仍未解開，聯準會的政策目標究竟是什麼？葛林斯潘到底在做什麼？歷史將會告訴我們。但到目前為止歷史告訴我們的是，擁有權力的人永遠不會感到滿足。歷史教導我們，央行家在過去一個世紀中，一直在努力增加和鞏固他們的權力。這可以藉由體制的改革來實現，而這類改革通常是因經濟危機所引發的。他們將藉由讓越來越多的區域受他們控制來增加和鞏固權力。這包括設立管轄範圍越來越大的貨幣集團。這正是我們當前所見證的：大規模貨幣集團的成立。在歐洲之後，下一個可能是美洲，然後是亞洲。

他們的邏輯暗示出，其最終目標是將這些集團連起來，創造一個世界貨幣聯盟。由單一央行運作的全球單一貨幣，將是這些瑪門（mammon）*王子的權力頂峰。歐洲人不會拒絕加入其中——他們已經放棄了國家的貨幣。人們也將能夠說服亞洲國家參與。但一如既往熱愛自由的美國人，可能會拒絕為了某種世界貨幣而放棄美元。他們很可能會反對放棄對美元的主權。事實上，美國的主權早已掌握在央行家手中。他們可能會發現美國人太過固執，難以說服他們接受單一貨幣。當然，除非同時發生美元的大規模崩盤和國內嚴重衰退。危機有時能創造奇蹟……

＊譯注：最初是在《新約聖經》中，耶穌用來指責門徒貪婪時的形容詞。後來在中世紀被神格化，成為引誘人類為財富殺戮的地獄財神。

後記

低成長實驗：西方的學習典範

我們現在回過頭來看，都知道始於一九九〇年代初的日本衰退持續了二十年。這比預期的時間來得長。二〇一三年，長達二十年的衰退終於結束，安倍晉三首相憑藉著一項罕見的競選政見獲得了壓倒性勝利，那就是要整頓過於強勢的日本銀行——這個央行長久以來都在做著有損日本人民利益的事情。在某些演講場合，他曾提到本書的研究成果。

最初，安倍首相曾考慮修改《日本銀行法》，正式縮減日本銀行的權力與獨立性，並強化其問責機制。多位自民黨政治人物和國會議員都曾建議過推行這類修改，其中包括渡邊喜美（後來成為大臣）、舛添要一（曾任參議院議員，後來擔任大臣，並在二〇一四年至二〇一六年間擔任東京都知事），以及前大藏省公務員山本幸三。在更早之前，他們就已成立自民黨的日銀法改革研究小組，筆者應邀擔任顧問。正如本書前面章節所述，若要永久遏制日本銀行內部中央計畫人員不斷擴張權力的企圖，修改《日本銀行法》本來是最沒有爭議的方法。

遺憾的是，雖然這是安倍的競選承諾，但出於某些原因，身為岸信介（在前面的章節曾經出現過）外孫的安倍首相卻沒有嘗試改革《日本銀行法》。相反地，他專注於更快能夠達成的目標，即安排一位他認為會推動更積極貨幣政策、以促進更大經濟成長的總裁來領導日本央行。安倍選擇了前大藏省國際金融局長黑田東彥。

筆者於一九九八年黑田東彥仍在大藏省任職及二〇一四年他擔任央行總裁時，都曾與他會面並確認他完全理解日本經濟的困境：即銀行對實體經濟提供信用創造量（以貸款的形式）的不足，阻礙了名目GDP的成長。筆者利用這幾次會面機會，曾向黑田說明經濟快速而持續復甦的先決條件——這個觀點筆者早在一九九二年就開始倡導：實體經濟必須重新獲得銀行的信用創造（最理想的情況是透過銀行放款促進企業投資），經濟才能真正復甦。由於這項數據在一九九〇年代確實正在下降，筆者於一九九四年制定一套緊急的政策措施，建議日本銀行和日本政府採用，並稱之為「量化貨幣寬鬆」（Quantitative Monetary Easing）或簡稱「量化寬鬆」。這個詞源自日本對刺激性或擴張性貨幣政策的標準用語，一般稱為「緩和」。但多數經濟學家將此與降息聯想在一起。然而，筆者發現到利率（貨幣的價格）並非最重要的貨幣政策傳導機制。反而貨幣的數量才是最重要的，而其正確衡量方式就是銀行的信用創造量。為了強調這一點，在正規的「緩和／寬鬆」用詞前使用「量化」一詞，「量化寬鬆」因此誕生。它的初登場是在一九九五年九月二日的權威財經報紙《日經》上，之後在日本媒體的多篇文章及怡富證券的客戶報告中都有使用。因此，黑田先生親自聽取最關鍵的政策方案，這些政策將能快速實現經濟復甦，內容為：

量化寬鬆政策一（QE1）：央行向銀行購買不良資產。

不良債權當然是以面值收購。因此，這項措施能夠一舉解決銀行危機的最根本原因，且無須動用到納稅人的錢。透過這項措施，銀行體系能在社會負擔零成本的狀況下獲救。這項措施也不會造成通膨。事實上，這麼做不可能造成通膨。原因在於沒有新的資金注入經濟體——也就是說，沒有注入非銀行部門。QE1只是銀行體系內（即央行與銀行之間）進行的交易，用來清理銀行資產負債表，並將失靈資產轉化為純粹的流動性。而貨幣創造只有在銀行向非銀行部門注入資金時才會發生，而這裡並沒有出現這種行為。因此，這也不會導致貨幣價值下跌。

量化寬鬆政策二（QE2）：央行向非銀行機構購買良性資產。

有鑑於問題的規模龐大——筆者在一九九四年預估，日本的銀行資產有二十五%為不良資產（根據一九九五年以來，銀行用於不動產交易的信用量推算）——筆者意識到即使央行透過QE1清理銀行的資產負債表後，銀行放款人員也不會增加銀行的信用。原因在於人性：他們仍會因為造成鉅額的不良貸款而心有餘悸，而會在一段時間內保持謹慎。因此，筆者設計了一種方法，使央行能夠強迫銀行創造信用。這種方法就是中央銀行直接向非銀行部門購買資產。通常，中央銀行只與銀行或政府打交道，而不與非銀行部門往來。筆者在一九九五年的建議是，日本銀行應該直接購買東京的土地並將其改建為公園。東京這座城市的綠化程度不足，需要更多的公園空間。少了筆者所提出的政策，不動產市場將持續崩跌多年。而這項措施將同時達成多項目標：由於土地的賣方（多數是企業或個人，而非銀行）會指示央行將款項匯入其銀行帳戶，央行便會指示銀行將信用加入其活期帳戶中。銀行會在賣方的帳戶中創造出新的信用，從而擴大貨幣的供給。相對地，銀行會在其於央行開設的帳戶（即「準備金帳戶」）中獲得一筆信用額度。因此，這項QE2的建議是央行強制銀行擴張信用、擴大貨幣供給，進而增加經濟活動的方法。

自二〇一三年起，日本銀行總裁黑田開始推行QE2，此政策被稱為「質化與量化的貨幣寬鬆」（Qualitative and Quantitative Monetary Easing，QQE）。不幸的是，在實施QE2——央行從非銀行機構購買資產——的過程，日本央行卻集中在股票市場購買的股票。此舉擴張銀行的信用量，帶動股市飆漲，然而嚴重偏向大型企業。讀者必須謹記，絕大多數企業（超過九十九％）並未在證券交易所掛牌，只能從銀行取得外部資金。唯一會放款給大多數公司（即中小型企業）的銀行是小型銀行。因此，小型銀行林立的經濟體（如德國）往往比大型銀行寡占的經濟體（如英國）展現更高且更具永續性的經濟成長。

一般數量理論

上述這些政策提案是基於筆者提出的「信用拆分數量」的理論。這套理論的初始點是當時多數總體經濟模型的基本支柱，即所謂的「數量方程式」（Quantity Equation），通常表示為：

(1) $MV = PY$

但這個方程式不再有效：方程式下方顯示的是名目GDP（物價乘以實質GDP「Y」）。

貨幣供給量M原本應該與名目GDP維持著穩定且可靠的相關性。但早在一九七〇年代，這種相關性已經崩解，接著在一九八〇年代的崩解更劇烈。雖然流通速度V應該是一個常數，或至少相對穩定，但到了一九九〇年代初期，關於「流通速度下降」的文獻日益增多。描述同一難題的另一種方式是承認「貨幣需求函數的不穩定性」。這可以追溯到同個數量方程式的另一種表述方式，稱為「劍橋方程式」（Cambridge equation），其中流通速度V被移到等式的另一側，而其倒數1/V被重新命名為「k」，通常會為了紀念劍橋經濟學家暨教科書作者馬歇爾（Alfred Marshall）而稱為「馬歇爾k」：M＝k・PY。

因此，流通速度並非恆定，實際上似乎在下降。結果，其倒數（即馬歇爾k）正在上升。描述此難題的第三種方式是一九七〇年代「失蹤貨幣之謎」的說法：如果改為求解流通速度V，便可得到名目GDP與貨幣供給量的比率：V＝PY／M。經濟學家觀察到的現象是，貨幣供給量M快速增加，但名目GDP並未反映出這個增加，僅以較為溫和的步調成長。結果，流通速度V下降。那麼，如果這些貨幣沒有進入經濟體（能以名目GDP衡量），它們到哪裡去了？

銀行業的祕密

筆者在理解經濟運作道路上的一個重要里程碑，是意識到「銀行在發放貸款時其實就是在創造貨幣，也就是直接擴大貨幣供給量」。然而，這個問題仍持續引起大多數經濟學家和教科書的激烈爭論，甚至直到今日，所謂「頂尖」、經由同儕評審的期刊以及各國央行，他們在公開討論銀行的角色時依然對此視而不見：銀行仍被視為純粹的「金融中介機構」：先蒐集存款再將同樣的資金放貸出去。而根據這套理論，銀行的存在不會帶來多大的影響，因此就將之從宏觀經濟模型中剔除。

面對主流經濟學對銀行以及整體經濟體制真實情況的強烈抗拒，筆者最終決定對銀行的實際運作方式展開首次實證測試。這些早該進行的測試最終於二〇一四年與二〇一六年發表在同儕審查的科學期刊上，分別題為〈銀行能否單獨憑空創造貨幣？〉（Can banks individually create money out of nothing?）及〈經濟學失落的世紀〉（Lost century in economics）。這兩篇開放取用的論文成為所有科學領域中下載量最高的論文之一。另一篇於二〇一四年發表的論文〈銀行如何創造貨幣，為何其他企業無法做到？〉（How do banks create money and why can other firms not do the same?）則進一步指出，只有銀行能創造貨幣的原因與機制，而其他企業無法做到同樣的事。

新古典經濟學的虛假論述

為什麼當代經濟學仍然抗拒實證現實？英語世界的經濟學在十九世紀於英國發展為「古典經濟學」，其中最具影響力的古典學派作家李嘉圖（David Ricardo），他既是主要倡導者，也是其他重要古典經濟學家的贊助人。在此基礎上發展出的新古典經濟學（neoclassical economics）與新興古典經濟學（new classical economics），而當代的主流經濟學正是承襲自這一脈絡——無論在觀點、方法論，以及最重要的結論與政策建議上，都與十九世紀的古典經濟學並無本質上的不同。

李嘉圖把至今仍占主導地位的方法論引入經濟學——就是所謂的**演繹**方法論，也稱為「假設—公理化方法」（hypothetico-axiomatic approach）。此方法論奉行理論優先的概念，所有的研究分析與政策建議都須依循此理論。這種理論框架奠基於基本公理和一系列的假設，但它們並未經科學推導而成，只是一己之見。對於人類的動機，公理假設個人不關心他人且不會受他人影響，同時會理性尋求方法將自身效用放到最大。公理接下來假設存在完全市場、完全資訊、完全競爭、完全彈性且瞬間完成調整的價格，以及零成本的交易。經濟學家假設上述所有條件都成立，接著討論由此產生的理論可能有哪些特徵，也就是在所有市場中，需求會等於供給，即「一般均衡」（general equilibrium）。正統經濟學家假設所有的生產要素（包括人力勞動）永遠處於最佳的利用狀態，因此不再深入探討人類的動機。無論是分析或政策建議，都建立在一個極不可能的前提上，即上述的公理和假設必須同時成立。這套演繹方法論一直在英國位居主導地位，自二次大戰至今以成為全世界的顯學。

科學研究採用的方法論與此有著強烈對比：首先，科學研究會蒐集數據和事實，透過檢視其中的模式與關係，以此為基礎形成假設和理論，再經由實證測試來加以完善。此科學研究方法論稱為歸納法。英語世界的經濟學，尤其是戰後經濟學，幾乎是學術圈唯一拒絕採用科學研究方法，而是堅持使用公理和不實際假設的演繹法，正如彌爾（John Steward Mill）在一八四三年寫下的解釋，[*]而這也是應其資助者李嘉圖的要求所做的解釋。

那麼，這位將演繹方法論引入經濟學，從而使經濟學成為政治意識形態工具而非科學研究學科的李嘉圖究竟是誰？

李嘉圖是一位退休的倫敦銀行家，也是「歷史上最富有的經濟學家」。[1]據說他「實際上是經濟學這門技術的發明人」。[2]凱因斯表示：「李嘉圖對英國的全面統治，就如同宗教裁判所統治西班牙那般徹底。」[3]

傑文斯（William Stanley Jevons）說：「李嘉圖，這個能幹但固執己見的人，將經濟科學的列車轉向另一條軌道，然而在這條軌道上，經濟學遭和他同樣能幹且固執己見的崇拜者彌爾進一步推向混亂。」[4]

一名美國經濟學家甚至這樣說：「整個經濟理論賴以建構的根本謬誤，其源頭可追溯至李嘉圖。」[5]

這種李嘉圖經濟學有什麼問題？它以新古典經濟學的形式，不僅主導著當今的政府政策，更體現在ＩＭＦ、世界銀行以及其他華府機構發布的各種法令和政策指示之中。

問題在於「李嘉圖惡習」（Ricardian vice），[6]即「濫用抽象模型的建構，或採用虛假和誤導

* 譯注：一八四三年，彌爾在《邏輯體系》（*A System of Logic*）中指出，經濟學以多個假設為前提，透過演繹法推理建立理論。但他強調這些理論必須接受現實經驗的檢驗，否則僅具分析和抽象意義，難以應用於實際社會。

性的假設來『證明』人們想要的結果」。[7]李嘉圖「為了得到他尋求的結果而做出各種充滿限制和可疑的假設」。[8]因為演繹方法論仰賴人為且未經證實的公理和假設，人們就特別容易操弄其得出的結論和政策建議。[9]古典經濟學的另一個特徵是其靜態本質：由於該理論是在英國作為世界第一經濟與軍事強國的時期發展出來的，因此關注的並非經濟成長與發展，而是如何有效分配既有資源——因此，對於仍渴望持續發展的其他國家來說，本來就不太適用。

在英語世界的經濟學引入一種不尋常且違反直覺的研究方法論是一回事，看到它獲廣泛採用又是另一回事。李嘉圖擁有雄厚的財力，能使自己的方法廣為流傳。他成為其他著名古典經濟學家的朋友和贊助人，其中包括馬爾薩斯（Thomas Malthus）、邊沁（Jeremy Bentham）、詹姆斯·彌爾（James Mill）及其子彌爾。李嘉圖可說是最早期的意見領袖，而他的「李嘉圖惡習」則成為英語世界經濟學的方法論基礎，至今仍主導著經濟圈的論述。

由於這套李嘉圖理論的方法很容易遭推翻，它已經變得有如宗教一般，信徒很容易發怒——這種挫折感可以理解，因為他們的信條明顯是錯誤的。但他們已經向其屈服，藉由遵循這種虛假且不科學的主流經濟學，這些信徒可以獲得光鮮亮麗的職業生涯和豐厚的薪資報酬。換句話說，已經屈服的他們，在面對現實時，只能用憤怒、人身攻擊或其他不科學的手段來回應。

利率的煙霧彈

主流的均衡經濟學方法認定價格的重要性高於數量。正因如此，經濟學的各大學派才會宣揚一個被反覆引用的論點：若要調控經濟整體，央行就必須操控貨幣的價格（利率），而且普遍認為低利率能夠刺激經濟成長，高利率則會減緩經濟成長。央行和財經評論家幾乎每天都在重複這套口號。多數的觀察家都理所當然地認為這種反覆鼓吹的關聯已由實證確立為事實。然而，秉持著主流經濟學的一貫風格：完全沒有實證證據能為此背書。二〇一八年，首度有學者發表針對利率與經濟成長關聯的開放性實證調查，其中一篇論文標題為〈貨幣政策重新思考：美國、英國、德國和日本利率與名目GDP成長關聯的實證檢驗〉（Reconsidering monetary policy: An empirical examination of the relationship between interest rates and nominal GDP growth in the U.S., U.K., Germany and Japan），另一篇論文於二〇二二年發表，標題為〈低利率真的與高成長相關嗎？十九個國家利率命題的新實證證據〉（Are lower interest rates really associated with higher growth? New empirical evidence on the interest rate thesis from 19 countries）（兩篇論文都開放存取）。這些首次進行的實證研究揭露一個事實：利率與經濟成長通常呈正相關，而且因果關係通常是經濟成長影響利率走向，而非利率主導經濟成長。這從科學的角度證實，央行其實無法達成其建前*所宣稱的貨幣政

* 譯注：表面上對外表達的想法或立場。通常指一種日本社交文化。

策效果：透過降息刺激成長、升息減緩成長。讀到這裡，讀者應該很清楚央行的決策者其實是透過操控信用數量來左右經濟。拿日本來說，日本銀行的央行決策者在一九八〇年代蓄意製造資產泡沫，用意是讓銀行體系陷入癱瘓，然後把復甦的命脈全部握在央行手裡，結果造成長達二十年的復甦停滯。不幸的是，日本推行的低成長模式似乎已被歐洲央行當作歐洲計畫的藍圖，這正如歐盟執委會（作為歐盟的獨裁式政府，性質上類似於蘇聯的政治局，因為歐洲議會並無權起草和提出任何法律，就像蘇聯的橡皮圖章議會一樣）持續發布削減歐洲經濟成長的指令，聲稱要減少二氧化碳排放，但二氧化碳對植物生長和地球生命來說是必需的。

而當越來越多的國家紛紛效仿日本銀行的低成長或零成長模式時，中國反而證明了日本戰後的高成長體系能夠適用於更大的經濟體。

中國經濟奇蹟的基礎也是窗口指導與多銀行結構

在一九七八年以前，中國貨幣體制的特色源自於蘇聯所推崇的史達林模式共產主義：強調高度的中央集權，因此全國只有一間銀行，即中國人民銀行——就如同蘇聯的國家銀行（Gosbank）。

一九七八年，鄧小平崛起並掌權。在他於同年十一月發表的演講中，宣布在政策制定過程裡，要淡化意識形態，更加重視結果。他的著名言論很能彰顯這個精神，例如他說過：「不管黑貓白貓，能捉到老鼠就是好貓。」他也宣示要追求「實事求是」——換句話說，鄧小平的經濟學方法論從原先演繹式和奠基於意識形態，轉向歸納式和證據導向：這是筆者在工作中也持續使用的科學經濟學方法。這在當時的中國是激進的概念。直到今天，這種從意識形態轉向以證據為本的科學方法，在西方依然沒有實現，因為經濟學在西方仍然主要被不具科學性的演繹式方法所主導，因此這依舊是革命性的理念。

鄧小平的實證方法論促使他前往日本——早在一九七八年十月就已成行。抵日之際，他發表了一段有名的言論，表示此行目的是「尋找高成長的仙草」。透過這種說法，他暗指古代中國賢者*從中國前往日本尋求長生不老藥的傳說，這種藥在西方則稱為賢者之石，是許多鍊金術師的目標。因為日本人和中國人都熟悉這則傳說，他藉此向日本喻以情理，期盼日方能分享高成長的核心祕訣，幫助中國發展。

日本的高速增長體系，確實是世界上唯一一種能讓一個國家在一代人的時間內，從發展中國家躍升為已開發國家的方式——就如同日本、韓國、臺灣與新加坡所經歷的，也如同鄧小平當時正準備在中國推動的那樣：當GDP增長率達到十五％時，國民所得每四年半就會翻倍。

但鄧小平和他的顧問對日本有足夠的理解，知道如何能夠開放且直接對話、不拘形式，並且

* 譯注：徐福。鄧小平認為徐福為了秦始皇來日本尋找長壽不老的「仙草」，而他則是來日本尋找經濟發展的「仙草」，即日本發展科學技術的先進經驗。

最有可能得到有利的回應：重要的是要拋開所謂「建前」的社交辭令及其正式但無意義的會議，轉而在下午六點後的非正式會議中，尋求「本音」*的真實溝通，特別是在晚餐時分，佐以清酒和茅台酒助興。

鄧小平似乎成功了，因為他返回中國後，著手改變中國的金融制度，從蘇聯式的單一銀行體系，轉向建立數以千計的銀行：村鎮銀行、儲蓄銀行、信用社、地方信用合作社等。中國因此從只有一家銀行增加到五千家銀行。如此一來，不再由央行的少數（譬如五位）官員決定要創造多少貨幣以及用於何種目的，而是由數千家小型地方銀行的貸款人員大軍決定。如果每家銀行有三十間分行，每間分行僱用三十五名貸款人員，那麼將會由超過五百萬名第一線專家組成的大軍來決定：哪家公司獲得多少資金，以及這些資金的用途。這種分散式的貨幣創造體系「遵循輔助性原則」（principle of subsidiarity），遠優於由五名中央規畫人員來為整個國家做決定的制度。

中國直接仿效了中央銀行對銀行信貸數量進行引導的「窗口指導」制度，並在需要時對特定產業的信貸配置提出指導意見，迅速擺脫了鄧小平時代之前那種忽高忽低的增長模式，轉而實現了長期穩定的兩位數增長，並持續了四十年，讓大約八億人脫離貧困——這是史無前例的成就。

德國模式和德國如何轉向日本銀行低成長的監牢

有一種較為保守的作法，無需採用這種信用指導：在戰後的德國，美國占領當局禁止使用原先由德國（一九一二年由帝國銀行）首創的信貸引導政策。但結果證明，戰後德國的銀行業結構扮演了決定性的角色：此一結構包含數千家小型地方銀行，這些銀行以服務具生產力的商業投資為主要業務，正因如此，自然形成了偏重小型企業商業投資案的生產性信用創造機制，最終帶來了遍及全國的就業創造與繁榮發展。在這種情況下，也能在毫無央行積極執行窗口指導的前提下實現高而穩定的成長。其次，德國聯邦銀行使用再貼現的政策來影響實體經濟：鼓勵銀行對企業發行三個月期商業票據貼現。這是另一種鼓勵生產性信用創造的信用工具。令人遺憾的是，歐洲央行立即廢除掉德國聯邦銀行的再貼現政策——導致中型企業面臨重大的信用緊縮，並在二〇〇二年和二〇〇三年陷入衰退。歐洲央行成立至今，也一直針對德國（但也包含整個歐洲）要求減少銀行數量。因此，在歐洲央行的監督下，德國和歐洲大部分地區的經濟成長一直在下降。

事實上，此一發展完全印證筆者於二〇〇三年《日圓王子》英文版（特別新增了一章關於歐洲央行，即第十九章）中的擔憂與警告，這個新的強勢央行將不會效法成功的德國聯邦銀行，而是會重蹈它在一九四五年的前身，德意志帝國銀行災難級的覆轍。

在德意志帝國銀行成立的當下，就保證一八七〇年代的德國會出現跟一九八〇年代日本一樣的資產泡沫，旗下的二十一間主要分行從史特拉斯堡一路延伸到布雷斯勞、但澤、斯德丁、波茲南和梅梅爾。緊接著在一八八〇年代面臨到的是日本式的破產、衰退和通貨緊縮。在一九二〇年

* 譯注：內心真正的想法或感受。

代初，這間私營央行受到更多外部控制，因為它無須對任何政府單位或德國議會負責。反而屈從於由J. P.摩根所主導、在瑞士召開的賠償委員會（後來正式發展成為設立在巴塞爾的國際結算銀行）。地位凌駕德國法律、力量強大的德意志帝國銀行立刻開始創造惡性通貨膨脹。在一九二〇年代，外國勢力主導的德意志帝國銀行所任命的央銀行家是沙赫特。

正是在這個時期，即一九二〇年代，長期擔任戰後日本銀行總裁的一萬田尚登人在柏林，他在那裡學習到信用指導工具的使用方式（即「窗口指導」），並將從一九四二年開始將其出口到東亞。

然而在一九三〇年，同樣是這位沙赫特於辭職前設下了仰賴美國短期外債（完全沒必要的政策）的定時炸彈，然後他與納粹黨接觸，向他們提供一套可行性高、能迅速帶來繁榮的經濟政策。後續的發展已載於史冊：雖然他不再是德意志帝國銀行的行長，但一九二九年華爾街股災導致一九三一年的銀行危機——爆發點是由羅斯柴爾德家族掌控的、成立於維也納的奧地利信用銀行——正好確保他先前使德國仰賴美元短期外債的政策，能夠立即把發生在美國的危機輸往德國。尤其是因為德意志帝國銀行堅持銀行必須償還其外債，並應接著收回銀行對企業的貸款。一夜之間大量的德國公司倒閉，創下破紀錄的二十五％失業率。一九三三年，仍維持私營的德意志帝國銀行監事會批准了希特勒的「新」候選人來領導德意志帝國銀行：一九三三年，仍非國營的德意志帝國銀行監事會批准了希特勒的「新」候選人來領導德意志帝國銀行：依舊是這位沙赫特。這份任命書不僅由總統興登堡（Paul von Hindenburg）和總理希特勒簽署，還由監事會成員麥克斯・沃伯格（Max Warburg）簽名（第一次任命書上也是如此；這位麥克斯・沃伯格的兄弟保羅・沃伯格 [Paul Warburg] 在一九一三年美國聯邦準備系統的成立扮演關鍵角色，且多年擔任聯準會理事，甚至在第一次世界大戰期間，當美國與德國的士兵被要求互相廝殺時，兩國的中央銀行董事會裡卻同時坐著這對兄弟）。此外，任命書上還有其他銀行家如瓦瑟曼（Julius Wassermann）和孟德爾頌－巴托爾迪（Paul von Mendelssohn-Bartholdy）簽署。沃伯格等人的簽名反映出德意志帝國銀行百分之百為私人所有的事實。直到希特勒在一九三九年通過《德意志帝國銀行法》，將央行收歸國有時，才改變了這種狀況，此法成為一九四二年《日本銀行法》的範本，使中央銀行必須向政府報告並服從政府指示。正如我們所見，一九九七年日本銀行成功推動修改該法律，要歸功於其政策造成的大危機，並巧妙地將責任歸咎於大藏省（今財務省）。

正如我們在關於歐洲央行的章節中所見，在一九四五年德國戰敗後，決策者正確地得出結論：問題出在德意志銀行過度獨立和缺乏問責制。換句話說，人們意識到央行太過強大，而如同阿克頓勳爵所警告的，權力會導致腐化。因此，德國在一九五八年設立新的央行——德國聯邦銀行，與德意志帝國銀行相比，其權力和獨立性遭大幅削減。最重要的是，它必須對民主機關負責。因此德國聯邦銀行從未造成資產泡沫和銀行危機，而是帶來可觀的經濟成長和溫和的通貨膨脹。這樣一個服務中小企業、從而造福中產階級的央行勢必要被廢除，這正是隨著德國馬克的廢除以及外來貨幣歐元的引入而實際發生的情況。從那時起，歐洲央行的政策驟變，隨即引發榮枯循環，正如筆者在二〇〇三年警告的：銀行信用推升的房地產泡沫先在鄰近國家崩毀，接著在德國崩毀。

德國的房地產泡沫始於二〇〇九年。歐洲央行從那時候開始運用身為銀行監管機構的權力，迫使許多德國的地區性小型銀行，從過去專注於生產性商業投資的融資轉向房地產的放貸。歐洲央行透過兩種方式達成此目標：其一是大幅調整法規，持續創造不利於生產性信用創造的環境；其二是將利率降至零甚至負值區間的政策。後者如預期地降低了銀行的淨利率。監管機構利用這種情境在監管會議中詢問銀行，他們預期未來的營利方式。當銀行代表回答「房地產放貸」時，監管機構便感到滿意。房地產價格飆升，其中慕尼黑的房價甚至超越東京。然而，這個泡沫在二〇二二年因歐洲央行政策的改變而破裂。接下來幾年很可能出現銀行危機，重演日本銀行當年的模式。目前，德國越來越多小型銀行被迫與其他銀行合併，銀行數量減少的趨勢也因此更加明顯。隨著銀行信貸增長放緩至溫和水平，德國經濟成長趨緩，並在二〇二三與二〇二四年陷入衰退，國內生產總值出現萎縮。

日本銀行拒絕採用真正的量化寬鬆

當日本銀行及其經濟學家面對以實證為基礎的分析，提出如何結束銀行危機並促進可持續且長久的經濟復甦時，他們拒絕回應這些建議——包括透過日本銀行以帳面價值收購不良資產（QE 1），以零成本消除銀行體系中的壞帳，以及透過日本銀行向非銀行部門購買資產

（QE2），以強制推動銀行信貸創造的提議。

在二〇〇二年和二〇〇三年，福井「王子」才回過頭來表示：二〇〇一年三月採取的這項政策算是日本版「量化寬鬆」的開端。但這是名不副實的QE，事實上，日本銀行只是採用了傳統的貨幣主義作法——擴大高能貨幣供給，這樣的措施效果有限，卻被錯誤地稱作量化寬鬆。

我們可以將兩種真正的QE，與第三種形式的QE（假QE）進行比較：

QE1：**央行向銀行購買不良資產**。

QE2：**央行向非銀行機構購買良性資產**。

QE3**（假QE）：央行從銀行購買良性資產**。

這項政策進一步推動長期債券市場的泡沫，但並未增加銀行的信用創造量。而且在實質的銀行信用創造量恢復之前，復甦不會到來。

批評日本銀行「假量化寬鬆」政策的，正是聯準會主席柏南克（Ben Bernanke）。他在二〇〇九年一月，於倫敦政經學院演講時表示，日本銀行式的量化寬鬆毫無幫助，因此他採用了不同類型的量化寬鬆，更直接針對釋出信用。柏南克說，考量到「量化寬鬆」在日本的誤用情況，他寧可將自己的量化寬鬆形式稱為「信用寬鬆」（credit easing）。他不僅直接點出銀行信用創造的重要性，在二〇〇八年十月，他推行的量化寬鬆政策實際上就是按照筆者最初構想的QE1形式進行：聯準會收購美國銀行的不良債務，確保美國經濟能夠首先從二〇〇八年危機中恢復——雖然這場危機正是源自美國。

通膨：二〇二〇年的量化寬鬆是 QE2

信用創造若主要運用於消費時，就會出現明顯的消費者物價通膨。

這種由央行迫使銀行擴增信用的第二種 QE 形式，出現在二〇二〇年三月。當時，聯準會大力實施筆者的 QE2 政策提案——但該政策原本是為了經濟萎縮、銀行授信成長下滑及通縮的情況而設計。聯準會還僱用了美國投資管理公司貝萊德（Blackrock）來執行此政策，畢竟央行習慣與銀行往來。二〇二〇年的 QE2 意味著央行大規模購買一般企業（即非銀行機構）的商業票據。此舉強制銀行創造等額的信用量。銀行信用的大幅擴張因而帶動貨幣供應量急遽增加，創下戰後時期最驚人的成長幅度。

然而在二〇二〇年三月，美國的經濟成長強勁，銀行授信的年成長率約為五％。在這種情況下如此積極地實施 QE2，只會導致大規模通膨。從聯準會於二〇二〇年五月所發布的二〇二〇年三月聯準會操作數據，就提供明顯的警訊表示，十八個月後世界將出現嚴重通膨——這正是目前發生的情況。

聯準會曾命令受其左右的央行在二〇二〇年初複製其 QE2 政策。因此，二〇二一年和二〇二二年的嚴重通膨（至今尚未完全消退），其成因並非烏克蘭戰事升溫或能源價格攀升。是由央行的政策一手造成，且是刻意為之。然而，歐洲央行行長拉加德（Christine Lagarde）卻聲稱通膨是「從天而降」。

即使是日本銀行也能在缺乏充分公開討論的情況下，驟然採行此QE2政策。這顯示即使在黑田總裁任內，聯準會對日本銀行的政策方向仍有很大的影響力。

時至今日，當通膨在日本同樣逐漸成為問題時，卻完全沒有人討論央行要為造成通膨負責。這有部分要歸因於央行對媒體的影響力。日本銀行運用記者俱樂部的制度，成功影響記者以確保日本媒體的報導有利於日銀。從一九八〇年代起，最主要的財經媒體企業《日經》，就受到日本銀行很大的影響。而且日本銀行還大規模購買股票，確保央行成為所有主流媒體公司的大股東，因此所有對央行的批評，可能會嚴重危害任何記者的職業生涯。

二〇二四年及其後：人為形成的弱勢日圓

在二〇二四年第一季，日圓對美元的匯率數次創下三十四年來的新低。接著在二〇二四年四月二十九日，下跌轉為崩盤，數小時內日幣重貶好幾元，跌至每美元兌一百六十·〇四日圓的低點。這與三十四年多以前，一九九〇年四月的前低（每美元兌一百六十·三三日圓）相距不遠。如果日圓突破此防線，貨幣崩盤的速度可能會加快，因為市場交易員將會押注匯率會進一步挑戰一比一百七十四，甚至是一比兩百三十九的下一個關鍵點。然而，日圓在這個關鍵時刻急轉直上——很可能是由日本財務省下令干預外匯所引發。

二〇二五年，日圓持續走弱，在每美元兌一百四十至一百五十日圓的區間內波動。這代表日圓被大幅低估。

日本的外匯干預未能持續扭轉匯率走勢，這已非首例。在一九九〇年代中期，當日圓飆升至每美元兌八十日圓時，外匯干預欲使日圓走弱，也未奏效。那麼匯率是如何決定的？為什麼日圓會如此疲軟，而干預手段又難以發揮顯著影響？貨幣干預的手段扮演什麼角色？日圓接下來可能走向何方？讀完本段落，讀者應會清楚理解這些問題的解答。

首先看到基本面：日本經濟正從（人為延長的）二十年衰退中復甦，擁有極具競爭力與生產力的製造業部門（儘管存在若干問題）。既然日本製造業仍然具備生產力，日圓的疲軟就顯得很不自然，而且日圓價值確實偏低。因此，在去年底及今年初，許多經濟學家、分析師與預測人士預期日圓將觸底並保持穩定，除非經濟開始復甦。除生產力因素之外，日本政府已明確表態，不希望日圓再度急遽貶值。這個政府擁有強大的財力，足以支撐日圓匯率長期維持在幾乎任何其選定的位置。畢竟，日本是世界第二大的外匯存底國，僅次於中國的三兆美元。

人們首先需要試著理解為什麼日本財務省試圖提振日圓。畢竟大藏省在一九九〇年代是為了削弱日圓而干預外匯。事實上，許多經濟學家認為日圓走弱對日本是好事，他們過度簡化的論點是：日圓走弱使日本出口的產品更具吸引力，進而提振出口與企業獲利。那麼財務省是否應該袖手旁觀、放鬆心情並享受疲軟的日圓？

獲利大幅成長的現象已在最新財報中顯而易見：多家日本大型製造業者的獲利都創下歷史新高。值得留意的是，《日經》媒體集團的報導大多表示樂見此發展，[10]但某些公司總裁則談到這對日本企業界是「致命打擊」。同樣的說法在對歐元和德國的討論也聽過。但是有些人（包含筆者在內）從一九九〇年代起便持續警告，廢除強勢德國馬克並引入弱勢歐元將為德國帶來災難。

貨幣走弱對德國或日本並非好事：像日本與德國這樣生產高附加價值成品的成功先進工業國家，將受益於強勢貨幣。由於他們進口原物料並在國內附加價值，貨幣貶值會導致重要原物料的進口成本上升。這些出口產品的賣點是高附加價值，而不是低價。換句話說，對日本和德國產品的需求通常不受價格影響。即使價格上升，需求也不會等比例下降。德國在擁有獨立貨幣時蓬勃發展，且因為出口表現亮眼，德國馬克順勢升值，降低原物料的進口成本。許多處於價值鏈下游、更靠近進口原物料的小型企業，可能會因貿易條件惡化而受到壓迫，反之，那些位於價值鏈上游、更接近終端消費者的大型企業，其貿易條件反而會改善。在貿易的世界裡，貿易條件就是一切。這就是為什麼歐洲央行的弱勢歐元政策也對德國造成災難。推行弱勢貨幣的政策好比讓人喝伏特加。可能會使受傷的人在短期內更有活力。但這並非長治久安的政策。

同理，日圓持續疲軟對日本經濟並無益處。進口物價上漲將成為通膨的原因。日本企業從出口所創造的破紀錄獲利，會減輕它們持續升級技術和再投資以維持競爭力的壓力。隨著較小型的供應商因關鍵及能源商品物價急遽上漲而受到壓迫或破產（正如德國的現況），日本製造業供應鏈很可能變得更加集中和頭重腳輕，這意味著長期而言將會損害競爭力。如同德國的經驗，弱勢貨幣的政策到頭來將損害真實的長期競爭力與生產力。

還有另一個重大缺點：當日圓只有正常價值的一半，會降低日本在海外的購買力，外國投資者在日本的購買力提高：這讓日本的資產變得極易遭外資收購，包括那些正因日圓疲軟而創下出口獲利新高的企業。可以預見外資將會擴大持有日本資產的規模。

因此，目前若能利用強力的干預政策來從根本上影響匯率走勢，進而強化日圓，確實是合理的作法。

究竟為何日本銀行如此熱衷於使日圓貶值？在此我們需要銘記，日本銀行有著與外國、外來勢力合作、違背日本人民利益的悠久歷史。自一九四五年以來，日本銀行的實質運作一直受美國聯準會的決策支配。

現在是石油美元的最終階段，眾多開發中國家正在拋棄這套體系。這場運動由金磚國家（BRICS）*主導，且因美國將美元當作政治武器的政策而愈演愈烈：美國會沒收或凍結以美元計價的外國資產（能夠如此操作的原因是基於國際銀行業的基本準則，也就是美元——多數並非實體現金——仍然保留在美國的銀行系統內）。在美國能夠利用數位貨幣於其勢力範圍內重建美元霸權之前，目前正採用其他方式來支持美元。最簡單的方法是對美國的附庸國施壓，使它們貶值自己的貨幣。美元/日圓匯率是交易量最大的貨幣對（Currency Pair），正如一九七〇年代一樣，美國自二〇二〇年以來便指示日本銀行擴張日圓的信用創造，藉此讓美元的走強順理成章（貨幣始終關乎相對價值）。

近幾個月來，中國、其他金磚國家及許多開發中國家（特別是非洲國家）一直在拋售美國公債。適逢美國國債正處於急速膨脹階段，這舉動使美元承受巨大壓力。此時此刻，美國絕對不願見到日本出售美國國債。

當然，在表面上美國無法對日本的財務省下指令。不過美國擁有日本銀行這個親密盟友兼本土傀儡。所以即使日圓遭遇大規模拋售，央行都會過度沖銷所有的外匯干預，刻意讓日圓進一步走弱。日本銀行才是最大的貨幣操縱者，它聽命於華爾街與聯準會的指示，迎合這些主導美國經濟政策的勢力。

這說明了《金融時報》向日本財務省傳遞的隱晦訊息：「認輸吧，財務省，這樣的外匯干預根本是白花錢……下次記得要先得到美國同意才能進行干預（當然這永遠不可能發生）。因為『單方面干預』註定失敗！」

美元面臨的挑戰：公債拋售與黃金回流

在二〇二五年，堅持將黃金——迄今由紐約聯邦準備銀行代為保管——運回本國的國家數量已創下歷史新高。光是非洲，就包含南非、迦納、喀麥隆與奈及利亞等國家。引發這波黃金回流潮的導火線，是二〇二二年烏克蘭戰事爆發後，俄羅斯外匯存底遭到沒收一事。但如今推動這股潮流的主要動力，是金磚國家能在中國主導下打造新貿易金融體系的前景。任何想要參與的國家

＊ 譯注：由新興市場國家組成的國際組織，成員包括巴西、俄羅斯、印度、中國和南非等。

都必須將其黃金儲備從美國及其附庸國轉移出去，運回本國或寄存在核心的金磚國家，不然就無法在新體系下當作抵押或擔保。

在這樣的地緣戰略格局中，日本民眾的利益完全被置於末位。霸權大國總是把自身利益擺在第一位。美國顯然不希望看到日本政府大舉拋售美國公債。去年中國大幅減持美國國債，降幅超過四成。今年光是第一季，中國總共拋售五百三十三億美元的美債[11]——規模與日本匯市干預的金額相當。

隨著金磚國家和其他國家不斷減持美債資產（由紐約聯準會代為保管），並持續把存放在紐約聯準會的黃金儲備運回國內時，美元霸權的總體經濟基礎也就越來越薄弱。偏偏在此時，國家債務加速攀升且難以維持的事實也逐漸浮上檯面。能夠繼續撐住美元的，就只剩下壓榨美國「盟友」（主要是德國和日本）經濟實力的手段，當然還有——戰爭。

弱勢日圓的另一層地緣戰略意圖：試圖打擊中國

除了有助於撐住搖搖欲墜的美元，弱勢日圓對美國政府來說還有另一個戰略優勢。美國當局一直在高調抱怨中國製造業的「產能過剩」（說穿了就是中國的競爭力太強）。從一九九四年開始，中國的出口出現史無前例的爆增與持續成長，當年中國刻意讓貨幣貶值約四成。這對亞洲其他國家都造成龐大的影響，貿易平衡隨之惡化，最終導致了亞洲金融危機。

日圓大幅重挫會使日本的出口商品競爭力大增，尤其在日中兩國短兵相接的所有產業。這可能會抑制中國高階產品的出口，但影響恐怕還是有限：中國的出口行為往往與國家的戰略與政治意圖掛鉤，譬如中國資金會用於支持非洲乃至歐洲基礎建設的投資。再者，日本銀行引發的長期衰退，嚴重限制日本投資人在海外布局的能力。最終，就數量規模而言，縱使日本能夠享有與中國同等的外國市場開放程度，日本能夠取代中國出口量和投資額的幅度顯然仍有限。

極權控制工具：央行數位貨幣

中央規畫人員極其擅長一套說詞：先是故意製造危機，接著辯稱任何衰退或危機都是外在因素造成，撇清與自身政策的關係，最後再利用這個危機局面為自己爭取更大的權力。

筆者在二〇〇五年出版的《宏觀經濟新典範》一書中提出，我們陷入了「監管道德風險」的困境，原因在於監管當局每逢危機便會獲得更大權力，從而萌生刻意製造危機的動機。

中央規畫人員一手催生一九七〇年代的通膨，接著竟然大言不慚地宣稱通膨之所以發生，是因為他們權力不足、獨立性不夠。就這樣，他們成功獲得獨立地位，實際上等於擺脫所有的問責機制。接下來發生的就是一九八〇年代的資產泡沫，以及一九九〇年代日本爆發的危機。在東亞地區重演著同樣的戲碼：中央規畫人員先在一九九〇年代於泰國、韓國、印尼等國家製造資產泡沫，接著在一九九七年主動引爆泡沫，再請ＩＭＦ入場收拾殘局。ＩＭＦ的作法始終如一：

先要求緊縮信用創造量，讓經濟衰退雪上加霜，再制定政策引導外國投資者收購當地的銀行和企業。所謂的亞洲金融危機，其實就是華爾街為了掠奪亞洲設立的騙局，各國央行與外國勢力勾結其中。

隨後美國聯準會如法炮製，創造出龐大的信用和次貸泡沫，引爆了二〇〇八年的全球金融危機，也應驗筆者早在二〇〇一年就於本書最後一章發出的警告。此後歐洲央行成立，開始在愛爾蘭、葡萄牙、西班牙、希臘複製了「信用泡沫－銀行危機」的循環戲碼，現在又輪到德國房地產泡沫的出現與破裂，而危機正在德國境內緩慢擴散。

在此期間，歐洲央行和其他央行暗中籌畫推動「央行數位貨幣」的政策。他們宣稱這使用到新的架構，理由是採行數位貨幣的形式。但這並非事實：我們使用銀行的數位貨幣已有將近半世紀之久，我們的貨幣供給由銀行創造，而且在這段期間大多都已經數位化。這套系統運作得很好，根本沒有改變的必要。

但是，央行已經打破與銀行業維持已久的共識：央行專責與政府及其他銀行打交道，民間的業務則留給其他銀行負責。我們早就在使用銀行的數位貨幣，因此央行數位貨幣的唯一新意就在「央行」這兩個字：央行現在準備允許一般民眾在央行開戶。這表示銀行的監管機構（央行）正準備直接與銀行競爭。這暴露了他們真正的意圖，也說明了為何數十年來他們一直在打壓銀行業，想方設法減少銀行家數：他們要的就是權力集中，因此必須削減銀行數量。但更多的銀行對經濟和社會都有好處。

一旦央行數位貨幣上路，接下來只要發生一場重大銀行危機，所有銀行存款就會轉移給央行——銀行業將從此消失。到時我們就會退回到蘇聯的中央計畫體制，全國只剩下一家銀行，也就是央行。這顯然就是歐洲央行或英格蘭銀行等央行的真正目標，藉此將自身權力無限擴張。

這點特別危險，因為央行數位貨幣有個極令人擔憂的特性：可由程式控制。這意味著中央規畫人員能夠制定央行數位貨幣的使用規則和法規，而且擁有強制執行的技術手段。也就是說，中央規畫人員能夠全面管制消費和購買行為的類型、時間、地點和對象，凡是不符合規定的一律禁止。這代表著對人民生活的全盤掌控。批評中央的人可能發現自己買不到食物。可以強加與強制執行碳足跡的「預算」。發表政治異議會立刻遭受懲罰，異議分子會遭剷除。這套制度的極權性質可以無限擴張。

除了投身反對央行數位貨幣的行動，支持地區性的小型銀行，並協助設立新的小型銀行也是相當重要的事，這也包括創辦新的銀行。身為貨幣供給的創造者，銀行是推動地方發展、創造就業機會、扶持小型企業和壯大中產階級的強大動力。

寫於二〇二五年七月十三日

附錄

日本一九九〇年代的財政與貨幣政策

I. 緒論

在一九九〇年代的大部分時間中，日本經濟的表現令人失望。實際成長率大多比潛在成長率來得低。以產出和國民所得形式所損失的經濟達數兆日圓。[1] 失業率是評估社會動盪程度的一項指標。另一個指標可能是自殺率，它在一九九〇年代攀升到戰後新高，顯然主要是因經濟衰退所導致。[2]

儘管政府推行大型的財政刺激措施和降低利率，但仍出現了顯示表現不佳的這些情況；據說「通常使用的反循環總經政策，在日本並未奏效。」[3] 傳統分析取徑仍無法解釋這現象的成因。許多觀察家不去搞清楚為何針對需求面提高實質成長的政策無效，而是立刻主張要對供給面進行改革來提高日本的潛在成長率。這通常會界定為對包括勞動市場、公司治理和法規環境的深遠制度變革。簡而言之，據說若要改善經濟表現，日本必須從日式的「以銀行為中心且基於關係的體制」轉變為美式的「以市場為基礎，且充滿競爭的體制」，或從「福利資本主義」轉向「股東資本主義」。[4]

這篇論文針對需求面的刺激政策無效這個「謎團」，提出理論與實證的解方。本文將為結構改革的必要性及其與日本銀行政策取向之間的關聯性的討論提供全新視角。

II. 傳統分析取徑如何評估週期性政策

1. 財政政策

自一九九二年以來，日本政府共推行十個財政刺激的方案，總金額達一百四十六兆日圓。這些數字可能因為政治因素遭重複計算而有所誇大。政府歲出的國民所得會計資料也顯示金額的顯著增加，從一九八〇年代的七百零五兆日圓總額，增加到一九九〇年代的一千一百三十六兆日圓。若用名目GDP的百分比來計算，這代表從一九八〇年代的平均值二十・九%，提高到一九九〇年代的二十二・七%。從成長的角度來看，財政刺激的程度更為顯著：平均而言，在一九九〇年代，政府的支出幾乎貢獻了近一半的成長，而在一九八〇年代，僅占成長的六分之一。

儘管政府對成長的貢獻增加，但政府的收入卻大幅下降，因為較弱的經濟減少了稅收。有兩種方案可以解決收入短缺的問題：債務融資或貨幣融資。前者的作法是由政府向民間企業借款；

後者的作法是由政府要不直接創造貨幣，要不向央行借款，而央行透過創造貨幣來付錢。[5]在日本的案例中，政府已將法定貨幣的發行委託給日本銀行，至少自一九七〇年代末以來，日本銀行實際上是獨自決定其信用創造的數量（見下文的「貨幣政策」）。此外，《財政法》不允許央行直接承銷政府債券。[6]因此，政府主要透過發行債券和票據向民間企業借款。[7]

在一九九〇年代期間，新政府的借款量增加了三百・四兆日圓（為二〇〇〇年名目ＧＤＰ的五十八・六％）。這使得截至二〇〇〇年底，未償還債務的總額攀升至五百二十二・一兆日圓，相當於ＧＤＰ的一百零一・八％。若加上二〇〇一年期間的新借款六十・三六兆日圓，最新的國債總額創下五百八十二・四六兆日圓的新高，約為ＧＤＰ的一百二十％。

(a) 認為財政政策有效的論證

由於許多日本經濟學家會稱自己是凱因斯主義者，有許多人支持增加財政支出。財政刺激的必要性與有用與否，已由永谷安賢（1996）、吉富勝（1996）、辜朝明（1998, 1999）、波森（1998）和伊藤隆敏（2000）等人提出。純財政主義立場的極端態度由辜朝明（1998, 1999）和伊藤（2000）作為代表。

辜朝明論述財務政策會發揮效果的普遍情況：當貨幣維持中性時，財政政策會非常有效。伊藤（2000）提出討論財政政策是否有效的特殊情況：當短期的名目利率為零時。他認為此時經濟會陷入流動性的陷阱。[8]因此，貨幣政策將會失效，而財政政策則異常有效，且不會有排擠效果。

因此，伊藤主張在零利率環境下進行財政刺激（見下文關於貨幣政策的部分）。[9] 然而，這個討論短期名目利率不會進一步下降的案例，使得伊藤的論點並不適用於一九九〇年代的大部分時間，因為當時的利率實際上在下降。

關於財政支出的預期影響，許多財政政策的支持者很謹慎地解讀凱因斯乘數（Keynesian multiplier）。大多數人的預測會低估第二輪和第三輪的乘數效果，強調主要影響的作用。為了預估財政政策預期帶來的影響，許多政府和民間企業的經濟學家因而經常認定，價值一兆日圓的公共工程計畫，將提升一兆日圓的名目GDP。一般預期金額等同GDP二%的支出方案，可將GDP提高兩個百分點。[10]

然而，很少有作者會主張財政政策有所成效。值得注意的例外案例是波森（1998）和伊藤（2000）。前者認為政府高估了實際的財政支出，因此規模夠大的財政擴張政策，本可以有效終結經濟的停滯和通縮。不過，這個論點沒有提供實證檢驗——例如使用更可靠的財政支出的國民所得會計資料。若使用這類資料（見下文第三節），可明確看出雖然政府的確有推行一定規模的財政刺激，但卻未能帶來經濟復甦。

伊藤（2000）承認，在一九九二年到一九九四年間實施的六項史無前例的財政刺激方案的「影響有限」（頁一〇二）。但根據他的定義，他認為這並不能證明財政政策無效。「若沒有任何的財政刺激，經濟無疑會萎縮。因為經濟的基礎如此疲弱，財政刺激無法讓經濟完全達成潛在的成長率，但可說避免了事態的惡化」（頁一〇二）。他引用「其他條件不變」的假設，但隨即又主張這個假設在現實中不成立。這個論點仰賴未明確指出的衝擊因素，使得經濟成長外生於財政和貨幣政策的影響。[11]既然未明確指出的外生衝擊無法單獨分離或量化，因此無法證明有效性主張的虛假——脫離了可驗證假說的範疇。[12]雖然認為財政支出有效的支持者認為，更多的財政刺激是日本的解方，但他們未提供財政政策已見成效的證據。[13]

(b) 認為財政政策無效的論證

有三種論點可以解釋為何財政政策無法有效刺激日本的需求。第一種由筆者提出，將在下文第三節中探討。第二種論點認為增加債券的發行量來資助財政支出，會降低債券價格、推高長期利率，並對投資和經濟活動帶來負面影響。支持這種利率會造成排擠效應論點的包括吉田和男（1996），他另外警告，長期的利率上升通常會強化日圓、損害出口淨值。然而，儘管名目利率短暫上升，但在一九九〇年代期間，短期（以拆款利率計算）和長期（以十年期政府債券收益率計算）名目利率都呈下滑趨勢。只出現兩次上升：平均利率從一九九三年的四・三％上升到一九九四年的四・四％以及從一九九八年的一・三％上升到一九九九年的一・八％。然而，在這兩個案例中，利率隨後都恢復下降，並跌至新低（見圖A・一）。[14]

若去計算實質利率——以名目利率與消費者物價通膨率（用消費者物價指數ＣＰＩ來計算）的差距來衡量，我們發現到短期實質利率的平均值從一九九一年的四・二％下降到二〇〇〇年的〇・一一％，而長期實質利率的平均值從一九九一年的三・〇％下降到一九九八年的〇・七％，雖然在二〇〇〇年平均值又升到二．五％。這些實質利率比一九八〇年代的數值來得低。這些事實反駁了利率排擠效應的論點。[15]

克魯曼（1998c）提出了另一種排擠效應的論點。將他的跨期最佳化的「理性代表性個體」（intertemporally optimizing rational representative agents）模型應用於日本，他得出巴羅（1974）提出的李嘉圖等價（Ricardian equivalence）：日本消費者相信，任何由政府發行債務（大部分都是如此）資助的財政支出，都將需要在不久後的未來，透過提高個人稅收來完全償還債務。政府每付出一日圓，理性的消費者會增加一日圓的儲蓄——準備在未來償還給政府。

這套模型的問題在於，他不接受債務透過其他方式償還的可能性——例如創造貨幣、更高的企業稅、在不提高個人稅收的前提下增加稅收的經濟成長，或向外國投資人出售資產。理論沒說明為何理性消費者不考慮這些可能性。[16]最重要的是，就筆者所知，這

圖 A．一：十年期政府債券殖利率與拆款利率（無抵押、隔夜）

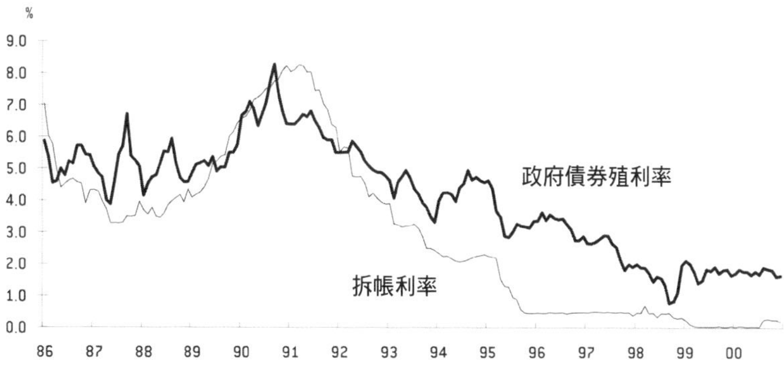

在一九九〇年代，名目利率呈現下滑的趨勢
資料來源：日本銀行

套解釋財政政策無效理論的支持者，尚未提供任何實證證據。

(c) 結論

目前還沒有具說服力的證據支持財政政策的有效性。然而，究竟為什麼傳統的取徑——無論是利率排擠效應，還是李嘉圖等價——都無法回答這個問題。因此，我們將在第三節重新探討這個未解決的問題。

2. 貨幣政策

在一九九〇年代，日本銀行一直主張，名目短期利率是央行唯一行得通的貨幣政策工具。根據央行的說法，他們反覆降息的行為，展現出央行試圖刺激經濟的決心和積極行動。[17]然而，儘管實施了「前所未有」的貨幣刺激，經濟依然疲弱，這被視為證明了真正的經濟衰退因素在於非貨幣的現象，尤其是日本經濟結構的問題。[18]因此，它告訴我們，政府有責任推行這類改革。[19]雖然這些改革在短期內可能會帶來通縮和痛苦，但就長期而言，將創造出正向的成長預期，進而帶來實質成長。

中央銀行的政策引發了辯論，我們將其分為圍繞著近零利率政策的特殊情況（約從一九九八年開始）的辯論，和較早期更廣泛的辯論（約從一九九二年開始）。

(a) 利率政策無效的特殊案例（自一九九八年起）

在一九九八年九月，隔夜拆款利率降到約〇．三％，同時十年期公債殖利率跌到〇．七％。這兩個事件引發許多關於日本接近名目零利率的討論，並引出人們認為利率政策已到極限的觀點——關於這點幾乎毫無爭議。

(i) 流動性陷阱的論點：克魯曼（1998a, 1998b, 1998c）選擇將「流動性陷阱」定義為「即使短期的名目利率實質上為零，總需求仍持續低於產能的經濟狀態」，並認為日本就是一個例子。[20] 他的解釋如下：[21] 對未來產能將會下降的外生預期（例如，由於外生的人口問題）導致通縮預期，以致於即便名目利率接近零，實質的利率仍高於其（負值的）充分就業的均衡水準。預期（例如，由於外生的人口問題）導致通縮預期，以致於即便名目利率接近零，實質的利率仍高於其（負值的）充分就業的均衡水準。[22] 由於克魯曼假設央行無法將名目利率降至零以下，且在他的模型中，貨幣政策會藉由影響利率來影響經濟，因此問題便出現了——流動性陷阱。克魯曼提出的證據是短期利率接近零的事實，以及儘管央行大幅增加強力貨幣（high-powered money），廣義的存款總和 M2 ＋ CD 仍未顯著成長。[23]

(ii) 通膨目標：日本銀行贊成克魯曼的分析結果。儘管日銀從中得出貨幣政策無效的結論，但克魯曼出於李嘉圖等價的理由（見上文）否定財政刺激，也否定結構改革，因為這都是無法增加需求的供給面政策。由於實質利率的定義是名目利率減去通膨預期，克魯曼的建議是提高通膨預期，使實質利率為負值。如果央行能做出可信承諾，表明將奉行「不負責任的貨幣政策」，而非穩定物價或造成通膨，它就能達成這目標。克魯曼表示個體會認為利率的調降是暫時的，一旦物價開始上升就會逆轉，因此光是這樣會無效。央行對物價會永久上漲的可信承諾，即便當通膨出現時，也會扭轉人們的預期。因此，克魯曼（1998c）建議要引入通膨目標。

克魯曼的論點存在幾個問題。央行無法對例如超額準備金，實施負向懲罰利率的說法並非不證自明。[24]其次，克魯曼的模型未能回答，流動性陷阱的情況會如何發展的問題——但這個問題可能會提供重要的洞見。[25]正如他所承認的，幾乎沒有充分的理由說明為何應該存在負的成長和通膨預期。[26]第三，克魯曼的傳導機制是基於利率，未考慮數量帶來的影響。例如，他認為「現在不管日本銀行印多少錢都沒關係」（1998b，頁四）。我們將在第三節看到數量的相關性。第四，日本銀行發言人經常指出克魯曼的論點是相互矛盾的：如果存在流動性陷阱且無法採取更多的措施（如他們所認同的），央行怎麼可能提供可信的承諾來創造通膨？[27]由於模型沒有描繪任何能激發需求的實際機制，一切都取決於這個可信的承諾。然而，因為清楚央行只是假裝表現得可信，實際上它無法在任何實質層面對經濟帶來影響，這一點會影響人們對央行的信任。因此，這樣的政策不可信。麥金農（Ronald McKinnon, 1999）持相同立場，認為因為流動性陷阱的存在，無法提高通膨預期。[28]他建議不要嘗試創造通膨預期，而是通過「日本和美國政府的聯合行動」激發人們對日圓貶值的預期（頁一八七）。但我們不清楚在他的模型中，這種貶值應透過什麼傳導機制來實現，以及為何這套政策比建立通膨目標的政策更具可信度。

克魯曼（1998c）最初的辯護是表示「如何真正創造出這些預期，在某種意義上，通常是經濟學領域以外的事情」（頁四六）。他建議藉由修改法律對日本銀行施加通膨目標（他的建議是十五年內增加四％），目的是創造「受控制的通膨」。卡吉爾（Thomas Cargill）等人（2000）同意這看法，僅對通膨目標的建議規模有所不同，認為對於一九九〇年代後期的日本，「百分之一到百分之三的目標」就足夠了。[29]伊藤（2000）將與強力貨幣比較之下，M2的成長較為溫和的情況，作為「凱因斯式」流動性陷阱的證據。[30]然而，他不認同克魯曼對於貨幣政策能造成影響的結論，而是像日本銀行一樣，認為財政政策可以刺激經濟。此外，伊藤也不同意麥金農設定匯率目標的提議——不是因為此政策會無效，而是因為這會對日本的貿易夥伴帶來負面影響，進而影響日本。

日本銀行的植田和男（2001b）同意伊藤對於流動性陷阱論點的解釋。植田參考傳統的數量理論關係MV＝PY，並將M定義為強力貨幣，指出其流通速度V已經下降。在他看來，這是因為流動性陷阱（他的定義是短期利率接近零的情況）所致。由於M的增加會伴隨著V的進一步下降，因此對於名目GDP（PY）沒有影響，而貨幣基底的增加會變得「毫無意義」。他的證據是指出貨幣市場的投標金額經常低於總體需求的情況，反映出市場對央行試圖供應的貨幣「缺乏需求」。但他沒有解釋為何流通的速度變慢，特別是在一九九八年之前的時期。

日銀的其他發言人也引用流動性陷阱來論證央行已經盡一切可能手段來刺激經濟。植田

（2001a）表示，央行已經實行「弱型態」通膨目標。[31]任何更強硬的目標，特別是有明確時間框架的目標，都會適得其反，會因為無法達成而降低央行的可信度。任何更強的版本，特別是有明確時間框架的版本，都會適得其反，因為無法達成，從而降低可信度。[32]在被追問這一點時，克魯曼（1998c）出人意表地表示讓步：如果宣布通膨目標起不了作用，克魯曼承認，貨幣政策也無能為力。「在這種情況下，暫時的財政刺激會再次發揮作用」（頁五九）。

曾有人努力嘗試將一九九八年九月之前日本發生的情況定義為流動性陷阱，但均告失敗。韋伯帕爾絲（Isabelle Weberpals, 1997）測試過流動性陷阱是否存在，但找不到實證支持。她的結論反而是認為日本的經驗「獨特」，留下利率政策無效的未解謎團。若再細究其本質，如果流動性陷阱的定義為短期名目利率為零的情況（如克魯曼等人所認定的），或者按照凱因斯派和希克斯派的概念，定義為短期利率無法進一步降低的情況，則根據定義，一九九〇年代並不存在流動性陷阱（直到二〇〇一年三月二十日才出現，因為在此之前的時期，短期名目利率仍持續下降）。由於流動性陷阱的論點只能應用在流動性陷阱存在的時期，它無法解釋為何在一九九〇年代末期，陷阱出現之前調降利率，卻無法刺激經濟。[33]因此，這個論點無法處理，更不用說解決，利率政策無效的謎團。

經仔細檢驗之後會發現，流動性陷阱的論點形成一個套套邏輯（tautology）：因為短期的名目利率已經降到最低，所以無法再進一步下降。

(iii) 量化寬鬆：由於經濟學家很快就意識到，短期名目利率接近零就代表不能再一次又一次的降息，有些人開始主張央行可能要考慮利率以外的工具。畢竟，正如柏南克（2000）提醒我們的，就算降到零利率，也不是貨幣政策確實形成刺激的徵兆，因為「低利率可能是預期通縮和貨幣緊縮的徵兆，也可能是貨幣寬鬆的徵兆」（頁一五五）。即便是通常主張利率是關鍵貨幣政策工具的經濟學家，在面對接近零利率的特殊情況也放棄了貨幣價格，而是使用貨幣數量作為操作目標。對許多人而言，這種量化政策傳導到經濟的機制，會間接透過預期來運作（林文夫，1998）。在這種情況下，克魯曼論點是否可信的問題依然存在，而他們的模型也無法提供解決方案。那些主張對經濟直接施展數量效應的人，尚未解決植田提出的流通速度不穩定的問題，也沒解釋利率政策無效的謎團。

(b) 利率政策無效的普遍論據

部分經濟學家已討論過，即使利率遠大於零，降息措施仍然可能無效。這些論點是奠基於以下三種取徑的其中一種。首先，有批評者認為因為貨幣是中性的，所以貨幣政策無法刺激經濟。在日本經濟辯論的脈絡中，辜朝明（1998, 1999）是第一種學派的支持者。雖然許多理論模型支持這個觀點，但並無實證證據能證明貨幣的確是中性的。[34]因此，我們不會進一步探討這種論據。

第二種學派認為因果關係的方向是經濟活動會影響到貨幣。貨幣具內生性，因此貨幣政策無力影響。卡爾多（Nicholas Kaldor, 1970）和許多後凱因斯主義的經濟學家抱持著這個觀點。[35]在一九九〇年代，日本的日銀堅持這一觀點，我們將在下文詳細討論這一點。[36]在非日銀的經濟學家中，吉川洋（1993）一直是這項觀點的支持者。

日銀的翁邦雄（1991, 1993a, 1993b）解釋，央行具有雙重功能，既負責管理貨幣政策，又是最後貸款人（the lender of last resort），保護金融體制的穩定。流通中的貨幣（截至一九九二年底占強力貨幣的九十三％）並非由央行自行決定供應量，而只是依照大眾的需求決定（當銀行存款提領出來轉為現金消費時）。這種需求主要奠基於消費行為，因此與名目消費額習習相關。除非央行在短期內大幅提高短期利率來影響名目消費額，否則無法控制流通中的貨幣。然而，作為最後貸款人，央行不能允許這種利率波動，因為這可能導致金融的不穩定。此外，銀行準備金（強力貨幣的另個組成部分）也因類似原因無法控制：隨著銀行達成其準備金要求的截止日期（每月十五日）逼近，央行可能被迫向短期拆款市場注入更多資金（或從中吸取資金），以防止短期利率的波動。因此，強力貨幣不僅不受央行控制，也不是外生的政策變數。它「不是原因，而是結果」（翁，1993b，頁一〇四）。央行的活動僅限於讓拆款利率變得平滑，這成為央行唯一可操作的目標。[37]

第三種學派持相反觀點：其支持者認為貨幣政策是央行的外生決定，並能夠影響產出。此外，有多名支持者認為，從貨幣到經濟的傳導機制主要不是透過利率（貨幣價格），而是透過其數量。傅利曼（1968, 1984）、普爾（William Poole, 1982）、布魯內爾（Karl Brunner）和梅爾策（Allan Meltzer）（1983）、麥卡倫（Bennett McCallum, 1985）以及大多數的經濟學教科書都認為，央行可以從外部控制強力貨幣來推行貨幣政策並操控經濟。麥卡倫（1993）指出，日銀承認若獲准造成更大的利率波動，它可以控制強力貨幣。根據這一觀點，岩田規久男（1992b, 1992c, 1994）認為日銀對貨幣政策的解釋和執行（他稱之為「日本銀行理論」），其本質就存在缺陷。依據他的說法，央行可以從外部操控強力貨幣的數量，同時強力貨幣與存款總額（如M2＋CD）之間，以及存款總額與GDP之間仍能保持穩定關係。因此，央行可以藉由控制強力貨幣來操控經濟的成長。在他看來，強力貨幣比利率更適合作為衡量貨幣政策立場的指標。基於這項分析，岩田指出央行緊縮貨幣政策的時機過晚，隨後又未能及時刺激經濟（雖然自一九九一年以來利率持續下降，並在一九九二年的大部分時間裡，強力貨幣的供應量有所收縮）。[38]因此，他在一九九二年建議央行放棄其「日本銀行理論」，將操作目標從利率轉向強力貨幣。由於降息將無法刺激經濟，央行應透過購買票據和債券的操作積極增加強力貨幣的供應量，否則將引發經濟衰退（岩田，1992c）。[39]隨後強力貨幣和M1的急遽增加，使得此觀點的大多數支持者陷入沉默。此外，自一九八〇年代末以來，有個越來越明顯的現象是，傳統定義的貨幣流通速度並非恆定，因此貨幣需求的函數變得不穩定。這代表著存款總額的增加，不必然意味著某種經濟活動的成長（古德哈特[Charles Goodhart]，1989a）。

在接下來的幾年裡，央行堅持其「日本銀行理論」，並基於以下幾點反駁岩田和麥卡倫的論點：

- 日銀採用落後準備制（lagged reserve requirements）。這使得央行不可能控制強力貨幣。
- 強力貨幣和廣義存款總額之間的穩定關係已經瓦解，因為信用乘數的值並非恆定。

• 廣義存款總額與短期利率之間沒有固定的對應關係，因此「日銀對短期貨幣市場的操作，無法保證可以控制貨幣的供應」。[40]
• 廣義存款總額與M2＋CD及GDP之間的穩定關係已經瓦解。
• 自一九九三年以來，強力貨幣的成長已明顯加快。[41]

麥卡倫（1993）指出，翁邦雄（1993a）援引落後準備制作為論據，但忽略了將此制度改變為當期準備制的理想作法。雖然吉川洋同意日銀的觀點——短期內貨幣的供應量在很大程度上是「實質衝擊」在系統內造成的結果，因為「央行會讓名目利率變得平滑」（頁一二二），但他指出，與其他國家一樣，日本的格蘭傑因果關係（Granger causality）也是先有貨幣，才有產出。他自己的實證研究發現，「用拆款利率變化所體現的貨幣政策，主要藉由對固定投資和進口的影響，進而對日本的實質產出造成顯著的影響」（頁一五六）。這是因為「當日銀改變其政策立場時……會影響實質產出」。事實證明，真正的爭論點似乎在於短期的定義是什麼。因此，日本銀行和吉川所主張的貨幣由經濟活動決定的觀點，似乎僅限於在極短期經濟的季節性變動，而在中長期的框架下，貨幣政策被視為經濟系統的外生因素。[42]然而，即便如此短期，這並不妨礙央行對強力貨幣的控制，因為沒有理由認為不能每一季都調整強力貨幣的目標——他們似乎的確就在這樣操作。

儘管貨幣主義的取徑在邏輯上合理，但在一九八〇年代中期以來，由於翁所指出的貨幣流通速度變慢和貨幣需求函數的不穩定，有越來越多人批評這種觀點。[43]此外，注意到一九九二年和一九九三年的M1上升，以及一九九〇年代末強力貨幣暴增的貨幣主義者認為，日本經濟不存在更嚴重的問題，也沒有理由擔心信用緊縮或其他阻礙成長的貨幣因素。[44]因此，關於能否控制貨幣總量的公開辯論逐年減弱，在這期間央行強調貨幣總數的不穩定性，並維持貨幣是內生性的觀點。[45]在一九九〇年代末，這個舊主題再度引發熱議，但仍同樣得不出個結論。因此，對許多觀察家而言，利率政策的無效之謎仍未解決，就像財政政策的無效之謎一樣。

III. 替代性框架對週期性政策的評估

1. 模型

筆者提出了一個替代性框架來解決這個難題。[46]首先，是最原始的交換方程式。[47]此方程式指出，在特定時間內用於交易支付的貨幣數量，必須等於這些交易的名目價值：

(1)　$M = T$

其中M代表用於經濟交易的貨幣數量，T代表這些交易的價值。若要實現經濟成長，根據定義，就是某個時期的經濟交易價值，必須要超過作為對比的前一時期。換句話說，經濟交易在某段時間之內，必須要有淨成長。因此，考慮到變量的淨變化，得出：

(2)　$\Delta M = \Delta T$

交易價值的增加（因此也就是經濟成長）只有當用於進行這些交易的貨幣數量增加時才會發生。

(a) 如何測量 ΔM

下一步是找出可測量的數據來呈現這些方程式。首先，先思考要如何測量 ΔM，也就是用於所有交易的名目貨幣淨額的變化。為了方便解釋問題，我們可以先考慮一個沒有央行存在的簡單金融系統（如一九一三年前的美國）。它就跟任何現代金融體制一樣，大多數的交易透過紙幣支付，或透過銀行體制進行無現金的轉帳。[48] 由於我們所關注的是貨幣使用淨額的增加，我們需要測量在觀察期間內，銀行體制所創造出的新購買力。銀行體制發行的紙幣淨額，和銀行體制內部的銀行轉帳淨額，只會在銀行發放新貸款時才能增加。[49] 我們因此知道 ΔM 等於銀行體制中信用的淨增加量（銀行創造的信用）。[50]

現在我們可以在體制中加入央行。它壟斷了法定貨幣的發行權，並能藉由發放貸款創造出新的購買力。它所創造的新購買力，可以藉由加總特定時間內的所有交易來測量。[51] 因此，在有央行的金融體制中，ΔM 就是央行和銀行系統的信用創造淨量。

在此階段，我們已經可以得出一些毫無爭議的結論：日本一九九〇年代經濟交易價值的下滑，必定伴隨著信用創造淨量的下滑。要使交易價值增加，從而使經濟活動變得活躍，央行和銀行創造的信用數量也必須增加。若要推斷其因果關係，我們需要一些資訊，包含關於銀行和央行的行為，以及他們與借款人的互動，從而使上述方程式轉變為行為關係的方程式。

(b) 如何測量 ΔT

在開始之前，讓我們先思考如何測量特定時間內的經濟交易價值。有一個機構能每天獲得大部分的資料：正如日本銀行總裁松下提醒我們的，全國大部分的交易——每天三百兆日圓或年度GDP的七十％——都透過其結算系統來記帳。[52]不幸的是，中央銀行拒絕公布這些資料。因此，交換方程式的支持者認為，應該使用更粗略且較舊的國民所得、產出或支出作為代理資料。這導致所謂的「貨幣數量理論」的形成，此理論將(1)的右側重寫為PY（P是以GDP為基礎的交易價格，Y是實質GDP），並在左側加入了速度V。

筆者（1992, 1997d）認為名目GDP會近似於所有交易價值的假設可能不會成立，因為房地產或金融資產等交易不會算入GDP。當它們的價值與GDP同步成長時，這不成問題。然而，當它們的價值上升速度更快時，會導致GDP成為不可靠的代理數值。此時，在傳統的貨幣數量理論中（MV＝PY）的速度V會顯示下滑，因為越來越多的貨幣用於名目GDP以外的交易。這解釋了為何在許多經歷資產價格繁榮的國家裡，經濟學家對「速度下滑」、「貨幣需求函數失效」或「神祕消失的貨幣」感到困惑——這些問題嚴重阻礙了貨幣主義者實施貨幣政策的取徑。筆者認為，如果要用GDP來呈現交易，且有跡象指出非GDP交易在增加或減少，則交換方程式必須拆分為屬於GDP的交易（「實質交易」）和不屬於GDP的交易（非

GDP或「金融交易」）。[53]

理論上，我們可以依照任何方式來拆分方程式(1)的交易資料。我們能否找到統計資料來對應理論上的拆分，會成為一個實證問題。我們繼續對方程式(2)進行以下的拆分，將貨幣交換的數量和交易價值分為符合GDP定義的部分（ΔM_R和ΔT_R），和不符合GDP定義的部分（ΔM_F和ΔT_F）

(3) $\Delta M = \Delta M_R + \Delta M_F$

(4) $\Delta T = \Delta T_R + \Delta T_F$

同時：

(5) $\Delta M_R = \Delta T_R$

(6) $\Delta M_F = \Delta T_F$

由於我們將ΔT_R定義為所有以GDP為基礎的交易價值，我們也知道以下的關係式成立：

(7) $\Delta T_R = \Delta(P_R Y)$

其中P_R指的是GDP平減指數（deflator）。結合方程式(5)，我們可以說，用於以GDP為基礎的交易，其貨幣數量的上升（下降），等於名目GDP的上升（下降）：

(7') $\Delta M_R = \Delta(P_R Y)$

(c) 內生貨幣

我們現在需要探討因果關係的問題。如我們所見，有一種學派認為，定義為存款的貨幣是內生的。在思考信用創造的過程時，明顯看得出來，對信用創造而言，存款的貨幣始終源自過程內部。因此，更有意思的問題會是：信用創造究竟是內生性還是外生性？儘管央行有時可能為了回應市場的需求或季節性的因素，而選擇展開特定的交易行為（如部分在拆款市場的交易或發行紙幣），但毫無疑問的是，它仍可以在外部決定信用的總創造量（任何為了使短期利率平滑而被迫進行的交易，都可以透過其他的交易進行沖銷，例如買斷債券交易，這可能不會對短期利率造成影響）。因此，央行的信用創造行為是外生因素。然而，這種交易行為僅占信用總創造量的一小部分。因此最重要的問題是銀行的信用究竟是內生性還是外生性。

若要否定內生性的假設，我們需要證明銀行並非總是依照需求在對所有人放款。許多實證研究已證實，在某些時候信用確實受到配給（尤其對小型企業而言）。[54]任何曾經申請銀行貸款但遭拒絕的人都能證實，銀行並非總是願意貸款給所有想借款的人。

透過演繹推理的邏輯也能找到答案。建立在大量的限制假設（包含完美資訊）上，人們假定信用市場處於一種瓦爾拉斯式（Walrasian）的均衡狀態。但當我們放寬完美資訊或全知定價拍賣者（all-knowing price-setting auctioneer）等假設時，會發現到市場無法實現預期的出清狀態。非出清市場（Non-clearing markets）是因為市場受到配給。配給制市場不是由價格，而是由數量所決定——根據「短缺原則」表示，需求或供給兩者中較低者將會決定結果。[55]由於貨幣的存在本身就證明了資訊的不完美，因此我們沒有能支持完美資訊主張的證據。因此，信用市場很可能受到配給。

史迪格里茲和衛斯（Andrew Weiss）（1981）得出相同的結論。由於企業經營者享有有限責任的保障，投入高風險項目的創業家仍會設法向銀行取得貸款。由於信用的實際需求相對較大，銀行若在信用的需求和供給曲線相交前，一直提高利率是不理性的行為：逆選擇和道德風險會增加貸款違約的風險。因此，追逐獲利最大化的銀行會對信用進行配給。[56]

有鑑於上述的思考內容和實證證據，我們必須得出結論：信用可能是由供給決定，而預期的因果關係是信用變數（M）會影響交易變數（T）——正如多數對於格蘭傑因果關係的實證研究發現到的（可參見韋納，1997d）。在一個信用創造數量受配給的經濟體中，信用創造的總量構成基本的預算限制。[57]筆者（1992, 1997d）使用從方程式(5)和(6)推導出的行為關係方程式，來解釋在理論上和實證上，日本在一九八〇年代和一九九〇年代初的資產價格、資本流動和名目GDP的變動。[58]

這也解決了關於日本（或其他國家）在某個時間點是否有發生信用緊縮的爭議：如果將信用的緊縮定義為對信用的配給，那麼這實際上就始終存在。問題就變成查清楚配給的管制程度。[59]這也同時闡明了關於貨幣的傳導機制中「信用管道」（credit channel）是否存在的爭議，因為人們錯誤將銀行定義為單純的金融中介而阻礙了進一步的討論。[60]當人們理解到銀行身為購買力創造者的特殊性（資本市場沒有辦法做到這一點）時，「信用管道」不僅存在，而且還是主要的傳導管道。

日本銀行認同信用的總量很重要。[61]此外，我們的發現與其他計量經濟學的證據一致，例如巴尤米（Tamim Bayoumi, 1999）的結論：「銀行貸款量的變化有助於解釋，在一九八〇年代初期至中期，產出量的上升以及近期活動的疲軟，表明銀行貸款所受到的衝擊，也能對產出造成顯著影響。」（頁一四）[62]

根據我們的模型，一九八〇年代的「資產泡沫」被認為是因為針對非GDP交易創造過度的信用所致，並推高了資產價格，如方程式(6)。一旦收緊信用創造量，過度的放款必然變成呆帳，導致信用緊縮及隨後的經濟衰退（見韋納，1991b, 1992，這個十年前頗具爭議的警告，如今人們較能接受）。信用創造量的下滑，意味著必須縮減經濟體中的總交易量，導致失業和通縮。這情況會增加破產數量，進而加劇呆帳的問題，使銀行更傾向規避風險，從而進一步減少信用的供應量。根據此模型過去的預測，無論是強力貨幣的增加、貨幣供應量的增加、利率的降低還是財政刺激，都不是刺激經濟的必要或充分條件——而淨信用創造量才是。[63]

2. 解釋各種異常現象

(a) 無效的利率政策

我們注意到在這個框架中，完全沒有利率的存在。[64]正如筆者在零利率出現前就論述過的，如果呆帳阻礙銀行的放款，且央行未增加信用創造量作為補償的話，即使利率為零也難以發揮作用。從方程式(7')可以明顯看到：淨信用創造量會限制名目GDP的成長。因此利率政策會無效，並非零利率環境下的特殊現象。而是一種普遍現象。

(b) 無效的強力貨幣

我們模型所提供的建議之一是增加央行的信用創造量。然而，如前文所述，像是銀行自願增加存放在央行的超額準備金的行為，雖然會構成強力貨幣的增加，但可能並不會同時伴隨著央行信用創造量的增加。

(c) 無效的存款總量

我們已經見識到，在一九八〇和一九九〇年代，許多國家的「貨幣供應」存款總量和名目GDP之間的相關性遭破壞，是因為(a)違反了方程式(1)中Y代表所有交易的假設，以及(b)用存款總量來衡量在特定期間內用於交易的貨幣量。由於彙總民營企業部門資產有許多不同的方式，無法事先知道哪一種測量存款的總計數（如M1、M2、M3、M4等）能準確代表由信用創造所增加的購買力。由於各種因素（如制度架構變化和法規調整）導致持有資產的轉移會橫跨不同存款總量的定義範圍，使得存款總量與信用創造之間的任何相關性都變得不可靠。因此，嘗試提升任何一種存款總量成長速度的作法，並非促進經濟活動的必要或充分條件。日本銀行已對此準確提出過類似觀點。[65]

(d) 無效的財政政策

我們的框架也對於理解財政政策的有效與否提供提供相關洞見。如筆者（1994b, 1995b, 1996c, 1997f, 1998f）所指出的，與信用創造無關的純財政政策，並無法促進經濟的成長。我們只要將方程式(7')再細分成幾個部分，就能立即看出這一點（為了簡單說明起見，此處假設每個時期的淨出口規模一致）：[66]

(8) $\Delta M_R = \Delta(P_R Y) = \Delta(C + I + G)$

其中C、I和G分別代表名目家庭支出（包括住房投資）、民營企業部門投資（包括庫存）和政府支出（包括庫存）。如果銀行沒有增加以GDP交易為基礎的貸款，且央行未能給予相對應的補償，使其在經濟體的信用量維持不變（同樣為了簡化起見；下文不再使用這兩個假設），則總交易量不可能增加：

(9) $\Delta M_R = 0 = \Delta(C + I) + \Delta(G)$

換言之，名義GDP的成長將會是零，因為沒有創造信用。國民所得總額的規模維持不變。如果在這種情況下，政府提高其名目支出G（其在總額的占比），我們知道這代表民間企業部門的活動會等比例減少：

(9') $\Delta G = -\Delta(C + I)$

當政府發行債券來資助更多的財政刺激措施時，購買債券的民間企業部門投資者（如人壽保險公司）就必須從經濟體的其他地方撤出購買力。這情況同樣會發生在（且更明顯）用稅收資助的政府支出。在信用創造量不變的情況下，政府每增加一日圓的支出，就會減少一日圓的民間企業部門活動。雖然已有文獻認可這個論點（見古德哈特，1989b），但尚未受到重視。

(e) 利率排擠效應與李嘉圖等價理論的失敗

在國民所得總額不變的情況下（受限於$\triangle M_R$，經濟體的預算限制），任何政府支出的增加必然會縮減民間企業部門在總額中的占比。我們觀察到一種不同於目前在日本案例中所假設的排擠效應：它與凱因斯主義以利率為基礎的排擠效應不同，但類似李嘉圖的等價理論，是一種以數量為基礎的排擠效應，不需要利率出現任何程度的變動。所以這符合一九九〇年代利率並未上升的觀察。跟李嘉圖等價理論不同，這個模型不需仰賴無法觀察的預期心理，以及其所形成的限制假設。此外，它也不是透過改變家庭存款來運作。會發生排擠效應反而是因為缺乏新的信用。

3. 模型評估

為了評估本模型並與其他競爭理論的表現進行比較，我們必須先決定要用哪套標準能從相互競爭的解釋中選出最好的那個。科學界公認的兩個最重要的標準是實證證據和簡約法則（principle of parsimony）。後者是形式邏輯（formal logic）為此目的所建議的標準，更廣人知的名稱，是以其中一名倡議者姓名所命名的「奧坎剃刀」（Ockham's Razor）：人們對於現象的解釋，應該選擇最簡約的那個——或者用經濟學家的說法，限制性最小的假設組合。[67]傅利曼（1953）也建議以預測的準確性作為標準。我們將應用這三項標準。

(a) 簡約原則

我們的模型比其他模型需要的假設更少（具體而言，它不需要完美資訊的假設或市場出清的假設）。此外，它能解釋先前模型無法解釋的「異常現象」。根據奧坎剃刀原則，我們的模型因此更好。

(b) 預測的能力

此模型並非在回顧一九九〇年代的經驗後提出的，而是在一九九〇年代初就提出。我們已經在幾乎一九九〇年代的所有期間內，依照「預測」的原始含義對此模型進行測試。例如，根據此模型，我們早在一九九〇年代初就預測，信用成長的下滑將導致呆帳問題增加和嚴重經濟衰退（韋納，1991b），財政政策將排擠企業活動，利率降低（即使降到零）也不會刺激經濟，而創造信用對於經濟的復甦是必要且充分的條件（見韋納，1994b, 1995a, b, c）。根據這個模型，我們還預測到一九九六年信用的突然擴張，將創造出實質GDP成長四%的意外復甦情況（韋納，

1994c, 1995e）。沒有其他的競爭模型，能產出這般預測（或類似的預測）。

(c) 計量經濟學的評估

依循筆者（1992, 1997d）的方程式，我們將用於房地產交易的銀行信用來代表 M_F。[68] 然而，單純的評估(7')對我們的模型而言只是種弱測試，因為我們所具備的理論知識會影響到我們對變量和功能形式的選擇。因此我們採用亨得利方法論（Hendry methodology），會從最一般（自我回歸落差分布，autoregressive distributed lag, ADL）的模型開始，依照序列逐步簡化，直到得出最明確、最簡約的形式，可參見戴維森等人（J. H. Davidson et al., 1978），亨得利（David Hendry, 1979, 1986, 1987, 2000），亨得利和麥宗恩（G. E. Mizon, 1978）。這種取徑提供最嚴格的模型實證檢驗，因為它在把奧坎剃刀原則用於計量經濟學時，能讓資料來說話。

(i) 名目 GDP 的決定因素。因此，我們設計出用來預估名目 GDP 的普通實證模型方程式，其中包含競爭理論所建議的解釋變量、具備一般 ADL 的結構，也基於季度統計資料：

(10) $\triangle GDP_t = \alpha_j + \Sigma \beta_j \triangle GDP_{t-j-1} + \Sigma \gamma_j \triangle M_{Rt-j} + \Sigma \delta_j \triangle WPI_{t-j} + \Sigma \phi_j \triangle MS_{t-j} + \Sigma \omega_j \triangle HPM_{t-j} + \Sigma p_j Short_{t-j} + \Sigma \tau_j Long_{t-j} + \Sigma \phi_j ODR_{t-j} + \varepsilon_t$

因為除了利率之外的變量，都明顯顯示季節性波動的存在，而我們對成長率較感興趣，所以我們用對數和季節性差分（金融市場的研究人員成用的形式是年增／減百分比），其中：

GDP ＝名目GDP

M_R ＝用於GDP相關交易的信用

WPI ＝躉售物價指數

MS ＝貨幣供應量M2＋CD

HPM ＝強力貨幣

Short ＝拆款利率

Long ＝十年期日本政府債券殖利率

ODR ＝官方貼現率

使用PC-Give的軟體，我們依序列逐步簡化至最簡約的模式，得出：

(11) $\triangle GDP_t = \alpha_j + \beta_1 \triangle GDP_{t-1} + \beta_3 \triangle GDP_{t-3} + \gamma_0 \triangle M_{Rt} + \varepsilon_t$

為了方便肉眼檢驗，「圖A・二」繪製了MR的成長率與名義GDP的比較。經圖像檢驗指出，關係虛假的可能性很低，因為在季節性差分後，沒有明顯因時間而生的趨勢，變數之間的差異沒有顯著的上升或下降趨勢。[69]回歸分析的結果顯示在「表A・一」中。我們發現到，傳統模型用來解釋名目GDP的因素，如強力貨幣、貨幣供應量、短期利率或長期利率，都因不顯著而從模型中剔除（經正式的遺漏變數測試確認）。單獨降低（或提高）利率對經濟成長沒有任

圖 A‧二：「真實流通」的信用和名目 GDP

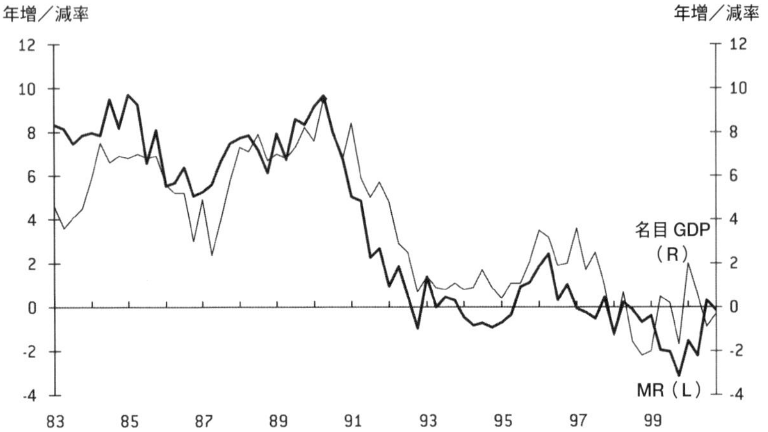

客觀地依序簡化至簡約模型後，我們發現到用於 GDP 交易的信用（MR）是能解釋名目 GDP 的唯一變數。利率、強力貨幣及貨幣供給等變數，因不具顯著性而被排除在外。

資料來源：日本銀行、經濟企畫廳、內閣府、盈利研究中心有限公司

表 A‧一：GDP 模型的預估結果

估計樣本區間：1990 (1) 至 2000 (4)；依變數：ΔnGDP

	係數	標準誤差	t 值	t-prob.	Part.R^2
常數	0.00381350	0.002228	1.71	0.095	0.0683
ΔnGDP_1	0.326688	0.1293	2.53	0.016	0.1376
ΔnGDP_3	0.222120	0.1059	2.10	0.042	0.0991
ΔM_R	0.406689	0.09980	4.08	0.000	0.2934

Sigma	0.00995221	RSS	0.00396186124
R^2	0.88463	F(3,40) =	102.2 [0.000]**
對數似然值	142.502	DW	1.87
觀測值數量	44	參數數量	4
均值 (ΔnGDP)	0.0211887	方差 (nGDPYoY)	0.000780463

AR 1-3 測試:	F(3,37)	= 0.45124 [0.7179]
ARCH 1-3 測試:	F(3,34)	= 0.93630 [0.4338]
常態性測試:	$Chi^2(2)$	= 0.13829 [0.9332]
異質變異數測試:	F(6,33)	= 0.20716 [0.9721]
異質變異數 -X 測試:	F(9,30)	= 0.55406 [0.8229]
RESET 測試:	F(1,39)	= 0.00046 [0.9830]

何顯著的影響。剩下的是我們理論所指出的變數：用於ＧＤＰ交易的信用創造。此模型很穩健且定義明確，沒有明顯的統計學問題（例如，誤差項或函數形式設定的問題）。研究結果證實，我們已為我們的理論方程式中的變數，找到了有效的實證替代指標。最後，統計學的因果檢驗顯示出，在一%的顯著水準下，格蘭傑因果關係存在於「實質」流通的信用對名目ＧＤＰ的影響，但若反過來就不存在統計學的因果關係。

現在我們可以繼續檢驗理論已經辨識出的數量排擠效應。

(ii) 測試數量排擠效應。我們現在開始測試模型的財政政策無效命題。與方程式(9)和(9')的情況不同，一九九〇年代的信用創造量並非為零。存在著信用明顯收縮的時期（如一九九二年和一九九七年），和信用明顯擴張的時期（如一九九六年和一九九八年）。正如我們所見，它們不受財政政策的影響，而是與名目ＧＤＰ的成長密切相關。為了控制這些信用創造量的變化，我們解決(9)的應變數，即國內需求：

(12) $\triangle(C+I)=\triangle M_R-\triangle G$

我們預期△G的係數為−1。同樣地，在我們的開放經濟體實證模型中，我們注意到：

(13) $DGDP_t = DC_t + DI_t + DG_t + DNX_t$

將(13)代入實證的方程式(11)並解出非政府的需求，我們會得出：

(14) $\triangle(C_t+I_t+NX_t)=\beta_1+\beta_2\triangle GDP_{t-1}+\beta_3\triangle GDP_{t-3}+\beta_4 M_{Rt}+\beta_5\triangle G_t+\varepsilon_t$

如果我們已為我們的模型找到了合適的實證代理指標，那麼顯示出完美數量排擠效應的回歸分析，將得出以下的政府支出係數：

$$\beta_5 = -1$$

我們使用所有變數的年度變化。「圖A・三」顯示出政府支出和民間需求的變化。視覺檢驗會看出當中存在某種形式的負相關性。

回歸分析的結果顯示，政府支出的係數（β_5）為−0.95697。四捨五入到小數點後一位，我們得到：$\beta_5 = -1.0$。檢驗結果指出，未貨幣化的政府支出（因此未得到信用創造的支持）每增加一日圓，民間需求就減少一日圓。財政政策幾乎完全無效。實證證據也支持我們的結論：經濟復甦只有在信用創造量增加的情況下才能發生。不能期待利率政策或財政政策發揮效用。接下來將討論我們應採取哪種政策。

(d) 模型評估的結論

根據這三個標準，必須認為我們的模型優於其他理論的模型。此外，它是唯一一個能同時解釋發

圖A・三：民間與政府的需求

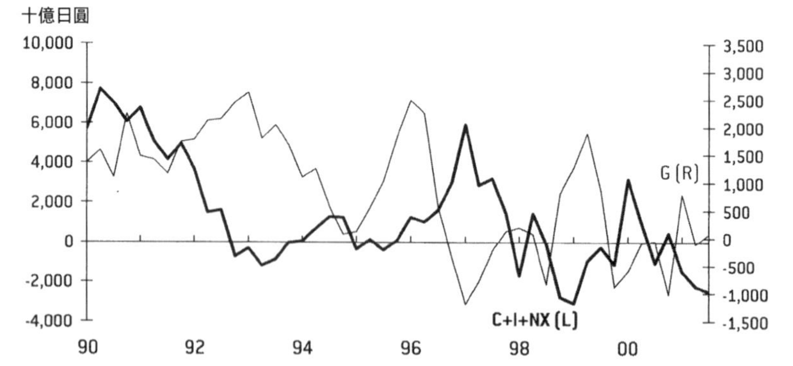

當考慮民間需求與政府支出季節性的絕對差異時，用圖表檢驗會顯示這兩個變數之間似乎存在某種形式的負相關。
資料來源：經濟企畫廳，內閣府

生在一九九〇年代日本的所有謎團的框架。

其中包含標準貨幣總量（如M1或M2＋CD）與經濟活動之間穩定關係的破裂（在這個替代框架中，正確定義的貨幣，其流通速度維持穩定）。這也包含利率無法解釋經濟成長和資產價格的狀況——關於後者，請參考法朗奇（Kenneth French）和波特巴（James Poterba）（1991）、野口（1990）、淺子和美（1991）所述的問題，以及筆者（1997d）提出的解決方案。此外，日本的資本流動在一九八〇和一九九〇年代無法解釋，但筆者以信用為基礎的模型（1994, 1997d）卻能做到這一點。簡而言之，信用的創造量超出了「實體」經濟的需求。它被用在不具生產力的資產交易並推高資產的價格（帶給人流通速度下降的印象、推高資產價格並導致資本外流）。然而，無生產力的信用創造變成呆帳，提高了一九九〇年代銀行規避風險的程度。更嚴格的放款標準導致「信用緊縮」，而信用成長的萎縮代表GDP的成長和資產價格必須下跌。

在整個戰後時期，信用的成長幾乎完全由日本銀行的供給決定。當貸款存在超額需求時，就會發生由供給決定信用的情況。當滿足以下一個或兩個條件時，這種情況就會存在：(1)資訊的不對等迫使銀行在均衡狀態下實施信用配給（史迪格理茲與衛斯，1931）；(2)在用作貸款抵押品的資產市場中，存在著系統性的定價外部性和風險外部性的問題。銀行可以藉由提高貸款的成數來增加貸款需求；每家銀行都分別認為土地作為抵押品是安全的作法，因為其價格是由外部決定。然而，實際上土地的價格並非由外部決定，而是由銀行的集體行為決定；參見筆者（1997d）。

表 A．二：民間需求模型的預估結果

估計樣本區間：1990 (1) 至 2000 (4)；依變數：Δprivate

	係數	標準誤差	t 值	t-prob.	Part.R^2
常數	430.797	323.8	1.33	0.191	0.0434
ΔnGDP_1	0.369348	0.1275	2.90	0.006	0.1770
ΔnGDP_3	0.203399	0.1110	1.83	0.075	0.0792
ΔM_R	0.0151281	0.004390	3.45	0.001	0.2334
ΔG	**–0.956970**	0.2057	–4.65	0.000	0.3570

Sigma =	1233.28	RSS	= 59317732.9
R^2 =	0.823256	F(3,40)	= 45.41 [0.000]**
log-likelihood =	–372.946	DW	1.77
觀測值數量 =	44	參數數量	5
mean (Δprivate)	1406.38	方差 (Δprivate)	1406.38

Δprivate 的靜態長期方程式：

	係數	標準誤差	t 值	t-prob.
常數	430.797	323.8	1.33	0.191
ΔnGDP	0.572747	0.1048	5.46	0.000
ΔM_R	0.0151281	0.004390	3.45	0.001
ΔG	**–0.956970**	0.2057	–4.65	0.000

Long-run sigma = 1233.28

ECM = Δprivate – 430.797 + 0.95697*ΔG – 0.572747*ΔnGDP – 0.0151281*ΔM_R;

WALD test: $Chi^2(3)$ = 179.476 [0.0000] **

AIC =	14.3415	SC =	14.5443
HQ =	14.4167	FPE =	1.69380e+006

包含對數似然常數時：

AIC =	17.1794	SC =	17.3821
HQ =	17.2546	FPE =	2.89293e+007

AR 1-3 測試：	F-form F(3,36)	= 0.58896 [0.6262]
ARCH 1-3 測試：	F(3,33)	= 1.4770 [0.2387]
常態性測試：	$Chi^2(2)$	= 0.68778 [0.7090]
異質變異數性測試：	(8,30)	= 1.5833 [0.1717]
異質變異數 -X 測試：	F(14,24)	= 1.7418 [0.1123]
RESET 測試：	F(1,38)	= 0.056661 [0.8131]
偏度		= –0.17285
超值峰度		= –0.025167
漸近測試：	$Chi^2(2)$	= 0.22026 [0.8957]

4. 政策涵義

我們的框架在很早期就預見，利率的降低和純粹的財政政策將不會有用。強力貨幣和M2＋CD的增加，也不會提供經濟即將復甦的跡象。此框架很早就指出，因為受到呆帳影響，銀行創造信用的能力嚴重削弱，但可以透過央行或商業銀行積極擴張信用的政策來創造經濟復甦。[70]筆者將這種大規模擴張信用的政策稱為「量的金融緩和」（量化寬鬆；例如參見1995c），這與日銀的傳統命名法一致。[71]

(a) 擴大央行的信用創造量

日本銀行認為在零利率的環境下，貨幣政策無用武之地的論點，以及其對於如何執行貨幣政策的解釋，都全然仰賴「利率是唯一傳導機制」的概念。[72]我們已經證明了，貨幣政策主要不是透過利率，而是透過更直接的數量效應發揮作用。筆者建議使用信用創造的淨量作為操作的目標，而非貨幣主義者所偏好的強力貨幣，且信用創造可以透過所有央行交易的總和（包含貨幣市場操作以外的交易）來衡量。

針對央行對於貨幣的內生性以及「貨幣政策無法直接創造需求」的論點（速水，2001），筆者（1995c, 1996a, 1996c, 1997a）指出，首先，存在對貨幣的超額需求（雖然主要來自於無法直接進入「封閉」拆款市場［進行所謂公開市場操作的地方］的機構和個人，也就是小公司和政府）；

其次，即便沒有貨幣需求，央行可以很簡單創造出更多貨幣，並透過買入的操作將貨幣注入市場，這將增加需求並阻止通縮；第三，央行應該進行真正的公開市場操作，不只在只有少數人能參與的拆款市場，還要直接與經濟體中的非銀行部門進行交易。岩田（1999, 2000a）支持這一論點。

央行可以透過對資產（不只是那些被武斷定義為貨幣市場交易的資產）交易的買入大於賣出，來增加經濟體中的購買力。央行在零利率時代前提所出的反駁論點「增加資產的購買可能會使利率降低太多」毫無意義，因為(a)不清楚銀行間的利率，是否會跟各類資產的購買（包括政府債券、國庫券、匯票、商業票據、外幣等）等比例下降，以及(a)如果利率確實下降，這在經濟衰退期間，可想像到對經濟帶來的負面影響幾乎微乎其微。

「圖A・四」顯示出央行的信用創造總量（逐年計算，以指數顯示）與拆款利率的關係。這項證據內容與我們的模型相符：拆款利率與央行注入經濟體的貨幣數量之間沒有明確的關係：在任何選定的拆款利率下，日本銀行都能注入更多貨幣（例如在一九九八年初，其所創造的信用量達到二十五年來的新高）或更少（例如在一九九九年的大部分時間裡，其信用收縮的幅度是戰後最大——請留意，與一九九八年間高度擴張政策的時期相比，此時的利率幾乎沒有變化）。雖然央行信用創造總量的某些次要組成部分，可能會因平滑操作而有部分具備內生性，但沒有跡象能指出所有的交易皆是如此。[73] 筆者對於央行增加信用創造量的政策建議，包含積極購買金融資產（票據、政府債券、企業債券、股票、外匯、銀行業的特別股；依照面額購買銀行呆帳）、實質資產（房地產、在東京設立「日銀公園」），及央行直接向企業部門放款。[74] 從約莫一九九八年開始，其中幾項政策建議已獲得他人的支持。[75]

筆者指出，根據實際觀察的結果，央行在大部分的時間都在對大藏省下令的外匯干預進行沖銷，有時甚至過度沖銷，例如在一九九四年和一九九五年，以及在一九九九年再度出現。[76] 筆者認為，為了增加信用創造量，中央銀行應該避免沖銷。

濱田宏一（1999）支持這一論點。筆者認為，衡量央行貨幣干預行為的正確方式是透過衡量信用創造總量，因此從經濟學的角度來看，購買債券和干預外匯這兩個行為並沒有差異，這個論點獲得岩田（2000a）的支持。

另一種增加信用創造量的方式，是由央行創造貨幣並將其轉移給國內的每

圖 A · 四：日本銀行的信用創造和拆款利率

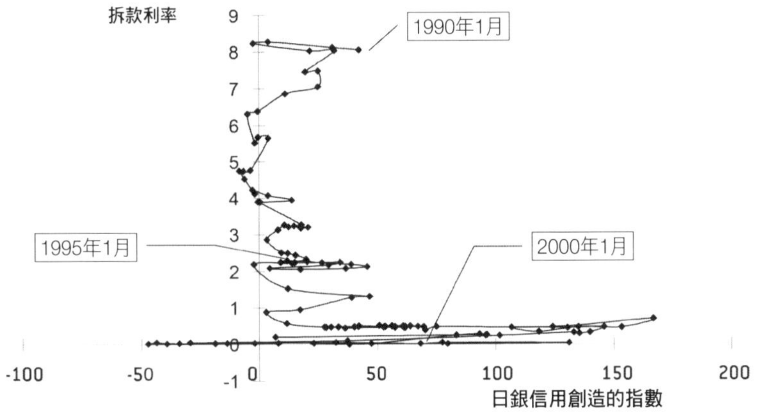

中央銀行創造信用的數量似乎與短期信貸的價格（即隔夜拆款利率）沒有明確的關係。日本銀行在幾乎任何特定的利率水準下，都曾增加或減少其信貸投放的數量。這種情況在一個失衡的環境中是可以預期的，在這樣的環境中，價格未必與數量的變化有直接關聯。其政策上的意涵是，日本銀行本可以在維持既有隔夜拆款利率的情況下，透過進一步增加信貸供給來刺激經濟。

資料來源：日本銀行、盈利研究中心

位納稅人。[77]與減稅不同，這種贈與措施將構成貨幣政策，因此不會排擠民間的活動。一般而言，央行應該以實現名目GDP的成長目標為目的，來調控自身和銀行的信用創造量。[78]由於央行在一九九八年，在運作和政策目標方面，獲得獨立於民選政府的地位，因此實際上不太可能推行任何一項的政策建議。因此，筆者（1997b, 1999j, 2001a）建議修訂《日本銀行法》，使政府能夠強制推行名目GDP的成長目標，並要求央行在一定時間內達成此目標（在預設的誤差範圍內，如不服從，就對所有高階官員展開嚴厲且會實際落實的懲罰）。

(b) 擴大銀行的信用創造量

要提高銀行的信用創造量，必須降低銀行規避風險的態度。這可以透過轉銷呆帳來達成，而銀行會為此需要資金。因此問題會縮小為：決定應從哪裡取得這些資金，以及資金提供者能獲得什麼回報。可能提供資金的人包含但不限於：納稅人/政府、央行、民間投資人。至於提供多少資金以及獲得什麼回報的問題，其可能範圍從提供足夠的資金來彌補貸款帳面價值（面額）卻得不到任何回報，到投入較少的資金卻獲得豐厚的回報（包含銀行的所有權）。由於這涉及到許多利益團體（包含央行），要選擇哪個方案變成為政治經濟學的問題。

然而，經濟學家可以從整體經濟的角度，建議何者是最有效率的方案。筆者（1994b, 2001a）建議央行履行其職能，透過一次性收購的操作，用原始帳面價值向銀行購買所有已申報的呆帳。[79]銀行的資產負債表將立刻成為全球最優秀的資產負債表之一，且銀行可以重新展開正常的授信業務。這跟財政紓困不同，並不會加重納稅人的負擔，因此也不會排擠民間部門。此外，這將是一種「免費午餐」，因為這對經濟體不會產生任何成本。[80]

道德風險的原則加強了這方案的論據：儘管納稅人並非銀行問題的責任方，仍有人提出要用稅金來資助紓困銀行的計畫。讓銀行或其股東付出代價是否更合理？傅利曼（B. M. Friedman, 2000）問道：「將日本的銀行視為嚴格意義上的民間企業，當機構的經營出問題時，認為其股東和管理階層應適當接受市場紀律的監督，這樣做是否公平？在日本對整個金融業實行行政指導的傳統體制下……也許銀行針對快速膨脹的房地產和股票價值大肆放款，只不過是在充當公共政策的代理人。若是這樣，那麼讓這些機構及其管理階層去面對市場紀律監督的傳統理由就不適用。」（頁五五）筆者（1998d, 1999a, 1999d, 2001a, 2002a）已證明，銀行過度創造信用的舉動是由日本銀行所命令的（且是由在一九九〇年代期間一直負責其政策的官員所指導）。有鑑於央行應負的責任，若要避免道德風險，要求央行資助紓困計畫是很合理的行為。[81]

筆者提出能增加銀行信用創造量的其他建議包括：透過債券市場的操作獲利、向銀行引入零風險借款人的措施（政府和央行當中小企業貸款的保證人、銀行向政府放款），以及減輕銀行承受的市場壓力（豁免於銀行資本適足率、放寬會計準則）。[82]

(c) 連結財政與貨幣政策

正如我們所見，一九九〇年代的財政政策無效，是因為缺乏貨幣政策的支持。如同筆者的論述所言，若央行在一九九〇年代初大幅增加購買債券，本可以就此創造更多的貨幣。[83]政策之間所潛在的不協調，是我們質疑要讓央行獨立性且不對政府負責之合理性的另一個原因。[84]

筆者（1994b, 1998b, 1999h, 2000a, 2000b, 2001a）提出了另一項政策建議，讓政府即使沒有獨立央行的配合，也能用財政政策來創造貨幣。這方法能讓財政政策奏效。[85]跟央行一樣，大藏省/財務省也可以創造新的貨幣，從而增加交易量和經濟成長，其方法是將公共部門借款所需的資金，從向債券融資轉為透過簡單的貸款合約向商業銀行借錢。[86]迄今為止，只有一小部分的公用借款採取從銀行借錢的形式。雖然一九九八年的中央政府預算有部分的資金來自銀行，但其比例可說微不足道。藉由向銀行募集大多數的資金，政府可以增加信用的創造量，從而用財政政策創造貨幣。「圖A．五」和「圖A．六」用來說明這兩種刺激性財政政策的差別：這裡以財政支出方案為例——一種是發行債券，並由投資人（如人壽保險公司）認購的融資，另一種是用信用創造所支持的刺激性財政政策。

5. 結論

筆者所提出的替代性模型，已經解決圍繞著日本一九九〇年代經濟表現的諸多謎團，包括財政和利率政策無效的謎團。它進一步證明，日本的經濟衰退原因，是因為信用創造量從一九九二年開始急遽減少，這是由銀行體制的呆帳所引起的。我們還發現到，這個問題本可以透過貨幣政

圖A．五：以發行債券來獲得財政刺激的資金（例如二十兆日圓的政府支出方案）

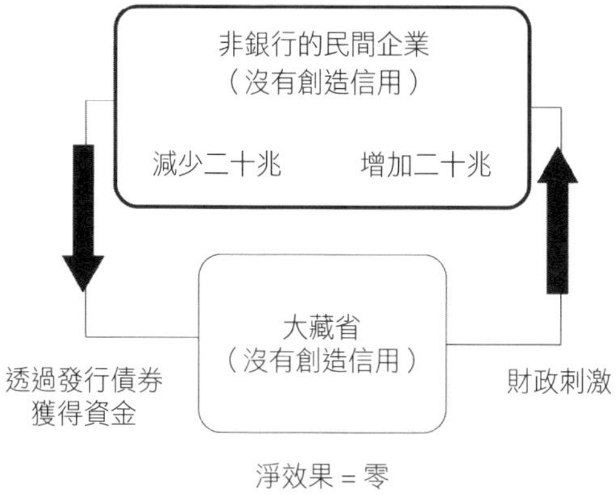

在一九九〇年代，大多數財政支出的資金來源不是貨幣的創造，而是來自向民間企業借款。這樣的財政支出必然會排擠民間活動。財政政策變成了零和遊戲，只是重新分配現有資源。

圖A．六：以向銀行借錢來獲得財政刺激的資金（例如二十兆日圓的政府支出方案）

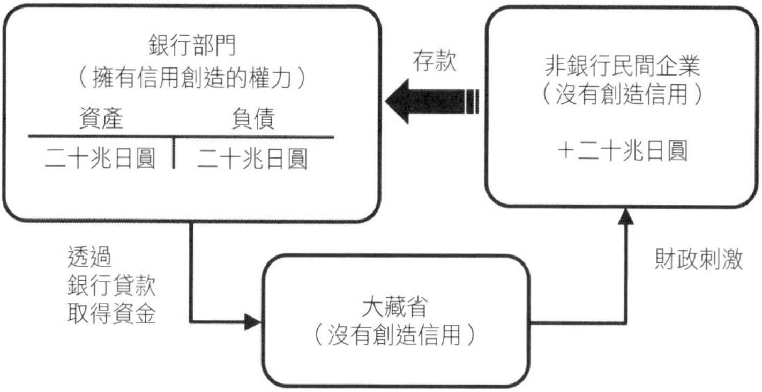

效果＝二十兆日圓

沒有透過信用創造（貨幣化）支持的政府支出，會排擠民間部門的經濟活動。雖然中央銀行可以進行貨幣化（例如透過購買公債），但政府也可以這麼做：透過將政府融資方式從發行公債轉向銀行貸款合約，便能增加銀行的信用創造。與透過資本市場籌資不同，向銀行借款不會從經濟其他部門抽走購買力，因為銀行可以從無中生有地創造出新的貨幣。

策輕易解決。央行本就可以在不花半毛錢的情況下，將呆帳從銀行的資產負債表中移除掉。即使沒有銀行貸款，央行早在十年前就可以透過大幅增加自身的信用創造量來創造經濟復甦。換句話說，日本在一九九〇年代的衰退，是日本銀行政策的後果。[87]

然而，我們的研究也提出了一個新問題：如果解決日本問題的方法相對簡單且幾乎零成本，那麼為什麼責任重大的當局，沒有推行這些政策或者類似政策？有時候有人認為這是因為他們無能。被告必須因為對關鍵問題的無知而被立案——也就是銀行體制中的呆帳減少信用的創造量。然而，這麼做很困難。

首先，在整個一九九〇年代，央行都有能力去尋求國際頂尖的貨幣和金融專家提供良好的建議。許多專家一直批評央行，並清楚描述它可以怎麼刺激經濟。然而，央行一直忽略他們的建議。[88]在這十年內，央行花了很多心思在回絕增加信用創造量的任何建議，使得許多觀察家得出結論：它刻意找理由來推行事先決定的政策。[89]

其此，日銀的關鍵官員很明顯早就意識到信用萎縮的問題，以及可能由央行來解決的方案（例如當時的理事福井俊彥所提出頗具洞見且近乎預言一般的證詞，《日本經濟新聞》，1992a）。日銀的澤本一穗和市川信幸（1994）並不否認央行本來可以採取行動，但他們認為「除非在極度嚴峻的情況下，否則基本的原則是整體貨幣政策不應轉變為紓困銀行的行動。而目前的日本，當然沒發生這種情況」（頁九九）。評估情況是否「嚴峻」到有理由推行更積極的貨幣刺激措施，其標準取決於貨幣政策的目標。而沒有證據指出，此目標是為了刺激經濟成長和就業。

IV. 結構性政策

1. 新古典觀點

支持真實景氣循環取徑或新古典理論的類似理論的人主張，經濟體的運作總是能完整發揮其就業的潛力。這種基於演繹法的均衡模型聚焦在完全競爭市場內的資源配置效率，並認定任何的干預都會干擾其效率。根據其定義，政府的政策無法提高產出。因此，政府政策應專注在改革經濟結構的供給面，以提高潛在成長率。

對於像日本這樣的經濟體，在戰後的大部分時期，其經濟結構看似與自由市場的理想相去甚遠，一直被視為可能採行此類供給面改革的對象。自然而然，在戰後的這四十五年來，很難說服日本的政策制定者相信，這個在經濟成長、失業率及貧富差距的表現上勝過歐美競爭對手的體制，實際上阻礙著日本表現更好，因而需要被摒棄。但一九九〇年代的經驗改變他們的看法。政府看似推行強而有力的週期性需求管理措施，但顯然日本經濟的反應不佳——這正如充分就業模型的預測結果。破紀錄的高失業率對於充分就業模型也不構成實證性的問題。這現象反而被重新詮釋為確證：因為根據其定義，失業只可能是因為充分就業的潛在產出的程度太低，而任何實測的失業現象，都被視為經濟結構正在阻礙潛在成長率發揮的證據。問題是在於數十年來一直有所蹊蹺的那些日本經濟結構的特質。因此，它的政策建議很明確：日本需要的不是週期性刺激，而是結構改革。

這個觀點受到美國貿易談判代表的青睞，他們自一九七〇年代以來就一直認為，日本的經濟結構不僅導致美國企業失去市場占比，也不利於日本消費者和日本經濟的整體表現。[90]在日本，許多從美國取得學位的經濟學家支持這個觀點。例如，竹中平蔵（1996）認為，戰後時期「不透明」的政府干預手段和經濟體制，應為日本一九九〇年代的經濟衰退負責，因此他支持影響深遠的結構改革，包括解除管制、自由化、民營化和行政改革（如削減大藏省的權力）。池尾和人（2001）也提出類似的建議，認為日本的經濟衰退是由於生產力低落，而生產力只能透過結構改革來提高（而貨幣寬鬆則會損害經濟）。[91]隨著經濟未能在一九九〇年代復甦，越來越多的經濟學家受這個論點說服，其中包含一些週期性刺激政策的支持者，他們同意優先考慮推動結構性政策的進度表。[92]

到了一九九〇年代末期，許多政府政策的評論家開始認同以下觀點（由筆者在 1991b, 1992, 1994b, 1995a, 1995c 中提出）：日本衰退的主要原因，是銀行體制的呆帳問題。然而，這個研究結果被解讀成無論財政還是貨幣政策，都無法發揮作用。這個觀點刺激了一系列的研究，專注在金融體制的危機，及危機所觸發或需要的結構變革。[93]結構改革的觀點，也得到那些不認為銀行具有特殊性，只視其為金融中介的金融專家支持。他們的觀點認為，即使銀行實際上停止運作，投資人也應能在資本市場中募集資金。因此，他們認為信用緊縮或「銀行融資無法用其他形式完美替代」的現象，證明了資本市場的結構不夠有效率。[94]例如，星岳雄和卡夏普（Anil Kashyap）

（2000）建議日本「現在就全面開放市場，最重要的是向外國金融機構開放市場」。這個論點不僅忽略了多數國家的中小企業得仰賴向銀行融資的現實，還忽略更根本的事實：從總經的角度來看，向資本市場融資永遠無法銀行的放款，因為後者會創造新的購買力，而前者只是重新分配購買力。

然而在日本，最堅定支持結構改革觀點的是日本銀行及其職員。由幾位關鍵前日本銀行總裁所領導的委員會報告，也就是一九八三年的佐佐木報告和一九八六年及一九八七年的〈前川報告〉，吸引到許多人的關注。這些報告重申了美國貿易談判代表的許多觀點。雖然知名度較低，但跟這些內容相似的，還有日本銀行的離職或現任員工，在一九九〇年代頻繁發表的聲明。他們的演說和聲明內容有著驚人的一致性，都指出央行已竭盡所能，而現在應由政府推行影響深遠的結構改革。[95]速水總裁經常辯稱，他們聲稱無效的財政和貨幣政策，為推行結構變革的必要性提供鐵證。[96]他的副手和同事呼應了這個觀點。[97]日本銀行發言人不吝於提出「所需」結構改革的詳細建議。[98]

這個觀點已經成為共識，並受到小泉政府的採納。因此，政府縮減財政刺激，並較少採納干預貨幣政策人士的觀點。政府的關鍵政策舉措集中在對結構供給面的改革計畫，包括解除管制、自由化、民營化，以及增加股東的影響力，並減少員工和公務員影響力的制度改革。有鑑於小泉政府在執政第一年的支持率維持在高點，以及媒體對「急需」改革的呼籲，可以說人們形成了一項共識：週期性政策已失敗，需要結構改革的政策。[99]

2. 結構改革觀點的證據

首先，讓我們考量支持結構改革觀點的短期證據。小泉政府並非第一個將重點從週期性政策轉向結構性政策的政府：橋本政府也認為結構性問題是導致經濟衰退的原因。在一九九七年，它收緊財政政策、不再強調貨幣政策，同時推行結構改革，包括賦予日本銀行獨立於政府的法律地位、拆分大藏省、設立獨立的金融監督廳，並讓關鍵的政府機構直接對首相負責。這些改革還包括從一九九八年開始的金融業全面解除管制計畫（金融大改革）。[100]有鑑於其結構改革的程度，到了一九九〇年代末期，就連改革的支持者也稱金融大改革為「顯著」的改革。[101]但儘管橋本政府改革了結構，但這些改革並未能改善經濟的表現。反而在改革前的一九九六年，其經濟成長率達到四％。一九九七年的改革，立刻造成戰後時期名目ＧＤＰ和消費者物價出現最大幅度的收縮。到了二〇〇二年初，經濟的前景再次黯淡。因此，難以將一九九七到一九九八年的經濟衰退視為暫時的現象。

其次，考量到經濟結構和經濟表現的關聯所存在的長期證據，大多數的觀察家都認同，自一九五〇年代以來，日本的經濟結構已經緩慢但穩定地在解除管制和自由化。尤其是自一九八〇年代以來，改革的力道變得明顯。例如，卡特爾的數量從一九六〇年代出的一千多個，下降到一九九〇年代中期的接近零個。同時我們也注意到，自一九五〇年代以來，名目ＧＤＰ的成長趨勢一直在下滑。在一九五〇和一九六〇年代，一個受到更多管制，且與戰時的管制經濟仍非常相似的經濟結構，幾乎都有著兩位數的成長率。隨著解除越來越多管制，成長率就穩定下滑，而在一九九〇年代「顯著」解除管制的時代降到負成長。若對成長率和卡特爾數量（或其他過去缺乏「自由市場」的指標）進行時間序列的迴歸分析，可能會得出正相關的結果。

第三，考量到國際的實情——把美國和英國視為解除管制和自由化經濟的榜樣，很明顯看到這些經濟體仍受到景氣循環的影響，而這是透過週期性、基於需求的模型來解釋的。這說明了新古典經濟學或供給面的論點有所不足。最後，若比較二十世紀德國、日本和韓國經濟的長期總經表現，可以發現到不符合英美模式的經濟結構也可能非常成功，甚至超過英美模式的表現，尤其是在某些社會福利指標，如不平等程度、社會穩定性或滿足基本需求（包括獲得醫療服務、福利和教育的機會）的表現。

我們必須得出以下結論：經濟結構的變革無法解釋戰後日本GDP的成長率。甚至可以說，解除管制和自由化的結構改革，所帶來的是經濟成長率（無論在長期還是短期）的降低。因此，大多數的經濟學家會傾向將週期性和結構性的問題分開分析。然而，日銀提出了一個耐人尋味的想法，表示週期性和結構性的政策之間存在著關聯（見第十四章）。

謝辭

在過去十年的研究期間，我有幸獲得許多人的支持、鼓勵、指導與建議，若沒有他們的協助，本書無法完成。這一切都始於我在牛津大學李納克爾學院的一段溫馨時光，當時 Bori Minakovic 鼓勵我寫這本書。他在一九九一年提出這個建議時，我相信他預期我會早些完成這項工作。我的家人與朋友也有同樣的期待，他們忍受了我長時間談論這本書的過程，我由衷感謝他們，特別是我的父母 Dr. med. Günter H. Werner 與 Walfriede Franziska Werner，感謝他們的支持與耐心。

在研究的路途中，我得到許多日本與經濟學領域的師長、導師、同事及同學們的幫助與啟發，還有不少正直誠懇的中央銀行家。名單很長，實難一一列舉，更有些人希望保持匿名。我要向這些未具名者致謝，也向以下人士表達感激：Robert Aliber、Ljubinka Anic、Yukihiro Asano、Daniel Baburek、John Baldwin、Benjamin Buchan、Kenneth Courtis、Clive Crook、Lord Meghnad Desai、Nicholas Dimsdale、Eammon Fingleton、Daniela Frauboes、James Gordon、Junichi Hirano、Akiyoshi Horiuchi、Tim Jenkinson、Chalmers Johnson、Jennifer Josephy、Keimei Kaizuka、Kazuo Kanamori、Masao Kase、Richard Koo、Arami Kurai、C. H. Kwan、Prince Max von Liechtenstein、Claudia

Maaz、Junko Matsubara、Paul McNelis、William Miller、Masao Miyamoto、Stephen Nickell、Tetsuya Noguchi、Yukio Noguchi、Kazuhiko Ogata、Hirohiko Okumura、Takashi Oshio、Ghon Rhee、Florentino Rodao、Keiko Sakai、Ryuzo Sato、Junzo Sawa、Christopher Scott、Alisa Shum、Nicholas Stern、Paul Summerville、Rieko Toma、Karel van Wolferen、Peter Warburton、Kozo Yamamura、Riko Yoshida、Naoyuki Yoshino；以及曾經在日本開發銀行工作的友善工作人員、我在野村綜合研究所遇到的樂於助人的研究人員、日本銀行中許多誠實正直的職員（他們還是保持匿名為佳）、財務省研究機構的成員；Nobumitsu Kagami、Declan Hayes 和我在上智大學的同事們；我在牛津大學的老師與朋友；我在 Jardine Fleming 證券的前同事；David Kim 牧師與我在東京澀谷 Harvest 教會的朋友們；Profit Research Center 與 ProfitFundCom AG 的歷屆團隊成員，包括 Jenny Alf、Chris Baffa、Rosemary Cooke、Nicola Deas、Ortwin Gierhake、Kiyoshi Goga、Yuki Goga、Tihomir Katardjiev、Count Magnus Lagergren、Yoko Minami、Makoto Nagamori、Aoi Sakamoto、Yasuyoshi Seki、Yoriko Suzuki、Tomonori Tani、Michael Thon、Ronald Werner、Shuji Yamada，另外還有 Prince Michael von Liechtenstein、Albert Mayer、Matthias and Martina Voigt、Manuela Ulmer 以及 Christine Erhart。此外，我也感謝過去十年來認真聆聽並報導我研究成果的日本與國際媒體工作者。

我特別感謝 Mark Metzler，他自願通讀整份書稿，提出許多改進建議，並幫助我避免錯誤。我也要感謝我的編輯 Patricia Loo，以及 Angela Pilouras、Sue Warga 和 M. E. Sharpe 出版社的同仁們，他們專業的指導與對這個計畫的熱情令人敬佩。所有遺留的錯誤均由我承擔，至於所有值得肯定之處，榮耀當歸於那位為我照明之主（《詩篇》二十七：一）。

此外，我也要感謝以下版權持有人授權我重製早期出版物的部分內容，特別是 M.E. Sharpe、東亞經濟學會（East Asian Economic Association）與 Blackwell Publishers Ltd.。我亦感謝在過去十二年間所獲得的財務研究支持，主要來自英國經濟與社會研究委員會（及英國納稅人）、由 Berthold Beitz 積極領導的克虜伯基金會（Krupp Foundation）、花旗基金會（Citigroup Foundation）、日本文部省、日本國際交流基金會（Japan Foundation，及日本納稅人）、歐盟執委會（及其資助國納稅人）、亞洲開發銀行，以及東京的 Profit Research Center Ltd.（及其全球客戶）。

在上述於二〇〇三年版中列出的致謝之外，我還想補充以下幾點：這個新版得到 Stephanie Rogers 的巨大幫助，我對此深懷感激。亦感謝 Ferdinand Heinrich 的優秀工作與 Quantum 的 Elena Dvortsova（與這家新興且有實力的出版社合作令人愉快）。

R.A.W.

注釋

序言

1 這位前任大使如今是他國的財政部長。(Werner, 2016).

2 正如我們將會看到，沙赫特在一九三〇年代曾使用過這種手段使用，且發展中國家也經常採用。多年來我一直向日本政府推薦這種手段。參見 Werner(1994b, 1998b, 2000a, 2002b, 2002d, Appendix).

3 關於解釋這點的入門經濟學教科書，參見 Dornbusch and Fischer(1987), p.584.

4 正如我們將會看到，量化寬鬆是否會使日圓貶值，也取決於其他央行的量化政策。

5 在一九九八年，自殺人數增至三萬一千七百五十五人（警察廳）。關於自殺與經濟衰退的連結，請參閱 Tett(2000a) 及 Tett(2000b), p.13.

6 邰蒂（Gillian Tett）在《金融時報》的報導中寫到日本銀行總裁速水：「速水先生擔心如果他過快放鬆政策，將會減輕改革的壓力。」(Tett, 2001).

7 Okina (1999), p. 181.

8 Posen (2000), p. 22.

9 Hoshi and Patrick (2000), p.1. 提出理由：「轉型的規模相當驚人。」

10 關於金融廳的營運方式、是誰主導這個單位，以及為何它助長了日本經濟衰退的詳細分析，參閱 Satoshi Higashitani(2000).

11 Dawkins (1997a).

12 Dawkins (1997b).

13 例如，"Japan Association of Corporate Execs Names Three New Vice Chairmen," March 2, 2001, Kyodo, as reported by *Dow Jones* (2001a) or the *Daily Yomiuri*, March 2, 2001; *Japan Times* (2001); *Economist* (1999).

14 Ibison (2002).

15 Otsuma (2002).

16 同上注。

17 二〇〇二年十一月四日，我在東京與福井俊彥的個人訪談。

第一章

1 這解釋了為何許多關於日本模式的研究，未能提供政府干預成功的確鑿證據。這些研究專注在特定部門中推行、特定的細微政策，並侷限在既有的制度框架內。它們疏於考量那些從一開始就塑造市場結構的政府政策所帶來的影響。

2 新古典經濟學假設完美資訊的存在，認為貨幣因素在經濟體中毫無影響力可言，更不用說銀行。越來越多的文獻正在挑戰這種觀點。然而，即使有關貨幣傳導「信用管道」的研究日益增加，人們也未能認識到銀行作為貨幣創造者的特殊性質。柏南克是一位深入理解銀行信用所扮演的角色的經濟學家，但他將信用創造定義為「儲蓄被引導到替代用途的過程」，因此並未指出銀行不僅是引導儲蓄的中介機構，而是新貨幣的創造者，這些新貨幣可以用來投資，從而產生新的儲蓄。Bernanke (1993).

第二章

1 強森（Chalmers Johnson）一項很早期且具影響力的研究（Johnson, 1982），闡明了戰時與戰後時期之間的顯著連續性。中村頗具洞見且重要的著作（Nakamura, 1974, 1993, 1995）亦是如此。最早明確傳達此訊息的研究，可能是榊原和野口的研究（Sakakibara and Noguchi, 1977）。森嶋的著作（Morishima, 1982）也有許多對於這種連續性的洞見。沃爾費倫（Karel van Wolferen）易讀且具影響力的著作（van Wolferen, 1989），同樣強調了這種連續性，並對引發人們關注此議題有很大的貢獻。道爾（John Dower）提供了一項優秀的總結和詮釋方式（Dower, 1993）。在一九九〇年代，如下文所引述的，這類的論述變得更加常見。

2 純粹的自由市場資本主義，是一種罕見的現象。即便是今日的美國，也不能視之為範例，因為美國存在抱持干預主義的央行，和支持重點產業研發的大量軍事支出。當然，政府干預的作法在日本有著悠久的傳統，可追溯到明治時代以前，在當時政府干預的內容就很重要，甚至可追溯到江戶時代的封建體制。然而，我們拿戰後時期所比較的，是大正時期和早期昭和時期的日本。兩者間的對比確實存在。

3 在一九五〇年，個人股東仍占所有持股的六十一・三%（全国証券取引所協議会「股份分布狀況調查」）這是在財閥家族遭解體之後，這些家族的控股公司在一九四七年擁有約四十%的流通股份。這就代表，在一九二〇年代，個人持股的比例一定遠高於六十%。T. Nakamura (1995), Okazaki (1992).

4 Kobayashi et al. (1995).

5 Teranishi (1982), Kobayashi et al. (1995).

6 本文上方和下方的內容，在資料和洞見的層面，特別參考以下研究：Werner(1999b), Nakamura (1993a, 1993b; 1995), Teranishi (1993), Okazaki (1987, 1988, 1992, 1993), Noguchi (1995), Kobayashi et al.(1995), Sakudo and Shiba (1993), Okazaki and Okuno (1993), Odagiri (1992). 分析性的概觀內容，可參閱：Arisawa (1994), Yamamura (1997), Werner (1999b), Okazaki and Okuno-Fujiwara (1999).

7 Okazaki (1992).

8 同上注。

9 在一九八七年六月，一千零八十二家上市公司（占日本所有上市公司的七十%）舉行股東大會的平均時長為二十九分鐘，這表示公司除了直接批准管理階層的提案外，不太可能有時間做其他事情。參閱 Odagiri (1992).

10 即使在一九二八年財閥對經濟的影響力和控制力最大的時候，三井所擁有的國家實收社會資本（paid-up social

capital）的比例為六・五％，三菱為四％，安田為二・八％，住友為一・四％。

11 Okazaki (1992), p. 10.

12 關於摩根大通對日本領導階層所施加的非正式壓力、要求金融國際化和維持金本位制的深入分析，請參閱 Metzler (2002).

13 一九三二年，美國的失業率二十三％，英國二十二％，德國三十％，日本六・八％。日本經濟已開始在復甦。United States: Mitchell (1998a), Table B2; Japan: Mitchell (1998b), Table B2; Germany and the United Kingdom: Mitchell (1998c), Table B2.

14 一九三二年的數據。在一九三一年，英國GDP的下滑幅度更為劇烈。See Mitchell (1998c).

15 一九三一年的數據到了一九三二年，日本經濟已開始復甦，這要歸功於那些本來也可以在一九九〇年代創造復甦的政策，也就是擴大信用的創造量。See Mitchell (1998c).

16 United States: Mitchell (1998a), Table J1. 真實GNP成長。Japan: Mitchell (1998b), Table J1. 真實GNP成長。Germany and the United Kingdom: Mitchell (1998c), Table J1. 真實GNP成長。

17 Crowley (1966), Barnhart (1987).

18 Robinson (1972), p. 8. 因為古典和新古典經濟學無法解釋當時的問題並找到適當的解決方案，因此遭受越來越多的批評。它本質上是一門靜態學科，聚焦在有效分配既定資源的必要條件——如何有效地分配收入總額。新古典經濟學會考量既定的經濟框架和現狀、試圖讓既定資源的分配變得更有效率。其本質是採取由上而下的途徑，認為經濟是個人的集合，然後從一個人或一家公司的行為，推導出所有的經濟原則。在這樣的框架中，幾乎可以說，政府干預是沒有必要且效率很低的。

許多經濟學家和思想家，尤其是在德國，有著不同的關注點。對他們來說，最關鍵的問題不是如何有效分配既定資源，而是如何使整個收入總額成長得更快。作為一門靜態學科，古典經濟學甚至沒有提出這個問題，更不用說找到答案了。相較之下，德國經濟學家發展了一套理論，專注於如何強化經濟的成長以及經濟如何快速發展。此外，德國經濟學家沒有使用不切實際的假設，例如假設每個人都擁有完美資訊，但這個假設對古典經濟學至關重要。他們意識到現實世界充滿了低效率和無法出清的市場，因此他們發現到要讓政府干預的有力理由。然而，他們認為最重要的（且推薦的）政府干預形式，不是對經濟的瑣碎管理，而是有目的性地塑造和重新設計體制，使參與者獲得獎勵，這樣當他們獨立行動時，就會產出預期的結果。他們的目標是整體經濟的快速成長，而他們已經找到了解決方案。參閱 Werner(1993).

19 Okazaki (1992).

20 Werner (1993, 1999g, 2002c).

21 自一九三一年左右，「準戰時經濟」這個術語也很流行，它用來描述日本本土在仍處於承平時期的戰爭動員的混合狀態。

22 Crowley (1966), Barnhart (1987), Nakamura (1993a).

23 Johnson (1982), p. 139.

24 同上注。

25 某些經濟史學家認為，這是二十世紀英國經濟成長顯著落後於其許多歐洲鄰國的重要原因。

26 這些部分參考了我之前的研究（1993, 1999g）以及我為上智大學的經濟發展課程所準備的講義，這堂課始於二〇〇〇年四月。

27 Okazaki (1992).

28 用一九三八年一名厚生省官僚的話來說：「如果能由股東決定公司管理階層的成員和管理政策，並帶走公司的利潤，那麼毫無疑問，股份公司的制度有著明顯的缺陷。」因此，他主張要讓公司體制的設計，將更多的利潤分配給管理者、員工和進行再投資，而不是股東。引自 Tetsuji Okazaki in Aoki and Dore (1994), p. 363.

29 Ibid., p. 375.

30 T. Nakamura (1995). See also Teranishi (1993).

31 用當時的國務大臣兼商工省次官的話來說，其目標是「賦予負責人充分的權力和自由，使他能為國家服務，並運用他多年來獲得的所有經驗、知識和技能」。Tetsuji Okazaki in Aoki and Dore (1994), p. 372.

32 Johnson (1982).

33 Okazaki (1992).

34 Dower (1993), T. Nakamura (1995).

35 Teranishi (1993), 後來收錄於 Aoki and Patrick (1994).

36 O. Ito (1986).

37 一九三三年，在一般銀行的總貸款中，製造業貸款的占比為二十二．四％。到了一九四五年三月，這個比例已躍升至五十一．六％。Teranishi (1993).

38 從戰前占GNP的二十％，降到一九四四年的不到六％——儘管有幾個百分點並非出自本意，而是由於航運損失所造成的。

39 Teranishi (1993).

40 Tetsuji Okazaki (1992), Economic Planning Agency (1962, various issues).

41 Minami (1986), p. 14.

42 T. Nakamura (1995), p. 13.

43 「在戰爭期間，社會內部有著巨大的轉變，儘管許多工人在戰後確實回去務農，但製造業中男性工人的相對比例，在一九四七年時已經有六十七％。對日本來說，已經不可能重新變回一個以農業和紡織業為基礎的經濟體制，除非實際推動社會進行一百八十度的轉型。日本戰後成功的基礎是在戰爭期間奠定的。」Morishima(1982), p. 139.

44 稻米價格在管控經濟時代的早期就開始受到控制，且使用的是一種直到一九九〇年代仍在使用的公式。

45 關於日本的軍隊和公務官僚為何能夠設想並推行一個如此高效且連貫，但又與經典的自由市場模式和過往日本經驗完全不同的體制，這又是一個讓人很好奇的問題。很明顯，大多數的想法、理論和制度都是從德國引入的。參見 Fletcher (1982), Werner (1993, 1999g, 2002c), Kerde (1999), van Wolferen (1989), Fallows (1994).

第三章

1 這是美國陸軍部長羅亞爾（Kenneth Royall）在一九四八年演講中用來描述日本的用語。T. Nakamura (1995), p. 38.

2 葛魯是華爾街銀行家摩根（John Pierpont Morgan）的表妹的丈夫，從一九三二年到一九四二年擔任美國駐日大使。戰後他成為美國國務院的副國務卿。參見 M. Nakamura (1992), Davis and Roberts (1996).

3 Davis and Roberts (1996).

4 然而，通商產業省也獲得了對貿易的監督權，而在一九四五年之前，貿易是在貿易局的主導下進行的。關於通商產業省，可參閱強森的開創性著作（1982）。

5 關於後者，參閱 Werner (2001a).

6 在一九四六年十月，開始實施《臨時物資需給調整法》，類似於戰時法律（它在一九五二年被廢除）。同年，《物價管制令》不僅恢復了戰時的價格固定體制，還透過成立價格廳（一九五二年解散）加強了這套體制。Johnson (1982), Nakamura (1995).

7 「陸軍和海軍的所有部隊都被占領軍解散，但政府的官僚結構幾乎完全保留下來。」Morishima (1982), p. 160.

8 Ibid., p. 18.

9 Johnson (1982), p. 41.

10 詳情參閱沃爾費倫標題為〈思想警察的戰後職業生涯〉的部分（van Wolferen, 1989, p.359），當中列出前內務省的許多思想警察官員，所晉升到讓人印象深刻的高位，包括國會成員、法務大臣、文部大臣、厚生大臣、警視廳廳長等。

11 我們將在後面的章節中，認識到更多關於新木榮吉的資訊。在戰爭期間，他是日本銀行的關鍵官員之一，然後受到戰爭罪行調查，之後他成為了日本駐美大使。

12 Johnson (1982), Davis and Roberts (1996).

13 岸信介擔任首相的時間為一九五七年二月二十五日到一九六〇年七月十九日，佐藤榮作則為一九六四年十一月九日到一九七二年七月六日。

14 Seagrave (1999), Bix (2000).

15 Dower (1993), p. 1.

16 T. Nakamura (1974), Noguchi (1995), Kobayashi (1995), Kobayashi et al. (1995).

17 這就是為什麼野口悠紀雄（1995）在他討論戰時經濟體，及經濟體在戰後延續存在的著作中，將其稱為「一九四〇年體制」。

18 對於反對派來說，這並不代表能過著輕鬆的生活。他們有時會遭受攻擊和嚴重的恐嚇。

19 Morishima (1982), p. 162.

20 Okazaki (1993, 1994).

21 T. Nakamura (1995), p. 26.

22 每年三月三十一日所統計出豁免《反壟斷法》的公司數量，由東京的盈利研究中心所整理，www.profitresearch.co.jp，資料來源為東京公平交易委員會的統計。

23 Odagiri (1992).

24 Nakane (1970).

25 「對於預期在同一家公司工作直到退休的工人來說，預期的終身效用（expected lifetime utility）主要取決於公司的表現與成長……因此，公司的生存，以及將遭裁員的風險最小化，是任何員工的首要任務……一旦能確保公司的存活，工人終身效用的高低，是由晉升機會（或速度）和工資結構所組成的函數。而晉升的機會又取決於公司的擴張速度和控制範圍，即任何一位管理者所監督的下屬數量。」Odagiri (1992), p. 78.

26 關於卡特爾，另見 Fingleton (1995).

27 總體經濟的結果是資本的過度累積：一個偏袒未來、忽略現在的經濟體——經濟學家稱之為「動態無效率」（dynamic inefficiency）。這代表如果在任何時間點減少儲蓄和投資，並增加消費，現在和未來所有世代的日本人都可以過得更好。

28 Morishima (1982).
29 T. Nakamura (1995), p. 20.
30 Dower (1993), p. 16.
31 Ibid., p. 18.
32 例如，參閱一九四五年的《勞動規範草案》（勤勞規範草案）：「工廠是透過生產來實踐皇國勞動本旨的道場。維護這些目標的人，就能使勞動者團結一致。藉由上下互助、左右協同，我們應該像家人一樣結合勞資雙方。」引用自 Nakane(1970), p.18.
33 牛津大學的日產日本研究所所長斯托克溫（Arthur Stockwin）評論：「日本工人對他們的公司有著專一的奉獻精神，通而會犧牲自己的利益來促進公司的利益。」Stockwin (1982)，頁三三。一名日本的頂尖社會學家解釋：「限制個人行動自由的設置方式，是確保個人的行動不會違反群體的限制。自由只允許存在於群體的決定所允許的方向。個人的行動應該始終為群體服務，而不是以個人為計算的單位。無論一個人的貢獻多少，都不會對等級的秩序造成任何改變。個人貢獻的收益因此由整個群體所共享。對群體的忠誠形成了個人開展活動的基礎。」Nakane(1970), p.86.
34 梅茲勒（Mark Metzler）說服我相信這一觀點。
35 這並不代表沒有「強制」過度消費的領域，特別是諸如汽車和房屋等物品，這些在其他國家被視為耐用消費品，但在日本由於各種原因（包括監管原因）而壽命大大縮短。
36 Eckes (1992).
37 Nester (1990), p. 55.
38 關於這套機制，以及關於這事件的一些當代引述內容，參閱 Werner(1997d).
39 T. Ito (1992), pp. 191–96.
40 Yonemura and Tsukamoto (1992), p. 27.
41 T. Ito (1992), p. 191.

42 Yonemura and Tsukamoto (1992), p. 27.

43 「東京方成功加入了十八項的保留條款，這些條款等同於允許日本加入ＯＥＣＤ，但不要求它完全承擔成員應負的義務……正如日本在加入ＧＡＴＴ後，實際上加強了關稅壁壘那樣，東京在獲得ＯＥＣＤ成員資格後，也讓外國投資的相關法律變嚴格。」Nester (1990), p. 55.

44 T. Ito (1992), p. 191; Itoh, Misumi, and Ichimura (1990), pp. 15–36.

45 National Conference of Stock Exchanges (1999), other issues. 數值指的是國內個人投資者所擁有股票市值的百分比。

46 Krugman (1992), p. 125.

47 山一證券，引自：Odagiri(1992), p. 330.

48 牛津大學的博爾托（Andrea Boltho）在他一九七五年極具洞察的研究中已得出結論，認為日本的戰後表現是基於「更大程度」的政府干預和保護，其程度超過任何西歐國家，使「日本更接近另一組國家的經驗——中央計畫型經濟體」。他認為，這種「結合中央計畫型經濟體所共有的某些元素，與某些市場經濟所共有的其他元素，可能可以提供洞見……對於該國的成功」。Boltho (1975), p. 189.

49 這種觀點，曾經是只有有澤廣巳或中村隆英等經濟史學家，或野口悠紀雄等經濟學家所持有的少數派觀點，但自一九九五年（野口關於「一九四〇年體制」的著作出版那一年）以來，有越來越多人接受這種觀點。

第四章

1 一本原本值得推薦的貨幣經濟學的大學教科書，並未提供明確的定義。它反而指出：「貨幣難以定義和測量。」更糟的是，這本教科書的悲觀預測是：「對於何謂貨幣的觀點分歧，可能會隨著時間而擴大。」Miller and VanHoose (1993), p. 59.

2 相關文獻的簡要概述，請參閱 Goodhart (1989a) or Werner (1997d).

3 經濟學家將此稱為「流通速度下降」或「貨幣需求函數失效」的問題。這會導致貨幣政策似乎失去效力。因為即使央行操控貨幣的供應量，也無法保證對ＧＤＰ造成影響。

4 然而，有強大且一致的證據反對「貨幣是中性」的命題——事實上，貨幣以某種方式造成經濟的變動。相關調查結果，請參閱 Blanchard (1990).

5 這些部分，以及本章的大部分內容，源自一九九七年我為上智大學貨幣與銀行課程所準備的講義。另見 Werner (2001b).

6 中國的貨幣也創造了史上第一次由紙幣引發的通膨：經過幾代人後，他們臣服於創造過多紙幣的誘惑，導致紙幣失去信譽並導致這套體制崩潰。然而，這套體制後來重申，正如馬可波羅所描述的，在蒙古人統治時期蓬勃發展並刺激經濟活動。關於中國貨幣的歷史，請參閱 von Glahn (1995).

7 有些學者懷疑馬可波羅的描述的真實性。然而，沒有跡象指出他對貨幣體制的描述不準確。引自 Polo (1987), pp.147f.

8 基於篇幅考量，我們省略了一段關於貨幣體系如何處理耗損紙幣和銷售行為的內容：「這裡還有另一個值得講述的事實。當這些紙幣的流通時間太長而有所破損時，人們會將其帶到造幣廠，以三%的折扣換取新的紙幣。這裡又有值得在我們的書中提出的一個令人讚嘆的作法：如果有人想要購買黃金或白銀來製作他的餐具、腰帶或其他裝飾品，它就帶著這些紙幣到大汗的造幣廠，用紙幣支付從造幣廠主那邊購買的黃金和白銀。」Polo (1987), pp.148f.

9 同上注。

10 如書中的例子所描述，銀行體制的發展通常會追溯到金匠。請參考入門的經濟學教科書，參見 Begg, Dornbusch and Fischer (1984). 民間業者創造紙幣的行為也可以追溯到商業銀行發行「匯票」的傳統。這些是由銀行家承保並以貨物（如投入生產用的原材料）作為支持，提供給貿易商或公司／工匠的借據。需要投入資源但沒錢的公司，會獲得這種特定目的的信用來購買資源。雖然這種做法與金匠銀行家的傳統同樣重要，甚至可能更重要，但這兩種形式的貨幣創造都是由民間進行的。參閱 Boyer-Xambeu, Deleplace and Gillard (1994). 但為了說明的目的，我們在此專注介紹金匠的傳統，來作為民間信用創造的最簡單例子。

11 「賢者之石」是鍊金術士相信可以將任何金屬（尤其是水銀）變成黃金的物質名稱。

12 《箴言》，二十二：七。

13 歐洲歷史上有許多銀行業者在資助戰爭方面上，扮演重要角色的例子，例如麥地奇家族（the Medicis）、福格家族（the Fuggers）、羅斯柴爾德家族（the Rothschilds）或資助奧蘭治的威廉（William of Orange）成功入侵英國的荷蘭銀行家。關於這個主題的文獻多如繁星，超出本書範圍。例如，可參閱德魯弗（Raymond de Roover）關於麥地奇家族的著作（de Roover, 1963），或特雷西（James Tracy）關於福格家族的著作（Tracy, 2002）。現代的例子可能是國際結算銀行在地二次世界大戰期間所扮演的爭議角色，此機構是因應德國賠償問題而成立，但在戰時曾參與處理「敵對」納粹政權的許多國際金融交易的清算。可參閱 Trepp (1993, 2000).

14 英格蘭銀行是完全由民間金融家創立的民間銀行。德意志帝國銀行曾經是民間銀行，而美國聯邦準備系統和日本銀行至今仍有半數股權為民間持有，主要是銀行業。關於英格蘭銀行，可參閱 Richards (1929). 關於聯邦準備系統，可參閱 Krooss(1983), Rothbard(1984), Lindbergh(1923), Griffin(1994), Meltzer(2003).

15 從表面上看來，銀行在收到存款時會發行存款收據。但若將整體經濟考量在內，我們發現在這種情況下不會發行新淨額的存款收據。舉例來說：假設存款人不是帶黃金到銀行，而是帶紙幣（另一家銀行的存款收據）。那麼，在銀行存款只代表著將一家銀行的存款收據，換成另一家銀行的存款收據。存款收據的總量並未增加。當然，客戶可能選擇獲得不同形式的存款收據，如銀行帳戶的對帳單。在那種情況下，也沒有創造出新貨幣。存款收據（紙幣）的增加只有當客戶向銀行借款，而銀行隨後新發行存款收據時才會發生。

16 銀行創造的貨幣如何能解釋關鍵總體經濟的變數，可參閱 Werner(1991b, 1992, 1997d, 2002b 部分內容可見附錄).

17 造成許多誤解的另一個原因是因為人們經常聚焦在靜態模型中的存量。然而，貨幣是作為流量的概念而產生的，因此會需要動態模型。

18 例如，參閱以下這本內容豐富的書：Miller and VanHoose(1993).

19 許多經濟學家將企業融資的方向從銀行貸款轉向發行股票或債務的行為稱為「去中介化」（disintermediation）。其論點是，在銀行體系之外籌到越多錢，會使得將信用指標作為貨幣供應量衡量標準的作法越沒有意義。然而，從市場融資並不會創造購買力，而不過是在重新分配已經存在的購買力。這使得將「直接融資」一詞用於發行股票和債務，而「間接融資」用於銀行借款一詞的說法變成用詞不當。從銀行借款是最直接的融資來源，因為銀行創造貨幣，企業透過向銀行借款直接從創造者處獲得資金。在市場融資實際上是迂迴獲取資金的方式——不是從創造者（銀行）處，而是從於已創造購買力上頭投資的其他人處獲取。任何宣稱股票市場可以提供「槓桿」的說法，只有在部分「槓桿」是由銀行提供的情況下，才能在總經的意義上成立——這的確經常發生，例如當對沖基金融資去做槓桿的投機賭注。

20 Hoppe, Hülsmann, and Block (1998).

21 由於存款計量只會顯示潛在購買力，所以傳統的「數量理論」會不成立並不讓人驚訝。用信用創造量取代存款計量，應該能提高貨幣數量理論的準確性（實際上應該重新命名為信用數量理論）。然而，即使我們使用信用計量，我們也會發現在一九八〇年代，許多國家的名目GDP成長與信用成長的連結變弱。代表這套理論存在著另一個問題。當我們專注在信用作為貨幣的定義時，我們的確會發現這個問題。因為我們注意到，在一九八〇年代，越來越多的銀行貸款被用於未計入GDP的純投機性金融交易。在瑞典、英國、日本和韓國等國家，銀行放給房地產投機者的貸款量明顯增加。這些資金投資在房地產並推高了地價。然而，傳統貨幣理論所隱含的假設是：貨幣用在被包含在GDP中的交易，因此可以用GDP表示。但房地產和土地交易並不是GDP的一部分。這就解釋了為什麼傳統的貨幣數量理論失效：貨幣的供應擴大（因為銀行信用迅速擴張），但貨幣並未用於消費、投資或政府支出；它反而被用於GDP以外的交易。因此，不能期望名目GDP的成長會隨貨幣或信用成長而增加。存款劑量再一次無法展示這個簡單的事實，而使用信用數據所提供的資訊價值時，這一點就變得顯而易見。信用的優勢在於我們可以具體瞭解新創造的貨幣被用於何處。在日本，至少從一九四二年起，銀行貸款的總體數據，就被分解為個個產業部門的貸款數據。使用這些資料，我們可以測量有多少創造出的信用被用於一部分的GDP交易，有多少被用於GDP之外的交易，如對房地產公司、建築部門和金融機構的貸款。傳統數量理論在日本失效的原因是因為在一九八〇年代，越來越多的信用被用於非GDP交易——投機性房地產和股票交易。這必然會推高資產的價格，但對消費者物價的影響很小。Werner(1992, 1997d).

22 筆者（2002b，部分內容可見附錄）指出，銀行之所以將利率維持低於市場均衡，是因為董事要負擔的責任有限，但過量的貸款需求似乎沒有盡頭。不幸的是，許多貸款需求來自高風險的申請人。為了出清信用市場，銀行需要將利率提到很高。然而，這會淘汰掉保守的低風險項目，因為它們無法獲得夠多的報酬來負擔如此昂貴的借款。因此，銀行發現以人為手段將利率維持在較低點，然後依照其認為合適的方式選擇借款人會更有效率。經濟學家宣稱信用市場是受到配給管制的。詳情請參閱頗具開創性的論文（Stiglitz and Weiss, 1981）。相關調查結果，請參閱 Jaffee and Stiglitz (1990).

23 儘管如此，國民所得會等於消費加投資，也等於儲蓄加消費，因此投資等於儲蓄的會計恆等式，從事後來看總是成立的。然而，這些恆等式並不能表示行為的關係，因此不應由此推斷認為貨幣是中性的，或是不需要研究銀行業。銀行貸款的增加並非源自於個人儲蓄的增加（會以更多存款的形式表現）。這條因果鏈的開端是銀行創造購買力。一旦創造出了購買力，它就開始流通，可能從投資者到企業，再從企業到其員工。員工可能會存下這筆錢，從而將其存入銀行。人們只能存下先前由銀行系統創造的購買力。儲蓄也不會直接限制授信行為，因為授信與否是由銀行業決定的。然而，這並不減少一般儲蓄的重要性。儲蓄對於維持購買力與可購買商品數量之間的平衡是必要的：如果銀行透過發放貸款創造出額外的購買力，但國內的生產維持不變，那麼只要人們不增加儲蓄量，價格可能會升高。投資受到公司的內部購買力、公司能從經濟體的其他部分轉移而來的購買力，以及銀行新創造的購買力數量的限制。

24 除了美國之外，很少有國家可以期望自己創造的貨幣受到外國人的接受。因此，特別是對發展中國家而言，外匯短缺可能會成為問題。然而，這應該只限制到必需的外國產品或技術的進口。外國投資對於支持國內成長並非必要因素，因為國內成長可以透過國內的信用創造實現。關於印度和泰國的相關作法，請參閱 Werner(2000a, 2000b).

25 關於所有這些觀點的理論和證據，請參閱 Werner (1992, 1997d), Werner (2002b, 摘錄於附錄中).

26 約翰．羅是早期的理論家和實踐者，他希望利用紙幣系統的好處促進整體經濟的發展（Law, 1720）。後來進行相關研究是德國經濟學家如穆勒（1809），特別是克納普，他的著作《貨幣國定論》（*Die staatliche Theorie des*

Geldes, 1905）受到凱因斯（1936）的讚賞，並對日本的經濟學家和官僚產生重大影響——無論是受廣泛閱讀的德文原著，還是一九二二年出版的日文譯本《貨幣国定学説》（岩波書店，東京）。有關以信用為基礎的總體經濟學版本，請參閱 Werner (2003a, 2003b 附錄).

27 從倫敦政治經濟學院、牛津大學、哈佛大學、麻省理工學院和芝加哥大學等頂尖大學，以及日本的主要大學經濟學課程的閱讀清單，都能快速證實經濟學已幾乎成為新古典或新古典經濟學的代名詞。新凱因斯學派的經濟學通常在無貨幣、以物易物經濟的新古典參數的範疇內運作。有越來越多的文獻意識到信用的重要性，有時人們會稱之為「信用觀點」的取徑，它到目前為止仍在文獻中一直遭受忽視。然而，這個學派仍然忽視信用創造的作用，並繼續將銀行定義為只是金融的中介機構。相關概述可參見 Gertler(1988), Bernanke(1993), Dimsdale(1994), Bernanke and Gertler(1995). 也請參閱附錄及其相關備註。少數意識到信用創造重要性的取徑包括所謂的後凱因斯學派經濟學家和奧地利學派。然而，他們的影響仍然有限。

28 有時央行家宣稱他們無法控制貨幣的供給。從某種意義上來說，這說法蠻有道理的。然而，他們可以控制總購買力。對於關注技術細節的人而言，以下提供一種解釋：經濟學教科書所描述央行控制貨幣供給的手段如下。中央銀行會設定準備金的要求比率，限制銀行可以創造的信用數量。例如，若準備金的要求比率為存款的十分之一（實際上通常遠低於此），這意味著所有存款的十％必須存放在央行。在日本，央行會在每月十五日檢查銀行是否達成準備金的要求。央行可以藉由改變準備金的要求，或從經濟體抽出現金來限制信用創造量。它可以透過向大眾出售部分資產來實現這一點。大眾必須用現金支付，然後央行持有這筆現金。如此一來，流通中的現金數量就會減少。銀行也會發現可用現金的減少。因此，為了滿足準備金的要求，他們必須收回一些貸款，並在進行每月準備金轉移時將這筆資金交給央行。信用創造的速度將會放緩，經濟也會隨之降溫。因此，理論上來說，央行控制著貨幣的供給。根據這套理論，民間銀行的信用創造，只不過是央行貨幣創造的延伸，正如許多古典和新古典思想家通常主張的那樣。在這種情況下，我們實際上不需要分析銀行的行為和信用的創造。央行持有的貨幣就能告訴我們關於經濟體中總體信用創造的全部情況。然而，這種教科書的說法所描述的並非央行的實際運作方式。關鍵的假設是央行嚴格執行準備金的要求。但鮮為人知的是，央行面臨一項技術問題：

它們實際上無法在短期內執行準備金的要求，因為這會對短期利率造成大幅的波動，並危及金融體制的穩定性。因此，短期利率每季維持平滑，代表著央行無法完全控制它在拆款市場向銀行體制提供的準備金數量。因此，這項貨幣學的基礎可能成為一個內生變量。然而，維持季節性的平滑並不妨礙貨幣政策的獨立性，因為央行可以透過拆款市場以外的操作向經濟體注入資金。為了維持央行推行貨幣政策的能力，央行因此傾向仰賴其他政策工具和中介目標。因此，在執行正統工具（對準備金的要求和對銀行體制供應準備金的控制）時所面臨的短期困難，常常導致央行傾向透過「道德勸說」直接干預銀行的授信，正如英格蘭銀行在一九七〇年代前的許多年都在做的那樣，或透過法蘭西銀行實行的「套框管理」（encadrement），或德意志帝國銀行實行的「信用限額」（Kreditplafondierung）。關於央行家的觀點，或者對央行家的觀點表示同情的觀點，請參見例如倫敦政治經濟學院教授及英格蘭銀行的長期顧問古德哈特（1989a, b, c, 1991, 1994）或日本銀行的翁邦雄（1993a, b）。貨幣供給內生性與外生性的問題在筆者的研究（2002b 摘錄於附錄 , 2003a）中有更詳細的討論。

第五章

1 東洋經濟新報社，《經濟統計年鑑》（*Economic Statistics Annual*），各期內容；日本銀行，《資金循環帳戶》（資金循環勘定），各期內容。一九三四到一九三六年的平均值基於日本銀行的《產業資金供給（增減）狀況》，各期內容。另參閱 Sakakibara and Noguchi(1977).

2 僅舉幾例，請參閱 A. Müller (1809), Knapp (1905), Hahn (1920). See also Werner (2002c).

3 參閱 Werner(1992,1997d, 2002b)（最後一篇有節錄在附錄）。只要信用能用於提升生產力，暫時稀釋他人購買力的「成本」，就不會在總體層面察覺到。

4 例如，Knapp (1905), published in Japanese in 1922 as Kaheikokuteigakuzetsu (Iwanami Shoten, Tokyo), or Hahn (1920), (published in Japanese in 1943 as Ginkŏshinyŏ no kokuminkeizaitekiriron (Jitsugyō no Nihonsha, Tokyo).

5 Jefferson (1894).

6 O. Ito (1986), Werner (2002c).

7 Werner (2002a, c).

8 這就是為什麼他們最終在一九四二年修改《日本銀行法》，並用一部仔細模仿希特勒一九三九年《帝國銀行法》的新法來替代它。

9 如前面的備註所述，大多數的央行最初是由民間銀行所創立，並在很大程度上由它們所擁有。美國聯邦準備銀行仍然有半數的股東是民間銀行，並向其所有者支付固定的股利。值得注意的是，甚至許多財政部長都來自華爾街。在批評亞洲國家的「裙帶關係」和政府與民間部門的合作，並主張不得救助陷入困境的金融機構後，聯準會和華爾街對一九九八年對沖基金長期資本管理公司崩盤的反應可能會給人帶來啟發。希特勒在一九三九年將帝國銀行國有化，而戰後的繼任者德國聯邦銀行也是國營企業。英國工黨政府在一九四六年效仿德國，將英格蘭銀行國有化。由於民眾對民營的央行越來越抗拒，央行家便爭取獨立於民選政府的地位（並且大部分都成功獲得），他們辯稱（並支持那些能夠證明這一點的研究）央行的獨立代表經濟表現會有改善。

10 O. Ito (1986).

11 O. Ito (1986), Werner (2002c).

12 關於沙赫特控制信用的實際作法以及相關理論的詳細內容，見 Werner (2002c).

13 內部備忘錄，一九二四年，德意志帝國銀行（德國聯邦銀行檔案館）。

14 它僅對由華爾街銀行所主導的協約國賠償委員會（Allied Reparation Commission）負責。請參閱 McNeil (1986)。正是這個委員會在一九二三年違背德意志帝國銀行高層的意願，親自挑選並任命沙赫特為德意志帝國銀行的行長。

15 關於沙赫特與日本銀行的聯繫，以及「信用指導」的理論與實踐方士，請參閱 Werner (2002c).

16 Bosch (1927), p. 10.

17 Dalberg (1926), H. Müller (1973).

18 Werner (2002c).

19 O. Ito (1986). 與他們有關的一位大藏省官僚下村治成為戰後日本高成長時期的創造者之一。

20 Patrick (1962), p. 33f.

21 Sakakibara and Noguchi (1977). 希特勒在一九三三年就任帝國總理後的首批決定之一，就是重新任命一九二〇年代賠償委員會的央行家擔任行長。在一九三三年之前的幾年中，沙赫特透過為納粹黨提供可信度和它們急需籌措的資金，為希特勒提供良好的服務。此後，他成功的信用創造政策使希特勒極受人民歡迎。但在一九三九年，希特勒因兩人意見不合而解除沙赫特的德意志帝國銀行行長的職務，並利用新法對央行展開更直接的控制。

22 譯文引自 from Sakakibara and Noguchi (1977), p. 100.

23 Sakakibara and Noguchi (1977), T. Nakamura (1995), Noguchi (1995).

24 在一九九二年十一月，與日本銀行退休成員吉野俊彥的個人訪談。

25 H.Ueda(1987).

26 大藏省透過設立「マル優」的制度（可輕易以虛構人物甚至寵物名義開設的免稅儲蓄帳戶），實際上是在鼓勵逃稅行為。若公司或個人不遵從其意願，大藏省可輕易以查稅作為威脅。央行則擁有更為細緻的工具來迫使銀行遵守其「指導」。銀行的日常業務仰賴央行的配合與善意。央行可透過刁難某些銀行來施以懲罰，且它們無法透過法律途徑尋求救濟。請參閱 Werner (1999a).

27 如所謂的《設置法》，就定義了各部會的權限。

28 有越來越多的文獻主張，政府對金融部門的干預，對於促進經濟的發展至關重要。參見 Stiglitz and Uy (1996), Cho and Hellmann (1993). 特別是關於東亞和日本經濟表現。在實證成果方面，參閱世界銀行（1993）對東亞「奇蹟」的研究，此份研究根據研究人員對多個亞洲國家研究的投稿，得出信用指導政策是促成強勁經濟表現的重要因素。韋德（Robert Wade, 1990）主張信用配置對臺灣的經濟成功有重要貢獻。卡爾德（Kent Calder, 1993）強調信用配置政策在戰後日本經濟發展中的重要性。筆者（1992, 1997d）論述信用總額是經濟成長的重要關鍵，而筆者（2002c）描述了日本銀行信用指導政策背後的理論與實務作法的起源。

29 Sakakibara and Noguchi (1977), p. 109.

第六章

1 「一萬田認為沙赫特總裁是理想的央行家。」Takita (2000).

2 Ichimada (1986), p. 38.

3 Ibid., pp. 38–39.

4 James (1998), Takita (2000), Werner (2002c).

5 文獻常對於戰時透過全國金融統制會，和戰後透過日本銀行推行，它們在信用管制扮演的角色有所誤解。多數的作者將這些結構解釋為嘗試要「委任監控」，「目的是透過系統性委任監控，來降低貸款相關的風險」。Okazaki and Okuno-Fujiwara (1999), p.28. 參閱寺西的研究，他解釋了所謂「銀團貸款」（syndicated loan）系統的理論基礎。Teranishi (1994). 因此，戰後主力銀行制度的理論基礎和根源，被認為是降低、分散或消除信用風險並監控借款人的意願。Sheard(1989). 然而，事實並非如此。更簡單地說，這套系統的目標是確保將新創造的購買力分配給重點部門，並防止非重點部門使用信用。參閱 Werner(2002c). 這種誤解源自於人們一直不理解銀行作為新購買力的創造者和分配者的角色。

6 Bank of Japan (1984), as quoted by Okazaki and Okuno-Fujiwara (1999).

7 就在戰爭結束前，他也領導新成立的、形式上短暫存在的管制部，負責信用的配置。關於一萬田、沙赫特及其政策的更多資訊，參閱 Werner(2002c).

8 美國當局從銀行金庫中移除主要財閥集團公司的證券，進行公開銷售。參閱 Tsutsui (1988), Davis and Roberts (1996).

9 Calder (1993).

10 戰後的復興金融金庫，與戰時金融金庫有著類似的功能。參閱 Okazaki and Okuno-Fujiwara (1999)。關於優先生產體制（計画生産方式），參閱 T. Nakamura (1995), p.35.

11 Okazaki and Okuno-Fujiwara (1999), p. 32.

12 同上注。

13 同上注。

14 Calder (1993).

15 Ibid., p. 83.

16 Yoshino (1962).

17 Okazaki and Okuno-Fujiwara (1999).

18 吉野俊彥（1962）明確地將這些措施與沙赫特在一九二〇年代初期的政策進行比較。隨著一九四七年三月施行的《臨時措置法》，這些政策得到全面落實。

19 冶金研究協會有限公司（Metallurgische Forschungsgesellschaft m.b.H.，簡稱 MeFo 或 Mefo）是一個接受軍需公司匯票的國營機構，這些匯票可由德意志帝國銀行的子公司黃金貼現銀行（Golddiskontbank）負責貼現，該銀行是與英格蘭銀行的合作之下成立，也有權發行鈔票。參閱 James (1998)、Weitz (1997).

20 卡爾德提供的證據與其主張日本銀行未參與信用配置指導的說法相互矛盾。Calder (1993), p.80.

21 Ichimada (1986).

22 在一九九三年三月，我與融資斡旋部一名成員的個人訪談，該成員直到一九四五年都駐在柏林。

23 央行的資產負債表與公司的不同。若將跟公司或銀行相同的原則應用在央行的帳戶，會忽略它所提供功能的要點：中央銀行的負債是法定貨幣。因此，它們不能被視為負債，因為不需要支付服務費用，也不需要贖回。央行所購買的資產總是會獲利，因為它免費獲得有價值的資產，就像忽必烈汗一樣。由此也明確表示，央行的目的絕非獲利——製造貨幣是它表面上能做的事。其目的是貨幣政策：創造和分配購買力。

24 「在戰後初期加強日本銀行影響力的另一因素是城市銀行持有大量的戰時政府債券。由於缺乏此類債券的市場，城市銀行只能仰賴日本銀行贖回它們。」Calder (1993), p. 79.

25 Yoshino (1962). 另參閱 Takita(2000), 可找到對這效果的一則引述內容。

26 Yoshino (1962), pp. 192f.

27 Calder (1993).

28 Yoshino (1962).

29 Takita (2000), T. Nakamura (1995).

30 T. Nakamura (1995), p. 41; Takita (2000).

31 它於一九五二年一月解散。道奇計畫也建議推行固定匯率，設定為三百六十日圓兌一美元；參見第七章的備註三。Calder(1993).

32 一九四七年，《臨時信用配置法》將起債調整協議會轉移至央行，負責債券發行。一九四九年，《臨時信用配置法》被廢除，大藏省重新掌控民間部門債券發行的監督權，須經其證券局批准。Calder (1993), p.85.

33 《日本經濟新聞》（1984b）。

34 他的話「讓野草遍地生長」被媒體廣泛報導。參閱一萬田（1986）。然而，最終還是有提供這筆資金，主要是因為西山的堅持和媒體洩漏消息，這在當時震驚了大多數的觀察家。其他產業龍頭就沒有那麼幸運了。

35 《日本經濟新聞》（1984b）。

36 「經濟安定九原則」（Nine Point Program）和「道奇的使命」（Dodge's mission）是華府指導政策的兩個例子，這些政策受到一萬田的青睞，但並非由盟軍總司令部所發起，且只是勉強得到其支持。另一項證據是一萬田於一九五一年祕密訪美。官方說法是他前往接受雪城大學的榮譽博士學位。然而，一位老同事後來透露，此行是由盟軍總司令部安排，目的是與美國官員會面。盟軍總司令部似乎聽取了他在許多事務上的建議，例如他反對解散財閥銀行的論點。參閱 Ichimada (1986), p.188.

37 政策委員會於一九四九年六月成立——是一九四二年《日本銀行法》在一九九八年被廢除前的唯一變更。參見日本銀行（1992）。它廣為人知的稱號是「睡眠委員會」。參閱 Takita(2000) , Tsutsui(1988).

38 Calder (1993).

39 一九九二年與吉野俊彥的個人訪談，他曾任職於日本銀行，並負責撰寫窗口指導的內部報告。如今，日本銀行有三十二間分行（和十六間隸屬日銀的國內事務所）。

40 自一九七〇年代初開始，窗口指導強制施加在日本銀行的所有客戶機構身上——換言之，強制施加於所有在日本銀行存放準備金、接受存款的金融機構。只有這些機構有創造信用的能力。其他也提供貸款的金融機構，如人壽保險公司或政府金融機構，並不能創造信用。它們只能作為金融中介，將以存款或保費為形式收到的購買力，轉交給向它們借款的企業。基本上，它們重新分配現有的購買力。因此，日本銀行從未對它們感興趣，也從未嘗試將其「窗口指導」的管制施加於它們。

41 最初，窗口指導被稱為「貸出增加額規制」（貸款增量管制），或更早期的「金融の量的統制」（量化貨幣控制）。

42 與多名日本銀行營業部離職員工的個人訪談。另參閱 Werner (1999a).

43 在一九五五年進行了適度調整，原本在當時A類和B類被賦予同等的優先順序。Calder (1993).

44 Horiuchi (1993).

45 中央銀行辯稱其自身的信用控制並非為了引導信用分配的方向，而只是控制其數量——純粹的總體經濟貨幣政策。它主張，任何質化的信用方向都應由政府的計畫執行，例如大藏省的財政投融資計畫（Fiscal Investment and Loan Program, FILP）及其資助的政府銀行。因此，通產省和大藏省全神貫注管理戰後成立的十幾家政府銀行，且這些銀行並非由央行擁有或資助。它們反而由國家擁有並由ＦＩＬＰ資助。考慮到ＦＩＬＰ的龐大規模——常被稱為「第二預算」——且政治干預少得多，大藏省可能認為自己已獲得足夠的經濟控制權。有鑑於自一九五〇年代末以來，大藏省對參與日本銀行信用配置的實際內容缺乏興趣，似乎大藏省接受了這一誘餌。另一方面，中央銀行從未太關注政府銀行或財政投融資計畫ＦＩＬＰ的一舉一動，因為這些機構沒有創造信用的能力（正是因為它們不是央行的客戶機構）。因此，它們只能轉移現有的購買力，而非創造新的購買力。從總體經濟或成長的角度來看，它們因此不具吸引力。

46 在一九五四年，營業部廢除內部的「資金斡旋部」，部分是對此類信用控制反對者的讓步，一部分也是在嘗試抵制大藏省的干預。大藏省特別將其配置權委託給該部門，而廢除該部門使日本銀行有理由主張現在已經不可能進行這種干預——同時它繼續進行其自身的窗口指導信用控制。

47 這一做法持續至今。參閱 Werner (1999a, 2002a).

48 藉由仔細研究日本銀行對於窗口指導和利率的聲明，並將這種「言論」與實際推行的貨幣政策的現實進行比較，這個論點就變得清楚。參閱 Kure(1973, 1975). 筆者（1999a, 2002a）對日本銀行職員、商業銀行職員和大藏省職員進行的一系列訪談完全證實了這一點。《臨時金利調整法》規定了利率，在一九四七年，占領當局重新引入為《臨時金利調整法》。該法使日本銀行和大藏省能夠設定利率的最大值。利率被設定到比正常標準低，為那些允許借款的產業提供進一步的補貼。該法保持「臨時」性質直至一九八〇年代。

49 Ichimada (1986), pp. 170f.

50 傅利曼展示出聯準會的這種操作如何「充滿聲音與怒火，卻毫無意義」，因為其總購買額是淨購買額的一百八十四倍（一九八〇年數據）。「為何有這麼多的交易活動？……它讓相關交易商賺得了數百萬美元的費用。但它對貨幣政策有何作用，為何會發生？……因為交易活動使參與者感到重要，使他們參與大型交易……其次，它為受聘於華爾街公司的前官員提供了非常好的工作。」M. Friedman(1982), p. 113, 116.

51 距離如傅利曼等專家開始呼籲廢除央行公開市場交易部門、削減研究人員並簡化貨幣政策，同時使其透明化和當責仍有三十年之久。參閱 M. Friedman (1982).

52 Langdon (1961).

53 大藏省和日銀的「天降官員」（退休官員空降至民間部門職位）在銀行業中的分布相當平衡，因此這不太可能解釋銀行對日銀立場的支持。

54 關於在早期，日本銀行早期獨立性的鬥爭詳情，參閱 Langdon(1961).

55 同上注。

56 一萬田於一九五四年十二月十日被任命為鳩山第一屆內閣的大藏大臣。他在鳩山第二屆內閣（一九五五年三月十九日）和第三屆內閣（一九五五年十一月二十二日）中再次獲得任命。他於一九五六年十二月二十日與內閣總辭。一萬田隨後被任命為岸第一屆內閣的大藏大臣（一九五七年七月十日），並於一九五八年六月十二日與內閣總辭。參閱一萬田（1986）。

57 這似乎出乎意料，因為產業人士通常會欣賞信用擴張政策的彈性，並期望獨立的央行的耳朵不會那麼敏感。然而，企業集團明顯由大公司所主導。更仰賴銀行信用的小公司的聲音較弱。參閱 Langdon (1961).

58 同上注。

59 O. Ito (1986).

60 事實上，中國的領導階層似乎早在兩千多年前就知道這一點。von Glahn (1996), p30. 制定於公元前四至三世紀之間的中國古典貨幣理論文本「警告，稀釋統治者對社會財富控制力會帶來的災難性後果」。其說明「利出於一孔，其國無敵。出二孔者，其兵不詘，出三孔者，不可以舉兵。出四孔者，其國必亡」，控制財富的機制是政府對貨幣供應的控制。

61 Langdon (1961).

62 同上注。

63 Calder (1993), p. 84.

64 金融機関資金審議会。

65 早在一九六八年廢除金融機關資金審議會之前，大藏省已將貨幣政策的技術細節委託給日銀，此後它對信用的數量或配置的影響便可忽略不計。Horiuchi (1993), p.103.

66 Patrick (1962), p. 143.

67 堀內昭義總結道：「在整個期間（1960-1965），日本經濟剛好經歷過熱和國際收支赤字的循環。經濟過熱是由貨幣供應的正循環變動所引起，這一點很明顯……然而，貨幣供應的這種變動並非源自於某些日銀官員經常聲稱的金融市場的異常狀況；它反而源自於日銀自身過度寬鬆的貨幣政策。」Horiuchi (1993), pp.103-104. 這項發現被基於信用的總體經濟模型所證實。Werner (1992, 1997d, 2002b).

68 現金準備減去從日銀和貨幣市場的淨借款。

69 一九九二年與吉野俊彥的個人訪談。

70 N. Hayashi (1996), pp. 110–11.

71 負責準備山一證券紓困貸款的年輕日銀官員，就是嶄露頭角的三重野康。他在大藏省銀行局的對手是澄田智。

72 請記住，債券的發行，就像股票的發行一樣，不會創造新的貨幣。它只能得到已存在的購買力。因此，由債券資助的財政支出若未受信用創造支持，必然會排擠民間部門活動。參閱 Werner (1992, 1997d, 2002b).

73 窗口指導於一九六七年九月重新導入，並在一九六九年將範圍擴大至包括所有民間部門的信用創造者。在一九七五年四月，它再次「廢除」，日銀聲稱接受銀行提出的所有貸款計畫。在一九七七年六月，日銀提及導入了「新程序」。在一九七八年六月，再次實施嚴格的貸款配額。在一九七八年十二月，日本銀行宣布有必要實施更嚴格的量化貨幣控制，因為股價「持續快速上漲，市中心的地價大幅上升，且民間部門流通的資金過多（金餘り）」。《日本經濟新聞》（1978），頁一。在一九七九年三月，再次廢除「新程序」。在一九七九年，日本銀行在其窗口指導程序中，特別關注減少住房貸款和與房地產相關的放款。一九八〇年，持續緊縮的窗口指導迫使銀行要求公司提前償還貸款。最後，窗口指導上限在一九八〇年末轉回依年度增長的模式。參閱 Werner (1999d, 2002a).

74 《日本經濟新聞》（1984b），頁三。

75 這就是為何日本銀行直至今日仍保持（並發布）詳細的貸款統計數據，並會按這些類別細分。然而，自獲得獨立以來，它已停止發布更詳細的月度產業信用的系列數據。雖然日銀聲稱「（窗口指導）被用來調控商業銀行信用的總量，而非作為質化控制貸款的工具」Pressnell (1973), p.159，但這一說法已被反駁。Werner (1998d, 1999a, 2002a).

76 此外，在戰後時期，大型都市銀行大量向央行借款（通常稱為「過度借款」）。這使它們更加仰賴日本銀行，而日本銀行則利用直接配置它們的借款量來支持其政策。

77 然而，對許多經濟學家來說，這並非窗口指導確實有效的證據。一些學者，包括受僱於或受日本銀行資助的人（如那些在其金融研究所工作的學者），主張窗口指導並非有效的貨幣政策工具，因此並不十分重要。其論點是民間企業會設法有效地「規避」銀行貸款的信用管制，只需從不受窗口指導信用上限約束的非銀行金融機構借款即可。堀內昭義認為，只要發生這種程度的事情，窗口指導就會無效。Horiuchi(1977, 1978, 1980). 寺西等人則持相反意見。Eguchi(1977, 1978), Teranishi(1982), Shinohara and Fukuda(1982). 另星岳雄等人同意「對製造業公司的部分債權人實施窗口指導，將導致他們用不受限制來源的貸款取代受限制銀行的貸款」。Hoshi, Scharfstein

and Singleton (1991). 然而，他們認為，替代資金來源對所有潛在借款人而言並非完美的替代品，並找到了支持這一點的證據。然而，星岳雄等人（1991）後來重演的這場關於「有效與否」的辯論，是基於對信用創造的基本（但很普遍）誤解。顯然，那些認為窗口指導無效的人，相信銀行的信用創造量等同於其他非銀行金融機構（如人壽保險公司）的貸款。然而，人壽保險公司的貸款只是轉移已經存在的購買力。在日本，信用創造金融機構的貸款成長能夠解釋經濟活動的興衰程度。因此，對整體經濟而言，窗口指導「有效」的必要且充分條件是它是否成功控制了信用創造機構的授信行為。所有文獻都同意日本銀行成功控制了那些受窗口指導約束的金融機構的信用成長量。所有信用創造金融機構都受到窗口指導的約束。因此，窗口指導是有效的。參閱 Werner (1999a, 2002a).

78 例如，Patrick (1964), Kure (1973).

79 存款準備金的要求也只是陪襯：銀行和央行首先就新的貸款計畫達成協議；如果這些計畫將使總貸款的餘額超出既定的存款準備金要求可能性的最大值，則日本銀行會按需要向銀行提供資金（日本銀行貸款），銀行隨後可將其用作準備金。

80 Bank of Japan (1973), p. 159.

81 Bank of Japan (1975).

82 堀內昭義詳述：「每季貨幣供應量的成長率，幾乎始終與先前宣布的目標完全一致。毫不誇張地說，日本銀行似乎能夠隨心所欲地控制貨幣的供應量。」以下列出的是貨幣供應量在每一季開始前，所宣布的每一季年增率目標，以及實際達成的成長率（後者在括號中），從一九七八年第四季度開始，到一九八二年第二季度結束：12（12.2）、12（12.3）、12（12.3）、12（11.7）、11（11.2）、10（10.6）、10（10.1）、10（8.4）、8（7.8）、7（7.6）、7（7.9）、9（9.6）、10（10.6）、11（10.6）、10（9.2）。Horiuchi (1993), p.107.

83 如果貨幣主義依照筆者（1992, 1997d）的標準重新定義，那麼日本銀行當然會是貨幣主義者——即控制信用數量的人。

84 「直到最近，日銀的窗口指導因此能對貨幣供應量的精確控制。事實上，通過央行的『窗口指導』進行貨幣控制的傳統，早在一九七〇年代實行貨幣主義之前就已確立。」Horiuchi(1993), p.110. 那麼，日銀官員使用的是什麼理論？他們並非使用理論，而是貨幣政策的事實，如筆者（1992, 1997d, 2002b）和附錄中的交換方程式所示。

85 Horiuchi (1993), p. 114.

第七章

1 對於池田首相頗具野心的國民所得收入倍增計畫而言，下村的想法對於其制定有很大的影響力。

2 Uchino (1983).

3 這項決定的細節並不清楚。我們知道的是，底特律銀行總裁道奇建議建立單一的固定匯率，此匯率於一九四九年四月定為三百六十日圓兌一美元。未經證實的傳說是麥克阿瑟做出了最終決定。早期的美國使團曾建議匯率定在兩百七十日圓至三百日圓兌一美元之間。比預期更弱的日圓為日本出口商提供了持續的競爭優勢。參見 T. Nakamura (1995).

4 關於此機制的分析模型，以及對這一現象的當代評論，見 Werner (1997d).

5 Uchino (1983), p. 198.

6 當時的窗口指導已擴大到包括所有銀行，包括地方銀行、互助儲蓄銀行和外資銀行。注意這些數字是指貸款增加配額絕對值的年變化，而非貸款餘額的年成長率。野村綜合研究所，東京。另見 Horiuchi(1993), p.108.

7 數據由東京盈利研究中心有限公司，從官方數據編制而成：http://www.profitresearch.co.jp。

8 尤其是來自美國貿易談判代表和前央行家，如佐佐木直的建議，我們將在本書稍候更詳細地研究。

9 Uchino (1983), pp. 241–42.

10 Ibid., p. 240.

11 同上注。

12 Ibid., p. 242.

13 Sakakibara and Noguchi (1977), quote on p. 98.

14 Ibid., quote on pp. 98–99.

15 Noguchi (1995).

16 Werner (1999a, 2002a).

17 Horiuchi (1993).

第八章

1 寇帝斯（Kenneth Courtis）當時任職於德國聯邦銀行，一九八九年八月。

2 Werner (1991a).

3 國際收支統計，大藏省。Werner(1994a).

4 例如，Frantz and Collins(1989). 當時非常有洞見且極具影響力的文章，參閱 Fallows(1989). 其他關於這一主題的書籍包括：Burstein(1988), Murphy (1996). 它們對美國財政赤字與日本海外投資之間的聯繫提供了頗有洞見的說明。

5 這項定義是武斷的：持有少於百分之十的股權，通常被歸類為投資組合投資。百分之十或十以上通常被視為直接投資。

6 Werner (1994a).

7 同上注。

8 第一互助人壽的長濱（R. Nagahama）的預估，引自《東京商業今日》（*Tokyo Business Today*）（1987），頁四四。

9 Ibid., p. 42. See also Kawai and Okumura (1988).

10 Werner (1994a).

11 比較日本在（ＩＭＦ）國際收支基礎和大藏省通關基礎的貿易餘額，許多更明顯的差異就變得清晰。關於黃金和租賃交易，以及銀行跨境內部交易的數據是公開的資料。

12 Tanaka (1986).

13 順帶一提，這筆交易對日本大藏省來說非常有利可圖，因為它在國內以兩倍多的價格轉售這些硬幣，獲利三十五億美元。「主要的黃金分析師一致認為日本正在支撐整個全球黃金市場」。Tanaka (1986).

14 數據來自大藏省。

15 設立了一個黃金期貨市場，銀行和證券公司獲允許在櫃檯買賣黃金。不久，金融機構開始推薦各種與黃金相關的金融產品。

16 Spindler (1984).

17 同上注。

18 ＩＭＦ對日本會計實務作法的批評仍純屬外交性質。它要求「所有國家……特別是那些資本流動最大的國家」進行變革。ＩＭＦ(1992), p.16.

19 同上注。

20 一名高階大藏省官員在一本日文出版的書中批評了這種技術，並指責日本應該改變會計的定義，以便也將內部交易計為「納入正式帳目」（above the line）的資本輸出。參閱久保田勇夫（1988），尤其是第一章、第三章、第四章。

21 （主要反映在銀行交易上的）短期資本帳，在一九八〇年代後期的大部分時間呈現負值——換句話說，日本的銀行主要在歐洲美元市場借入資金。所謂日本「資本輸出」的說法實際上根本不成立。

22 Koo (1989).

23 Kawai and Okumura (1988). 關於此類模型的簡略評論，見 Werner (1991a, 1991b, 1994a).

24 Balassa and Noland (1988).

25 關於投資組合投資的評論：「強調利率差異、匯率風險等因素的日本投資組合的計量經濟學模型，在解釋資本外流的快速成長方面並不特別成功。」Balassa and Noland (1988), p124. 對於日本銀行在國際上快速擴張的評論：「目前這種現象在某種程度上仍是個謎。」Graham and Krugman (1995), p.54.

26 Asian Wall Street Journal (1990).

27 舉幾個例子：在一九九一年，將近一百家公司減少了海外業務，高於一九九〇年的只有九家。Idei (1992). 豐田工機公司宣布計畫關閉在法國的一家機床工廠，在此之前已經關閉了在美國的一家工廠。日立宣布計畫關閉在加州的工廠。大發汽車放棄在美國銷售汽車。富士通關閉了在聖地牙哥的半導體廠和傳真機工廠。國際的房地產投資和建築公司迅速撤退，其中包括ＥＩＥ在內的幾家公司很快申請破產。在許多國家，如英國，對在日本公司的就業機會和「終身僱用」的期望迅速消失。一九八八年，三洋決定在杜倫郡設廠被譽為「該地區透過日本投資實現經濟復甦的典範」。在理解到即將創造五百多個就業機會的狀況下，三洋從英國納稅人那裡獲得了「大量」支持。到了一九九二年十月，該公司僅僅僱用了二百八十三人——而且重組後，「人數明顯低於兩百人」。Tighe (1992).

28 在一九九二年十月，與一家龍頭日本證券公司的海外收購團隊成員的個人訪談。

29 Werner (1991a, 1991b, 1992, 1997d).

第九章

1 Werner (1994a, 1994b). See also Dekle and Summers (1991).

2 經濟廣報中心（1990）。關於土地問題的全面狀況，參閱堀內具有洞見的著作 (1989, 1990a, 1990b, 1992a, 1992b)。

3 例如，參閱 Asako (1991), Noguchi (1989, 1990a, 1990b, 1992a, 1992b), T. Ito (1993). 另參閱筆者（1991a, 1991b）中對該現象的概述和早期解釋。

4 French and Poterba (1991).

5 日產，一九八九／九〇年度報告。

6 日語「財」的發音類似英語的「high」，意為「財務」。

7 經濟企畫廳。現在可通過內閣府網站存取：http://www.cao.go.jp/index-e.html。

8 當時在東京德意志銀行工作的寇帝斯經常指出這項事實。

9 N. Hayashi (1996), p. 111.

10 「對於將經濟學視為所謂實證科學的主要攻擊點之一是，它能提供的數值Ｐ『常數』太少，能夠分離出的基本規律太少。貨幣領域是反駁這項攻擊的主要例子：在經濟學中，可能沒有其他實證關係能在如此廣泛的環境下如此一致地重複出現，就像短期內貨幣存量與價格之間的實質變化關係；兩者總是相互關聯並朝著相同方向發展；這種一致性，我懷疑，與構成物理科學基礎的許多一致性屬於同一級別。而且這種一致性不只存在方向上。就連大量體的收入流通速度都具有非凡的實證驗穩定性和規律性，任何深入研究貨幣數據的人都不能不為之印象深刻。」M. Friedman (1956), pp.20-21. 正如我們將看到的，如果將貨幣定義為信用，這一說法仍然成立。

11 關於這些問題的可讀性高的概述，參閱 Johnson (1988).

12 Werner (1992, 1997d).

13 同上注。

14 我感謝名譽教授中村隆英借助其豐富的知識，向我詳細解釋了這些事實。關於一九八〇年代後期土地重要性的可讀性高的報告，參閱 Cutts (1990).

15 一九九一年、一九九二年與銀行貸款人員的訪談。另參閱 Werner (1991a, 1991b, 1992, 1994a, 1997d).

16 Werner (1991b, 1992, 1997d).

17 Werner (1992, 1997d).

18 將三個投機部門的貸款加上服務業和製造業的貸款，占所有銀行貸款的三十七％。Werner (1992, 1997d).

19 同上注。

20 同上注。

21 Yamamuro (1996), p.6. 銀行的放款態度在當時的媒體上有充分記載。關於類似例子的可讀性很高的描述，另參閱 Wood (1992).

22 一九八六－八九年：名目ＧＤＰ成長為五・七％。經濟企畫廳資料庫。現在可通過內閣府網站存取：www.cao.

go.jp/index-e.html。

23 許多經濟學家，特別是受僱於銀行和央行的經濟學家，反駁一九九〇年代存在信用緊縮的現象，認為問題在於缺乏貸款需求。然而，信用市場總是處於過度需求的狀態（不管價格如何，總有人想借錢），因此由銀行進行數量的配給。參閱 Stiglitz and Weiss (1981). 此外，有實證證據顯示出確實存在信用緊縮。例如，參閱 Baba (1996), Matsui (1996), Werner (1996d).

24 早期的警告，參閱 Werner (1991b, 1992).

25 Werner (1997d).

26 GDP 與貨幣之間穩定關係的明顯崩壞，曾使經濟學家感到困惑並促使他們撰寫數百篇論文和研究報告，這是因為貨幣的定義錯誤，而且忽視了不屬於 GDP 的金融交易。在我們的模型中發現，「實體流通」信用與 GDP 之間的比率——經濟學家通常稱之為流通速度——是恆定的。詳情參閱 Werner (1997d).

27 日本政府總務省統計局與統計中心。可通過日本政府網站存取：http://www.stat.go.jp/。

28 例如，Boon (1989).

29 日本銀行和日本經濟企畫廳的資料庫。與大多數討論日本對外投資的模型不同，我們不將總額分為「直接」和「投資組合」投資。首先，這兩個類別之間的區別，遠沒有理論所暗示的那麼明確。在單一外國公司中超過十%股份的股權投資被歸類為「外國直接」投資，而少於十%的股權購買被視為「投資組合」投資。由於許多公司在證券交易所上市，很難區分投資組合和外國直接投資。然而，還有一個更大的問題。從總經經濟意義上來說，這兩種形式的投資密切相關。如果一種變多，另一種就可能會變少。換句話說，它們會相互替代。當考慮一家日本公司想在蘇格蘭建立工廠（被歸類為「外國直接」投資）的情況時，就可以很容易看出來這一點。雖然是否進行這一投資的決定，顯然是受到該公司的考量所影響，但關於如何在外國設廠的資金如何提供的決定則不然。僅僅開設一間工廠本身並不代表國際資本的流動，因為日本公司可能決定在接收國本地，向該項投資提供資金。在這種情況下，「外國直接」投資甚至不會作為國際交易進入國際的收支平衡表。然而，我們所關注的是，確實發生了金融資本從日本移轉到世界其他地區的情況。選擇仰賴日本資本或當地資金的決定是總體經濟環境的結果，與工廠選址的個體經濟決策不同，而這項決定對國際貨幣經濟學來說很有意義。例如，為什麼在很大程度上，日本的對外投資是由源自日本的資金所支付的？如果資金來自日本可用的總資金，那麼可用於「投資組合」對外投資的資金就會減少。因此，人們可以預期投資組合投資和外國直接投資呈反向關係。我們還測試了兩種外國投資能夠完全替代的命題，並發現了強而有力的支持證據。詳情參閱 Werner (1994a)。

30 關於詳細的統計學測試，參閱 Werner (1997d).

第十章

1 Burstein(1998), Prowse(1992), Porter(1992).

2 這是預測者和專業經濟學家的普遍做法，他們任職於研究機構、投資銀行甚至政府部門。可參閱：Nagatani (1996). 實證研究顯示，短期乘數的預估值介於〇・六至二・七之間。Bryant et al (1988). ＩＭＦ後來的計算發現，到了一九九〇年代末，乘數已轉為負值（IMF, 1998）。這就指出了傳統模型忽略決定財政政策有效與否的重要變數（即信用創造）。

3 無論是理論還是實務上。參閱：Werner (1994b, 1995b, 1996c, 1997f, 2002c).

4 Werner (2002b)（摘錄於附錄）。

5 Werner (1995a).

6 倫敦和紐約的數據來自一九九七年，巴黎來自一九九四年，東京來自一九九九年。資料來源：東京都政府。

7 Werner(1994b,1994c, 1995a, 1995b, 1995c). 日本銀行購買不動產（例如以不動產投資信託基金等形式）的提議，自此之後得到許多其他觀察加的支持（參見附錄中的部分參考文獻）。例如，日本經濟研究中心（2002）。

8 日本實際上在一九二七年曾經歷過一次早期的銀行危機，部分是由於一九二三年關東大地震的後續影響所導致。參閱：Nakamura(1993b).

9 就像一九八〇年代的日本一樣，部分過剩的信用創造以海外投資的形式溢出至國外。在一九二〇年代，美國過剩信用創造外溢的首選目的地是德國。由於德意志帝國銀行強制限制國內的信用創造，德國的銀行不得不依賴美元的輸入。正如泰國在一九九七年所發現的，使銀行體制依賴短期資本的流入是不明智的，因為外國人可以在短時間內逆轉資金的流向。參閱 Werner(1994a, 1997d).

10 Werner (1994b, 1995a, 1995c).

11 如 Werner（1994b, 1995b, 1998b, 1999, 2000a, 2000b）所提出的。另見附錄。

12 稅收的資金實際上在一九九九年初注入銀行。小泉政府在二〇〇二年底提議，要進一步向銀行注入稅收資金。

13 Werner (1992, 1997d).

14 數據來自經濟企畫廳。

15 如果沒有失真的話，資產負債表的資料可能會提供線索。

16 我們將此指標呈現為標準化指數，稱為「領先流動性指數」。由東京盈利研究中心有限公司提供。

17 在二〇〇一年三月十九日，日本銀行宣布政策方向從以隔夜拆款利率為目標（當時已達到〇．〇一％以下）轉向以銀行在央行的準備金存款數量為目標（日本銀行，2001）。這通常被觀察家稱為「量化寬鬆」。然而，增加銀行的準備金並不能刺激經濟。此外，日本銀行過去將「量化寬鬆」一詞保留用於信用數量的增加，參見時任日本銀行執行董事福井俊彥在《日本經濟新聞》（1992a）的訪談。最後，日本銀行在二〇〇一年三月和四月的實際信用創造量下降。因此，二〇〇一年三月十九日宣布的政策實際上不應稱為「量化寬鬆」。參閱附錄。

第十一章

1 日本銀行職員的證詞，一九九二年，一九九三年。

2 Mieno (1994), p. 6.

3 這就是為什麼大藏省自一九八二年以來一直致力於「財政重建」，即減少財政赤字。該目標在一九九一年短暫實現。參閱 Ihori et al(2000).

4 Werner (2002b).

5 例如，Bank of Japan (1988c).

6 外匯干預的統計數據已由財務省公開，可在其網站 http://www.mof.go.jp 上存取。外匯存底的餘額由財務省和日本銀行每月公布。

7 最常見的以利率為基礎的理論是以匯率決定的投資組合取徑。參閱任何國際經濟學的教科書，如 Appleyard and Field (1992).

8 在許多早期的正式研究中，法蘭科（Jeffrey Frankel, 1984）對匯率決定的貨幣和投資組合平衡模型進行了測試，但結果不甚理想。米斯（Richard Meese）和羅格夫（Kenneth Rogoff）（1983）測試了這些標準模型（主要仰賴利率作為變數，但也包括其他因素）是否能預測未來的即期匯率。但這些模型做不到。

9 Meese (1990), p. 132.

10 它是內生的，而非外生的，與許多經濟學家的假設相反。更多細節，參閱 Floyd(1969), Werner(1994a).

11 這與匯率決定的貨幣取徑非常相似。然而，如上所述，一個重要的區別在於貨幣的定義（即信用）。筆者（1995b, 1996a, 1996c）提出並測試了一個以央行信用創造差異為基礎的模型。由於離岸購買力的創造（例如在離岸歐元美元市場中）已有相當程度的規模，且沒有可靠的統計數據，我們不太可能正確測量任何一種貨幣新創造的總額。然而，我們可以取得一個近似值：即使是離岸的信用創造，最終也要由國內央行擔保。假設離岸的信用創造量與國內央行信用創造量的比例相似，日圓兌美元的匯率，應由聯準會系統和日本銀行的相對信用創造量來決定。

12 人們有共識認為非沖銷干預不會對匯率造成顯著影響，參閱 Edison(1993). 不幸的是對大藏省而言，日銀可以自由決定是否沖銷，而且大多數情況下他們確實在沖銷。

13 人們普遍認識到，日本的官方失業率是使用非常嚴格的公式計算的（例如，每週僅一小時的就業即被歸類為就業等）。因此，在經濟衰退時期，官方的「非勞動力人口」分類有大幅增加，而官方的「勞動力人口」則下降。基本上，許多在經濟進入衰退時首先失業的人，如兼職員工、臨時員工和女性員工，遭到重新分類並從勞動力轉為非勞動力。結果，官方失業率沒有大幅上升，因為它被定義為失業的勞動力。因此，顯然在一九九〇年代，實際的失業率遠高於官方數據所顯示的。使用勞動力和非勞動力人口的變動數據，可以估算出更準確的數字。

參見 www.proftresearch.co.jp。

14 一九九二年和一九九三年的會議。姓名保密。

15 當我在一九九二至一九九三年擔任日本銀行金融研究所的訪問研究員時，我發現了這一點。

16 例如參閱時任理事的福井，在一九九二年發表的先見之明：「我認為，在未來將變得重要的問題是，在金融機構持有不良資產的情況下，銀行的行為與過去相比是否會完全改變——換句話說，當日本銀行推行跟過去一樣利率下調的貨幣政策時，銀行的行為是否會與過去不同，以及貨幣政策的傳導機制是否正在發生變化。」《日本經濟新聞》（1992a）。

第十二章

1 參閱例如 Jittai Chōsa Shōinkai(1959), Patrick(1962, 1964), Yoshino(1962), Kure(1973, 1975), Horiuchi(1980, 1993), Iwata and Hamada(1980), Suzuki(1974, 1986). 本章部分內容大量引用自筆者（2002a），此著作版權歸東亞經濟協會與布萊克威爾出版社所有；我感謝他們允許重新使用。

2 一篇由美國聯邦準備系統經濟學家撰寫的學術論文，於一九八六年發表在日本銀行的期刊上，引起當地媒體的關注，參閱《日本經濟新聞》（1986c）。該名經濟學家來到日本銀行研究其貨幣政策的操作，並與美國央行進行比較。作為一位採用傳統假設和觀念，且受偏於央行的經濟學家，他得出兩家央行均以利率作為其主要政策工具的結論，這並不令人意外。根據新古典理論及其完美資訊的假設，他無法看到「道德勸說」或非正式政策工具對影響銀行行為的潛在作用，因此認為無需實際研究這些是否存在。參閱 Dotsey (1986), p.105.

3 星岳雄等人確實將窗口指導和銀行放款的實證數據納入考量。他們甚至注意到兩個數據系列之間持續存在的緊密相關性。然而，他們接受了日本銀行的官方解釋，即窗口指導不再嚴格執行，央行接受了所有銀行的放款計畫。然而，窗口指導與三個月後實際放款之間的誤差並未擴大。換言之，在一九八〇年代，銀行對於配額的遵守至少與之前一樣嚴格。星岳雄等人未能解決這個問題，這使「自願」遵守的解釋受到質疑，並要求對其他假設進行實證性的探索，例如窗口指導實際上可能持續存在的可能性。Hoshi, Scharfsteina and Singleton (1991).

4 《日本經濟新聞》（1984c,1984e, 1985）。

5 《日本經濟新聞》（1986a）。

6 《日經金融新聞》（1988b）。

7 該研究認為，經濟（名目GDP）與信用總額之間的關係與傳統貨幣供應指標（如M2＋CD）相比已「明顯減弱」。出於政策可控性目的，日本銀行聲稱M2＋CD更為可取（日本銀行，1988c）。然而，在其他地方（日本銀行，1988a），央行認為M2＋CD也不是個可靠的中介政策工具。筆者（1997d）證明，信用總額足以解釋泡沫中和泡沫後的衰退。日本銀行的信用研究（日本銀行，1988c）存在兩個主要缺陷，這解釋了為何其信用總額似乎無法解釋名目GDP：首先，信用未如筆者（1994a, 1997d）中那樣細分。第二個原因是對「信用」的定義不正確。在該研究中，日本銀行將不創造信用的金融機構貸款納入其「廣義」信用總額的定義中。這似乎不太誠實，因為正是出於這個原因，日本銀行從未將其納入窗口指導的範圍。

8 報告繼續表示：「當前的窗口指導包括以下內容：日本銀行彙總個別銀行的國內貸款計畫，向商業銀行澄清其政策方向，並鼓勵審慎規畫。各銀行自行制定下一季度的國內日圓貸款計畫。衝擊貸款和商業本票的承銷不受窗口指導的約束。鑒於商業銀行在調整信用方面有所餘裕和靈活性，實際上，窗口指導是開放式的，儘管它可能持續是一種心理壓力。」Nakao and Horii (1991), p.21. 然而，即使是日本銀行關於一九八〇年代窗口指導作用的官方聲明也會互相矛盾（通常取決於報告是用英文還是日文發表）。一九九二年一本僅以日文出版的小冊子指出，「雖然窗口指導……僅是輔助工具，但在貨幣緊縮時期，它具有直接限制金融機構貸款成長量的效果。」日本銀行（1992），頁三一。

9 許多研究者接受官方觀點而未對其進行更嚴格審查的可能原因是，他們意識到在戰後初期日本特定制度的環境中，使用信用控制是有意義的（因為在利率受管制的環境中，會控制信用的配給；利率無法用作貨幣政策工具；大多數投資者仰賴銀行借款融資，因為股票市場，尤其是債券和貨幣市場發展不足；最後，資本流動受到嚴格管制）。然而，在一九八〇年代，所有這些條件都發生了變化，因此繼續實施窗口指導的經濟理由明顯減弱。在一九八〇年十二月，資本流動自由化、一九八五年十月起，存款利率逐步解除管制、擴大債券市場的規模、以及央行引入更多短期貨幣市場和一般公開市場的操作，這些都代表著央行可以使用其他貨幣政策工具來實現其目標，同時在這種環境下，窗口指導本身可能變得較不有效。日本銀行經常指出這一點。無需贅述，雖然使用窗口指導的經濟理由可能有所減弱，但其他因素，例如政治考量（如該工具的非正式和祕密性質）可能仍然提供其存在的理由。此外，對其存在合理性的評估，不能取代透過實證驗證其是否確實存在。

10 難怪日本銀行營業局長田村必須在一九九一年向媒體強調「這次」廢除是真實的，「將來，在任何情況下都不會重新實施窗口指導。」《日本經濟新聞》（1991b）。

11 Werner (1992, 1997d).

12 事實上，關於一九八〇年之前窗口指導的大部分認識，都基於他們對國會一個議會小組委員會的證詞，Jittai Chōsa Shōiinkai(1959).

13 詳情請參閱筆者（1998d, 1999a），其中包含筆者（2002a）早期版本研究的部分內容，但關於二手和一手資料更為詳細。

14 《日本經濟新聞》（1981）。

15 《日本經濟新聞》（1982）。

16 《日本經濟新聞》（1986d, 1986e）。

17 《日經金融新聞》（1988c）。

18 《日經金融新聞》（1990b）。

19 《日經金融新聞》（1991a）。

20 《日經金融新聞》（1991c）。

21 最有用的（錄音）訪談之一是同時與兩名日本銀行官員（編號5和6）進行的。這不僅是一次非常坦率和詳細的訪談，而且兩位央行見證人同時在場，能夠即時檢查一致性。其他訪談也獲得受訪同意。參閱 Werner (1999a).

22 我們的發現也與之前出版的唯一一本關於日本銀行貨幣政策實情的內幕報告一致，這本書是由前日本銀行窗口指導員石井（1996）所寫。

23 當時，許多日銀職員使用 Lotus 123 和 Multiplan 軟體。窗口指導由日本銀行的營業局掌管。營業局有三個處理銀行的部門。第一個部門處理都市銀行，第二個部門處理地方銀行，第三個部門處理外資銀行。第一部門的一名官員負責一到兩家都市銀行。在每季的尾聲，日本銀行會召集民間銀行的代表到其辦公室，向他們宣布由日本銀行決定的季度貸款成長配額，以年度百分比成長和季度絕對成長數字來表示。大多數的時候，直接的信用控制會施加在日圓計價的貸款上，儘管銀行也會報告其衝擊貸款的計畫。只有從一九八七年起，信用控制也會施加於非日圓（衝擊）貸款。在一九八〇年代受窗口指導的銀行是所有創造信用的機構（官方「所有銀行」定義中的銀行，即都市銀行、長期信用銀行、信託銀行、地方銀行、第二地方銀行和信用金庫；以及農林中央金庫）。窗口指導從未涉及貿易公司、保險公司或非銀行金融機構發放的貸款。它在東京的日本銀行，以及全國各地的日本銀行分支機構進行掌管。日本銀行總部會為各地區的辦事處提供了一個整體貸款配置的配額，用於他們監督下的各類銀行，然後當地官員將其分為個別銀行的貸款配額。更多詳情，請參閱 Werner (1998d, 1999a, 2002a).

24 由於在一九八〇年代，小額存款（大多數銀行存款的主體）的利率仍受管制，銀行可以通過增加貸款數量來增加利潤。此外，銀行相互競爭以維持其排名，這在寡頭壟斷的大型日本公司中很常見，這些公司的管理者因交叉持股減少受到股東影響，而享有追求自身目標（即規模最大化）的極大自由。參閱例如 Aoki and Dore(1994).

25 為了爭奪排名，即使沒有來自日本銀行對於未充分利用貸款配額的懲罰，銀行也都有充分利用其配額的動機。這主要是由調查役層級的人決定（一個管理職位）。總部的營業局有五名調查役，日本銀行的各分支機構各有一名。

26 由於其重要性，都市銀行在其未償貸款層面會受到每日監控。在這些月會中「實際上不會進行太多指導」，但銀行會提供關於其貸款組合、存款以及在股票和債券方面的其他投資的詳細資訊（日本銀行官員5）。

27 雖然銀行會嚴格遵守季度結束時貸款成長的上限，但銀行在季度內會以更高的成長率增加貸款（「含み貸し」或「含み貸出」，也稱為「かまぼこ」，意為「魚板」，因為銀行貸款的成長圖表會顯示季度內突出的曲線，然後在季度末再次下降）。由於季度配置只會在季度最後一個工作日檢查，只要銀行在季度末記帳時再次減少其貸款量，日本銀行就不會反對。日本銀行完全了解這種現象並予以容忍（日本銀行官員5、6）。都市銀行通常受到更嚴格的窗口指導控制，因為它們在季度末和季度平均基礎上（後者未公布）都被賦予貸款成長的增額。連同每日監控在內，這代表它們甚至無法在監控的間隔之間逃避窗口指導。因此，「含み貸し」會出現在其他類型的銀行中，特別是地方銀行（日本銀行官員7）。

28　日本銀行在回應大眾或媒體的直接詢問時，會宣布窗口指導的配額。正如我們在之前所見，媒體有時會選擇報導它（通常在出現異常或與當前事件有某種聯繫，因此具有「新聞價值」時）。許多觀察家養成了在配額宣布時（即季度末）致電日本銀行並通過電話接收資訊的習慣。野村綜合研究所很明智地將這些關鍵數據蒐集起來，我們在這裡使用的就是這些數據。

29　關於貸款市場的占比和銀行類型的排名資料，參閱 Werner(2002a). 原始的窗口指導配額，是以季度之間未償還貸款餘額的絕對成長量的形式公布。這些數字與筆者（2002a）中的略有不同，因為在此我們使用堀內（1993）的方法，從原始季度成長數據去計算年增率百分比。在一九八二年發生結構性變化的唯一證據是，窗口指導的實施可能更嚴格，因為配額與實際貸款之間的誤差範圍略有下降——這一發現與日本銀行官方的解釋——窗口指導有放鬆或廢除——不一致。在一九八二年之前，用窗口指導對新貸款餘額的預測與實際結果之間進行衡量，其絕對誤差平均值百分比的誤差範圍為〇．一九％，之後為〇．一三％。若使用由此得出的年增率，我們自然會得到較大的誤差範圍，但在一九八二年之後，誤差沒變大的趨勢卻相似。星岳雄等人（Hoshi, Scharfstein and Singleton, 1991）似乎認為，如日本銀行所稱，如果在一九八〇年代窗口指導確實有鬆動和實質遭廢除，那麼窗口指導的配額與三個月後實際觀察到的銀行貸款之間，應該有更高的契合度。很難理解這種邏輯。如果在一九八二年之前不遵守指導所獲得的懲罰威脅，會在窗口指導與實際貸款之間產生了一定的誤差範圍，那麼就必須預期一九八二年，日本銀行聲稱進行的程序變化會增加誤差範圍，因為銀行感到不太需要遵守先前約定的配額。最重要的，當然是我們採訪的所有參與一九八〇年代窗口指導的目擊者都確認，這是日本銀行所推行最具約束力的程序。

30　一些消息來源，如《日經金融新聞》（1987d, 1987e, 1988d），似乎表明衝擊貸款僅在幾年後才受到窗口指導的約束。然而，毫無疑問，在泡沫時代，特別是一九八七年、一九八八年和一九八九年，衝擊貸款也受到窗口指導的約束。另參閱 Werner (1998d, 1999a). 如第八章所提及，衝擊貸款激增的結果是，國際收支紀錄的整體淨長期資本的外流被低估，因為衝擊貸款只在國際收支統計的「主要帳目」被計為資本流入，而銀行向離岸分支機構進行必要的內部轉帳時（「線下」轉帳）則不被計入。因此，在一九八〇年代，日本國際收支統計紀錄的淨長期資本的外流低估了日本實際的淨外國投資。參閱 Kubota(1988).

31 受訪者明確認為信用控制不僅是最有效的，也是日本銀行所使用的最重要貨幣政策工具。「窗口指導比利率更有力，比官方貼現率更有力，因為它能直接起到作用」（日本銀行官員５）。「通常的做法是將官方貼現率和窗口指導作為一個組合一起改變。這是最常見的情況」（銀行官員５）。「貸款是銀行的主要業務。因此這是最強有力的監管行為。窗口指導很重要，因為貸款是貨幣供應的重要組成部分……如果貸款增加，存款會自然地回流到系統中。由於貸款對貨幣的供應有很大影響，其數量決定了通膨率」（日本銀行官員７）。

32 與日本銀行職員的個人訪談，一九九二年和一九九三年。參閱 Horiuchi(1993).

33 《日本經濟新聞》（1991b）。

34 《日本經濟新聞》（1991a）。

35 例如，參見速水（2000c）：「貨幣寬鬆是泡沫出現的必要條件，在此程度上應負上責任。但是，為了辯護，我必須說，如果我們試圖單靠透過貨幣政策來防止泡沫的出現和擴大，我們將不得不將利率提高到因當時相對穩定的物價，而無法證明合理的高度。」

36 Patrick (1962), p. 182.

37 《日經金融新聞》（1991c）。

38 我們確實注意到，所有日本銀行官員在談論窗口指導時，都傾向於使用現在時態，儘管訪談是在官方宣布廢除一年多後進行的。

第十三章

1 一九九〇年，大藏省的「總量規制」（銀行貸款總量規制）引起了大眾的關注，因為這是該部門罕見對銀行貸款數量的干預，但這舉動也由日本銀行掌管；更重要的是，它只是跟隨了日本銀行早在一九八八年和一九八九年就已採取的緊縮窗口指導政策。日本銀行再次成功地將大眾的負面關注轉向大藏省。

2 關於計量經濟學的證據，包括資本的流動，參閱 Werner (1991b, 1992, 1994a, 1997d, 2002a, 2002b).

3 《朝日新聞》記者塩原俊彥強而有力地論證，六大銀行的非正式協會，即所謂的「六行會」，是一個有影響力和有效的遊說團體。據我所知，這是真的，但不包括對窗口指導的決定。

4 Calder (1993), p. 89.

5 Patrick (1962), p. 143.

6 Calder (1993), pp. 88f.

7 有些評論家針對這一點問我：「大藏省真的如此愚蠢嗎？」大多數的經濟學家和專家同樣不知道窗口指導的真相，因為他們相信央行一再公開聲明的內容。「輕信」或許是更合適的形容詞。也不能忘記，在戰後時期，即使是大藏省菁英，在很大程度上也接受了新古典經濟學的學術訓練，因此無法有效地在新古典經濟學家的批評面前為日本的經濟體制辯護，或處理信用市場的現實，在這種市場中，市場的不完美暗示著信用受到配給，使所謂的關鍵利率政策變得相對不重要。

8 Suzuki (1986), p. 445.

9 《日本經濟新聞》（1989f）。

10 《日經金融新聞》（1989c）。

11 這位非常資深的證人，至少暫時，要求保持匿名；然而，他的證詞已有錄音。

12 我與澄田見過兩次面，討論窗口指導的作用，以確定這一點。

13 另一個證據是《日本經濟新聞》（1994）。

14 同上注。

15 根據舊《日本銀行法》，雖然總共有七個職位，但其中一個職位是為政府任命的人所預留（通常來自大藏省）。

16 想瞭解更多關於麥克阿瑟作法的細節，請特別參閱 Davis and Roberts (1996), Seagrave (1999), Bix(2000). 這些作法也使前戰時的商工大臣和未來的首相岸信介，以及統治的昭和天皇成為美國的堅定支持者。甚至在一九六〇年，他犧牲了自己的政治生涯：當時美國朋友要求岸推動《美日安全條約》通過國會，儘管民眾強烈反對。透過命令警察將反對派政治人物帶出議會，這條條約得以通過，但代價是岸的政治生涯。然而，有些人在「同意合作」與「戰勝國進行的戰爭罪審判」之間，選擇了自殺，例如前首相近衛親王。

17 這些是在日本銀行任職多年的職員 Kōji Nakagawa 的話。參閱《日本經濟新聞》（1988b）。另參閱，如《日本經濟新聞》（1989c）。

18 總體戰研究所的成員得出結論，認為日本會輸掉戰爭。參見 Inose (1986).

19 筆者與吉野俊彥的訪談，一九九二年。另見 Calder(1993).

20 他的忠誠追隨者、盟友和選定的繼承人前川春雄說，佐佐木被稱為「恐怖的人」（怖い人）。《日本經濟新聞》（1988a）。

21 傳說前川春雄是在一九四五年八月三十日麥克阿瑟抵達東京郊外厚木海軍機場時，帶著一箱鈔票去會見他的貨幣政策官員之一。印製軍用貨幣是控制一個國家的簡單方法（日本軍隊在亞洲廣泛使用這種方法，代價是許多亞洲人的財富被強制換成後來被宣布無效的日本軍用貨幣）。這就是為什麼日本銀行急於避免使用它。前川的任務成功了，因為麥克阿瑟接受了日本銀行的錢，並沒有堅持發行軍用貨幣。參閱，例如《日本經濟新聞》（1989g）。

22 《日本經濟新聞》（1989e）。

23 根據之前的《日本銀行法》第二十五條，這類貸款由日本銀行提供。三重野的繼任者和指定繼承人福井俊彥將在一九九五年及隨後幾年再次使用這種技術，當他要為存款突然遭提出的信用協會和銀行提供流動性，並協助其停業。當山一證券第二次面臨破產時，福井也掌管著日本銀行（以副總總裁身分）。這次央行拒絕紓困了。

24 一九八九年，在三重野被任命為日本銀行正式總裁之際，一位消息靈通的《日經》記者指出了三重野和佐佐木職業生涯之間的諸多相似之處：「佐佐木將他的『取巻』追隨者形成派系，並因封閉、祕密的體制而受到批評（例如，當時的一位執行理事就如此批評）。日銀的老前輩抱怨說，強勢的純血日銀人三重野和一個輕量級的副手，日本銀行會變成跟之前一樣，這個現象很危險。」《日本經濟新聞》（1989c），頁五。

25 《日本經濟新聞》（1988b）。

26 同上注。

27 速水優在副總裁福井和總裁松下因一九九八年初的醜聞而必須辭職時接任總裁。和前川以及佐佐木一樣，速水是經濟同友會的代表幹事。他和三重野同年加入日本銀行，並且與佐佐木的關係密切。之後他在民間部門工作了十三年，在日商岩井這家貿易公司。他從未在關鍵的營業局工作過，所以他很可能不是日本銀行內部小圈圈的一員。

28 《日經金融新聞》（1988e）。

29 《日本經濟新聞》（1989b）報導：「三重野將接替澄田已成為官方事實，因為政府昨天表示『新內閣的體制不會改變』。」

30 《日本經濟新聞》（1989a）。另見《日本經濟新聞》（1989b），頁一。雖然三重野的任命已經明確，但副總裁的人選尚未確定。大藏省的「老前輩」吉本、山口和吉野都是候選人。

31 與資深日本銀行官員的個人訪談，一九九八年。

32 《日經金融新聞》在一九八八年和一九八九年多次報導日銀的窗口指導配額已縮減，主要基於成長配額的年度變化，這也符合日本銀行的量化緊縮政策。參見，例如，《日經金融新聞》（1988d,1989a）。

33 與熟悉澄田參與日本銀行政策狀況的資深日本銀行官員的個人訪談，一九九三年，一九九九年。

34 《日經金融新聞》（1989d）。

35 《日本經濟新聞》（1989b），頁一。

36 同上注。

37 《日經金融新聞》（1987d）。

38 《日本經濟新聞》（1989c）。

39 明治生命的 Atsuo Harakawa，引自《日經金融新聞》（1989e）。

40 十月三日，三重野在國會預算委員會上表示，貨幣供應的成長正強勁；他擔心「金餘」的現象。《日本經濟新聞》（1986b）。

41 《日本經濟新聞》（1987b）。

42 例如，Mieno (1992).

43 參閱，例如，Dow Jones（2001a）、《日本時報》（2001）、《經濟學人》（1999）。更多近期的引述，請參見序言。

44 如序言所討論，如果福井未被任命為總裁（由於他最近公開拒絕經濟再通膨），可能的替代方案是一位看起來徹底改變的外部人士——由福井的繼任者和下一代王子作為副手「協助」。在擔任副總裁五年後，此人則有可能再擔任總裁五年。

第十四章

1 關於央行截至一九九九年的論點摘要，參閱日本銀行 Okina (1999).

2 Bernanke (2000).

3 日本銀行在二〇〇〇年邀請了來自多國的頂尖經濟學家，請他們就貨幣政策提供建議。「遺憾的是，（日本銀行）幾乎沒有採納這些建議。」Hamada(2002), p.71.

4 M. Friedman (1982), p. 105.

5 Sawamoto and Ichikawa (1994).

6 此訪談刊登於《日本經濟新聞》（1992a）。

7 Yamaguchi (2001b).

8 同上注。

9 同上注。

10 加圖的名言當然是「迦太基必須毀滅」。他確信迦太基對羅馬帝國構成威脅，必須被摧毀。

11 Yamaguchi (2001b).

12 Yamaguchi (2001c).

13 Yamaguchi (2000).

14 日本銀行（2001）。只要快速瀏覽日本銀行網站上央行官員的演說，就會確認還有數十個官方演說的例子，都是描述央行政策的目標是實現「永續成長」，通常與「長期」這一形容詞連用。例如，速水（1999）談到「對經濟的永續成長是必要的」行動，或松下（1996b）的「供給面」演說，（順帶一提，這很可能是由他日本銀行的純血同事為他撰寫的）。或者是新任命的速水（1998）在一九九八年的說明：「不言而喻的是，央行的基本使命是維持價格和金融體系的穩定，以促進健全和永續的成長。」正如我們將在後續章節中看到的，這種對「永續成長」的關注並不是日本獨有的想法。在一九九〇年代，它已成為全球央行家的主要口號，例如，一九九九年五月在澳門舉行的「央行政策國際會議：引領永續經濟成長的道路」的標題所示，日本銀行副總裁藤原（1999）在會上的發言，與來自許多其他國家的央行家都一致。

15 「因此，貨幣政策的目標之一應該是從中長期角度實現非通膨性的永續經濟成長。……我們應該從中長期的宏觀視角進一步分析和研究經濟的未來」（同上，頁八）。

16 「作為央行，我們應該以支持中長期能永續成長的價格穩定為目標。」速水（2000c）。

17 Mieno (1993), pp. 12f.

18 Mieno (1994), p. 10.

19 Mieno (1994), p. 12.

20 凱因斯最初提出這一說法（1923）是用來批評相信「數量理論」的簡單詮釋、中性的貨幣，以及因此認為貨幣政策無效的經濟學家——正是日本銀行發言人常常做出的那種主張（例如，參見 Matsushita, 1996b）。

21 Hayami (2000c).

22 Shirakawa (2001).

23 Mieno (1993).
24 Ueda (2001a), p. 3.
25 Bank of Japan (2001).
26 Hayami (2000b).
27 Hayami (2000c).
28 Shirakawa (2001), p. 10.
29 Krugman (1998b). See also Werner (1992, 1994b, 1995a, 1996b, 1997a, 1997d, 2002b).
30 Ueda (2001a), p. 3.
31 Shirakawa (2001), p. 1.
32 Okina (1999), p. 181.
33 Yamaguchi (1999), p. 5.
34 Dow Jones (2001b).
35 Gillian Tett, "A hard choice for Japan", *Financial Times*, December 2, 2001.
36 Werner (1996b, 1996c, 1996e, 2001a, 2002b).
37 波森（2000），頁二二。波森總結說，這些是「該銀行普遍持有的觀點」的例子。那麼，日本銀行的政策意圖是什麼?「很明顯，在速水的演說中反覆提及並讚揚的『創造性破壞』就是他動機背後的意識形態」（頁二〇六）。
38 Mikitani (2000).
39 Hayami (2000b), p. 8.
40 《日本經濟新聞》（1987a）。
41 對貨幣政策的參照，顯然不是指低利率。福井和他的初階職員一樣清楚，只要簡單地降低窗口指導的貸款額度，就有可能維持低利率並同時避免泡沫。在整個戰後時期，日本一直成功地這樣做——保持人為的低利率和限制銀行貸款。由於貨幣的價格和數量不一定直接相關，因此沒有必要設定太高的貸款額度成長。我們反而已經確定高額度是問題所在，因為它會迫使銀行提供過多貸款。一九九〇年代，明顯低得多的利率沒有造成泡沫，因為銀行的貸款量不大。負責窗口指導的日本銀行職員證實，他們對窗口指導的貸款額度如此龐大感到驚訝和擔憂（參見第十二章）。他們告訴我們，他們認為如果額度較小，即使是在相同的低利率之下，都可以阻止整個泡沫的產生。當代評論家也認為日本銀行在泡沫的形成中需負擔最主要的責任。例如，日銀名古屋分行的經理在一九九二年表示，窗口指導的存在本身就代表著日銀在泡沫的形成中負有責任。《日本經濟新聞》（1992b）。

42 Mieno (1993).

43 Yamaguchi (1999), p. 4.

44 同上注。

45 經濟同友會（1983），由經濟同友會翻譯為「對世界負責的國家」（The Responsible Country for the World）。從一九七五年五月到他在一九八八年逝世的十三年間，佐佐木也是經濟同友會金融系統委員會的委員長。

46 另參閱《日本經濟新聞》（1983a）的報導。

47 《日本經濟新聞》（1984d）。

48 《日本經濟新聞》（1983b）。據《日經》報導，佐佐木和另一個企業集團（經團連）的負責人平岩外四有著密切的私人關係。《日經產業》（1985）。

49 事實上，他的國際資歷可以追溯到戰爭時期，當時他被派駐歐洲，目睹了法國以及隨後三個主要軸心國的相繼投降。作為派駐法國的年輕日銀官員，當維琪政權成立時，他將日本銀行的辦公室遷至義大利。兩年後，當美軍在義大利登陸，義大利脫離軸心國時，前川逃往柏林。他留在那裡近兩年，直到蘇聯軍隊占領柏林，他再次逃離。當他穿越蘇聯，於一九四五年經西伯利亞到達日本，正好遇上日本投降。

50 《日本經濟新聞》（1984a）。

51 《日本經濟新聞》（1989c），頁五。

52 在任期結束後一年，一九八五年，七十四歲的他成為ＩＢＭ日本公司的特別顧問。

53 為了國際協調而調整經濟結構的諮詢小組成員有：前川春雄、赤沢璋一、石原俊、磯田一郎、宇佐美忠信、大河原良雄、大来佐武郎、大山昊人、加藤寛、香西泰、小山五郎、澤邊守、田淵節也、長岡實、細見卓、宮崎勇、向坊隆（依照「臨時翻譯」中列出的順序）。

54 此處及下列引文均來自該報告的「臨時翻譯」，題為〈國際協調經濟結構調整研究會報告〉，一九八六年四月七日。

55 日本最傑出的經濟學家之一、也許是最受人尊敬的宮崎勇告訴我，他並不完全同意〈前川報告〉的結構轉型進度表。他認為應該保留日本制度的一些優勢和社會成就。他還認為，他提出異議是他被無禮遭「更年輕的人」取代的原因。二〇〇一年六月二十一日，當我在東京的統計研究所的一場《日本貨幣政策的理論與實踐方式》演講的會後討論，宮崎提出了上述的所有發言。

56 與現任和前任日本銀行高階職員的個人訪談，一九九三－一九九八。

57 引自 Fallows (1989).

58 《日經金融新聞》（1988f）。

59 同上注。

60 東京灣橫断道路株式會社。

61 《日經金融新聞》（1988f）。

62 Shirakawa (2001), p. 10.

63 Posen (2000).

第十五章

1 邰蒂（2001）在《金融時報》寫道：「從政治角度來看，這似乎是合理的懷疑。近年來，幾乎唯一能促使日本政治人物或商界領袖實施改革的，就是出現市場危機或資金短缺。」

2 二〇〇一年七月二十二日，日內瓦峰會，首相小泉純一郎的國際記者會。我在網路上發現了這顆珍珠。

3 N. Hayashi (1996), p. 110.

4 亞洲國家也存在這個問題，克魯曼（1994）的文章〈亞洲奇蹟的迷思〉（The Myth of Asia）已經強調過這一點。認為亞洲成功的基礎是要素投入最大化，這項分析正確無誤。然而，從這點得出的結論——隨著要素投入量減少，亞洲（包括日本）現在的經濟成長率注定會下降——並不成立，正如我們將在下文所見。

5 請注意，隨收隨付退休金體制的危機並非人口結構的錯，而是那些引進這套體制的人的錯，當這套體制在人口結構金字塔還健康的那幾年，他們揮霍掉那些收入大於支出的資金。如果能明智投資全部的超額資金，那麼現在就會有超額的退休資產（如新加坡的完全積累體制的情況）。因此，問題不在於人口結構，而在於錯誤政策。

6 例如，參閱世界經濟論壇（2002）發布的總體經濟競爭力排名，日本在二〇〇二年排名第十一位，或瑞士洛桑管理學院的二〇〇二年世界競爭力排名，日本排名第二十六位。

7 隨著一九九九年七月二十三日頒布《廢除和改革卡特爾及其他根據多部法律豁免於反壟斷法適用範圍的制度的綜合法案》（私的独占の禁止及び公正取引の確保に関する法律の適用除外制度の整理等に関する法律），卡特爾的數量基本上就歸零。有關統計時間的序列，參閱由盈利研究中心有限公司（東京）編制，公平交易委員會關於《反壟斷法》豁免數量的統計。參閱 www.profitresearch.co.jp。

8 在一九九六年五月三十一日的一項具里程碑意義的判決中，東京高等法院裁定日本下水道事業團所訂製的電子設備安裝工程存在圍標行為（控告時間：一九九五年三月六日）。

9 政府儲備的目的是實施價格穩定計畫，以抵消國內稻米生產的自然（通常是氣候引起的）波動。政府國內稻米的儲備量從一九九〇年的兩百萬噸減少到一九九一年的一百六十六萬噸，隨後官方儲備量進一步減少至一九九一年的只剩下八億五千萬噸。這已經是自一九六一年以來最低的官方庫存紀錄。然而，政府在一九九二年進一步減少庫存，到一九九三年只剩下十九萬四千噸。這等於放棄了反週期性的政府穩定計畫。那年收成不好（政府的作物專家完全沒有預料到），媒體廣泛報導這場重大的「稻米危機」。政府可以宣布緊急情況，允許進口迄今受法律限制的外國稻米。這個事件明顯削弱了國內稻米農民的談判力。我沒有看到任何對於政府這些年稻米儲備政策的嚴肅分析。數據來自政府糧食署出版的《食糧管理統計年報》，而年度指的是「稻米財政年度」，從十一月一日開始到十月結束。

10 數據指的是非居民股東擁有的市值占比。資料來自全國證券交易所協議會（1999, 2002）。

11 我從野口（1992a）那裡得到了統計包含某關鍵詞的文章數量的想法，他紀錄了使用「泡沫」一詞的文章數量，以顯示一九八〇年代對泡沫意識的缺乏（在一九八五年到一九八九年間，《日經》報紙平均每年只有五篇文章使用「泡沫」一詞，在一九九二年這個數字達到三千四百七十五篇）。

12 日經 Needs 資料庫，日本經濟新聞社，東京。

13 Miura (2000).

14 關於日本/德國模式的比較研究，可以特別參閱 Dore(2000), Jenkinson and Mayer(1992), Corbett and Mayer (1991), Corbett (1987), Mayer (1987).

15 但郵政儲蓄系統與銀行的競爭是否存在不公平？實情是，在最關鍵的領域——貸款市場，它根本沒有與銀行競爭。與其將郵政儲蓄體制民營化，不如給它發放銀行執照，允許它創造信用貸款給需要資金但從民間銀行得不到貸款的中小企業。這將促進經濟發展。

16 Posen (2000), p. 206f.

17 確實，直到一九九八年四月，《日本銀行法》第一條要求央行支持政府的政策目標。在一九九〇年代的大部分時間裡，政府明確表示（並以行動落實），他們的目標是對經濟實行週期性的刺激。為了符合法律規定，日本銀行因此在法律上有義務實施刺激性的貨幣政策。然而，它沒有這樣做。

第十六章

1 正如一些人曾警告的。參閱 Werner (1991b), Reading(1992).

2 參閱：《金融時報》（1992, 1993, 1994）；路透新聞社（1993）；《富比士》（1992），頁四三。

3 值得注意的是，小泉「無聖域的結構改革」計畫及其對國營企業的審查，排除了日本銀行，它明顯是一個有著既得利益和特殊地位的半國營企業。

4 二〇〇一年九月十一日與高階政府官員的訪談。隨後，日本銀行的態度變得更加明確，表示支持竹中平藏大臣增加破產數量和銷售不良資產的計畫，但表示傾向於使用稅款而非中央銀行的信用。竹中的團隊包括兩名前日本銀行職員。

5 使用路透社系統以關鍵詞「信用緊縮」對美國紙本媒體進行資料庫檢索，會找到超過三千篇文章。

6 American Banker (1993).

7 數據來自聯準會。

8 在一九九八年十二月，瑞典中央銀行（即瑞典央行）的副總裁英韋斯（Stefan Ingves），在接受日本記者採訪談及他作為瑞典銀行業紓困計畫執行人員之一的經驗。當被問及在紓困過程中是否存在信用緊縮時，他回答：「如果你查看統計數據，確實存在信用緊縮。實際上貸款量連續幾年減少，但大部分的減少似乎只是當銀行的不良貸款在書面上轉銷時才會真正發生。」

9 Richard A. Werner, Liquidity Watch, October 1994 issue, Jardine Fleming Securities Ltd., Tokyo Branch.

10 Werner (1998h).

11 此外，還有許多製造業和服務業公司沒有參與投機活動，但由於長期衰退而承受巨大壓力，因此他們的貸款已成為呆帳。然而，一旦經濟好轉，這些貸款中有相當比例很可能可以收回。若這些貸款是呆帳，它們僅構成銀行所必須面對的正常呆帳範圍。我們不應忘記，銀行的貸款帳簿上總是有一些呆帳，這並不影響他們的放款活動。在一九七二到一九七四年期間，對放地產過度放款所造成的呆帳（當時日本發生了一九八〇年代泡沫的小規模版本）要到二十年後（一九九二年）才完全從銀行的資產負債表上消失。

12 根據金融廳（東京）的總計轉銷數據。

13 同上注。

14 關於這一事件，參閱，例如，Werner(2002d).

15 T. Fukui (2002).

16 Morinaga (2002).

17 同上注。

第十七章

1 參閱，例如，葛林斯潘（1998）的韓福瑞－霍金斯（Humphrey-Hawkins）證詞，其中對於亞洲經濟他指出：「若干外國經濟體目前正在經歷困難這一點並不令人驚訝。雖然許多國家過去在經濟發展方面取得非常大的成功，但許多國家過度仰賴命令型的體制，而不是主要仰賴市場機制。這項特徵不僅在其工業部門中很明顯，在銀行業中也是如此，政府對銀行業的干預通常很嚴重，長期的個人和企業關係是財務安排的主要考量因素，而基於市場的信用評估是例外而非常規。最近的事件證實，這類結構不適合當今充滿活力的全球經濟，國家經濟必須能夠靈活迅速地適應不斷變化的環境。目前經歷困難的國家，他們的反應有很大差異。有些國家反應迅速，且總體上來說，也很適當。但在其他國家，各種政治考量似乎阻礙了迅速有效的行動。因此，這些經濟體的發展，仍可能遇到進一步的不利風險。」

2 參見泰國王國的致ＩＭＦ意向書（目前可在ＩＭＦ網站查閱：www.imf.org/external/country/tha/index.htm?type=23）。更加羞辱人的是，這些「信函」被呈現為客戶國自願向ＩＭＦ發出的請求。然而在實務上，包括ＩＭＦ在內的各方都承認，它們所制定的ＩＭＦ「條件」條款主要是華府單方面強加的。

3 World Bank (1993).

4 同上注。

5 Werner (2000b, 2000c).

6 Chaiyasoot (1995), p. 172.

7 Werner (2000b, 2000c).

8 Werner (2000b).

9 McKinnon and Pill (1996).

10 Chaiyasoot (1995), p. 173.

11 IMF, International Financial Statistics, database.

12 正如多恩布什和費雪（Dornbusch and Fischer, 1987）在其教科書中批評的那樣。很諷刺的是，在亞洲金融危機期間，費雪是ＩＭＦ的副總裁——並實施他原先不贊成的「政策處方」。

13 到了一九九七年底，ＩＭＦ的總資源為兩千零一十億美元。一九九七年底，日本的外匯存底為兩千零八十億美元。國際貨幣基金組織（1999）。

14 參閱意向書。例如，泰國王國（1997）。

15 Polak (1997).

16 筆者在一九九八年二月對ＩＭＦ代表團成員的個人採訪。姓名保密。

17 參閱筆者（2000b, 2000c），該文還有更關關於亞洲金融危機、其對泰國的影響以及為何印度未受影響的細節。

18 Stiglitz (2002), p. 209.

19 Claessens, Klingebiel, and Laeven (2001), p. 13.

20 Data: Profit Research Center, Ltd., Tokyo.

21 參閱，泰國王國致ＩＭＦ的意向書，目前可在ＩＭＦ網站查閱：www.imf.org/external/country/tha/index.htm?type=23。

22 儘管有著不可否認且明確的證據，但ＩＭＦ花了幾年時間才暗示它對馬哈地博士在馬來西亞政策的反對可能是場錯誤——因此暗示它對泰國、韓國和印尼強制實施了錯誤的政策，正如ＢＢＣ（2002）報導的那樣。然而，儘管如此，ＩＭＦ的取徑似乎沒有出現徹底變化的跡象。

23 通商產業省，一九九六年的海外直接投資報告。

第十八章

1 此法的完整文本可從日本銀行網站 www.boj.or.jp 獲取英文和日文版本。

2 政府唯一能做的就是拒絕日本銀行的預算。然而，對於日本的慣例來說非常不尋常的是，根據新法，這只能當大藏大臣「向日本銀行提出拒絕通知和理由，並向大眾公開」的情況下才能進行。此外，「收到拒絕通知後……日本銀行可向大臣陳述其意見，或公開其意見」。換句話說：「批准預算，否則自行承擔後果」。這個「否則」並非空洞的威脅：為了拒絕日本銀行的預算，大藏大臣必須冒著與央行高調爭執的風險。在日本和全球債券、貨幣和股票市場中，失去可信度和造成潛在後續效應的代價將是非常高昂的。因此，日本銀行的預算可能永遠不會被拒絕。

3 例如，Matsushita (1996a).

4 本節數據來自官方所發布資料，由東京的盈利研究中心有限公司編纂，www.profitresearch.co.jp。

5 關於統計學的證據，參閱附錄或 Werner (1997d).

6 自二〇〇一年三月起，日本銀行以銀行在央行的存款金額作為目標，並稱之為「量化政策」的衡量標準。然而，增加銀行在央行的存款本身並不會增加經濟體中的購買力，因此可能是對央行實際立場的頗具誤導性的指標。過度專注於某些總額交易，例如直接購買政府債券，也是同樣的道理。即使宣布增加這些購買，也不一定意味著央行將向經濟體注入更多的資金（因為這取決於央行所有的淨交易）。有關央行淨交易的更多細節，參閱由東京的盈利研究中心有限公司定期發布的「日本流動性觀察報告」（Japan Liquidity Watch），www.profitresearch.co.jp。

7 參閱第十四章中傅利曼（1982）的引述。

8 Forder (2002).

9 Acheson and Chant (1973a, 1973b), as paraphrased by Forder (2002), p. 53.

10 Ibid.; M. Friedman (1982).

11 Okina (1993b).

12 Matsushita (1996a).

13 福德（1998a, 2000, 2002）對於與問責制和透明度的概念所涉及的問題，以及它們與近期經濟理論的關聯，做了精闢的討論。

14 McCallum (1985), Meade (1978), Tobin (1980) and Bean (1983).

15 那確實一直是日本戰時和戰後體制的原則：使用有目的競爭來找出那些能最好完成預定目標的人。也許這就是日本銀行對這個體制如此反感的真正原因。

第十九章

1 Mieno(1994), p. 11.

2 高盛的經濟研究，引自 Grant（2000）有洞察力的文章。

3 Pesek (2001).

4 同上注。

5 例如，T. Barber (2001), L. Barber (2001).

6 當時只有十一個國家，因為希臘尚未加入。

7 Capie and Wood (2001).

8 與其中一間德國頂尖銀行的首席經濟學家的個人訪談，德國，一九九七。

9 前總理施密特曾與法國總統德斯坦（Valery Giscard d'Estaing）共同建立擁有匯率區間的歐洲貨幣體制，其最終目標是建立貨幣聯盟，他說：「歐洲一體化的進展……符合德國在確保和平面向的重要長期戰略利益，如果我們國家希望避免第三次反德聯盟。從艾德諾（Konrad Adenauer）到柯爾（Helmut Kohl）的所有總理，都受到這個洞見所指引……與這個基本目標相比，關於貨幣聯盟技術細節的所有吹毛求疵……都是次要的。」引自巴爾滕施柏格和德國聯邦銀行（1999），頁七三四。

10 因此，不僅歐元的經濟學令人懷疑，而且在民主國家中，這種既成事實也應被視為政治上值得懷疑的看法。

11 歐洲央行有三個所謂的決策機構。執行理事會由六名成員組成，由總裁和副總裁領導。管理委員會由六名執行理事會的理事和十二名央行總裁組成。一般委員會由總裁和副總裁以及十五名歐洲央行總裁（包括瑞典、丹麥和英國總裁）組成。這三個委員會都有參與的歐洲央行成員是總裁跟副總裁。詳情參閱 www.ecb.int。

12 歐洲議會議員 Christa Randzio-Plath，引自 Lionel Barber (1997).

13 斯特恩（Klaus Stern）認為，賦予央行獨立性是「正確的選擇」，因為「央行從未自願毀滅一種貨幣」。然而，正如我們在本書中所見，確實有央行這麼做的案例。Stern(1998), p.183. 另見巴爾滕施柏格和德國聯邦銀行（1999）中的其他撰稿人，如諾伊曼（Manfred Neumann），他斷言「除非阻止政府對國家貨幣供應的控制，否則無法維持貨幣穩定性」（頁二七五）。

14 Emerson and Gros (1992).

15 例如，該研究未能包括歐盟的許多成員國，如奧地利、盧森堡、葡萄牙、愛爾蘭和希臘。

16 Forder (1998b).

17 同上注。

18 Werner (2000a, 2000b).

19 這次他們受到了影響——來自ＩＭＦ。

20 在一九七五年至一九九七年間，德國失業率平均為五．三%，相比之下，法國為九．一%，義大利為七．一%，英國為八．七%。數據來源為美國勞動統計局（U.S. Bureau of Labor Statistics）。

21 例如，馮．哈芬史坦（Rudolf von Havenstein）於一九〇八年成為德意志帝國銀行總裁，並強烈捍衛央行獨立性的原則。參閱 Stern(1998).

22 在一九三九年一月，《德意志帝國銀行法》遭到修改，中央銀行更名為德意志帝國銀行，並直接對帝國政府負責，而不是對民間股東或外國賠償委員會負責。當然，可以說自一九三三年以來，德意志帝國銀行一直與阿道夫．希特勒領導的德國政府密切合作。儘管如此，這種合作顯然是自願的，基於沙赫特的獨立決策，他在一段時間之前挑選了一個破產的激進反對黨——國家社會主義德國工人黨——的領導人，並以其極受尊敬的影響力地位全力支持他。沙赫特的引薦提供了必要的資金，而他的聲望則得到選民的關注，使得希特勒在許多人眼中變成「值得選擇」的人選。參閱，Marsh(1992).

23 Marsh(1992).《銀行法》第一條規定：「德意志帝國銀行是一家獨立於帝國政府的銀行。」

24 第十四條規定，德意志帝國銀行總理事會的十四個席位中，有一半留給來自英國、法國、義大利、比利時、美國、荷蘭和瑞士的外國成員。第十九條設立了一位負責發行鈔票的專員，該專員必須是外國人。所有成員的任命，包括德國成員，都受賠償委員會及其控制的銀行的影響。該委員會沒有為德國人民的利益行事的授權。其工作反而是有效地榨取《凡爾賽條約》強加於德國實施的賠償。在官方上，這些款項是支付給英國和法國的。但由於第一次世界大戰期間的大量借款，英國已經欠美國華爾街的銀行很多錢。因此，賠償委員會的成員來自摩根公司和其他美國銀行，而賠償款項以美元計價。

25 細節請見 Werner (2002c).

26 例如，Bosch (1927); Dalberg (1926); H. Müller (1973).

27 參閱注22。關於沙赫特幫助希特勒登上權力位置做了什麼事的介紹，可參閱，Marsh(1992), Weitz (1997).

28 如果我們相信歐洲央行的官方說法，即政策是通過利率制定的，那麼至少會是這種情況。雖然所有成員國都有一個短期利率，但信用創造的數量實際上相當多元。若測量成員國央行的信用創造數量，我們發現在某些時期，歐洲央行下令某些國家（如二〇〇一年和二〇〇二年的德國）讓信用收縮，同時下令其他國家（如愛爾蘭）讓信用擴張。這些數量的決策從未在公開場合明確討論過。與日本銀行一樣，歐洲央行顯然使用利率作為煙幕，以減少透明度，從而獲得自由使用其真正的貨幣政策工具——信用數量，而這通常不受監控。關於定期和詳細的監控數據，請參閱東京盈利研究中心有限公司的《國際流動性觀察》報告，www.profitresearch.co.jp。

29 Carl-Ludwig Holtfrerich, in Baltensperger and Deutsche Bundesbank(1999), p. 194.

30 Stern (1998), in Deutsche Bundesbank (1998), p. 186.

31 同上注。

32 德國聯邦銀行有兩個決策機構，中央銀行理事會（Zentralbankrat），由委員會（Direktorium）和各邦的央行總裁組成，負責決策；以及委員會，由總裁、副總裁和最多六名其他成員組成，負責實施這些政策。雖然委員會由政府提名，但各州央行總裁由德國聯邦參議院提名。

33 Marsh (1992).

34 例如在一九七二年，當財政部長席勒（Karl Schiller）正確地認為美國過度創造信用和有大規模的資金在逃離美元，此時應該透過重新評估德國馬克的價值來應對時，克拉森領導下的德國聯邦銀行拒絕了。這位極受歡迎且迄今為止都很成功的部長被迫離開政府並辭職。一年後，德國聯邦銀行採納了他的建議。

35 從德國的貨幣聯盟可以看出，德國聯邦銀行顯然不同意其細節。隨著波爾（Karl-Otto Pöhl）的辭職，終於有一次，德國聯邦銀行總裁是因與政府的分歧而辭職，而不是總理或財政部長辭職。

36 《德國聯邦銀行法》的新段落規定，德國聯邦銀行作為歐洲中央銀行體制（ＥＳＣＢ）的一員，只會在可能的範圍內支持政府的一般經濟政策。

37 關於ＥＳＣＢ和ＥＣＢ的第三號議定書，以及《馬斯垂克條約》第一〇五條的規定，「ＥＳＣＢ的首要目標應是維持物價穩定。在不損害物價穩定目標的前提下，ＥＳＣＢ應支持共同體內的一般經濟政策，以期為實現第二條所列的共同體目標做出貢獻。ＥＳＣＢ應按照自由競爭的開放市場經濟原則行事，促進資源的有效配置，並遵守第三ａ條規定的原則。」《馬斯垂克條約》第三ａ條提到的目標是穩定的物價、健全的公共財政和一般的貨幣條件，以及永續的經常收支平衡。第二條列出歐盟的目的是經濟的和諧與平衡發展；穩定、非通膨和環保的成長；經濟表現的高度趨同；高就業水平；高度社會保障；提高生活水準和生活品質；以及成員國之間的經濟和社會凝聚力與團結。參閱 http://europa.eu.int/en/record/mt/title2.html。

38 第一〇七條建立了一個獨立且不受問責的機構：「在行使本條約和ＥＳＣＢ章程賦予的權力並履行賦予的任務和職責時，無論是ＥＣＢ、國家央行，還是其決策機構的任何成員，均不得尋求或接受共同體機構或機構、任何成員國政府或任何其他機構的指示。共同體機構和機構以及成員國政府承諾尊重這一原則，不試圖在歐洲央行或各國央行決策機構成員執行任務時對其施加影響。」參閱 http://europa.eu.int/en/record/mt/title2.html。我所能想到的唯一合理的理由來解釋這些段落存在於《馬斯垂克條約》中（因此在議會民主國家間的條約中也是如此），那就是起草最初草案的作者預期會有一些反對獨立的普遍想法，因此加入了過多、甚至荒謬的條款，然後他們就可以利用這些條款作為最後「讓步」放棄，用來討價還價的籌碼。實際上無需擔心，正如英國外交部長在簽署條約後的聲明所示——他沒有讀過它。

39 關於歐洲中央銀行體系和歐洲央行章程的第十八號議定書第十．四條規定：「會議紀錄應保密。管理委員會可決定是否公開其審議結果。」它沒有提及公開審議內容本身的可能性，只有結果。參閱 http://www.ecb.int/about/statescb.htm。

40 我深信，只要參與貨幣聯盟的國家能夠持續高度趨同、採用單一的貨幣政策嚴格維持整個歐元區的物價穩定、採用以穩定為導向的經濟和經濟政策，以及在第三階段實行健全的薪資發展政策，（貨幣聯盟）的風險即使不能完全避免，也可以受到控制。此處並沒有暗示貨幣政策會像德國聯邦銀行一樣，同時以穩定物價和穩定經濟成長為目標。他還說，他將提及歐盟的「一般經濟政策」，理解為歐洲央行提供建議的機會，而非義務。他沒有提及積極支持。「此外，有人可能會說，《馬斯垂克條約》第一〇五．一條即使不是賦予ＥＳＣＢ義務，也是賦予ＥＳＣＢ機會，通過向負責這些政策的人提供適當的建議，來支持共同體的一般經濟政策，而提供這些建議的目的應該是支持物價穩定和自由競爭的開放市場經濟，並有利於資源的有效配置」。Duisenberg(1998).

41 由於美國憲法明確賦予政府發行貨幣的權利，一些嚴肅的法律學者甚至質疑聯準會本身的合憲性。這個推論路線也得到了著名美國經濟學家的支持。參閱，經濟學家 Murray Rothbard 的著作、奧地利經濟學派成員，以及 Ludwig von Mises 研究所（http://www.mises.org）。

42 Barber (2001).

43 數據由東京的盈利研究中心有限公司，從聯準會的官方統計資料所彙整，www.profitresearch.co.jp。

44 M. Friedman (1982), p. 118.

第二十章

1 Alan Greenspan, "Gold and Economic Freedom", in: Ayn Rand(ed.), *Capitalism: The unknown ideal*, New York, Signet Books, 1967.

2 "A Japanese Puzzle", Economics Focus, *The Economist*, 13 June 1993.

後記

1 Skousen,2001. https://www.emerald.com/insight/content/doi/10.1108/er-03-2020-0141/full/html#ref076
2 Blaug,1978,p. 140. https://www.emerald.com/insight/content/doi/10.1108/er-03-2020-0141/full/html#ref008
3 Keynes, 1936, p. 32. https://www.emerald.com/insight/content/doi/10.1108/er-03-2020-0141/full/html#ref036
4 William Stanley Jevons, 1871, p. lxxii. https://www.emerald.com/insight/content/doi/10.1108/er-03-2020-0141/full/html#ref032
5 Mayo, 1945, p. 39. https://www.emerald.com/insight/content/doi/10.1108/er-03-2020-0141/full/html#ref049
6 Skousen, 2001. https://www.emerald.com/insight/content/doi/10.1108/er-03-2020-0141/full/html#ref076
7 同上注，p.92f.
8 同上注，p.93.
9 Werner, 2005. https://www.emerald.com/insight/content/doi/10.1108/er-03-2020-0141/full/html#ref0050
10 https://asia.nikkei.com/Business/Business-trends/Japan-manufacturers-score-record-profits-on-price-hikes-weak-yen
11 https://www.bloomberg.com/news/articles/2024-05-16/china-sells-record-sum-of-us-debt-amid-signs-of-diversification

附錄

1 參閱三木谷（2000）對一九九二年至一九九八年累積產出缺口的預估。
2 在一九九八年，自殺人數達到三萬一千七百五十五人的歷史新高（警察廳）。在一九九九年，這數字上升至三萬三千零四十八人。這兩個數字都比一九九〇年代初高出約三十%，比三十年前高出兩倍以上。大多數是四十至六十歲之間的男性。警察廳估計，每五起自殺中就有一起是由於債務或失業所致。
3 「通常的反週期總體經濟政策，在一九九〇年代後半期的日本並未發揮作用，或者至少效果不佳。」T. Ito (2000), p.85.「而對於需求不足的慣用補救辦法並不奏效。利率已被壓低到幾乎不能再低的程度。……日本政府不時推出的大型公共支出項目確實創造了一些就業機會，但這些項目似乎從未產生足夠的日圓效益：經濟持續故態復萌，而政府債務不斷增加。」Krugman (1998b), p.2.

4 前者的敘述來自 Hoshi and Patrick(2000), p.xi；後者來自 Dore(2000)。

5 多恩布什和費雪（1987）強調「向大眾銷售債務與向央行銷售債務之間的區別是至關重要的。通過指出財政部向央行銷售證券被稱為債務貨幣化，代表著央行創造（強力）貨幣來為債務購買提供資金，可以進一步闡明貨幣和債務融資之間的區別」（頁五八四）。

6 中央銀行可以在發行一年後於次級市場購買政府債券。從經濟學的角度來看，這等同於在一級市場購買。政治環境則不同，因為政府可能無法決定央行購買債券的程度。儘管缺乏法律上的獨立性，但自一九七〇年代以來，中央銀行已能獨立做出這一決定。參閱我們下文對貨幣政策的討論。

7 事實上，政府的借款是衡量財政政策立場的另一指標。以下關於政府借款和債務的數據來自日本銀行的出版品。

8 伊藤認為貨幣需求是完全對利息保持彈性的，而且LM的曲線是水平的。由於利率的下降不會刺激投資，他認為投資對利率完全不具彈性，IS曲線是垂直的。

9 「到目前為止，直接適用凱因斯的解方。」T. Ito(2000), p.102.

10 這是日本民間部門研究機構以及主要政府機構最常用的計算方法。例如，經濟規畫廳的永谷（1996）主張要採用財政刺激，因為「即使連鎖效應為零，財政刺激政策仍至少具有『直接效應』，即增加一兆日圓的公共投資，將會導致GDP增加一兆日圓」。

11 伊藤有意識到這一點，但對其提出的問題未作回答。「關於是什麼阻礙了經濟重返自我持續成長路徑的問題仍然存在。是一系列的負面衝擊嗎？或者財政方案的動態外溢效應在一九九〇年代變小了嗎？或者實際刺激的數量比普遍認為的要小嗎？」隨後並沒有嘗試回答。T. Ito (2000), p.102.

12 這種推論方式可能是演繹經濟學傳統的一部分，它對實證證據的興趣不大，並會從理論與現實之間的任何差距，得出後者需要改變而非前者的結論。然而，這違背常識。儘管如此，即使對於外來衝擊缺乏全知的理解，我們仍有可能測試關於可能導致貨幣政策無效的假設（見第三節）。

13 伊藤依循波森（1998）的建議，提出進一步的刺激措施，以持久的所得稅削減及稅務獎勵來刺激對民間住宅投資。T. Ito (2000), p.103ff。

14 此外，優惠貸款利率的年平均值在一九九〇年代都在逐年下降。

15 利率排擠效應的支持者可以援引違反其他條件不變的定義來辯稱，儘管出現了利率排擠效應，但利率還是下降了。同樣地，我們也會面臨難以將外來衝擊獨立出來，以證明不升息是合理的。麥克賓（Warwick McKibbin, 1996）加入了這個行動，利用多國的結構模型使日本經濟的衝擊內生化。他指出財政支出方案的預期性質（及其部分誇大的內容），得出結論：「這些財政措施並沒有刺激到經濟，反而進一步減緩了經濟活動，並使實際匯率升值」（頁三七）。在麥克賓的模型中，宣布刺激方案帶來的效應會立即出現，使匯率和實際長期利率升值，而正面效應則會較晚的時間出現，或出現的程度比宣布的要小（因為誇大了方案的內容）。然而，他僅使用了截至一九九五年的數據，因此錯過了在三年半內，長期利率下降四百個基點的大部分時間，從一九九五年二月的約四．七％降至一九九八年十月的〇．七％。因此可以說，許多觀察家並沒有認真考慮利率排擠效應的論點。

16 關於債務可以透過非通膨性的貨幣創造來支付的論點，克魯曼提到的模型種類就無法處理，因為由於進一步的假設，包括完美資訊，它們不允許存在低於充分就業產出的可能性——或者嚴格來說，也不允許貨幣的存在。日本的失業率創歷史新高且經濟衰退了十年，但這類模型的相關性卻不明顯。

17 日本銀行在一九九〇年代的十年間降低ODR十次，始於一九九一年七月的首次降低，在此之前ODR為六％。直到一九九三年九月，ODR降低了七次，來到一．七五％。在一九九五年四月，ODR進一步降至一．〇％，一九九五年九月降至〇．五％。一九九五年十月，無擔保的隔夜拆款利率（正式宣布為操作「目標利率」）首次被「引導」低於ODR。三年後（一九九八年十月），日本銀行將拆款利率降至〇．三三％的新低。一九九九年二月，拆款利率降至〇．一％——當時稱為「零利率政策」。在二〇〇〇年八月暫時調高後，拆款利率在二〇〇一年三月再次降至〇．一二％，四月降至〇．〇二％。同年九月，ODR降至〇．一％，拆款利率降至〇．〇〇三％。

18 例如，the Bank of Japan’s Okina (1999).

19 日本銀行認為「貨幣政策影響物價的力量目前非常有限。……其他當局的政策選擇將影響結束通縮所需的時間。

……當然，政府還有其他可與我們的貨幣政策結合的政策選擇。」需求面「不僅受貨幣政策影響，也受財政政策影響。……在極端情況下，如果政府認為當前通縮的成本非常嚴重，可以實施極具擴張性的財政措施，如所謂的非李嘉圖財政政策。……或者，政府可以加速其改革努力。……（需要的是）政府在結構改革方面的認真努力」。K. Ueda (2001a).

20 克魯曼很小心不去暗示他指的是凱因斯對流動性陷阱的定義。克雷格爾（Jan Kregel, 2000）解釋了凱因斯和希克斯定義之間的差異。從嚴格的凱因斯學派意義上來說，流動性陷阱的解決方案是釘住長期利率（如第二次世界大戰期間美國所做的那樣，當時曾紀錄到接近零的利率。參見 M. Friedman,1982）。克雷格爾認為，日本不是處於流動性陷阱中，而是處於總需求不足的就業不足均衡狀態。

21 克魯曼的風格化模型假設了多項條件，其中包括擁有相同時間偏好的完全相同、永生的個體。沒有銀行體制，沒有信用。現金是由政府透過公開市場操作所創造——沒有獨立的央行。資訊是完全的，因此不存在市場配給。然而，物價有僵固性。

22 「問題是……充分就業的實際利率是負的。因此，貨幣政策不能使經濟達到充分就業，除非央行能夠說服大眾，未來通膨率將高到允許負的實際利率存在。就是這樣。」Krugman (1998c).

23 從一九九四年至一九九七年，強力貨幣成長二十五％，而 M２＋ＣＤ僅成長十一％；引自 Cargill, Hutchison and Ito(2000), p.16.

24 瑞士中央銀行在一九七九年初，短暫地將短期銀行間利率降至負值。Kugler and Rich (2001).

25 像許多觀察家一樣，克魯曼試圖解釋利率已經為零的情況；對於探究為什麼它們在沒有刺激經濟的情況下，卻下降到如此之低，並非他的主要關注點。

26 他提出資本和信用市場的不完善是可能性之一，但認為「人口狀況似乎是主要的候選因素」。如果是這樣，那麼為什麼其他具有類似人口狀況的國家沒有遭受流動性陷阱之苦？Krugman(1998c).

27 Okina (1999).

28 「日本銀行的無助在流動性陷阱中——零利率和不變的外匯預期——特別明顯。因此，翁博士完全正確地指出，簡單宣布高通膨目標，如克魯曼（1998a, 1998b）所呼籲的，將不具可信度，只要日本銀行沒有實施這目標的手段」（McKinnon, 1999, p.158f）。

29 他們支持通膨目標制，因為(1)它增強了透明度和問責制；(2)解釋貨幣政策的任務會變得更容易；(3)央行獨立性的參數將被明確定義：它將具有操作或工具的獨立性，但沒有目標的獨立性；(4)實施通膨目標「可能對金融市場和整體經濟產生積極影響」，通過幫助「消除一九九〇年代末普遍存在的通縮不確定性」。Cargill, Hutchison and Ito(2000), p.133. 隨著我們在下文考慮其政策目標，就會更清楚為什麼央行會仍然拒絕這一想法。

30 他使用希克斯對流動性陷阱的描述，基於水平的ＬＭ和垂直的ＩＳ曲線。此外，「貨幣基底的擴張（正以約九％的速度成長）並未導致Ｍ２的大幅成長（正以約三％的速度成長）。在凱因斯經濟學中，這種情況被稱為流動性陷阱」。T. Ito(2000), p.101. 這些不同的成長率為何應該是支持流動性陷阱論點的明確證據，我們不並清楚。後者要求貨幣總量的增加，不會轉化成更大量的債券持有，因此長期的利率不會下降。什麼是IS-LM模型適合代表貨幣的實際指標，仍然存在爭議。此外，基於IS-LM的流動性陷阱定義，代表著短期的零利率不能作為流動性陷阱的證據。

31 日本銀行在一九九九年表示，將維持近乎零利率，直到「通縮的恐懼消退」，在二〇〇一年又表示，將維持利率直到通縮完全消除。

32 「然而，面對貨幣政策寬鬆工具的嚴重限制，我擔心宣布達成目標（例如零通膨）的期限，可能對市場毫無效果或產生反效果。市場可能對宣布難以達成目標的央行喪失信心。」K. Ueda (2001a).

33 在克魯曼的版本中，最終原因是對未來經濟成長下滑的外生預期。那些採用希克斯IS-LM版本流動性陷阱論點的人也受到其靜態本質的限制。我們無法得知為何貨幣需求對利率變得完全有彈性。此外，對利率完全有彈性的貨幣需求，無法解釋隨後在觀察期間發生的名目利率的下降或上升。

34 概述請參閱 Blanchard (1990). 關於日本案例中，名目ＧＤＰ的貨幣決定因素的近期實證研究，請參閱 Werner (1997d).

35 關於貨幣供給外生性—內生性辯論的綜述，請參閱 Jao(1989). 關於包含實證證據的重要後凱因斯派觀點，請參閱 Moore(1988). 請注意，從信用到貨幣的因果關係，與我們在第三節的框架和發現一致。後凱因斯主義者認為，強力貨幣或其他貨幣指標是信用變量的內生變量，這無疑是正確的。然而，這幾乎沒有說明信用變量（包括央行的信用政策）是外生性或內生性的問題。換言之，即使貨幣是內生的，也不表示央行政策必然無力。

36 央行在二〇〇一年三月十九日的決定中讓政策轉向，開始以貨幣數量指標為目標。債券購買目標的實施並無障礙，也並未如央行先前所稱增加金融部門的不穩定。因此央行提供了反駁其早期觀點的實證證據。

37 日本銀行也了解隔夜拆款利率的侷限，「無法對企業或家庭支出產生實質影響」（Okina, 1993b, p. 87），因為它必須透過其他較長期的利率發揮作用，這些利率最終可能對經濟產生一些影響。

38 岩田（1992a）也認為日本銀行應對一九八〇年代的資產價格泡沫負責——不是因為其利率政策，而是因為過度供應強力貨幣。

39 岩田還預測「如果日本銀行不放棄其『日銀理論』，即使它在評估景氣循環時不犯錯誤，但很明顯風險仍然很大，今後仍會出現由貨幣政策引起的經濟動盪，就像引起一九七三至一九七四年大通膨，或這次資產價格飆升和崩盤那樣。」Iwata (1992b), p.124.

40 確實，央行幾乎不保證任何事情。Okina (1993b), p. 172.

41 為了不給人留下央行完全無法做任何有用事情的印象，翁邦雄（1993b）指出：「長期來看，利率的降低通過刺激經濟活動、增加收入並提高資產價格，這可望增加持有貨幣的意願。透過這一途徑，央行可以控制貨幣供應量。」（頁一七四）

42 除了季節性因素外，吉川承認日銀「有時……甚至在景氣循環中積極改變利率」。Yoshikawa (1993), p.157.

43 關於流通速度下降「謎題」的調查綜述，請參閱 Werner(1997d).

44 例如，Morgan (1994a, 1994b).

45 日本銀行在二〇〇一年三月十九日毫不客氣地放棄了其貨幣供應內生性的觀點，當時引入了量化的超額準備金和債券購買目標。這並未阻止其職員，包括總裁，繼續主張貨幣供應量無法控制。

46 Werner (1992, 1994b, 1995b, 1995c, 1997d, 1997f, 1998f). For more details, see Werner (2003a, 2003b).

47 Newcomb (1885).

48 紙幣以商業銀行發行的鈔票、匯票或存款證明的形式出現。或者由銀行背書的匯票。在美國的情況下，紙幣偶爾也由政府發行，但我們在此不考慮那些時期。我們還假設如果黃金仍用於交易，在觀察期間其供應量應保持恆定且其使用量穩定。因此，若僅考慮貨幣數量的淨變化，黃金作為常數可以排除。最後，我們不考慮國際交易。所有這些假設都是為了說明目的而做出的，稍後可以放寬。

49 有時人們認為存款時，紙幣或銀行的貨幣數量會增加。這種誤解可能是由於在歷史上，紙幣聲稱是某種形式的「存款證明」。但在存款時，紙幣和銀行貨幣總額（或黃金持有量）沒有產生淨量變化。另一方面，當銀行發放貸款時，他們在客戶的帳簿中紀錄存款餘額，客戶可以隨時提取資金並轉換為現金，或者銀行透過發行銀行票據支付貸款。在這種情況下，貸款資金不是從經濟體的任何其他部分轉移的。它是從無到有新創造的（信用創造）。

50 銀行存款並不是準確測量 AM 的方法，因為交易方程式(1)中M的定義是在特定時期內用於支付交易的貨幣數量。存款衡量的是任何時刻從流通中退出的貨幣數量。信用成長的另一個優點是，關於資金用途的資訊價值較高，這對於下文建議的拆分是必要的。

51 強力貨幣或準備金並不能完全捕捉央行創造的新購買力淨值，因此可能是誤導性指標。例如，央行可以通過購買美國國債來增加信用創造。這不一定反映在強力貨幣（流通中的現金和銀行在央行的存款總和）中。

52 「家庭、企業和投資人的日常交易，很大一部分是透過銀行間資金轉移和匯款來結算的。接著，銀行的餘額是透過其在日本銀行的帳戶結算的。換言之，全國大多數交易最終會集中並在日本銀行結算。結果，透過日本銀行的當前帳戶結算的金額每天超過三百兆日圓。這代表相當於日本年度GDP約七十%的金額，每天透過（日本）銀行的帳戶轉移。」Matsushita (1996a), p.7.

53 凱因斯（1930）提議按用途拆分貨幣。若專注於將存款總額作為M的定義，這種拆分實際上是不可能的。

54 概覽請參見：Werner (1996d).

55 關於非瓦爾拉斯結果的不均衡模型的例子，請參閱 Clower(1965), Barro and Grossman(1976), Muellbauer and

Portes(1978), Benassy (1986), Quandt and Rosen (1986).

56 請參閱 Keeton(1979). 威廉森（Williamson, 1986）也提出了一個由於監控成本而導致信用配給的模型。

57 這解釋了為何不均衡經濟學的研究產生了如此有希望的結果。正如穆埃鮑爾和波特斯（Muellbauer and Portes, 1978）指出的，對一個市場的配給意味著對其他市場的配給。數量成為最重要的總體經濟變量，為任何個體經濟市場提供外生的預算約束。就經濟模型的結構而言，這明顯支持自上而下的方法，即在微觀模型上施加宏觀的基礎。

58 為了完成非 GDP 交易的模型：它們的大部分包括資產市場交易。如果我們為了簡化起見，假設資產的數量恆定（在土地的情況下肯定是如此），那麼用於資產交易的貨幣數量的上升（下降）等於資產價格（P_F）的增加（下降）：

(8) $\Delta T_F = \Delta P_F$

(8’) $\Delta M_F = \Delta P_F$

59 關於日本信用緊縮文獻綜述與實證證據，請參閱 Werner (1996d), Woo (1999). 另參閱 Yoshikawa, Eto and Ike(1994), Matsui (1996).

60 即使柏南克（1993）也將信用創造定義為「將儲蓄引導給投資者」。然而，銀行用信用創造出新貨幣，可用於新投資，無需發生任何儲蓄行為。忽視這一事實及其含義的原因可能是信用乘數的標準表示法，它承認信用創造但將其呈現為一個對已存在購買力的連續借款過程：銀行收到一百美元存款。在一%的準備金要求下，銀行會借出九十九美元並保留一美元。下一家銀行做同樣的事，如此類推，直到以一百美元存款為基礎的總借款達到九千九百美元。此外，它的呈現方式給人的印象是其過程始於存款。這有助於維持銀行作為金融中介的微觀或金融觀點。更有效的信用乘數表示方式是：當銀行收到一百美元存款時，它會保留一百美元作為存款，同時將同樣的一百美元借給九十九個不同的人，因此借出九千九百美元。這家銀行從哪裡獲得多出來的九千九百美元？它是從無到有創造出來的。

61 翁邦雄（1993b）承認：「日本銀行過去已經表現出對於「信用總量是否有用」議題的興趣。此處他指的是日本銀行（1988a），否認信用總量是有用的。原因之一是因為，正如第四章（Okina, 1993b）所提及的，有個影響力不小的觀點認為，不是貨幣而是信用對經濟產生影響。因此，未來仍需要對信用總量進行分析」（頁一七一）。翁邦雄承認信用總量比貨幣供應總量的時間提前呈現。然而，他認為它們不實用，因為觀察者只能在很久之後接收到信用資訊（頁一七一）。翁邦雄刻意忽略不提，事實與公告之間的延遲是日本銀行造成的，它在事件發生後長達三個月才發布關鍵的信用數據——儘管央行本身現在可以即時獲取數據，但這種延遲，在三十年來都沒有改變。最重要的是，正如筆者（1998d, 1999a, 2002a）所證明的，央行至少在一九四二年至一九九一年期間，始終使用信用創造量作為其央行貨幣政策操作和目標的變數。

62 Morsink and Bayoumi (1999).

63 Werner (1992, 1994b, 1995a, 1995b, 1995c, 1997a, 1997c, 1997d, 1997f,1998f).

64 這並不令人驚訝，原因有二：數量配給和合成謬誤。關於後者：雖然利率對個別代理人而言是外生變數，但對所有代理人而言並非如此。

65 關於流行的存款總量Ｍ２＋ＣＤ與名目ＧＤＰ之間的弱相關性，與測量信用替代法相比的實證證據，另見Werner (1994b, 1996c). 關於傳統貨幣供應總量的流通速度（在一九八〇和一九九〇年代下降）與用於ＧＤＰ交易的信用（ＭＲ）的穩定流通速度的比較，請參閱 Werner (1992, 1997d).

66 在日本經濟的情況下，淨出口占ＧＤＰ的一％至二％，這並非不切實際的簡化——但稍後會放寬。

67 「若無必要，勿增實體。」牛津大學哲學家和著名邏輯學家奧坎的威廉（William of Ockham, 1285-1347）強調了這個簡約法則。更早期的支持者包括亞里士多德在其《物理學》（Physics）中的論述。

68 正如筆者（1991a, 1992, 1994a, 1997d）所示，銀行對房地產業、非銀行金融機構和建築公司提供的信用主要用於金融交易。其在一九八〇年代的成長是一九八〇年代和一九九〇年代初，資產價格和淨長期資本流動的良好實證解釋。此外，用銀行信用餘額替代ＭＲ，會得出一個恆定的「實際流通」速度，證明它是一個良好的實證代理變數。Werner(1997d).

69 這裡只呈現季節性差分方程式的簡略結果，不包括平穩性和協整性的正式檢驗，以及模型簡化檢驗。正式檢驗指出關鍵序列（如GDP、貨幣供應量、信用）是I (2)。此外，信用和GDP是協整的。求解的靜態長期解是顯著的。

70 原本十二家政府擁有的金融機構（如日本開發銀行、中小企業金融公庫等）的貸款增加不會創造信用；非銀行金融機構（如人壽保險公司）的貸款也不會。它們不是央行的客戶機構，僅充當類似於投資基金的金融中介。Werner (1992, 1994b, 1994c, 1995a, 1995b, 1995c, 1996a, 1996b, 1996c, 1996d, 1996e, 1997a, 1997b, 1997c, 1997d, 1997e).

71 日本銀行過去曾將其法外的窗口指導信用控制稱為「量化政策」。見《日本經濟新聞》（1992 a）對日銀理事福井俊彥的採訪。

72 日本銀行的論點獲得卡吉爾等人（Cargill, Hutchison and Ito, 2000）的支持，他們承認對銀行貸款存在需求，但認為信用緊縮意味著流動性注入（基礎和狹義的貨幣擴張）並不會增加信用和總體貸款，儘管公司在現行利率下對銀行貸款存在需求（頁一二一）。他們因此忽視了央行與民間銀行一樣，如果願意，也可以擴展信用從而緩解任何信用緊縮的可能性，正如筆者（1994b, 1995a, 1995b, 1995c）所論證的。

73 根據筆者（1995c, 1996c, 1997a, 1997c, 1998a），防止每月十五日的隔夜拆款利率飆升的目標，並不妨礙央行通過增加其信用創造量（通過增加資產購買）來實施外生貨幣政策。

74 央行過去曾參與大多數這類交易，證明它們在技術上都是可行的，並會產生所需影響。參見日本銀行在戰後初期的經驗，當時銀行體制面臨比一九九〇年代更大的不良貸款問題。購買閒置房地產並將其轉變為公園將支持房地產市場、幫助銀行（使用房地產作為抵押品）、增加經濟中的信用（從而促進經濟活動），並提高東京的生活品質：東京市人均公園面積最少的世界主要城市。這對任何人都不會帶來成本。

75 麥卡倫（2001b）同意「必須意識到，購買非傳統資產是貨幣政策發揮有效刺激作用的必要條件」。梅爾策（1998）和林文夫（1998）建議放棄隔夜拆款利率作為操作目標，並以強力貨幣取代。類似於克魯曼（1998a），林文夫認為也應引入通膨目標——建議使用一%的CPI成長。林文夫的傳導機制也與克魯曼的版本類似，即不是透過直接數量效應，而是通過通膨預期，由通膨目標觸發，再降低實際利率，進而刺激經濟。濱田宏一（1999）

建議央行擴大債券購買。深尾光洋（1999）因為季節性波動較大而拒絕使用強力貨幣作為操作目標，建議以銀行超額準備金為目標，透過從總準備金中減去必要準備金來計算。然而，我們並不清楚為何不能使用季節性調整後的強力貨幣。此外，旨在增加銀行準備金持有量的建議，並未解釋銀行增加的準備金持有量將如何積極影響經濟。梅爾策（1999）等人建議日本銀行透過在公開市場大量銷售日圓並購買外國政府債券來試圖削弱貨幣（因此可能較少主張直接數量效應，而是通過淨出口間接刺激經濟）。柏南克（2000）認為央行仍可通過創造貨幣並購買更多資產來刺激經濟。然而，傳導機制應該透過更高的資產價格運作——但不清楚這些更高的資產價格是否會促進經濟需求。所謂的財富效應的實證規模仍存在爭議。

76 Werner (1996a, 1996b, 1996c, 1997e, 1999d, 1999f, 1999i).

77 技術上，這可輕易透過結算所得稅和企業稅的相同管道完成——只是其方向相反。

78 麥卡倫（1985）證明，在不引起短期利率極端波動的情況下，這是可能的，特別是當中介目標是名目 GDP 的路徑而非貨幣存量時。這與其他支持貨幣政策以名目 GDP 為目標的學者觀點一致。Meade(1978), Tobin(1980), Bean(1983). 筆者（如 1995b, 1995c, 2001a）支持以名目 GDP 成長為目標，因為它代表政府、消費者、投資人和公司所關心的變數。此外，它不像其他潛在目標（如物件或實質變數）那樣存在許多測量的問題。如上所述，許多支持利率政策無效是「特殊案例」的人，也支持實施通膨目標。相比之下，斯凡森（Svensson, 1999）呼應傅利曼（1982）的建議，主張支持物價目標。

79 技術上，這將是微不足道的，因為所有銀行都與央行進行線上結算。這項交易可能在一個上午內完成。

80 央行可以無限期地按面值將這些資產留在其帳簿上。只要資產的市場價值高於零，央行仍然會獲益，因為它用免費創造出的貨幣購買了具有一定價值的資產。即使資產價值降至零，中央銀行仍能保本。雖然央行可以自由選擇在其帳戶中以不同的方式處理此類交易（通過報告損失），但沒有邏輯上能說服人的理由說明它應該這樣做（除非作為反對進行此交易派別的政治論點）。

81 根據道德風險的原則，光是這樣做還不夠，因為央行本身在對銀行紓困時不會面臨懲罰、預算限制或負擔成本。這就是為什麼有必要審查央行的法律地位和問責制，如下文所述。

82 關於後者，參閱例如筆者（1998g）之論述。

83 林文夫（1998）認為央行本質上是一個受政府委託執行某些功能的機構。在這種情況下，如果政府可以（要求央行）印製貨幣並透過無成本、無息的貨幣創造來支付財政政策，那麼政府發行債券並為其借款支付利息就沒有意義。因此，政府可以「通過央行購買政府債券，將有息的政府債券與無息準備金進行交換」，如翁邦雄（1999）所轉述，頁一七二。Werner (1994b, 1995b, 1995c, 1996b, 1996c, 1997f).

84 獨立性不一定是障礙，因為央行可以自願配合並支持政府的政策。正如柏南克（2000）指出：「與財政當局為了追求共同目標而合作，與臣服是不同事情。」（頁一六三）不幸的是，獨立的央行願意展開此類合作的例子很少。

85 在資源閒置且實際經濟活動低於潛在表現的情況下，這一提議將會很有用。

86 這實際上是德意志帝國銀行從一九三三年至一九三七年採用的政策組合。其總裁沙赫特似乎充分意識到，未貨幣化的財政政策會有數量排擠效應的問題。除了加強德國國家銀行的信用創造（通過購買各種形式的資產，包括政府債券和其他政府機構的債券），沙赫特指示建立實施財政支出計畫的政府機構，這些機構由銀行和央行購買的匯票發行提供資金。在德國傳統中，用貨幣創造而非公共債券拍賣來資助財政支出被稱為「無聲融資」（geraeuschlose Finanzierung）。參閱 Werner(2002c).

87 這項發現也與其他實證研究一致。Bernanke and Gertler (1999), McKibbin (1996). 柏南克（2000）將「日本目前的困境，很大程度上歸因於極其糟糕的貨幣政策制定內容」（頁一五〇）。

88 濱田宏一（2002）感嘆，日本銀行曾在二〇〇〇年邀請來自世界各地的頂尖經濟學家，向他們徵求關於其貨幣政策操作的建議。「遺憾的是，（日本銀行）幾乎沒有使用這些建議」（頁七一）。另見 M. Friedman(1982), p.105.

89 央行不斷變化的解釋和反駁使其陷入矛盾，而這些矛盾被下一位發言人欣然忽略。這種現象顯示出有人要求發言人項大眾推銷某項預先決定的政策。柏南克（2000）抱怨「近年來，日本銀行官員為了避免採取行動，躲在次要的制度或技術困難背後——其程度遠超過合理範圍」（頁一五八 f）。翁邦雄（1999）對一些日本銀行常用論點做出很精闢的總結。他的論點此後受到反駁，並被央行發言人如山口（2001a, 2001b, 2001c）更正。

90 關於美國要求結構改革的詳細建議，參閱例如「雙邊結構性障礙倡議」（SII）的報告，該倡議於一九八九年七月啟動，最終報告於一九九〇年七月二十八日發布。

91 Katz (2001).

92 關於相信日本體制進行深層結構改革有其根本重要性的「財政主義」經濟學家的例子，參閱 Koo (1995). 共享此觀點的「貨幣主義」經濟學家的例子，參閱 Shinpo (1996).

93 星岳雄與派屈克（2000）提出說服人的論證表示「一種危機即將來臨的感覺」引發了日本金融體制的「重大轉變」，使其「從以銀行為中心和基於關係的體制，轉變為以市場為基礎和競爭性的體制」（頁 xi），並引發了「動盪的一九九〇年代最令人驚訝和著迷的事件」，即「迄今為止，似乎無所不能的大藏省的權力和地位的急遽下降，在原本由官僚統治，而政治人物只是虛位的國家中，大藏省是最強大和最菁英的中央政府官僚機構」（頁二二）。

94 IMF、世界銀行和亞洲開發銀行也在亞洲金融危機的背景下提出了這一論點。參閱例如 Kawai and Takayasu(2000)。另請注意筆者（2000a, 2000b），提供了對亞洲金融危機的替代解釋。

95 例如，日本銀行的翁邦雄（1999）警告：「貨幣政策單獨能做的事情很有限。……日銀已盡最大努力促進貨幣寬鬆。……但貨幣政策本身不能保證經濟回歸永續成長的路徑。為此，解決結構問題至關重要。」（頁一八一）日本銀行的白川（2001）主張需要喚起積極的預期，這只能透過改革結構來創造。另見副總裁山口（2001c）：「在這種環境下，結構政策很重要。……隨著結構調整的進行，對未來成長的預期可能會變強。」（頁六）

96 在一九九〇年代，日本持續採用強勁的貨幣寬鬆和大規模的財政支出。在這種寬鬆貨幣政策的影響下，貨幣基底和貨幣存量，與經濟活動的程度相比，繼續以相當快的速度成長。然而，日本經濟未能回到永續成長的路徑。這清楚地說明，當各種結構問題存在時，貨幣寬鬆無法改變銀行的放款態度、經濟的活動和物價。」

Hayami(2002), p.4.

97 副總裁福井在一九九五年主張，為了復甦，「有幾個深層的結構問題必須解決。……若用極為一般的術語解釋日銀的觀點，就是必須徹底處理日本經濟和社會中仍然存在的那些限制競爭的環境」（《日經金融新聞》，1995）。另參閱日本銀行的多位前職員，包括 Saito (1996), Inoue(2000), Kimura (2001). 深尾（1999）是個值得注意的例外。

98 結構改革的進度表一直包括修改中央銀行的法律，使日本銀行獨立且不必受到問責，而直到一九九八年，這一目標才實現。三重野解釋說：「在當今許多國家……貨幣政策的制定被委託給獨立的中央銀行。這反映了從歷史中孕育出的智慧。」Mieno (1994), p.11. 關於後來的改革目標，例如副總裁山口所言：「政府在此應發揮的作用也相當大。……重要的是放寬管制、全面審查稅收制度、並確保國營公司的改革穩步推進。另一個重要挑戰是透過審查社會保障制度，包括養老金福利，緩解家庭對未來的焦慮。」Yamaguchi (2001c), p.11. 在推進結構改革的同時，這些央行家只是不斷轉移目標。最終，星岳雄與派屈克在他們的主張中似乎是準確的，即結構改革的目標是引入美式經濟。在已經實現「顯著的結構改革」後，福井俊彥還有更多的結構變革要求：「不能忽視的任務包括大幅削減公共工程項目、徹底改革大學並促進學術產業合作、公司重組、創造重視個人成就的社會，以及改善社會安全網。」T. Fukui (2001).

99 關於外國主流媒體觀點的典型例子，參閱例如 Tett(1998).

100 這些措施包括（但不限於）放寬外匯交易、放寬投資信託基金的銷售管制，以及放鬆證券公司的許可和固定佣金。

101 星岳雄與派屈克（2000）認為：「這種轉變的規模是很顯著的。在戰後大部分時期，日本的金融體制的特點是銀行融資的主導地位、銀行與其公司客戶之間的密切關係，以及政府的嚴格監管。現在的情況似乎剛好相反：金融機構在資金和其他金融市場上競爭，而政府卻不加強干預。」（頁一）

參考書目

自本書英文版首次出版以來，下方區域的網址，大部分已被個別網站所有者設為無法存取。

為了訪問無法存取的內容，可使用網際網路檔案館的網頁時光機，請至 http://archive.org/web/ 並輸入連結。此服務將會為您呈現依照時序存檔的頁面選項。

Acheson, K., and J. Chant (1973a), Bureaucratic theory and the choice of central bank goals, Journal of Money, *Credit and Banking*, vol. 5, pp. 637–655.

____ (1973b), Mythology and central banking, *Kyklos*, vol. 26, pp. 362–379.

American Banker (1993), Efforts to end credit crunch not working, July 21.

Aoki, Masahiko, and Ronald Dore (eds.) (1994), *The Japanese Firm: The Sources of Competitive Strength*, Oxford University Press, Oxford.

Aoki, Masahiko, and Hugh T. Patrick (eds.) (1994), *The Japanese Main Bank System: Its Relevance for Developing and Transforming Economies*, Oxford University Press, Oxford.

Appleyard, Dennis R., and Alfred J. Field Jr. (1992), *International Economics*, Second Edition, Irwin, Chicago.

Arisawa Hiromi, Ando Yoshio et al. (eds.) (1994), *Shǒwa Keizai Shi I, II*: Nikkei Bunko, Nihon Keizai Shinbunsha, Tokyo.

Asako, Kazumi (1991), The land price bubble in Japan, *Ricerche Economiche*, vol. XLV, 2–3, pp. 451–468.

Asian Wall Street Journal (1990), Japanese net sale of foreign securities was a record $2.52 billion in September, November 5.

Baba, Naohiko (1996), Empirical studies on the recent decline in bank lending growth: An approach based on asymmetric information, Institute for Monetary and Economic Studies, *Bank of Japan Discussion Paper*, 96–E-10, February.

Balassa, Bela, and Marcus Noland (1988), *Japan in the World Economy*, Institute for International Economics, Washington D.C.

Baltensperger, Ernst, and Deutsche Bundesbank (eds.) (1999), *Fifty Years of the Deutsche Mark: Central Bank and the Currency in Germany Since 1948*, Oxford University Press, Oxford; translation of Deutsche Bundesbank (eds.)(1998).

Bank of Japan (1973), *Money and Banking in Japan*, edited by L. S. Pressneil, translated by S. Nishimura, Macmillan Press, London.

____ (1975), Nihon ni okeru mane sapurai no jūyōsei ni tsuite, *Chŏsa Geppŏ*, July, pp. 1–19.

____ (1984), *Nihon Ginkŏ 100 Nen Shi*, vol. 4, Bank of Japan.

____ (1986), *The Report of the Advisory Group on Economic Structural Adjustment for International Harmony*, April 7.

____ (1988a) Saikin no mane sapurai dōkō ni tsuite, *Chŏsa Geppŏ*, February, pp. 1–24.

____ (1988b), *The New Economic Plan—The Japan that Lives Together with the World*, June.

____ (1988c), *Shinyŏ shūkei ryŏ ni tsuite*, Chōsa Geppō, December, pp. 35–45.

____ (1992), Nihon ginkō no kinō to gyōmu, *Institute for Monetary and Economic Studies*, Bank of Japan.

____ (2001), New procedures for money market operations and monetary easing, public statement by the Bank of Japan Policy Board, March 19, 2001, Bank of Japan, Tokyo, currently available at: http://www.boj.or.jp/en/seisaku/02/seisak_f.htm

____, *Monthly Statistics of Japan*, Bureau of Statistics, various issues.

____, *Shikinjunkan kanjo*, Bureau of Statistics, various issues.

Barber, Lionel (1997), Calling a central bank to account, *Financial Times*, June 10, p. 3.

____ (2001), Eichels second thoughts: As its economy slows, Europes stability pact may need to be redesigned', *Financial Times*, August 21.

Barber, Tony (2001), An independent spirit in Europe: the timing of the ECBs rate cut reflects not just its economic judgement but also its determination not to give in to outside pressure', *Financial Times*, May11.

Barnhart, Michael A. (1987), *Japan Prepares for Total War: The Search for Economic Security, 1919–1941*, Cornell University Press, Ithaca.

Barro, Robert J. (1974), Are government bonds net wealth? *Journal of Political Economy*, vol. 82, November/December, pp. 1095–1117.

Barro, Robert J., and H. Grossman (1976), *Money, Employment and Inflation*, Cambridge University Press, Cambridge.

Bayoumi, Tamim (1999), The morning after: explaining the slowdown in Japanese growth in the 1990s, IMF Working Paper No. 99/13, International Monetary Fund, Washington, D.C.

BBC (2002), IMF repents over Malaysian criticism, Wednesday, 11 December 2002, 06:58 GMT, currently available at: http://news.bbc.co.uk/l/hi/business/2564557.stm

Bean, Charles R. (1983), Targeting nominal income: an appraisal, *Economic Journal*, vol. 93, December, pp. 806–819.

Begg, David, Stanley Fischer, and Rudiger Dornbusch (1984), *Economics*, British edition, McGraw-Hill Book Company (U.K.), Maidenhead.

Benassy, Jean-Pascal (1986), *Macroeconomics: An Introduction to the Non-Walrasion Approach*, Academic Press Inc., Orlando.

Bernanke, Ben S. (1993), Credit in the Macroeconomy, *FRBNY Quarterly Review*, spring 1992–93, Federal Reserve Bank of

New York, New York, pp. 50–70.

____ (2000), Japanese monetary policy: a case of self-induced paralysis? in: Ryoichi Mikitani and Adam S. Posen (2000), *Japan's Financial Crisis and its Parallels to U.S. Experience*, Special Report 13, September, Institute for International Economics, Washington, D.C.

Bernanke, Ben S., and Mark Gertler (1995), Inside the black box: the credit channel of monetary economic policy transmission, *Journal of Economic Perspectives*, vol. 9, no. 4, pp. 27–48.

____ (1999), Monetary policy and asset price volatility, *Economic Review*, fourth quarter, Federal Reserve Bank of Kansas City.

Bix, Herbert P. (2000), *Hirohito and the Making of Modern Japan*, HarperCollins, New York.

Blanchard, Olivier Jean (1990), Why does money affect output? A survey, chapter 15 in: B. M. Friedman and F. H. Hahn (eds.) (1990); *Handbook of Monetary Economics*, vol. II, Elsevier Science Publishers B.V.

Boltho, Andrea (1975), *Japan: An Economic Survey—1953–1973*, Oxford University Press, London.

Boon, Peter (1989), Perspectives on the High Price of Japanese Land, Discussion Paper No. 45, Economic Research Institute, Economic Planning Agency, Tokyo.

Bosch, Werner (1927), *Die Epochen der Kreditrestriktionspolitik der Deutschen Reichsbank 1924/26*, C. E. Poeschel, Stuttgart.

Boyer-Xambeu, Marie-Therèse, Ghislain Deleplace, and Lucien Gillard (1994), *Private Money and Public Currencies*, M.E. Sharpe, Armonk, New York.

Brunner, Karl, and Allan H. Meltzer (1983), Strategies and tactics for monetary control, in: Karl Brunner and Allan H. Meltzer (eds.)(1983), *Money, Monetary Policy and Financial Institutions*, Carnegie-Rochester Conference Series on Public Policy, vol. 18, North-Holland, Amsterdam, pp. 59–104.

Bryant, Ralph C., Dale W. Henderson, Gerald Holtham, Peter Hooper, Steven Symansky (eds.) (1988), *Empirical Macroeconomics for Interdependent Economies*, Brookings Institution, Washington, D.C.

Burstein, Daniel (1988), *Yen! Japan's New Financial Empire and Its Threat to America*, Simon and Schuster, New York.

Calder, Kent E. (1993), *Strategic Capitalism, Private Business and Public Purpose in Japanese Industrial Finance,* Princeton University Press, Princeton, New Jersey.

Capie, Forest, and Geoffrey Wood (2001), The birth, life and demise of a currency: 50 years of the Deutsche mark, *The Economic Journal*, vol. 111 (June), F449–F461.

Cargill, Thomas F. (1989), *Central Bank Independence and Regulatory Responsibilities: The Bank of Japan and the Federal Reserve*, Salomon Brothers Center for the Study of Financial Institutions, New York University.

Cargill, Thomas F., Michael M. Hutchison, and Takatoshi Ito (1997), *The Political Economy of Japanese Monetary Policy*, MIT Press, Cambridge, Mass.

____ (2000), *Financial Policy and Central Banking in Japan, MIT Press, Cambridge, Mass.*

Chaiyasoot, Naris (1995), Industrialisation, financial reform and monetary policy, in Medhi Krongkaew (ed.), *Thailand's Industrialisation and Its Consequences*, St. Martin's Press, London.

Cho, Yoon Je, and Thomas Hellmann (1993), The government's role in Japanese and Korean credit markets, A new institutional economics perspective, WPS 1190, Policy Research Working Papers, Financial Sector Development Department, September, The World Bank, Washington, D.C.

Chow, G. C. (1960), Tests of equality between sets of coefficients in two linear regressions, *Econometrica*, vol. 28, pp. 591–605.

Christ, C. F. (1968), A simple macroeconomic model with a government budget restraint, *Journal of Political Economy*, vol. 76, no. 1, January–February, pp. 53–67.

Claessens, Stijn, Daniela Klingebiel, and Luc Laeven (2001), Financial Restructuring in Banking and Corporate Sector Crises—What Policies to Pursue?, National Bureau of Economic Research, April, available at http://www.nber.org/books/mgmtcrises/claessens4-24-01.pdf

Clower, R (1965), The Keynesian counterrevolution, in: F. Hahn and F. Brechling (eds.), *The Theory of Interest Rates*, Macmillan, London.

Corbett, Jenny (1987), International perspectives on financing: evidence from Japan, *Oxford Review of Economic Policy*, vol. 3, no. 4, pp. 30–55.

Corbett, Jenny, and Colin Mayer (1991), Financial reform in Eastern Europe: Progress with the wrong model, *Oxford Review of Economic Policy*, vol. 7, no. 4.

Crowley, James B. (1966), *Japan's Quest for Autonomy: National Security and Foreign Policy, 1930–1938,* Princeton University Press, Princeton.

Cutts, Robert L. (1990), Power from the ground up: Japan's land bubble, *Harvard Business Review*, vol. 68, pp. 162–170, May–June.

Daily Yomiuri (2000), Is Japan on the threshold of fiscal breakdown? July 20, p. 20.

Dalberg, Rudolf (1926), *Deutsche Währungs- und Kreditpolitik, 1923–26*, R. Hobbing, Berlin.

Davidson, J. H., D. H. Hendry, F. Srba, and S. Yeo (1978), Econometric modeling of the aggregate time-series relationship between consumers' expenditure and income in the United Kingdom, *The Economic Journal*, vol. 88, pp. 661–692.

Davis, Glenn, and John G. Roberts (1996), *An Occupation Without Troops*, Yen Books, Charles Tuttle, Tokyo.

Dawkins, William (1997a), Asia-Pacific: but will the central bank use its power? *Financial Times*, February 6.

____ (1997b), Survey—Japanese finance: central bank: more autonomy for BoJ, *Financial Times*, March 24.

Dekle, Robert, and Lawrence Summers (1991), Japan's Savings Rate Reaffirmed, Working Paper No. 3690, NBER Working

Paper Series, National Bureau of Economic Research, Cambridge.

de Roover, Raymond (1963), *The Rise and Decline of the Medici Bank, 1397–1494*, Harvard University Press, Cambridge, Mass.

Deutsche Bundesbank (ed.) (1998), *Fünfzig Jahre Deutsche Mark*, Notenbank und Währung in Deutschland seit 1948, Verlag C. H. Beck, Munich.

Dimsdale, Nicholas (1994), Banks, capital markets and the monetary trans-mission mechanism, *Oxford Review of Economic Policy*, vol. 10, no. 4, Winter, pp. 34–48.

Dore, Ronald (2000), *Stock Market Capitalism: Welfare Capitalism, Japan and Germany Versus the Anglo-Saxons,* Oxford University Press, Oxford.

Dornbusch, Rudiger, and Stanley Fischer (1987), *Macroeconomics*, international edition, fourth edition, McGraw-Hill, New York.

Dotsey, Michael (1986), Japanese monetary policy, a comparative analysis, *Bank of Japan Monetary and Economic Studies*, October, Bank of Japan, Tokyo.

Dow Jones (2001a), Kyodo: Japan Association of Corporate Execs names new vice chairman, March 2.

____ (2001b), Ex-BoJ Fukui negative on further monetary easing, Dow Jones, Tokyo, December 13, 2001.

Dower, John W. (1993), *Japan in War and Peace*, New Press, New York.

Duisenberg, W. F. (1998), EMU—How to grasp the opportunities and avoid the risks, speech delivered by the president of the European Monetary Institute, at the Forum de l'Expansion, Paris, January 22; accessed at http:// www.ecb.int/emi/key/key18.htm.

Eckes, Alfred E. (1992), Trading American interests, *Foreign Affairs*, vol. 71, no. 4, Fall, pp. 135–154.

Economic Planning Agency (1962), *Kokumin Shotoku Hakusho* (National Income White Paper), Ministry of Finance Printing

Bureau, Tokyo.
——, *Chŏki Keizai Tŏkei* (Long-Term Economic Statistics), various issues, Tokyo.
——, Database. Accessed at the Cabinet Office's Web site: http://www.cao.go.jp/index-e.html.
Economist (1993), A Japanese puzzle, Economics Focus, June 13. Also accessed at www.profitresearch.co.jp.
—— (1999), Eisuke Sakakibara's flights of fancy, December 16.
Edison, H. J. (1993), The effectiveness of central bank intervention: A survey of the literature after 1982, *Princeton Special Papers in International Economics*, no. 18, July, Princeton University Press, Princeton.
Eguchi, Hidekazu (1977), Comment: Horiuchi Akiyoshi "madoguchi shidō" no yūkosei, *Keizai Kenkyū*, vol. 28, pp. 242–245.
—— (1978), Tanki kinyū shijō no working ni tsuite.—Horiuchi Akiyoshi-shi no rejoinder e no kotae mo kanete, *Keizai Kenkyū*, vol. 29, pp. 81–84.
Emerson, Michael, and Daniel Gros (1992), *One Market, One Money*, Oxford University Press, Oxford.
Fallows, James (1989), Containing Japan, *The Atlantic Monthly*, May. Currently available at http://www.theatlantic.com/issues/89may/fallows.htm
—— (1994), *Looking at the Sun: The Rise of the New East Asian Economic and Political System, Pantheon Books, New York*
Financial Times (1992), "Economic gloom" in money and credit—Economic data prove disappointing, June 22.
—— (1993), Economy remains disturbingly sluggish—Economic signals flash red and green, August 26.
—— (1994), Locomotive out of puff—US economic growth will slow down, January 4.
Fingleton, Eammon (1995), *Blindside*, Simon and Schuster, New York.
Fletcher, William Miles (1982), *The Search for a New Order*, University of North Carolina Press, Chapel Hill.
Floyd, John E. (1969), International capital movements and monetary equilibrium, *American Economic Review*, vol. 59, no. 4,

September, pp. 472–492

Forbes (1992), Slow U.S. growth allows our competitors to catch up, September 14.

Forder, James (1998a), Central bank independence—conceptual clarifications and interim assessment, *Oxford Economic Papers*, vol. 50, pp. 307–334.

____ (1998b), The case for an independent European central bank: A reassessment of evidence and sources, *European Journal of Political Economy*, vol. 14, pp. 53–71.

____ (1999), Central bank independence: Reassessing the measurements, *Journal of Economic Issues*, vol. 33, no. 1, March, pp. 23–40.

____ (2000), The theory of credibility: Confusions, limitations, and dangers, *International Papers in Political Economy*, vol. 7, pp. 1–40.

____ (2002), Interests and "independence": the European Central Bank and the theory of bureaucracy, *International Review of Applied Economics*, vol. 16, no. 1, pp. 51–69.

Frankel, Jeffrey A. (1984), Tests of monetary and portfolio balance models of exchange rate determination, in: John F. O. Bilson and Richard C. Marston (eds.), *Exchange Rate Theory and Practice*, University of Chicago Press, Chicago.

Frantz, Douglas, and Catherine Collins (1989), *Selling Out: How We Are Letting Japan Buy Our Land, Our Industries, Our Financial Institutions, and Our Future,* Contemporary Books, Chicago.

French, Kenneth R., and James M. Poterba (1991), Were Japanese stock prices too high? *Journal of Financial Economics*, vol. 29, pp. 337–363.

Friedman, Benjamin (2000), Japan now and the United States Then: Lessons from the Parallels, in: Ryoichi Mikitani and Adam Posen (eds.), Japan's financial crisis and its parallels to US experience, Institute for International Economics, Special Report No. 13, September.

Friedman, Milton (1953), The methodology of positive economics, in *Essays in Positive Economics*, University of Chicago Press, Chicago.

—— (ed.) (1956), *Studies in the Quantity Theory of Money*, University of Chicago Press, Chicago.

—— (1968), The role of monetary policy, *American Economic Review*, vol. 58, no. 1, March, pp. 1–17.

—— (1982), Monetary policy, theory and practice, *Journal of Money, Credit and Banking*, vol. 14, no. 1, February, pp. 98–118.

—— (1984), Lessons from the 1979–82 monetary policy experiment, *American Economic Review*, vol. 74, May, pp. 497–499.

Friedman, Milton, and Anna J. Schwartz (1963), *A Monetary History of the United States, 1867–1960*, Princeton University Press, Princeton.

Fujiwara, Sakuya (1999), Soundness of financial systems—Remarks by deputy governor Sakuya Fujiwara, Bank of Japan, at the International Conference on Central Banking Policies: Leading the Way towards Sustainable Economic Growth, May 14, 1999, Bank of Japan, Tokyo, currently available at: www.boj.or.jp/en/press/press_f.htm

Fukao, Mitsuhiro (1999), Nichigin wa motto ryōteki kanwa wo subekida (The BoJ should conduct further quantitative easing), *Shūkan Tŏyŏ Keizai*, March 6.

Fukui, Haruhiro, Peter H. Merkl, Hubertus Müller-Gröling, and Akio Watanabe (eds.) (1993), *The Politics of Economic Change in Postwar Japan and West Germany, vol. 1, Macroeconomic Conditions and Policy Responses,* Macmillan Press, London.

Fukui, Toshihiko (1986), Recent developments of the short-term money market in Japan and changes in monetary control techniques and procedures by the Bank of Japan, Special Paper No. 130, January, Research and Statis- tics Department, Bank of Japan, Tokyo.

____ (2001), Year of testing for Japans economy', *Nikkei Weekly*, March5, p. 7.

____ (2002), Japans financial system in need of radical surgery', *Nikkei Weekly*, October 28.

Gertler, Mark (1988), Financial structure and aggregate economic activity: An overview, *Journal of Money, Credit and Banking*, vol. 20, no. 3, August, pp. 557–588.

Goodhart, Charles A. E. (1989a), The conduct of monetary policy, *Economic Journal*, vol. 99, June, pp. 293–346.

____ (1989b), *Money, Information and Uncertainty, 2nd edition*, Macmillan, London.

____ (1989c), Has Moore become too horizontal? *Journal of Post-Keynesian Economics*, vol. 12 (Fall), pp. 29–34.

____ (1991), Is the concept of an equilibrium demand for money meaningful? A reply to "Has the demand for money been mislaid?" *Journal of Post-Keynesian Economics*, vol. 14 (Fall), pp. 134–136.

____ (1994), What should central banks do? What should be their macroeconomic objectives and operations? *Economic Journal*, vol. 104, pp. 1424– 1436.

Graham, Edward, and Paul Krugman (1995), *Foreign Direct Investment in the United States*, third edition, Institute for International Economics, Washington, D.C.

Grant, James (2000), When money becomes a confidence trick, *Financial Times*, July 10, p. 19 (Tokyo edition).

Greenspan, Alan (1967), Gold and economic freedom, in: A. Rand (ed.), *Capitalism: The Unknown Ideal*, Signet Books, New York.

____ (1998), Testimony of Chairman Alan Greenspan, The Federal Reserve's semiannual monetary policy report, Before the Committee on Banking, Housing, and Urban Affairs, U.S. Senate, July 21, 1998, Board of Governors of the Federal Reserve System, Washington D.C; currently available at http://www.federalreserve.gov/boarddocs/hh/1998/july/testimony.htm

Griffin, G. Edward (1994), *The Creature from Jekyll Island*, American Media, Westlake Village, CA.

Hahn, L. Albert (1920), *Die volkswirtschaftliche Theorie des Bankkredits*, J. C. B. Mohr, Tübingen.

Hamada, Koichi (1999), *Shūkan Toyo Keizai*, November 13.

—— (2002), Defure yōninronshani tō, Kokumin keizai wo kowashitemo yoinoka, *Chūŏ Kŏron*, January.

Harada, Yutaka (1999), *Nihon no Ushinawareta Jū Nen*, Nihon Keizai Shinbunsha, Tokyo.

Hayami, Masaru (1998), Recent economic conditions in Japan—The role of a central bank and its balance sheet, A summary of the speech given by Masaru Hayami, governor of the Bank of Japan, to the Kisaragi-kai meeting in Tokyo on December 22, 1998, Bank of Japan, Tokyo; currently accessed at www.boj.or.jp/en/press/press_f.htm

—— (1999), On Recent Monetary Policy, excerpted and translated from a speech given by Masaru Hayami, governor of the Bank of Japan, at the Japan National Press Club in Tokyo on June 22, 1999, Bank of Japan, Tokyo; currently accessed at www.boj.or.jp/en/press/press_f.htm.

—— (2000a), Revitalisation of Japan's economy, Speech given by Masaru Hayami, governor of the Bank of Japan, at the Japanese Economic Research Center on May 29. Accessed at www.boj.or.jp/en/press/press_f.htm.

—— (2000b), The role of Japan amid the changing international environment, speech at the Meeting of the Executive Board of Directors of the Japan Foreign Trade Council on June 7, accessed at www.boj.or.jp/en/press/ press_f.htm.

—— (2000c), Opening speech by the governor at the Ninth International Conference held by the Institute for Monetary and Economic Studies, Bank of Japan, July 3, accessed at www.boj.or.jp/en/press/press_f.htm.

—— (2000d), Speech given by Masaru Hayami, governor of the Bank of Japan, at the Keizai Club on December 22 (Challenge for Japan's economy: the central banker's perspective), accessed at www.boj.or.jp/press/press_f. htm.

—— (2001), Recent economic developments and monetary policy, English translation of speech given by Masaru Hayami, governor of the Bank of Japan, at Naigai Chōsa Kai (the Research Institute of Japan), on March 7, accessed at www.boj.or.jp/en/press/press_f.htm.

____ (2002), Toward revitalization of Japan's economy, speech given by Masaru Hayami, governor of the Bank of Japan, at the Keizai (Economic) Club, on January 29, accessed at www.boj.or.jp/en/press/press_f.htm.

Hayashi, Fumio (1998), Keizai Kyōshitsu—Nichigin, besu mane no mokuhyō wo (The BoJ should set a base money target), *Nihon Keizai Shinbun*, December 29.

Hayashi, Naomichi (1996), *The Japanese Economy Today: 50 Years After World War II*, Osaka University of Economics and Law, Osaka.

Hendry, David F. (1979), Predictive failure and econometric modelling in macroeconomics: the transactions demand for money, in: R. Ormerod (ed.), *Modelling the Economy*, Heinemann, London.

____ (1986), Econometric modelling with cointegrated variables. *Oxford Bulletin of Economics and Statistics*, vol. 48, no. 3, special issue.

____ (1987). Econometric methodology: a personal perspective. In T. F. Bewley (ed.), *Advances in Econometrics*, Chapter 10, Cambridge University Press, Cambridge.

____ (2000), *Econometrics: Alchemy or Science?* new edition, Oxford University Press, Oxford.

Hendry, David F., and G. E. Mizon (1978), Serial correlation as a convenient simplification, not nuisance: A comment, *Economic Journal*, vol. 88, pp. 549–563.

Higashitani, Satoshi (2000), *Kinyūchǒ ga chūshǒ kigyǒ wo tsubusu*, Sōshisha, Tokyo.

Hoppe, Hans-Hermann, Jörg Guido Hülsmann, and Walter Block (1998), Against fiduciary media, *Quarterly Journal of Austrian Economics*, 1(1), pp. 19–50.

Horiuchi, Akiyoshi (1977), Madoguchi shidō no yūkōsei, *Keizai Kenkyū*, vol. 28, pp. 204–213.

____ (1978), Eguchi Hidekazu shi no komento ni kotaeru—Madoguchi kisei no yūkōsei ni tsuite, *Keizai Kenkyū*, vol. 29, pp. 78–80.

—— (1980), *Nihon no kinyū seisaku*, Tōyō Keizai Shinpōsha, Tokyo.

—— (1993), "Japan" in Chapter 3, "Monetary policies" in Haruhiro Fukui, Peter H. Merkl, Hubertus Müller-Gröling, and Akio Watanabe (eds.), *The Politics of Economic Change in Postwar Japan and West Germany, vol. 1, Macroeconomic Conditions and Policy Responses*, Macmillan Press, London.

Hoshi, Takeo, and Anil Kashyap (2000), Japans Big Bang starts to whimper', *Asian Wall Street Journal*, February 21.

Hoshi, Takeo, and Hugh Patrick (2000), The Japanese financial system: An introductory overview, in: Takeo Hoshi and Hugh Patrick (eds.), *Crisis and Change in the Japanese Financial System*, Kluwer Academic Publishers, Norwell.

Hoshi, Takeo, David Scharfstein, and Kenneth J. Singleton (1991), Japanese corporate investment and Bank of Japan guidance of commercial bank lending, Conference on Japanese Monetary Policy, *National Bureau of Economic Research*, Tokyo, April.

Ibison, David (2002), World Report Japan: Make or break time for "paralysed" Bank, *Financial Times*, November 15.

Ichimada Hisato Denki Tsuitōroku Kankōkai (1986) (ed.), *Ichimada Hisato: Denki, Tsuitŏroku*, Tokuma Shoten and Yamaichi Securities, Economic Research Institute, Tokyo.

Idei, Y. (1992), Slump forces firms to retreat from overseas operations, *The Nikkei Weekly*, October 5.

Ihori, Toshihiro, Takero Doi, and Hiroki Kondo (2000), Japanese fiscal reform: Fiiscal reconstruction and fiscal policy, Discussion Paper CIRJE-F-83, Center for International Research on the Japanese Economy, University of Tokyo.

Ikeo, Kazuhito (2001), Keizai Kyōshitsu: Nihon, seisansei kōjōni zenryoku wo, *Nihon Keizai Shinbun*, March 6.

Inose, Naoki (1986), *Shŏwa 16 nen natsu no haisen*, Bunshun Bunko, Tokyo.

Inoue, Kengo (2000), *Naniga tadashii keizaiseisakuka*, Nihon Keizai Shinbunsha, Tokyo.

International Institute for Management Development (2002), *World Competitiveness Yearbook 2002*, IMD, Lausanne

International Monetary Fund (1992), *World Economic Outlook*, October, Washington, D.C.

____ (1998), *Japan—Selected Issues*, IMF Background Paper, No. 98/191, Washington, D.C.

____ (1999), *Financial resources and liquidity position*, accessed at http://www.imf.org/external/np/tre/liquid/1999/0799.htm.

____ , *International Financial Statistics*, Washington, D.C., various issues.

Ishii, Masayuki (1996), *Dare mo kakanakatta Nihon ginkǒ*, Appuru Shuppansha, Tokyo.

Ito, Osamu (1986), Sengo nihon kinyū shisutemu no keisei, in: Kindai Nihon Kenkyūkai (eds.), *Nempu Kindai Nihon Kenkyū*, vol. 8, Yamakawa Shuppansha, Tokyo.

Ito, Takatoshi (1992), *The Japanese Economy*, The MIT Press, Cambridge, Massachusetts.

____ (1993), The land/housing problem in Japan: A macroeconomic approach, *Journal of the Japanese and International Economies*, vol. 7, no. 1, March, pp. 1–31.

____ (2000), The stagnant Japanese economy in the 1990s: the need for financial supervision to restore sustained growth, in: Takeo Hoshi and Hugh Patrick (eds.), *Crisis and Change in the Japanese Financial System*, Kluwer Academic Publishers, Norwell, Mass.

Itoh, Kunio, Takashi Misumi, and Toyohiko Ichimura (1990), Spiral shift of logics of interlocking shareholdings in Japan, *Hitotsubashi University Business Review*, vol. 37, no. 3, pp. 15–36.

Iwata, Kazumasa, and Kōichi Hamada (1980), *Kinyū Seisaku to Ginkǒ Kǒdǒ*, Tōyō Keizai Shinpōsha, Tokyo.

Iwata, Kikuo (1992a), 'Iwayuru kaneamari to chikakōtō ni tsuite', *Kinyū Keizai Kenkyū*, no. 2, January.

____ (1992b), "Nichiginriron" wo hoki seyo, *Shūkan Tǒyǒ Keizai*, September12, pp. 124–128.

____ (1992c), Keizai Kyōshitsu: Base Money kyōkyūzō wa kanō, Fukyō yobu nichiginseisaku, *Nihon Keizai Shinbun*, December 24.

____ (1994), Keizai Kyōshitsu: Nichigin, tsūka kyōkyūryō no jūshiwo, *Nihon Keizai Shinbun*, December 13.

____ (1999), Keizai Kyōshitsu—Ryōtekikanwa, hōhōshidai de kōka, *Nihon Keizai Shinbun*, September 30.

____ (2000a), Chōkikokusai kaikiri opewo zōgaku subeki, *Ronsŏ Tŏyŏ Keizai*, January; reprinted as Chapter 7 in: Iwata, Kikuo (ed.)(2000b), *Kinyū Seisaku no Ronten*, Tōyō Keizai Shinpōsha, Tokyo.

____ (ed.)(2000b), *Kinyū Seisaku no Ronten*, Tōyō Keizai Shinpōsha, Tokyo.

Jaffee, Dwight, and Joseph E. Stiglitz (1990), Credit rationing, in: B. M. Friedman and F. H Hahn (eds.), *Handbook of Monetary Economics*, vol. II, Elsevier Science Publishers B.V., pp. 1938–1988.

James, Harold (1998), Die Reichsbank 1876 bis 1945, in: Deutsche Bundesbank (ed.), *Fünfzig Jahre Deutsche Mark, Notenbank und Währung in Deutschland seit 1948*, Verlag C. H. Beck, Munich.

Jao, Y. C. (1989), Money supply exogeneity and endogeneity: A review of the monetarist-post-Keynesian debate, *Greek Economic Review*, vol. 11, no. 2.

Japan Center for Economic Research (2002), *Credibility of government, corporate and banking sectors in Japan*, Japan Financial Report No. 6, March, Ja- pan Center for Economic Research, Tokyo, currently available at: http://www.jcer.or.jp/eng/pdf/kinyuE6.pdf.

Japan Times (2001), Fukui to be vice chair of execs' group, March 3.

Jefferson, Thomas (1894), *The Writings of Thomas Jefferson*, G. P. Putnam's Sons, New York.

Jenkinson, Tim, and Colin Mayer (1992), The assessment: Corporate governance and corporate control, *Oxford Review of Economic Policy*, vol. 8, no. 3, Oxford University Press, 1–10.

Jittai Chōsa Shōiinkai (1959), Nihon ginkō o chūshin to suru sengo kinyū no jittai chōsa, in: Ministry of Finance, Banking Bureau (ed.), *Chūo ginkŏ seido, Kinyūseido*, chōsakai kankei shiryō, Printing Bureau of the Ministry of Finance, Tokyo.

Johnson, Chalmers (1982), *MITI and the Japanese Miracle*, Charles E. Tuttle Co, Tokyo.

____ (1988), Studies of Japanese political economy: A crisis in theory, *The Japan Foundation Newsletter*, December, p. 1.

Kaldor, Nicholas (1970), The new monetarism, *Lloyds Bank Review*, July.

Katz, Richard (2001), Curing Japan: Monetary easing is no quick fix, *Financial Times*, November 21.

Kawai, Masahiro (1998a), A yen bloc? Reduced role for the dollar, *Capital Trends*, March1998, vol. 3, no. 4, http://www.gwjapan.com/ftp/pub/nrca/ctv3n04b.html.

____ (1998b), The East Asian Currency Crisis: Causes and Lessons, *Contemporary Economic Policy*, vol. XVI, no. 2, April.

Kawai, Masahiro, and Hirohiko Okumura (1988), Japan's Portfolio Investment in Foreign Securities, JCIF Policy Study Series No. 9, January, Japan Center for International Finance

Kawai, Masahiro, and Kenichi Takayasu (2000), The economic crisis and banking sector restructuring in Thailand, in: Ghon S. Rhee (ed.), *Rising to the Challenge in Asia: A Study of Financial Markets*, vol. 11, *Thailand*, Asian Development Bank, Manila, September.

Keeton, W. R. (1979), *Equilibirum Credit Rationing*, Garland Publishing, New York.

Keizai Dōyūkai (1983), *Sekai kokka e no jikaku to kǒdǒ*, January 21, Tokyo.

Keizai Koho Center (1990), Solving the Land and Housing Problem of Major Cities: Keidanren Recommendations, *Keizai Koho Center Brief* No. 54, May, Tokyo.

Kerde, Ortrud (1999), The ideological background of the Japanese war economy, in: Erich Pauer (ed.), *Japan's War Economy*, Routledge, London.

Keynes, John Maynard (1923), *A Tract on Monetary Reform*, Macmillan, London

____ (1930), *A Treatise on Money*, vol. 1, Macmillan, London.

____ (1936), *The General Theory of Employment, Interest and Money,* Macmillan, London.

Kimura, Takeshi (2001), *Capital Flight*, Jitsugyō no nihonsha, Tokyo.

Kingdom of Thailand (1997), (First) Letter of Intent, Bangkok, published by the International Monetary Fund, Washington

D.C.; currently available at: www.imf.org/external/country/tha/index.htm?type=23

Knapp, Georg F. (1905), *Die staatliche Theorie des Geldes*, Munich/Leipzig.

Kobayashi, Hideo (1995), *"Nihon kabushiki kaisha" wo tsukutta otoko—Miyazaki Masayoshi no shǒgai*, Shogakkan, Tokyo.

Kobayashi, Hideo, Tetsuji Okazaki, and Seiichiro Yonekura (1995), *Nihon kabushikigaisha no shǒwashi-Kanryǒ shihai no kǒzǒ*, NHK shuzai han, Sōgensha, Tokyo.

Koo, Richard (1989), Nomura medium-term economic outlook for Japan and the world, mimeo, Nomura Research Institute, Tokyo.

—— (1995), Keizai Kyōshitsu: Kōzōhenka taiō, teokurefusege, *Nihon Keizai Shinbun*, January 11.

—— (1998), *Kinyū kiki kara no dasshutsu*, PHP Kenkyūjo, Tokyo.

—— (1999), *Nihonkeizai kaifukue no aoshashin*, PHP Kenkyūjo, Tokyo.

Kregel, Jan A. (2000), Krugman on the liquidity trap: Why inflation won't bring recovery in Japan, Working Paper No. 298, Jerome Levy Economics Institute, March.

Krooss, Herman E. (1983) (ed.), *Documentary History of Banking and Currency in the United States*, vol. III, Chelsea House, New York.

Krugman, Paul (1992), *The Age of Diminished Expectations*, MIT Press paperback edition, MIT Press, Cambridge, MA. First edition: 1990, Washington Post Company.

—— (1994), The myth of Asia's miracle, *Foreign Affairs*, November/December, pp. 62–78.

—— (1998a), Japan's trap, May, accessed at http://web.mit.edu/krugman/www/japtrap.html.

—— (1998b), Setting sun—Japan: What went wrong? June 11, accessed at http://web.mit.edu/krugman/www/japan.html.

—— (1998c), It's baaack: Japan's slump and the return of the liquidity trap, *Brookings Papers on Economic Activity*, no. 2, 1998, pp. 137–205, and http://web.mit.edu/krugman/www/bpea_ip.pdf.

Kubota, Isao (1988), *Sekai o Ugokasu Nihon*, Zaikai Shōhōsha, Tokyo.

Kugler, Peter, and Georg Rich (2001), Monetary policy under low interest rates: The experience of Switzerland in the late 1970s, paper presented at the thirty-second meeting of the Ausschuss für Geldtheorie und Geldpolitik—Verein für Socialpolitik, Frankfurt, 16–17 February; accessed at www. snb.ch.

Kure, Bunji (1973), *Kinyū seisaku—Nihon ginkŏ no seisaku unei*, Tōyō Keizai Shinpōsha, Tokyo.

____ (1975), Nihon ginkō no madoguchi shidō, *Shikan Gendai Keizai*, vol.17, March.

Kwan, C. H. (2001), *Yen Block: Toward Economic Integration in Asia*, Brookings Institution, Washington, D.C.

Langdon, Frank C. (1961), Big business lobbying in Japan: The case of central bank reform, *The American Political Science Review*, pp. 527–38.

Law, John (1720), *Money and Trade Consider'd with a Proposal for Supplying the Nation with Money,* second edition, W. Lewis, London.

Lindbergh, Charles A. (1923), *The Economic Pinch*, Dorrance, Philadelphia.

Marsh, David (1992), *The Bundesbank: The Bank That Rules Europe*, Heinemann, London.

Matsui, Kyoshi (1996), Kinnen ni okeru ginkō no kashidashi kyōkyū to jittai keizai katsudō no kankei ni tsuite—Credit crunch-ron ni kan suru kōsatsu, Institute for Monetary and Economics Studies, *IMES Discussion Paper*, 96-J-17, October, Bank of Japan, Tokyo.

Matsushita, Yasuo (1996a), Governor of the Bank of Japan, to the Japan National Press Club in Tokyo on June 14, 1996; currently accessed at the Bank of Japan Web site: http://www.boj.or.jp/en/press/press_f.htm.

____ (1996b), The role of monetary policy, excerpted and translated from a speech by Yasuo Matsushita, Governor of the Bank of Japan, to the Research Institute of Japan in Tokyo on November 6, 1996; currently accessed at the Bank of Japan Web site: http://www.boj.or.jp/en/press/press_f.htm

Mayer, Colin (1987), The assessment: Financial systems and corporate investment, *Oxford Review of Economic Policy*, vol. 3, no. 4, pp. i-xvi.

McCallum, Bennett T. (1985), On consequences and criticisms of monetary targeting, *Journal of Money, Credit and Banking*, vol. 17, pp. 570–97.

—— (1993), Reply to comments by Kunio Okina, *Bank of Japan Monetary and Economic Studies*, vol. 11, no. 2, November.

—— (2000), Theoretical analysis regarding a zero lower bound on nominal interest rates, *Journal of Money, Credit and Banking*, vol. 32 (November; part 2), pp. 870–904.

—— (2001a), Inflation targeting and the liquidity trap, NBER working paper no. 8225, April 2001.

—— (2001b), Japanese monetary policy again, Shadow Open Market Committee, October 15, mimeo.

McKibbin, Warwick J. (1996), The macroeconomic experience of Japan since 1990: An empirical investigation, Economics Department, Research School of Pacific and Asian Studies, Australian National University, mimeo.

McKinnon, Ronald I. (1999), Comments on "Monetary policy under zero inflation." *Monetary and Economic Studies*, December 1999, Bank of Japan.

McKinnon, Ronald I. and Huw Pill (1996), Credible liberalizations and international capital flows: The overborrowing syndrome, in: Takatoshi Ito and Anne O. Krueger (eds.), *Financial Deregulation and Integration in East Asia*, Chicago University Press, Chicago.

McNeil, William C. (1986), *American Money and the Weimar Republic*, Columbia University Press, New York.

Meade, J. E. (1978), The meaning of internal balance, *Economic Journal*, vol. 88, pp. 423–35.

Meese, Richard A. (1990), Currency fluctuations in the post-Bretton Woods era, *Journal of Economic Perspectives*, vol. 4, no. 1, Winter, pp. 117–34.

Meese, Richard A. and Kenneth Rogoff (1983), Empirical exchange rate models of the seventies: Do they fit out of sample?,

Journal of International Economics, vol. 14, no. 1/2, February, pp. 3–24.

Meltzer, Allan (1998), Time to print money, *Financial Times*, July 17, 1998.

____ (1999), The transmission process, paper prepared for the conference On the Monetary Transmission Process: Recent Developments and Lessons for Europe, sponsored by Deutsche Bundesbank, Frankfurt (25–27 March).

____ (2003), *A History of the Federal Reserve, Vol I:1913–1951*, University of Chicago Press, Chicago.

Metzler, Mark (2002), American pressure for financial internationalisation in Japan on the eve of the Great Depression, *Journal of Japanese Studies*, vol. 28, no. 2 (Summer).

Mieno, Yasushi, (1992), Speech by Governor Yasushi Mieno: Behaviour of finance and economy in the year 3 of Heisei, *Bank of Japan Monthly Bulletin*, June.

____ (1993), Current economic developments in Japan and abroad, *Special Paper*, No. 227, Bank of Japan, May (Transcript and translation of speech given by Yasushi Mieno to the Economics Club in Tokyo on April 20).

____ (1994), The conduct of monetary policy by the Bank of Japan, *Bank of Japan Quarterly Bulletin*, August, Bank of Japan, Tokyo, pp. 6–12.

Mikitani, Ryoichi (2000), The facts of the Japanese financial crisis, in: Ryoichi Mikitani and Adam Posen (eds.), *Japan's financial crisis and its parallels to U.S. experience*, Special Report No. 13, September, Institute for International Economics, Washington, D.C.

Miller, Roger L., and David D.VanHoose (1993), *Modern Money and Banking*, international edition, third edition, McGraw-Hill, New York.

Minami, Ryoshin (1986), *Japanese Economic Development*, Oxford University Press, Oxford.

Mitchell, B. R. (1998a), *International Historical Statistics: The Americas 1750–1993*, fourth edition, Macmillan, London.

____ (1998b), *International Historical Statistics: Africa, Asia and Oceania 1750–1993, third edition, Macmillan, London.*

____ (1998c), *International Historical Statistics: Europe 1750–1993, fourth edition, Macmillan, London.*
Miura, Mitsuo (2000), Breaking free from stranglehold of wartime regime, *The Daily Yomiuri*, May 3.
Moore, Basil (1988), *Horizontalists and Verticalists: The Macroeconomics of Credit Money*, Cambridge University Press, Cambridge.
Morgan, Peter (1994a), Liquidity factor won't prevent recovery, *Nikkei Weekly*, June 13.
____ (1994b), Kashidashi fushiwa kaifuku no samatage ni naranu, *Nikkei Business*, July 18.
Morinaga, Takuro (2002), *Nihon keizai saiaku no sentaku*, Jitsugyōno Nihonsha, Tokyo
Morishima, Michio (1982), *Why Has Japan "Succeeded"? Western Technology and the Japanese Ethos*, Cambridge University Press, Cambridge.
Morsink, James, and Tamim Bayoumi (1999), A peek inside the black box: The monetary transmission mechanism in Japan, IMF Working Paper WP/99/137, International Monetary Fund, Washington, D.C.
Muellbauer, John, and Richard Portes (1978), Macroeconomic models with quantity rationing, *Economic Journal*, vol. 88, pp. 788–821.
Müller, Adam Heinrich Ritter von Nitterdorf (1809), *Die Elemente der Staatskunst*, J. D. Sander, Berlin.
Müller, Helmut (1973), *Die Zentralbank als eine Nebenregierung*, Westdeutscher Verlag, Opladen.
Murphy, R. Taggart (1996), *The Weight of the Yen*, W. W. Norton and Company, New York.
Nagatani, Yasutaka (1996), Keizai Kyōshitsu: Yakuwari hatashita "keiki taisaku." *Nihon Keizai Shinbun*, February 16.
Nakamura, Masanori (1992), *The Japanese Monarchy: Ambassador Joseph Grew and the Making of the "Symbol Emperor System," 1931–1991*, translated by Herbert Bix, Jonathan Baker-Bates, and Derek Bowen, M. E. Sharpe, Armonk, New York.
Nakamura, Takafusa (1974), *Nihon no keizai tŏsei-zenji-zengo no keiken to kyŏkun*, Nikkei shinsho no. 208, Nihon Keizai

Shinbunsha, Tokyo.

____ (1993a), *Shŏwashi I, II*, Tōyō Keizai Shinpōsha, Tokyo.

____ (1993b), *Nihon Keizai, Sono Seichŏ to Kŏzŏ*, third edition, University of Tokyo Press, Tokyo.

____ (1995), *The Postwar Japanese Economy: Its Development and Structure, 1937–1994*, second edition, University of Tokyo Press, Tokyo (originally published in Japanese in 1981).

Nakane, Chie (1970), *Japanese Society*, Weidenfeld and Nicolson, London. Tokyo edition, Charles Tuttle, 1984.

Nakao, Masaaki, and Akinari Horii (1991), The process of decision-making and implementation of monetary policy in Japan, *Special Paper*, no. 198, March, Research and Statistics Department, Bank of Japan, Tokyo.

National Conference of Stock Exchanges (1999), 7999 *Share-Ownership Survey*, Tokyo Stock Exchange, Tokyo.

National Conference of Stock Exchanges (2001), *2001 Share-Ownership Survey*, Tokyo Stock Exchange, Tokyo; currently accessed at http://www.tse. or.jp/english/data/research/english2001.pdf.

National Conference of Stock Exchanges (2002), *2002 Share-Ownership Survey*, Tokyo Stock Exchange, Tokyo.

Nester, William (1990), *Japan's Growing Power over East Asia and the World Economy*, Macmillan, London.

Newcomb, Simon (1885), *Principles of Political Economy*, Harper, New York.

Nihon Keizai Shinbun (1978), Nichigin, kinyū wo "ryōteki yokuseigata" ni— kabu, tochi wo keikai, December 15, 1978, p. 1.

____ (1981), Nichigin, madoguchi shidō o jijitsujō teppai, December 26, p. 3.

____ (1982), Ginkō yokonarabi ni ihen, September 9, p. 3.

____ (1983a), Keizai Dōyūkai nentū kenkai, gaman yori chōsen—Nōgyō kinyū, 5 nen keikaku de jiyūka, 5% seichō kanō, January 25, p. 3.

____ (1983b), Kinri jiyūka, chūshō kikan ni hairyo yūchō rendō kakasenu— Kinyūseido chōsakaichō Sasaki-shi ni kiku, April 21, p. 5.

—— (1984a), Maekawa Nichigin sōsai, kinyū shijō kaihō e sekkyoku shisei—”Naikokumin taigū” dewa fujyūbun, January 12, p. 3.

—— (1984b), Ko Ichimada-shi. Keizai fukkō ni “ratsuwan,” hōō to yobareru-Shushō Fukuda-shi. Maekawa-shi danwa, January 23, p. 3.

—— (1984c), Seifu, nichigin, kinyū chōsetsu de shijō kinri sōsa o jūshi, April 26, p. 3.

—— (1984d), Chōsa hōkoku, kinyū kikan no kokusai gyōmu ikusei, kiseikanwa jishusei wo -Risku kaihi e yūshi bunsan, June 6, p. 3.

—— (1984e), Madoguchi kisei wo ōhaba kanwa kashidashi ni tsuikawaku, September 18.

—— (1985), 4–6 gatsu no madoguchi kisei, togin 35.5% zō, March 20, p. 3.

—— (1986a), Madoguchi kiseiwaku jiyūka, togin, nichigin oyobigoshi, October 4, p. 3.

—— (1986b), Nichigin fukusōsai, kane amari genshō wa kenen—”Risage, jikidenai.” October 4, p. 3.

—— (1986c), Nihon shiki Kinyū seisaku wa “madoguchi shidō” ni ari— beirengin economist bunseki, October 7, p. 3.

—— (1986d), Togin kashidashi keikaku, 1–3 gatsu 6% no hikui nobi—kane amari keikairon ni hairyo, December 18, p. 5.

—— (1986e), Togin, chōshingin, shintakugin, 1–3 gatsu no kashidashi keikakugaku kettei, December 27, p. 5.

—— (1987a), Bukka dōkū to kinyū chōsetsu -Nichigin eigyō kyokuchō Fukui Toshihikoshi, July 13, p. 3.

—— (1987b), Nichigin fukusōsai hyōmei kinyūkanwa wo iji, July 24, p. 3.

—— (1988a), Sasaki moto nichigin sōsai wo itamu, July 8, p.3.

—— (1988b), Sasaki Tadashi shi wo itamu, July 7, p.3.

—— (1989a), Tōkaku no Mieno fukusōsai, January 1, p. 3.

—— (1989b), Nichigin-sōsai ni Mieno-shi, seifusuji akasu—12 gatsu. Sumita-shi to kōtai, June 10, p. 1.

—— (1989c), Rekidai Nichigin sōsai ni miru shishitsu -Atsuryoku haisuru ishi, jūnansei no kenbi mo (jinji rojii), December 4,

p. 5–6.

____ (1989d), Tojō hirakareta nichigin ga kadai, December 16, p. 5.

____ (1989e), Nichigin sōsai ni shokunin suru Mieno Yasushi-shi—"Hirakareta nichigin" ga kadai, December 16, p. 5.

____ (1989f), Fudōsan tōshi, kobetsu chekku, December 19, p. 7.

____ (1989g), Maekawashi shiko, September 22, 1989, p. 3.

____ (1991a), Nichigin no madoguchi shidō haishi, "amae no kōzō" kaishō nerau, June 26, p. 5.

____ (1991b), Nichigin, madoguchi shidō haishi o seishiki kettei, kashi dashi ryō contrōru, kinri seisaku de taiō kanōni, June 28, p. 7.

____ (1992a), Kinyū fukyō wo kataru (4): Nihon ginkō riji Fukui Toshihiko Shi, Nihon Keizai Shinbun, December 26, 1992, p. 5.

____ (1992b), Nagoya shitenchō ga kaiken, zaiteku trouble nichigin nimo sekinin, December 26, p. 7.

____ (1994), Funade sum "Matsushita nichiginmaru." December 11, p. 40.

Nikkei Kinyū (1987b), Nichi-gin Kinyūsuji kansoku, impact loan mado-guchi shidō no taishō ni, October 1, p. 1.

____ (1987c), Nichi-gin Kinyūsuji kansoku, impact loan madoguchi shidō no taishō ni, October 1, p. 1.

____ (1987d), Nichigin fukusōsai Mieno Yasushi-shi—"Keni to dentō" no shinbomteki sonzai (kinyū guzō), October 1, p. 3.

____ (1987e), Hōgin no kaiyūshi Kyūzō, Nichigin no madoguchi kisei de suissu shijō ga konran, December 21, p. 7.

____ (1988a), Yumme chōsetsu wa gaigin no mikata? January 27, p. 3.

____ (1988b), Tokushū: Nichigin no kinyū chōsetsu, madoguchi shidō jiyūka susumi isonde wa teika, April 5, p. 10.

____ (1988c), Chōshingin 2.4％ zō, Shintaku 2％ zō, shuyō kō 4–6 gatsuki kashidashi, March 25, p. 1.

____ (1988d), Nichigin, impact loan o yokusei -togin 13 kō 4–6 gatsu, zōkagaku 25％ sakugen, March 30, p. 1.

____ (1988e), Dai 3 bu. Jinji senryaku (1) Posuto Sumita niramu—Mieno taisei e entaku katameru (Nichigin Kenkyū), October 31, p. 1.

—— (1988f), OB jūshi de kessoku—Tenshutsunan kara shinbunya kaitaku (Nichigin Kenkyū), November 4, p. 1.

—— (1988g), Nichigin, impact loan wo yokusei—toshigingkō 13ko 4–6 gatsu, zokagaku 25% sakugen, March 30, p. 1.

—— (1989a), Tsūka kyōkyū-ryō to kinri—Nezuyoi kashidashi iyoku, nichigin, kane amari yokusei, June 13, p. 2.

—— (1989b), Mieno-shi tsuite. Zōshō "Kokusaiteki hyōka shinpainai,"—Sumita-shi kara taikoban, November 24, p. 3.

—— (1989c), Nichigin sōsai kaiken—Bukka no bannin ni tesshitai, December 19, p. 3.

—— (1989d), Mieno nichigin sōsai kaiken. Bukka no antei yūsen wa tsuranuku Shijō kinri tono chōsei nerau, December 26, p. 2.

—— (1989e), Nichingin sōsai kōtai, shijō wa kō miru—Meiji Seimei yūkashōken buchō Harakawa Atsuo, November 24, p. 3.

—— (1990a), 7–9 gatsu mo 2 keta asshuku, nichigin kashidashi zōkagaku kisei, yobō hikishime tettei, June 21, p. 3.

—— (1990b), Nichigin, ryōteki hikishime kyōka—Togin no kashidashi zōkagaku, 10–12 gatsu, 2 wari gen mo, September 13.

—— (1991a), 7–9 gatsuki kara, nichigin, maodguich shidō o haishi, June 26, p. 1.

—— (1991b), Nichigin watcher no deban, July 2, p. 1.

—— (1991c), Togin ni aratananayami, nichigin no madoguchi shidō hashi, July 11, p. 3.

—— (1995), Nichigin fukusōsaikaiken, November 24, p. 7

Nikkei Sangyo (1985), Tōden no shagai jyūyaku ni Sasaki zen dōyūkai daihyō kanji, May 28, p. 23.

—— (1987), *Kinyūkanwaseisaku iji wa kyōchō, July 14, p. 1.*

—— (1988), *Sasaki Tadashi shi shikyo*, July 7, p. 3.

Noguchi, Yukio (1989), Land problem as an unintended industrial policy: Its mechanism and limit, *Hitotsubashi Journal of Economics*, vol. 30, pp. 87–99, Hitotsubashi Academy, Tokyo.

—— (1990a), Japans land problem', *Japanese Economic Studies*, summer.

—— (1990b), Land problems in Japan, *Hitotsubashi Journal of Economics*, Hitotsubashi Academy, Tokyo, vol. 31, pp. 73–86.

____ (1992a), *Baburu no keizaigaku*, Nihon Kezai Shinbunsha, Tokyo.

____ (1992b), Land problem and policies in Japan: Structural issues, in: John

O. Haley and Kozo Yamamura, *Land Issues in Japan: A Policy Failure*, Society for Japanese Studies, Seattle.

____ (1995), 1940 nen taisei—saraba "Senji Keizai" (*The 1940 System—Fare- well War Economy*), Tōyō Keizai Shinpōsha, Tokyo.

Odagiri, Hiroyuki (1992), *Growth Through Competition, Competition Through Growth*, Clarendon Press, Oxford.

Ōkawa, Kazushi et al. (eds.) (1965), *Chŏki Keizai Tŏkei*, Tōyō Keizai Shinpōsha, Tokyo.

Okazaki, Tetsuji (1987), Senji Keikaku keizai to kakaku kisei, Nenpō, *Kindaikenkyu. Senji Keizai*, Yamakawa shuppansha, Tokyo.

____ (1988), *Dainijitaisenki no Hinoh niokeru senji keikaku keizai no kōzō to unkō—Tekkō bumon wo chūshin to shite, shakai kagaku kenkyu*, Dai 40 kan, Dai 40 gō, 1988/11 bassui.

____ (1992), *The Japanese Firm under the Wartime Planned Economy*, Working Paper 92-F-4, Tokyo University, June; also published as Okazaki (1994).

____ (1993), *Nihon seifu. Kigyōkan kankei: Gyōkaidantai—Shingikai shisutemu no keisei ni kansuru oboegaki*, Tokyo University, Department of Economics, Tokyo.

____ (1994), The Japanese firm under the wartime planned economy, in: M. Aoki and R. Dore (eds.), *The Japanese Firm: The Sources of Competitive Strength*, Oxford University Press, Oxford.

Okazaki, Tetsuji, and M. Okuno (eds.)(1993), *Gendai nihon keizai sistemu no genryū*, Nihon Keizai Shinbunsha, Tokyo.

Okazaki, Tetsuji, and Masahiro Okuno-Fujiwara (eds.) (1999), *The Japanese Economic System and Its Historical Origins*, Oxford University Press, Oxford. Translation of Okazaki and Okuno (1993).

Okina, Kunio (1991), Nihon ni okeru kinyū chōsetsu, *Kinyū Kenkyū*, vol. 10, no. 2, July, Bank of Japan, Tokyo.

____ (1992a), "Nichiginriron" wa machigatte inai, *Shūkan Tǒyǒ Keizai*, October 10, pp. 106–110.

____ (1992b), Seisakurongi wo konran saseru jitsumu e no gokai, *Shūkan Toyo Keizai*, December 26, pp. 142–146.

____ (1993a), Comments on "Specification and analysis of a monetary policy rule for Japan": A central bankers view', *Bank of Japan Monetary and Economic Studies*, vol. 11, no. 2, November.

____ (1993b), *Kinyū seisaku, chūō ginkō no shiten to sentaku, Tǒyǒ Keizai Shinpǒsha, Tokyo.*

____ (1999), Monetary policy under zero inflation: A response to criticisms and questions regarding monetary policy, *Monetary and Economic Studies*, December, Bank of Japan, Tokyo.

Otsuma, Mayumi (2002), Japanese officials call for deflation fighter as next BoJ chief, *Bloomberg News*, 26 December, Tokyo.

Patrick, Hugh T. (1962), *Monetary Policy and Central Banking in Contemporary Japan*, University of Bombay, Bombay.

____ (1964), *Nihon ni okeru kinyū seisaku*, Tōyō Keizai Shinpōsha, Tokyo (translation of Patrick, 1962).

Pesek, William, Jr. (2001), *When central bankers run the world*, Bloomberg News, February 8, Washington dateline.

Polak, Jacques J. (1997), *The IMF monetary model at 40*, IMF Working Paper No. 97/49, International Monetary Fund, Washington, D.C.

Polo, Marco (1987), *The Travels of Marco Polo*, translated and with an introduction by Ronald Latham, Penguin Books, London. Originally published 1958.

Poole, William (1982), Federal Reserve operating procedures: A survey and evaluation of the historical record since October 1979, *Journal of Money, Credit, and Banking*, vol. 14, November, part 2, pp. 575–596.

Porter, Michael (1992), Capital disadvantage: Americas failing capital investment system', *Harvard Business Review*, vol. 70, September

Posen, Adam S. (1998), *Restoring Japan's Economic Growth*, Institute for International Economics, Washington, D.C.

____ (2000), The political economy of deflationary monetary policy, in: Ryoichi Mikitani and Adam S. Posen (ed.), *Japan's Financial Crisis and Its Par- allels to U.S. Experience*, Institute for International Economics, Special Re- port 13, September, Washington, D.C.

Pressnell, L. S. (1973), *Money and Banking in Japan*, translated by S. Nishimura, Bank of Japan, Macmillan Press, London.

Prowse, Michael (1992), Is America in decline? *Harvard Business Review*, vol. 70, July.

Quandt, Richard E., and Harvey S. Rosen (1986), Unemployment, disequilibrium and the short run Phillips curve: An econometric approach, *Journal of Applied Econometrics*, vol. 1, pp. 235–253.

Reading, Brian (1992), *Japan: The Coming Collapse*, Weidenfeld and Nicolson, London

Reuters News Service (1993), *U.S. economic relapse*, July 9.

Richards, R. D. (1929), *The Early History of Banking in England*, Augustus M. Kelley, New York, reprinted 1965.

Robinson, Joan (1972), The second crisis of economic theory, *American Economic Review Papers and Proceedings*, vol. 62, May.

Rothbard, Murray N. (1984), The Federal Reserve as a cartelisation device, in: Barry N. Siegel (ed.), *Money in Crisis*, Ballinger, New York.

Saito, Seiichirō (1996), Keizai Kyōshitsu: Kinyū Shisutemu, shijōgenrini, *Nihon Keizai Shinbun*, August 23.

Sakakibara, Eisuke, and Yukio Noguchi (1977), Ōkurashō-Nichigin no bunseki, *Chūŏ Kŏron*, August; abridged English translation: Dissecting the Ministry of Finance-Bank of Japan dynasty, *Japan Echo*, vol. IV, no. 4, August, pp. 98–123.

Sakudo, Jun, and Takao Shiba (eds.) (1993), *World War II and the Transformation of Business Systems*, University of Tokyo Press, Tokyo.

Sawamoto, Kunihiro, and Nobuyuki Ichikawa (1994), Implementation of monetary policy in Japan, in: Tomas J. T. Balino and Carlo Cottarelli (eds.), *Frameworks for Monetary Stability*, International Monetary Fund, Washing- ton, D.C.

Seagrave, Sterling (1999), *The Yamato Dynasty*, Random House, London.

Sheard, Paul (1989), The main bank system and corporate monitoring and control in Japan, *Journal of Economic Behaviour and Organisation*, vol. 11, pp. 399–422.

Shigehara, Kumiharu (ed.) (1985), *Wagakuni no Kinyū seido*, Nihon ginkō kinyū kenkyūjo, Bank of Japan, Tokyo.

Shinohara, Munekazu, and Mitsuo Fukuda (1982), Nichigin kashidashi to madoguchi shidō no yūkōsei, *Keizai Kenkyū*, vol. 33, pp. 259–262.

Shinpo, Seiji (1996), Keizai Kyōshitsu: Sairyōseisaku yori, chūchōkijūshini, *Nihon Keizai Shinbun*, April 10.

Shirakawa, Masaaki (2001), Monetary policy under the zero interest rate constraint and balance sheet adjustment, *Economics*, May, Tōyō Keizai Shinpōsha, Tokyo.

Spindler, J. Andrew (1984), *The Politics of International Credit, Private Finance and Foreign Policy in Germany and Japan*, Brookings Institution, Washington, D. C.

Stern, Klaus (1998), Die Notenbank im Staatsgefüge, in Deutsche Bundesbank (ed.) (1998), *Fünfzig Jahre Deutsche Mark. Notenbank und Währung in Deutschland seit 1948*, Verlag C. H. Beck, Munich.

Stiglitz, Joseph E. (2002), *Globalisation and its Discontents*, W. W. Norton, New York.

Stiglitz, Joseph E., and Marilou Uy (1996), Financial markets, public policy, and the East Asian miracle, *The World Bank Research Observer*, vol. 11, no. 2, August, pp. 249–276.

Stiglitz, Joseph E., and Andrew Weiss (1981), Credit rationing in markets with imperfect information, *American Economic Review*, vol. 71, no. 3 (June), pp. 393–410.

Stockwin, J. Arthur A. (1982), *Japan: Divided Politics in a Growth Economy*, W. W. Norton, New York.

Suzuki, Yoshio (1974), *Gendai Nihon kinyūron*, Tōyō Keizai Shinpōsha, Tokyo.

—— (1986), *Waga kuni no kinyū seido*, Institute of Economic Studies, Bank of Japan, Tokyo.

Svensson, L. O. (1999), Price-level targeting versus inflation targeting: A free lunch? *Journal of Money, Credit and Banking*, vol. 31, pp. 277–295.

Tachibanaki, Toshiaki, and Atsuhiro Taki (2000), *Capital and Labour in Japan: The Functions of Two Factor Markets*, Routledge, London.

Takenaka, Heizo (1996), Keizai Kyōshitsu: Seisaku kettei e no michisuji minaose, *Nihon Keizai Shinbun*, May 15.

Takita, Yōichi (2000), 20 Seiki nihon no keizainin: Ichimada Hisato 1893–1984, *Nihon Keizai Shinbun*, November 27, p. 19.

Tanaka, T. (1986), Japans gold rush', *Tokyo Business Today*, October, p. 33.

Teranishi, Juro (1982), *Nihon no keizai hatten to kinyūron*, Iwanami Shoten, Tokyo.

____ (1993), Emergence of loan syndication in wartime Japan: An investigation into the historical origin of the main bank system, April, mimeo, published as Teranishi (1994).

____ (1994), Loan syndication in wartime Japan and the origins of the main bank, in: M. Aoki and H. Patrick (eds.), *The Japanese Main Bank System*, Oxford University Press, Oxford.

Tett, Gillian (1998), A bang or a whimper? An inefficient system for allocating capital is the issue at the heart of Japans decision to launch todays Big Bang', *Financial Times*, March 31.

Tett, Gillian (1998), A bang or a whimper? An inefficient system for allocating capital is the issue at the heart of Japans decision to launch todays Big Bang', *Financial Times*, March 31.

____ (2000a), Japan's "look before you leap" strategy to cut railway suicides, *Financial Times*, May 13.

____ (2000b), Suicide budget considered in Japan, *Financial Times*, October 20.

____ (2001), A hard choice for Japan, *Financial Times*, December 2, 2001.

Tighe, Chris (1992), Sterling troubles blamed as Sanyo sheds jobs, *Financial Times*, October 7.

Tobin, James (1980), Stabilisation policy ten years after, *Brookings Papers on Economic Activity*, vol. 1, pp. 19–72.

Tokyo Business Today (1987), Timid giants—Japanese institutional investors, August.

Tōyō Keizai Shinpōsha, *Economic Statistics Annual*, various issues.

Tracy, James D. (2002), *Emperor Charles V, Impresario of War: Campaign Strategy, International Finance, and Domestic Politics*, Cambridge University Press, Cambridge.

Trepp, Gian (1993), *Bankgeschäfte mit dem Feind*, Rotpunktverlag, Zürich.

____ (2000), *Kokusaikessaiginkŏ no sensŏsekinin*, Nihon Keizai Hyōronsha, Tokyo.

Tsutsui, William M. (1988), *Banking Policy in Japan*, Routledge, London.

Uchino, Tatsuro (1983), *Japan's Postwar Economy*, translated by M. A. Harbison, Kodansha International, Tokyo.

Ueda, Hiroshi (1987), Senji keizai tōsei to shitaukesei no tenkai, in: Kindai Nihon Kenkyūkai (ed.), *Senji Keizai*, Yamakawa Shuppansha, Tokyo.

Ueda, Kazuo (1999), Remarks presented at a Federal Reserve Bank of Boston conference on monetary policy in a low-inflation environment. Woodstock, VT, October 20, www.boj.or.jp/en/press/press_f.htm.

____ (2001a), Speech given at the Council on Foreign Relations in New York, May 11, accessed at www.boj.or.jp/en/press/press_f.htm.

____ (2001b), Japan's liquidity trap and monetary policy, paper based on a speech given to the Japan Society of Monetary Economics held at Fukushima University on September 29, accessed at www.boj.or.jp/en/press/ press_f.htm.

van Wolferen (1989), *The Enigma of Japanese Power*, Macmillan, London.

von Glahn, Richard (1996), *Fountain of Fortune: Money and Monetary Policy in China, 1000–1700*, University of California Press, Berkeley and Los Angeles.

Wade, Robert (1990), *Governing the Market*, Princeton University Press, Princeton.

Weberpals, Isabelle (1997), The liquidity trap: Evidence from Japan, Working Paper 97–4, Bank of Canada, February.

Weitz, John (1997), *Hitler's Banker*, Little, Brown and Co., Boston.

Werner, Richard A. (1991a), Japanese capital outflows and the role of land asset appreciation, JDB Discussion Paper Series, No. 9107, September, Tokyo.

—— (1991b), The great yen illusion: Japanese foreign investment and the role of land-related credit creation, Oxford Institute of Economics and Statistics Applied Economics Discussion Paper, No. 129, December, Oxford.

—— (1992), Towards a quantity theorem of disaggregated credit and international capital flows, mimeo, Institute of Economics and Statistics, University of Oxford, Oxford; presented at the Royal Economic Society Annual Conference, April 1993, York, and at the Fifth Annual PACAP Conference on Pacific-Asian Capital Markets, June 1993, Kuala Lumpur.

—— (1993), Japanese-Style Capitalism: The New Collectivist Challenge? An Analysis of the Nature and Origin of Japan's Political Economy and Social Order, paper presented at the Fifth Annual International Conference of The Society for the Advancement of Socio-Economics (SASE), March 26–28, 1993, New School for Social Research, NYC.

—— (1994a), Japanese foreign investment and the "land bubble," *Review of International Economics*, Blackwell, Oxford, vol. 2, no. 2, June, pp. 166–178.

—— (1994b), *Liquidity Watch*, May edition, Jardine Fleming Securities, Tokyo.

—— (1994c), Q4CY94, *Economic Quarterly*, October, Jardine Fleming Securities, Tokyo.

—— (1995a), Bank of Japan: Start the presses! *Asian Wall Street Journal*, Tuesday, June 13.

—— (1995b), *Liquidity Watch*, June edition, Jardine Fleming Securities, Tokyo.

—— (1995c), Keiki kaifuku, ryōteki kinyū kanwa kara, *Nihon Keizai Shinbun*, Keizai Kyōshitsu, September 2.

—— (1995d), Q3 1995: Japan at the crossroads, *Economic Quarterly*, September, Jardine Fleming Securities, Tokyo.

—— (1996a), Liquidity no nobi, kasoku, *Nikkei Kinyū Shinbun*, February 28.

—— (1996b), The BoJ prolonged Japan's recession, *Asian Wall Street Journal*, Thursday June 13.

—— (1996c), Nichigin manipulation, *Ronsǒ Tǒyǒ Keizai*, Part I: July, pp. 64–73; Part II: September, pp. 130–139; Part III: November, pp. 190–195.

—— (1996d), *Has there been a "credit crunch" in Japan?* paper presented at the Fifth Convention of the East Asian Economic Association (EAEA), Bangkok, October.

—— (1997a), Ryōteki kinyū kanwa de keikikaifuku, *Nihon Keizai Shinbun*, Keizai Kyōshitsu, February 26.

—— (1997b), Dokuritsusei yorimo kokumin no kanshi kyoka o isoge *Shūkan Tǒyǒ Keizai*, May 31.

—— (1997c), "Shinyō sōzōryō" ga seichō no kagi, *Nihon Keizai Shinbun*, Keizai Kyōshitsu, July 16.

—— (1997d), Towards a new monetary paradigm: A quantity theorem of disaggregated credit, with evidence from Japan, *Kredit und Kapital*, Duncker and Humblot, Berlin, vol. 30, no. 2, July, pp. 276–309; also accessed at www.profitresearch.co.jp.

—— (1997e), Kawase retowa shinyōsōzōryōkakusa de kimaru, *Shūkan Economist*, August 26, Mainichi Shinbunsha, Tokyo.

—— (1997f), Zaiseihikishimewa keikino purasuzairyōda, *Shūkan Economist*, September 23, Mainichi Shinbunsha, Tokyo.

—— (1998a), Ginkōno riagewa keikikaifuku no zenchōda, *Shūkan Economist*, June 16, Mainichi Shinbunsha, Tokyo.

—— (1998b), Minkan ginkō kara no kariire de, keikitaisaku wo okonaeba "issekinichō," *Shūkan Economist*, July 14, Mainichi Shinbunsha, Tokyo.

—— (1998c), Keiki handan wo ayamaraseru nichigin no jōhōdokusen, *Shūkan Economist*, August 18, Mainichi Shinbunsha, Tokyo.

—— (1998d), Bank of Japan window guidance and the creation of the bubble, in: Florentino Rodao and Antonio Lopez Santos (eds.), *El Japon Contemporaneo*, University of Salamanca Press, Salamanca; also accessed at www.profitresearch.co.jp.

____ (1998e), Shinyōsōzō wa fuetekita 99 nendowa josōgai no seichōka, *Shūkan Economist*, November 10, Mainichi Shinbunsha, Tokyo.

____ (1998f), Keikiwa zaiseiseisaku dewanaku, kinyū seisaku no tenkande kaifuku ni mukau, *Shūkan Economist*, December 8, Mainichi Shinbunsha, Tokyo.

____ (1998g), BIS kara tettai, beikokusaimo baikyakuwo, *Jitsugyŏ no nihon*, October.

____ (1998h), Nihon wa go-nenmae no beikoku nikokuji, kinyūkiki wa kokufuku saretsutsu aru, *Kinyū Business*, August.

____ (1999a), Nihon ni okeru madoguchi shido to "bubble" no keisei, *Gendai Finance*, MPT Forum, Tōyō Keizai Shinpōshanai, Tokyo, No. 5 (March), pp. 17–40.

____ (1999b), Chōkikinri no jōshō wa 99 nen keikikaifuku no shōka, *Shūkan Economist*, January 12, Mainichi Shinbunsha, Tokyo.

____ (1999c), Krugmankyojūni hanron, nichiginwa ōhaba ni tsūkakyōkyūwo fuyashiteiru, *Shūkan Economist*, February 9, Mainichi Shinbun- sha, Tokyo.

____ (1999d), Why the Bank of Japan is responsible for creating, prolonging the recession, *The Nikkei Weekly*, July 12.

____ (1999e), Bubble no yōinwo tsukuttanowa nichigin no madoguchi shidō datta, *Shūkan Economist*, April 13, Mainichi Shinbunsha, Tokyo.

____ (1999f), Kōkanonai nichigin no kawase shijōkainyū, *Shūkan Economist*, July 13, Mainichi Shinbunsha, Tokyo.

____ (1999g), Japans Wirtschaftsreformen der neunziger Jahre: Back to the future, in: Werner Schaumann (ed.), *Japans Kultur der Reformen, Referate des 6. Japanologentages der OAG in Tokyo*, Iudicium Verlag, Munich.

____ (1999h), *Soundness of financial systems: Bank restructuring and its impact on the economy*, paper presented at the International Conference on Central Banking Policies, held on 14–15 May, Macao Cultural Center, Macao.

____ (1999i), Nichiginwa futatabi keikikaifuku no me wo tsundeiru, *Shūkan Economist*, August 10, Mainichi Shinbunsha,

Tokyo.

—— (1999j), Keizaitaisaku ni hitsuyōnanowa nichiginhōno saikaiseida, *Shūkan Economist*, October 12, Mainichi Shinbunsha, Tokyo.

—— (2000a), Seifu no minkanginkō kara no kariireseisaku wo kangei sum, *Shūkan Economist*, March 7, Mainichi Shinbunsha, Tokyo.

—— (2000b), Indian macroeconomic management: At the crossroads between government and markets, in: *Rising to the Challenge in Asia: A Study of Financial Markets, vol. 5, India*, Asian Development Bank, Manila, September; also accessed at www.profitresearch.co.jp.

—— (2000c), Macroeconomic management in Thailand: The policy-induced crisis, in: Ghon S. Rhee (ed.), *Rising to the Challenge in Asia: A Study of Financial Markets, vol. 11, Thailand*, Asian Development Bank, Manila, September; also accessed at www.profitresearch.co.jp.

—— (2001a), *En no Shihaisha*, Sōshisha, Tokyo.

—— (2001b), Chuō ginkō wa kaheikyōkyū ni yotte keizaisechō wo tsukuridasu kotoga dekiru, *Kinyūzaisei Jijŏ* (Finance Review), October 15, pp. 26–30.

—— (2002a), Monetary policy implementation in Japan: What they say vs. what they do, *Asian Economic Journal*, vol. 16, no. 2, Blackwell, Oxford (June), pp. 111–151.

—— (2002b), The "enigma" of Japanese policy ineffectiveness in the 1990s, *The Japanese Economy*, vol. 30, no. 1, M. E. Sharpe, Armonk, New York.

—— (2002c), The impact of German development economics on modern Japanese society, paper presented at the Sixth Conference on Social Change and Economic Development in the History of Economic Thought, European Society for the History of Economic Thought, ESHET 2002, March 14–17, University of Crete, Rethymno, Crete; short version forthcoming in: Yiorgios Stathakis and Gianni Vaggi (eds.)(2003), *Perspectives on the History of Economic Thought*, Edward Elgar, Cheltenham.

____ (2002d), How to get growth in Japan, *Central Banking*, vol. XIII, no. 2, November, pp. 48–54.

____ (2003a), *Kyokŏ no Shūen, Makurokeizai Shin Paradaimu no Makuake*, PHP Kenkyūjo, Tokyo.

____ (2003b), *Nazo Toki—Heisei Daifukyŏ*, PHP Kenkyūjo, Tokyo

____ (2014a), Can Banks Individually Create Money Out of Nothing? – The Theories and the Empirical Evidence, International Review of Financial Analysis, 36, 1-19, online open access

____ (2014b), How do banks create money, and why can other firms not do the same? An explanation for the coexistence of lending and deposit-taking, International Review of Financial Analysis, 36, 71-77, online open access

____ (2015), A lost century in Economics: Three theories of banking and the conclusive evidence, International Review of Financial Analysis, 46, July, 361–379, online open access

Williamson, S. D. (1986), Costly monitoring, financial intermediation and equilibrium credit rationing, *Journal of Monetary Economics*, vol. 18, no. 1, pp. 159–179.

Woo, David (1999), *In search of a "capital crunch": Supply factors behind the cred- it slowdown in Japan*, IMF Working Paper No. 99/3, International Monetary Fund, Washington, D.C.

Wood, Christopher (1992), *The Bubble Economy: The Japanese Economic Col- lapse*, Sidgwick and Jackson, London

World Bank (1993), *The East Asian Economic Miracle, Economic Growth and Public Policy*, Oxford University Press, Oxford.

____ (1995), *World Tables 1995*, Baltimore: John Hopkins University Press.

World Bank database, accessed at www.worldbank.org.

World Economic Forum (2002), *Global Competitiveness Report 2002–2003*, Oxford University Press, Oxford

Yamaguchi, Yutaka (1999), Monetary policy and structural policy: A Japanese perspective, speech by Yutaka Yamaguchi, deputy governor of the Bank of Japan, before Colloque Monetaire International at Banque de France, October 8–9; accessed at www.boj.or.jp/en/press/press_f.htm.

____ (2000), Thinking behind current monetary policy, speech by the deputy governor at the Japan National Press Club on August 4; accessed at www.boj.or.jp/en/press/press_f.htm.

____ (2001a), Remarks by Yutaka Yamaguchi, deputy governor of the Bank of Japan, at the Edinburgh Finance and Investment Seminar, June 22; accessed at www.boj.or.jp/en/press/press_f.htm.

____ (2001b), Remarks by Yutaka Yamaguchi, deputy governor of the Bank of Japan, at the JCIF International Finance Seminar on October 17 (English translation by the Bank of Japan, October 22, 2001); accessed at www. boj.or.jp/en/press/press_f.htm.

____ (2001c), The economic situation and monetary policy in Japan, speech given by Yutaka Yamaguchi, deputy governor of the Bank of Japan, at the Economic Seminar of the Japan Research Institute, on November 26; accessed at www.boj.or.jp/en/press/press_f.htm.

Yamamura, Kozo (ed.) (1997), *The Economic Emergence of Modern Japan*, Cambridge University Press, Cambridge.

Yamamuro, Hiroyuki (1996), Bubble, then double toil and trouble, *The Daily Yomiuri*, July 31.

Yonemura, Noriyuki, and Hiroshi Tsukamoto (1992), *Japan's Postwar Experience: Its Meaning and Implications for the Economic Transformation of the Former Soviet Republics*, March, Research Institute of International Trade and Industry, MITI, Tokyo.

Yoshida, Kazuo (1996), Keizai Kyoshitsu: Mato hazure datta "keiki taisaku." *Nihon Keizai Shinbun*, January 25.

Yoshikawa, Hiroshi (1993), Monetary policy and the real economy in Japan, in: Kenneth Singleton (ed.), *Japanese Monetary Policy*, University of Chica go Press, Chicago.

Yoshikawa, Hiroshi, E. Eto, and T. Ike (1994), Chūshō kigyō ni taisuru ginkō ni yoru "kashishiburi" ni tsuite keizai bunseki: seisaku kinkyū no shiten, Economic Planning Agency, Tokyo.

Yoshino, Toshihiko (1962), *Waga kuni no kinyūseido to kinyūseisaku*, New edition, Shiseidō, Tokyo.

Yoshitomi, Masaru (1996), Keizai Kyōshitsu: Zaisei, kōzōakaji no teichaku fusege, *Nihon Keizai Shinbun*, February 26.

Zenkoku Shōken Torihikisho Kyōgikai, Share Ownership Survey, various issues, Tokyo.

關於作者

理察・韋納（Richard A. Werner），一九六七年生於德國，擁有倫敦政治經濟學院經濟學學士學位、牛津大學經濟學碩士與博士學位，並曾在東京大學就讀。他是牛津大學林納克爾學院成員，現任英國溫徹斯特大學銀行與經濟學教授。曾任復旦大學財務學教授、法蘭克福歌德大學貨幣與發展經濟學教授、南安普敦大學國際銀行學教授，及東京上智大學經濟學助理教授。他也曾於莫斯科國立大學教授發展金融與永續性。

他是全球首個專注於金融與永續發展關聯性的研究中心——「銀行、金融與永續發展中心」的創始主任，亦曾任歐洲央行影子理事會成員十年，並創立推廣非營利社區銀行與美國州立銀行的機構 Local First。他也管理資產並為政府（如匈牙利）提供高成長政策建議。他推薦的慈善機構是「銀行與經濟研究協會」（www.arbe.org.uk）。

曾任亞洲怡富證券首席經濟學家、美國貝爾斯登資產管理公司高級常務董事與投資組合經理、亞洲開發銀行資深顧問，及日本大藏省與日本銀行的訪問研究員。他也是日本開發銀行首位「下村研究員」。

一九九二年於牛津大學擔任歐盟研究員期間，提出「信用數量理論」，區分不同類型信貸並探討其對資產市場與經濟成長的影響，擴充了傳統貨幣數量理論。一九九五年，他在《日經新聞》提出「量化寬鬆」的概念，定義為擴大信貸創造。二〇〇一年出版的《日圓王子》在日本暢銷六週，超越《哈利波特》。二〇〇三年英文版中預警歐元區將出現信貸泡沫與銀行危機。二〇〇五年出版的《宏觀經濟新典範》也表達相同警告。

二〇一四年，他首次以實證研究證明「銀行在放貸時能無中生有創造貨幣」，並稱其方法為「科學經濟學」，採用自然科學中常見的歸納研究法。

二〇〇三年達沃斯世界經濟論壇選他為「明日全球領袖」（GLT），但因他對論壇菁英提出嚴厲批評，該計畫於他第二次參與後（二〇〇四年）被取消，改為較溫和的「青年全球領袖」計畫。

可透過以下網站追蹤他的研究與觀點：www.professorwerner.org；www.richardwerner.org；訂閱：rwerner.substack.com；YouTube 頻道：Werner Economics；X：@scientificecon、@professorwerner、@drrichardwerner

LOCUS

LOCUS

LOCUS

LOCUS